国家出版基金资助项目
"十三五"国家重点图书出版规划项目

李何春 ◎ 著

芜野东南的民族丛书（系列二）

何国强 主编

动力与桎梏：澜沧江峡谷的盐与税

中山大学出版社

· 广州 ·

版权所有　翻印必究

图书在版编目（CIP）数据

动力与桎梏：澜沧江峡谷的盐与税/李何春著 . —广州：中山大学出版社，2016.12

（芜野东南的民族丛书/何国强主编 . 系列二）

ISBN 978 - 7 - 306 - 05891 - 1

Ⅰ. ①动… Ⅱ. ①李… Ⅲ. ①制盐工业—研究—云南 Ⅳ. ①F426.82

中国版本图书馆 CIP 数据核字（2016）第 267613 号

出 版 人：徐　劲
策划编辑：嵇春霞
责任编辑：徐诗荣
封面设计：林绵华
责任校对：王　琦
责任技编：何雅涛
出版发行：中山大学出版社
电　　话：编辑部 020 - 84111996，84113349，84111997，84110779
　　　　　发行部 020 - 84111998，84111981，84111160
地　　址：广州市新港西路 135 号
邮　　编：510275　　传　真：020 - 84036565
网　　址：http://www.zsup.com.cn　E-mail:zdcbs@mail.sysu.edu.cn
印 刷 者：佛山市浩文彩色印刷有限公司
规　　格：787mm×1092mm　1/16　20.5 印张　399 千字
版次印次：2016 年 12 月第 1 版　2016 年 12 月第 1 次印刷
定　　价：56.00 元

如发现本书因印装质量影响阅读，请与出版社发行部联系调换

苟怀四方志，偏向边地行
（代序）

何国强

  文化人类学在西方主要是研究海外民族的。中国引入这门学科时，学者们也是到民族地区做调查，了解异域的文化。例如，1929 年调查广西凌云的瑶族，1930 年调查松花江下游的赫哲族。到了 1933 年，燕京大学社会学系推行社区研究方法，派遣师生到内地和沿海做调查，开辟了该文化的实证研究方向。从此，中国民族学有了两种教学研究倾向或南北学派的划分。

  虽然南派醉心于民族地区的简单社会，北派专注于汉族地区的复杂社会，但从整个学科来看，这种"自然分工"是可以接受的。1952 年全国高校院系调整，南北两派不复存在，中国民族学回到南派的研究旨趣——只调查少数民族，不调查汉族，但理论指导已经有所不同。改革开放改善了这一局面，继 1987 年召开汉民族研讨会，更多的人开始到汉族农村做调查。回顾中国民族学走过的路程，学科的目标始终没有发生变化，那就是以田野调查方法为主，研究少数民族的文化，同时兼顾汉族的文化。

  之所以如此，是因为中华民族乃一个整体，由几十个少数民族和汉族长期融合而成。各民族间，尤其是少数民族与汉族间的联系很密切。汉族人口众多，主要集中于内地和沿海；少数民族人口较少，主要分布于西部省份和边疆地区。少数民族在伟大祖国的创造与发展过程中尽到了光荣的责任，而且少数民族的民族数量多、文化类型多、占有资源多，所以民族学的首要研究目标是少数民族。但是，这种研究不能采用"单轨"的方式，因为如果只研究少数民族而不研究汉族，许多问题就弄不清楚；反之，亦然。另外，即使两者都研究，也不能平列对待。外国人类学家到中国来做实证研究，与我们面对的情况不同，无论调查汉族还是研究少数民族，在他们看来都是异文化。

  研究民族主要是研究民族的文化属性，而不是研究其体质或其他自然属性。文化总是流行于确定的地域，受空间框架的限制；并且在历史长河中沿袭，受时间框架的限制。在时空条件的制约下，文化通过群体行为的传递和民族心理的投射有了固定的模式，因此，研究文化就是要寻找作为其底蕴的模式及其成因。为了揭示文化性质与时空因素的关联，有必要采用"区域文化"的概念来反映实际情况。例如，少数民族有自己的区域文化（藏文化、纳西文化等），汉族也有自己的区域文化（客家文化、福佬文化、广府文化等）。

国内区域文化的研究与黄淑娉的名字分不开。黄先生在50年的田野调查经历中，"前四十年研究异文化，后十年研究本文化"①，研究重点可想而知。她说："对少数民族的调查研究使我深感汉族人类学研究的重要性……当我从研究异文化转到研究本文化时，发觉先前对少数民族的田野调查和研究为我的汉民族研究打下了很好的基础……对人类学理论有进一步的体会。"② 这就拓展了杨成志"在中国搞人类学，非到少数民族地区调查就很难成功"③ 的观点。笔者不惑之年受业于黄先生，继而在中山大学人类学系从教，受南北两派思想潜移默化的影响，滋生了研究两种区域文化的志趣。这种志趣推动着自己在青藏高原东部和东南部做调查，也调查广东省的汉族文化。笔者通过指导研究生深入实地调查研究，达到了为中国民族学培养人才、传承研究志趣的目的。

区域文化研究是探讨民族文化的源流关系、空间分布、内在结构、外在条件、功能特性和类型归属，从而揭示民族文化的共同性和差异性的一门学问。根据研究范围的大小，可将其分为三类，即宏观研究以全球民族文化为对象、中观研究以一国或一大地区的民族文化为对象、微观研究以局部地区的民族文化为对象。《芜野东南的民族丛书》是中观研究的成果，其中每本书所涉及的某一局部地区的一个主题则属于微观研究的成果；根据层级节制的原则，研究青藏高原东南部的民族属于宏观的区域文化研究之组成部分，其中每本书则属于中观的区域文化研究之一部分。

从技术上看，研究区域文化要讲规则。首先，一种民族文化是该民族所处的自然环境及其应对方式的交响，所以，在相似环境中的民族可能有同类型的文化，也可能没有；置身于不同环境的民族的文化类型可能不同，也可能相同。此处并不想引申这个原理，只想强调有些因素可以在书斋里慢慢品味，但民族文化非亲临其境不能完全了解，因此要坚持田野调查。

其次，区域文化是会成长、移动和变迁的，许多特质是通过民族迁徙、商贸往来、族际通婚甚至战争或征服等事件来传播的，又通过当地人的采借或抵

---

① 周大鸣、何国强主编：《文化人类学理论新视野》，国际炎黄文化出版社2003年版，第288页。

② 黄淑娉：《从异文化到本文化——我的人类学田野调查回忆》，见周大鸣、何国强主编《文化人类学理论新视野》，国际炎黄文化出版社2003年版，第302页。

③ 杨成志：《我与中山大学人类学系》，见《杨成志人类学民族学文集》，民族出版社2003年版，第549页。

御而产生不同程度的民族交融的结果。文化的变动性决定了区域文化研究必须持以动态的观点,既要注重空间的变化,也要注意时间的变化。动态观点要求把当前的文化现象作为历史的结果和未来发展的起点,要求研究不同发展时期和不同历史阶段民族文化的发生、发展及其演变规律。这不仅是区域文化研究本身的需要,而且也是这门学问在国家建设、区域开发中发挥作用的需要。

最后,区域文化的多样性决定了研究方法的多样化。从静态来看,大致有三种方法:①野外调查(或称"田野工作");②室内分析、综述和模拟相结合;③用正确的预设来统率材料。三者当中,田野工作无疑是最重要的,因为大部分数据和第一手资料来自于它。从动态来看,大体有三个步骤:①形成预设,指导调查并接受实证材料检验;②参与观察、收集材料、增加感受、检验或修正预设;③撰写民族志。三者是循序渐进、不断深化的过程。

以动态的观点来解释静态的社会结构需考虑文化的层次性。也就是说,物质的、制度的和精神的文化是互相作用的,周而复始就形成了惯性。传统就是一种带有惯性的文化,不论它最初是怎么形成的,原动力来自何方,一旦形成传统,其自身就成为影响历史的独立因素。传统文化有保守的功能,也有进步的功能。后者主要是对社会起稳定作用,以舒缓现代化带来的张力。因此,区域文化研究应关注四点:①族源与族体,如收集各种关于起源的传说、记录民族迁徙的故事、进行活体测量等;②物产、资源与当地人对其利用,了解其生产特点、经济结构与生活习俗;③随着生产力的提高、交通与信息条件的改善以及地区间、民族间经济文化联系的增强,民族融合与同化程度加深;④国家的民族政策内容和实施效果,行政区划和管理权限的变动与保持民族文化完整性的关系,当地民族的评判标准与评价内容。关注文化的层次性有助于国家制定科学的民族政策,更好地开发当地资源,促进民族团结,保持国家的统一;同时,有助于相关学科的建设,推动民族教育、民族地理、民族史等研究的发展。

研究青藏高原东南部的区域文化,需注意地理、民族、经济、政治、文化的互相纠缠。这片区域覆盖中国西南部、缅甸北部和印度东北部,生活着十几个民族。其中,居住在中国境内的有藏族、门巴族、珞巴族、纳西族、彝族、傈僳族、景颇族、白族、普米族、独龙族、怒族、傣族等民族,各个民族均由部落构成。这些民族的语言均属于汉藏语系,但有缅藏语族和壮侗语族之分。前者又有藏语支、景颇语支、彝语支和未定语支之分,后者则仅有壮傣语支。这片区域也是中、印、缅三国毗连的地方,边境上有些地段没有正式划界,和平时期边境民族可以自由往来。由于各种原因,当地经济和文化相对落后,各国的行政管理都有鞭长莫及之虞。目前,《芎野东南的民族丛书》的作者仅在中国境内的川、滇、藏三省(自治区)交界地带做调研,考察民族分布、人口规模、聚落构成、生计模式、生活方式、风俗制度和社区控制等内容，了解当地生态环境与人文景观的联系。印度、缅甸和英、美等国学者在中国对面边境一方做调研。中外民族学工作者共同研究青藏高原东南部，符合"礼失求诸野"的含义：文明边缘地区的文化演进迟缓于中心地区，更容易保存古朴形态的文化。假如今天要去寻访原生的文化形态，最合适调查的地点不在内地，而在边陲。2013 年，荷兰格罗宁根大学彼得·伯杰教授和德国慕尼黑大学弗兰克·海德曼教授合编了一本教科书《现代印度人类学：民族志、主题和理论》①，勾画了印度共和国成立至今 60 年的人类学历程。全书共 19 章，每章描述一个邦的民族文化。其中，第 12 章专门讲述青藏高原东南部印度一侧的情况，题目是"东北印度：民族志和政治特性"。

2013 年年底，中山大学出版社出版了《芫野东南的民族丛书》（系列一）。2015 年，系列一获得第四届中国大学出版社图书奖优秀学术著作一等奖。2016 年年底，《芫野东南的民族丛书》（系列二）即将出版。两套丛书均为中山大学出版社组织申报的国家出版基金资助项目与国家重点图书出版规划项目成果②，系列一由 7 本专著组成，系列二由 4 本专著组成，作为后续成果。科学的区域文化研究成果是长期调查、严格择材、反复构思、贯注理论和精心写作的产物，这 11 本专著就是这么循序渐进、一步步锤炼出来的。从某种程度上来说，系列二的 4 本专著后来居上，因为 4 位作者承担过系列一的工作，在后续研究中显得更有经验、更加成熟，体现了青藏高原东南部民族研究的推陈出新。

以下对系列二 4 本专著的精要概述一二：

《动力与桎梏：澜沧江峡谷的盐与税》描述了西藏自治区芒康县纳西民族乡的盐业生计模式。全书贯穿了纵横两面法：纵向从吐蕃时期到清末民初，描述了盐业生产、交换市场和权力之间的互动关系；横向则着力于社会结构的分析，通过把盐看作民族交往和交融的链环，以盐税作为主线，围绕晒盐技术、人口和制度这三大要素的内在关系层层剥离，带出与盐产品相关的诸多因素，特别揭示了澜沧江峡谷的盐场与周边民族的关系，通过分析传统的交换关系，了解各种地方势力（土司、喇嘛寺和头人等）为争取利益而发动的博弈，围绕盐的生产、流通和交换而展开的权力之争来探讨当地社会变迁的动因。

《内生与外依：迪麻洛峡谷卷入现代世界体系的研究》依据取自滇西北高

---

① Peter Berger, Frank Heidemann. *The Modern Anthropology of India*: *Ethnography*, *Themes and Theory*. London: Routledge, 2013.

② 《芫野东南的民族丛书》（系列一）于 2011 年入选"十二五"国家重点图书出版规划项目、2012 年入选国家出版基金资助项目，《芫野东南的民族丛书》（系列二）于 2015 年入选国家出版基金资助项目、2016 年入选"十三五"国家重点图书出版规划项目。

山峡谷的一个民族村落的第一手资料，描述了当地逐步扩大与外界交往的过程，反思了现代世界体系在理论和现实社会中的双重局限，即当地社会在迎合世界体系的同时也产生着拒斥。主要表现为三点：①生活自给品的大量存在；②传统生计地位的稳固；③现实能力的制约。其中，第一点是文化适应和习惯延续的结果，第二点是相对于市场的风险而言的，第三点是因为获取收入的途径有限。作者指出了人类学的"政治经济学派"的局限，回答了偏僻山区参与全球化进程的具体方式、动力及其所带来的影响和结果，当地民众的生活及命运发生的变化等问题。

《新龙"夹坝"的历史与文化解读》展示了自清以来尤其是清末至民国时期，四川省甘孜藏族自治州新龙县（原怀柔县、瞻化县）流行的一种称为"夹坝"的民风，严重时此起彼伏，屡禁不止，导致人心惶惶。作者以新龙藏族群众的抢劫民风为切入点，以历史文献材料为基础，选择历史上发生频率较高的区域做田野工作，通过走向历史现场的方式勾画此民风流变的过程，钩沉该社区及其周边社会的民风与习惯、政权与法律的关系；通过深入分析，探究藏族群众抢劫民风的具体维持机制以及历代政权的辖治方式，进而探讨新龙藏族群众抢劫频发的三个方面的维持机制以及历代政权打破这些维持机制的过程与方式，达到对此现象进行深层次历史与文化解读的目的，为理解地方独特的文化提供一种新的模式。

《三江并流核心区社会秩序的建构与维持机制研究》根据三江并流峡谷区的选点调查，再现了詹姆斯·希尔顿笔下的世外桃源：虽然这里有多种民族聚居、多样宗教共存，但人们并没有因为身份特征的差异而产生交往困境；相反，他们却能够在日常生活实践中平和共处、相互包容，共同建构并维持了一个和谐共生型的社会秩序。紧接着背景介绍，作者又提出问题：这种秩序是如何建构起来的？动力源何在？其运行机制和特征又为何？循着这三个问题展开讨论，在讨论中采取点面结合、纵横对比的方法，深入考察当地人的互惠体制、宗教信仰和政治生态，以此揭示地方秩序的整合机制。全书集思想性与可读性于一体，展现了真实的地方政治面貌，为维持藏族聚居区社会的稳定提供了有益的参考。

整体而言，系列二追随系列一的主题唱和。这个主题就是揭示川、青、藏接合部和川、滇、藏接合部的民族文化的多样性，它们一根红线贯穿两个系列，涉及当地少数民族文化的11个侧面，如生计模式、婚丧制度、社会组织、信仰表象、权力博弈等。如不长期深入青藏高原东部和东南部的山山水水，并且结合文献解读历史，是无法获得这些异文化的特点的。

《羌野东南的民族丛书》集思想性与学术性于一体，通过深描喜马拉雅山脉与横断山脉交接地区的民族文化，打通了历史与现实的屏障，为以区域为基础的文化研究提供了指南；特别是丛书作者用实证的方法收集材料，用科学的概念、范畴来分析材料的学科规范凸显了研究的意义，让更多人看到区域文化的价值所在，促使他们深入思考民族志对于区域文化有什么重要的贡献，族群、区域与文化类型是如何表现的，应该如何发挥民族志的特长等问题。从这个意义上来看，这套丛书确实是一种宝贵的资源。

长期以来，"中心/边缘"成为探讨少数民族文化的框架。那么，在这个框架中，研究重心究竟在何处？对这个问题，仁者见仁，智者见智。最近10年来，要求把着力点放在边陲的呼声越来越高。这种倾向代表了人们对民族地区与内地、沿海地区传统地位的反思，带有打破"中心论"紧箍咒的意味，正可借用来帮助厘清汉夷观念的形成及其关系，重构民族交往、交流、交融的纽带。在国家加大力度推动民族文化的研究时，我们要清醒地看到不尽如人意的方面：少数民族区域文化研究与汉族区域文化研究的比例悬殊，边陲少数民族的实证研究仍然稀少；优秀的研究成果并不多见。之所以如此，就前一种情形而论，可能是因为对田野工作的认识不到位；就后一种情形而论，不仅有田野工作不够充分完备的原因，还有理论建构匆忙甚至缺乏必要的分析综合就任意拔高的原因。

综上所述，继续发挥中国民族学的区域文化研究传统、端正研究风气、完善研究体制依然任重而道远。今天，经济快速发展，交通状况不断改善，一方面为边疆民族的调查研究创造了良好的条件，另一方面则导致了当地文化中某些因素的急速覆灭。在这种情形下，民族学工作者更要听从时代的召唤，苟怀四方志，偏向边地行，为深化少数民族区域文化研究做出应有的贡献。

前　言

距今 2 亿年前，青藏高原还是一片汪洋，印度板块以每年 45 毫米的速度挤压欧亚板块，这种挤压形成了地球上最壮观的造山运动。经过 2000 多万年，海床隆起，古喜马拉雅山脉被大幅度抬高，形成高原地貌，同时也在青藏高原东南部的地质结构中造成丰富的碳酸盐岩。大自然经过漫长的地质年代营造出碳酸盐岩，又经过千万年水滴石穿的作用，通过江河带走地表的石头、泥沙，把覆盖碳酸盐岩的地表切开，借助江水对盐岩的溶解作用，使部分盐岩溶化为卤水，成为井盐的重要来源。

大自然慷慨无私地赐予人畜维持生命所必需的资源，同时附加上高海拔的严酷条件以考验人们生存的毅力与耐心。居住在川、滇、藏民族交界区的人们，很久以前就发现在澜沧江岸边常常从地下涌出一股股炽热的盐泉。从此，人们称那个地方为"盐井"，炯人、藏族人和纳西族人都在那里居住过。面对同样的环境，生存的动力推动着不同族群利用文化去战胜自然，获取各种资源，尤其是利用"炭取法"制盐。当地人有了盐，就可以用盐交换到粮食和其他产品。炭取法不知延续了多久，直到森林滥伐、水土流失、岩石裸露、没有柴薪时，这种生产方式便难以为继了。恰在这时，木氏土司的臣民来了，这支族群带来了新的生产方式，继续提取盐资源。

在历史的长河里，文化的发明并不经常发生，但每一次新的文化因子的出现都会给社会注入活力，为更多的人群带来发展机遇。

思维的创造离不开材料的支撑；反过来说，材料必须用精神点缀才有生命，二者互为附丽，否则彼此皆空。本书是思维与材料的有机结合，在择材上，采用田野调查与历史文献结合的办法解决"巧妇难为无米之炊"的问题，对于获得的这两种材料采用纵横两面法一炉共冶，先理解，再叙述；消化材料在先，构思继之，叙述在后。具体说来，横向维度当中贯穿着纵向视角——立足于田野场景中的生产过程，兼顾流通过程，通过介绍自然资源与传统技术的关系，制盐的条件、工具与工艺，以今天的材料昭示昨天的事件，在田野现场中解读历史文献，说明盐业生产资料、生产方式的继承与创新；纵向维度当中则贯穿着横向视角——基于制盐过程的世代交替，呈现了技术水平的提高、产品流通圈的扩大、盐利争夺的激烈程度，烘托出发生在盐场内外的技术、经济和政治关系，再推出各种因素引起的地方社会变迁。这就解决了田野素材和文献资料的合理搭配问题，编织出一幅令人目不暇接的关于川、滇、藏民族交界区盐业关系的动力史图景。

峡谷社会的变迁是本书始终关注的核心，盐是其中解决问题的关键。盐是一种特殊的物质，人畜离不开它，抓住了盐就抓住了当地发展的关键一环，可以拖出整条链子。本书不从物理、化学性能看待盐，而是从社会文化的性能来看盐，把盐放在经济基础与上层建筑的层面上来探讨，通过展现盐的生产、流通以及对盐利的控制，来描绘川、滇、藏民族交界区的社会变迁，回答社会变迁的动力、方向、过程等问题。本书在经济基础的层面上，主要谈人类利用工具、工艺和技术与自然界交换能量，获取资源，解决人与自然的矛盾，推动生产发展。生产的发展必然引起生产关系和上层建筑的改变，这就是上层建筑层面要谈的问题，主要是关于盐税的分割，利益集团假借各种旗号对其争夺，既有暴力方式的争夺，亦有和平方式的谋取，都是为了解决人与人之间（民族间、阶级间、阶层间）的矛盾，推动政治的进步。

本书未将经济看作独立因素，而是将其作为黏合剂贯穿于经济基础和上层建筑之中；或者说，生产动力和政治动力反映着经济动力。这样看问题抛弃了神秘感，焦点集中，能够简洁明快地接近正确答案。也就是说，社会变迁的动力始终发生在两个层面上：生产方式的变更和上层建筑的变更，二者都寻求或维持一种动态、良性的生态平衡。变量也发生在这两个层面上，既有自变量，又有因变量。说到底，变量就是动因，动因有主动与受动之分，较之于因变量，自变量更加重要。本书以民族志材料烘托变量，一方面注意破坏生态平衡的变量，另一方面则紧扣破坏政治平衡的变量，这也就掌握了解释问题的关键。

上述两个层面并不是平列的。较之于上层建筑，经济基础更加根本。制盐要考虑所依赖的六大自然要素：燃料（森林、煤炭、天然气）、风（风量、风力、空气湿度）、光照、卤水浓度、峡谷空间（宽度、高度和坡度）、盐岩厚度，它们与工具、工艺和技术互相搭配，体现了一些函数关系。例如，炭取法与燃料、盐岩厚度等因素相匹配，而与风量、光照等因素则不大相关。在这里，森林是炭取法的自变量，炭取法是因变量，当森林耗尽时，利用这种技术解决人与自然的矛盾便难以为继了，于是人们便要进行技术革新，考虑新方法，于是风干法便应运而生了。同样，新方法——利用风力蒸发作用使盐卤结晶——有适合于其自身的因素，即它与风量、风力、空气湿度、光照和盐岩厚度等因素相搭配，而风量、风力背后的支撑因素是峡谷的高度、宽度和弯曲度，而这些因素在炭取法时代对制盐来说并不显得重要。在炭取法时代是隐性因素的风力，在风干的生产方式下则成为显性因素。但是，盐岩厚度（卤水浓度实与盐岩厚度成正比）作为恒定的因素，在两种方法下均起着重要的作用。随着盐井的继续开发，总有一天，盐岩会消融，卤水会归于平淡，那时盐井就不再有开发的价值了。

本书除了导论之外，共有10章，第一至三章铺垫田野材料，解决共时性研究所面临的微观描述问题，即以盐业生产为纬，对制盐工艺和盐税分享进行深度探究，烘托出生产力与生产关系的作用；第四至八章择以方志文献，解决历时性研究所承担的为研究提供历史背景的问题，即以历史线索为经，大跨度地勾勒出几个时段中对盐资源进行开发的情景和利益集团对其利益的争夺，烘托出该盐场与周围区域的经济政治关系；导论及第九章、第十章为综合性地做研究引导、模型巩固和归因分析。全书穿插着行动者的故事，以此为建构民族文化多样性的动力学中介。

本书关注的地点在西藏自治区芒康县纳西民族乡，当地的千年盐井具有丰富的研究价值。当地对盐资源的开发利用，不仅反映了人类早期利用资源的智慧，而且是洞察民族文化多样性的窗口，代表着民族文化的取舍与传承。本书揭示了六个方面的问题：

（1）盐在早期部落社会形成中有何作用？盐是如何被精英者所控制的？

（2）古盐田的技术从何而来？是当地土著民的发明创造，还是文化传播的结果？

（3）促使盐井的利益集团不断与周边利益集团扩大交往的原因是区域位置的特殊性，还是各种盐利的诱惑？

（4）不同历史时期的政治制度是如何影响盐井盐业的生产和运销的？而盐业生产者又是如何应对制度变革的？

（5）盐井同周边民族地区的互动关系是如何形成的？维系的方式是什么？盐业在盐井地方社会同国家权力互动过程中发挥了怎样的作用？

（6）在现代制盐技术条件下，古盐井的传统技术是如何得到保存而焕发新春的？

循着现实与历史的途径寻找材料，经过综合分析，针对上述问题可得出以下结论：

第一，盐在早期部落的形成中起到了决定性的作用，它决定了人类的活动区域主要集中在有盐泉的地方。而且可以明确的是，在国家未形成之前，盐一直由地方精英（部落首领、宗教领袖）掌控着。

第二，盐井曾是古代羌系部落沿江河走廊南下寻找盐泉的驻足地，为民族的发展保留了文化火种。通过对吐蕃制盐技术的分析，可以认为吐蕃时期盐井等地的制盐方法为"炭取法"。从吐蕃控制到明代木氏土司进入盐井这一历史时期，盐井的晒盐法可能还未出现。

第三，盐井地理位置特殊，地处南北走向的澜沧江峡谷，从盐井扎果西吐蕃时期人造石像的发现来看，盐井一度处在民族走廊之中；从吐蕃、南诏、唐王朝三者在"昆明池"争战开始，围绕盐的争夺在盐井及周边区域屡次出现，藏族史诗《姜岭大战》中的《保卫盐田》正是基于盐的争夺而流传下来的传说。

第四，政治制度是盐业生产和运销的指挥棒。盐井长期处在政教制度的控制下，地方权力和寺庙对盐业的管理主要依靠对盐税的控制，而对具体的盐业生产关注并不多。在赵尔丰改土归流时期，当地盐业曾出现了短暂的发展，这和赵氏颁布了一系列有利于盐业生产的税收制度及其他管理制度有关。而盐户对制度的回应多是逃避，或在不同权力之间寻求庇护，以此将盐业生产者与地方势力之间的矛盾转化为不同地方势力之间的矛盾。在单一权力管理期间，盐户则只能忍辱负重，很难做出反抗。

第五，盐井人地矛盾凸显，当粮食生产不足时，盐业生产促进了盐粮交换。不同历史时期的管理者均对盐税感兴趣，无论是土司、喇嘛寺还是清末以来中央政权派驻的赵尔丰及驻军等均利用盐税增加收入。这无形之中也推动了盐井同周边的怒族、独龙族、僜人、藏族等产生互动关系，辐射范围以盐井为中心，以早期形成的运盐古道为通道，形成了盐的固定销售区和非固定流动圈。在地方权力和国家政权的互动过程中，盐作为不同时期权力控制的重要资源，对社会变迁发挥着积极作用，即对盐（税）的争夺，推动了地方社会同国家的互动，以及地方社会内部各种势力之间的碰撞。

第六，基于晒盐法自身的局限性，不同时期的管理者对盐业的控制主要是针对税收，而极少对生产过程进行监管，因此，难以形成成熟的运销制度。盐井地处边地，该区域一直是历代王朝和地方政权的接壤带，处在权力辐射的复合带，充满了各种势力之间的斗争。这导致不同时期的管理者控制盐井的时间普遍较短，还未形成盐业生产和运销制度时，另一势力便已经渗透进来。但晒盐技术则一直传承下来了，21世纪之后的文化遗产保护和旅游业的兴起也成为盐井传统晒盐技术存在的重要原因。

本书通过回溯盐井不同时期盐业的起伏，可以发现斗争的起源和历史的动因：就生产而论，世世代代都生产盐，这是相同的，但如何生产、用什么方式生产则略有不同，这些构成人们维持生存的基本原因和动力。就生产关系和上层建筑的表现而论，生产资料的所有制形式决定了盐产品的分配，进而决定盐税的收取，引发不同武装集团之间的斗争，这种斗争某种程度上又成为盐业运销的瓶颈。所以说，盐业生产的强度与政治权力呈现耦合关系。具体为：资源、生计和人口是推动人类社会的原动力（自变量），神权和世俗权力对地方的压迫、生产关系和社会制度（组织）是次级动力（因变量）。这两种变量之间的关系在一定条件下角色会互换。

在各种因素合力的作用下，最终盐井的盐田以历经千年成为国内外少有的、不可复制的传统晒盐"活态文化遗产"。对盐井地方社会变迁的理解和认识，在一定程度上有利于我们掌握中央政权和边缘地区之间的互动关系，以及理解边缘地带的民族是如何融入国家体系中的。

目录

导 论 /1
    第一节 盐与早期部落社会……………………………… 1
    第二节 相关文献回顾…………………………………… 4
        一、盐业相关问题研究概况………………………… 4
        二、国内制盐技术史研究…………………………… 8
        三、西藏盐井盐业研究概述………………………… 10
        四、简要述评………………………………………… 13
    第三节 理论借鉴的来源………………………………… 15
        一、有关物的研究…………………………………… 15
        二、区域视野下有关西南地区物的流动研究…… 16
        三、考古学视野下的盐业研究……………………… 17
    第四节 本书的研究倾向………………………………… 19
        一、研究的基本思路………………………………… 19
        二、研究的立足点…………………………………… 21

第一章 澜沧江峡谷的营盐村落 /22
    第一节 晒盐的自然条件………………………………… 22
        一、地理、地质与气候……………………………… 22
        二、蒸发结晶的原理………………………………… 27
    第二节 滇藏茶马古道上的瞿关…………………………… 31
        一、曾经的民族走廊………………………………… 31
        二、村落布局与村民生计…………………………… 34
    第三节 盐场的基础设施………………………………… 38
        一、基础设施的要项………………………………… 39
        二、基础设施的维护………………………………… 49

第二章 制盐工具与制盐工艺 /55
    第一节 制盐工具………………………………………… 55
        一、与卤水相关的工具……………………………… 55
        二、与晒盐相关的工具……………………………… 58
    第二节 工艺流程………………………………………… 61

一、从汲卤到晒卤 ………………………………………………… 61
　　　二、从晒卤到收盐 ………………………………………………… 65
　第三节　劳动组织 …………………………………………………………… 67
　　　一、性别分工 ……………………………………………………… 67
　　　二、家户间的合作 ………………………………………………… 70

第三章　盐的交易状况/71

　第一节　交易规则 …………………………………………………………… 71
　　　一、衡制与衡器 …………………………………………………… 71
　　　二、新旧时期的盐价 ……………………………………………… 74
　　　三、交换中介 ……………………………………………………… 76
　第二节　交易方式 …………………………………………………………… 76
　　　一、直接交换 ……………………………………………………… 76
　　　二、间接交换 ……………………………………………………… 79
　第三节　人、盐、马帮 ……………………………………………………… 82
　　　一、盐粮交换 ……………………………………………………… 83
　　　二、马帮 …………………………………………………………… 89
　　　三、驮夫 …………………………………………………………… 94

第四章　吐蕃时期澜沧江流域及其周边的盐业/96

　第一节　澜沧江流域的盐泉与人类的活动 ………………………………… 96
　　　一、地质运动与盐泉的形成 ……………………………………… 97
　　　二、古羌南下与盐泉的利用 ……………………………………… 99
　第二节　吐蕃境内"炭取法"制盐技术分析 ……………………………… 104
　　　一、吐蕃东扩与盐池之战 ………………………………………… 105
　　　二、吐蕃制盐技术浅析 …………………………………………… 109
　　　三、明代以前盐井制盐技术探析 ………………………………… 114

第五章　土司制度下的盐业及税收/120

　第一节　木氏土司北扩及盐井的管理 ……………………………………… 120
　　　一、木氏土司北扩之过程 ………………………………………… 120
　　　二、木氏土司与盐井晒盐技术略述 ……………………………… 127
　　　三、木氏土司盐井的管理与税收 ………………………………… 132
　第二节　巴塘土司与盐井税收 ……………………………………………… 134
　　　一、巴塘土司源流 ………………………………………………… 135

二、盐井僧权对盐税的控制……………………………………… 142
　　三、政教联合及分税……………………………………………… 146

第六章　赵尔丰改土归流对盐业的影响/149
第一节　盐井改土归流经过……………………………………………… 149
　　一、清末川边改土归流的背景…………………………………… 149
　　二、僧俗之争："腊翁寺事件"及其影响………………………… 153
第二节　赵尔丰时期的盐业改革及其成效……………………………… 160
　　一、官盐局时期的盐业管理制度………………………………… 160
　　二、商盐局时期的盐业管理制度………………………………… 164
　　三、赵尔丰盐业管理时期盐税征收情况………………………… 167
　　四、改土归流时期盐税之积极作用……………………………… 170
第三节　赵尔丰时期盐井地方事务的管理……………………………… 174
　　一、人口统计及村寨管理………………………………………… 174
　　二、加强农牧酥油等基本税收…………………………………… 178

第七章　民国对盐业资源的调查/182
第一节　崔克信的盐井之行……………………………………………… 182
　　一、基于实证的科学描述………………………………………… 182
　　二、《盐井县之地质及盐产调查》要义…………………………… 184
第二节　盐业资源的觊觎者……………………………………………… 188
　　一、僧界代表人物………………………………………………… 189
　　二、俗界诸势力…………………………………………………… 193

第八章　新中国成立以来的盐井盐业概况/202
第一节　盐田所有制形式的变迁………………………………………… 202
　　一、盐井解放及地方僧俗势力的削弱…………………………… 202
　　二、国营盐场的成立和集体晒盐制的形成……………………… 204
　　三、家庭联产承包制的盐业生计………………………………… 207
第二节　加碘盐与非碘盐之争…………………………………………… 210
　　一、政府导向与加碘盐的发放…………………………………… 210
　　二、盐民的生存策略……………………………………………… 212
第三节　澜沧江流域水电开发与盐田保护……………………………… 217
　　一、古水水电站的建设与盐田的淹没…………………………… 217
　　二、呼吁与保护：文化资本的显现……………………………… 219

第四节　旅游开发与盐民的境遇⋯⋯⋯⋯⋯⋯⋯⋯⋯⋯⋯⋯　222
　　　　一、景区开发：文化资本的实现⋯⋯⋯⋯⋯⋯⋯⋯⋯⋯　222
　　　　二、传统晒盐业的未来⋯⋯⋯⋯⋯⋯⋯⋯⋯⋯⋯⋯⋯　225

第九章　三圈说：人、盐、古道/228
　　第一节　澜沧江畔的晒盐者⋯⋯⋯⋯⋯⋯⋯⋯⋯⋯⋯⋯⋯　229
　　　　一、女人晒盐，男人卖盐⋯⋯⋯⋯⋯⋯⋯⋯⋯⋯⋯⋯　229
　　　　二、生存、互动和繁衍⋯⋯⋯⋯⋯⋯⋯⋯⋯⋯⋯⋯⋯　236
　　第二节　盐井：滇藏贸易线上的重镇⋯⋯⋯⋯⋯⋯⋯⋯⋯　243
　　　　一、滇藏之间的古老民族通道⋯⋯⋯⋯⋯⋯⋯⋯⋯⋯　243
　　　　二、茶马古道上的盐井⋯⋯⋯⋯⋯⋯⋯⋯⋯⋯⋯⋯⋯　246
　　　　三、盐井同周边的交换关系⋯⋯⋯⋯⋯⋯⋯⋯⋯⋯⋯　249
　　第三节　明清以来盐井盐的销售圈⋯⋯⋯⋯⋯⋯⋯⋯⋯⋯　257
　　　　一、明清时期的盐井盐销路⋯⋯⋯⋯⋯⋯⋯⋯⋯⋯⋯　257
　　　　二、解放后盐井盐的销路⋯⋯⋯⋯⋯⋯⋯⋯⋯⋯⋯⋯　262

第十章　比较和讨论/265
　　　　一、模型的建构：动力和桎梏因素⋯⋯⋯⋯⋯⋯⋯⋯　265
　　　　二、模型在盐井盐业发展过程中的适用性⋯⋯⋯⋯⋯　267
　　　　三、结论⋯⋯⋯⋯⋯⋯⋯⋯⋯⋯⋯⋯⋯⋯⋯⋯⋯⋯　277

参考文献/282
附　　录/297
　　　　一、一则盐井卤水来源的传说⋯⋯⋯⋯⋯⋯⋯⋯⋯⋯　297
　　　　二、议定盐井商盐局章程（三十条）⋯⋯⋯⋯⋯⋯⋯　298
后　　记/301

附图表目录

图1-1　盐井在我国川、滇、藏三省（自治区）的位置 …………… 23
图1-2　盐井呈"S"形的峡谷（卫星俯视图） ………………………… 28
图1-3　盐井呈"S"形的峡谷（实景平视图） ………………………… 28
图1-4　盐井的村落布局 ……………………………………………… 35
图1-5　西岸的加达村盐田 …………………………………………… 39
图1-6　盐田分布状况 ………………………………………………… 40
图1-7　南眺下盐井村盐田 …………………………………………… 41
图1-8　东眺上盐井村盐田 …………………………………………… 42
图1-9　在陡峭的地势上修建盐田 …………………………………… 43
图1-10　窝形储卤池 …………………………………………………… 45
图1-11　加达盐民正在拆盐田 ………………………………………… 49
图1-12　加达村妇女在修盐田 ………………………………………… 50
图1-13　上盐井村的盐民在修建方形储卤池 ………………………… 51
图1-14　江水暴涨时被淹的卤水井 …………………………………… 52
图1-15　加达村民集体修建卤水井 …………………………………… 54
图2-1　卤水桶 ………………………………………………………… 56
图2-2　卤水桶尺寸 …………………………………………………… 56
图2-3　树皮桶 ………………………………………………………… 57
图2-4　树皮桶尺寸 …………………………………………………… 57
图2-5　木拍 …………………………………………………………… 58
图2-6　木制的刮盐板尺寸 …………………………………………… 59
图2-7　铁制的刮盐板 ………………………………………………… 59
图2-8　用竹篾编制的盐箕 …………………………………………… 59
图2-9　用车轮内胎制作的盐箕 ……………………………………… 59
图2-10　盐筐 …………………………………………………………… 60
图2-11　扫帚 …………………………………………………………… 60
图2-12　上盐井村的盐民在背运卤水 ………………………………… 62
图2-13　加达村的盐民在挑卤水 ……………………………………… 63
图2-14　卤水正在结晶的盐田 ………………………………………… 64
图2-15　下盐井村的妇女在收盐 ……………………………………… 65

图2-16	刮盐	66
图3-1	木斗	73
图3-2	盐民在挑选制盐工具	78
图3-3	盐和制盐工具的交换场景	78
图3-4	盐巴收购点	80
图3-5	盐井供销社	81
图3-6	邓登百货店	82
图3-7	盐井的交换圈及交换货物	84
图5-1	巴塘大土司（正宣抚司）的机构	140
图6-1	改土归流后盐井征收盐税章程	162
图6-2	清代宣统年间的盐井县全貌	175
图8-1	西藏政府给农牧民提供的免费加碘盐	212
图8-2	盐井工商所辖内经营地点的比例	215
图8-3	盐井工商所辖区内本地和外地注册资金的比例	215
图8-4	盐井历史文化展览馆外观	223
图8-5	盐井历史文化展览馆展示的部分盐井地方文献	224
图9-1	盐井盐向四周运输的路线和主要辐射范围	258
图10-1	煮海制盐	272
表1-1	盐场8月的风速和温度	29
表1-2	纳西民族乡所辖4个行政村的人口结构（2012年）	36
表4-1	德钦县纳古石棺葬发掘陶器统计情况	101
表5-1	历任巴塘正土司（大营官）	137
表5-2	历任巴塘副土司（二营官）	139
表5-3	盐井出家人情况	143
表6-1	宣统二年（1910年）和现在盐井盐的等级、盐价比较	167
表6-2	清末盐井盐税、驮数、产量比较	169
表6-3	宣统三年（1911年）盐井各区保正、村长姓名	176
表6-4	宣统二年（1910年）盐井各区征收粮税酥油情况统计	178
表7-1	白、红盐成分分析	184
表7-2	民国三十年（1941年）盐井盐田基本情况	185
表7-3	民国三十年（1941年）盐井盐产量分析	185
表7-4	民国四年（1915年）到民国二十一年（1932年）盐井的人口变化情况	195
表8-1	盐井工商所所辖个体户统计	214

表 9-1　清末盐井盐的产量、可供食用人口数、可交换的粮食
　　　　比较 …………………………………………………………… 238
表 9-2　盐井岗达寺基本情况 …………………………………… 242
表 10-1　传统制盐法优劣之比较 ………………………………… 266
表 10-2　数学模型的优劣分析 …………………………………… 267
表 10-3　清末至民国期间盐井周边人口统计 …………………… 270
表 10-4　盐井不同时期区域内的人口统计 ……………………… 270
表 10-5　各阶段盐井盐田的面积 ………………………………… 273
表 10-6　盐井不同时期盐民缴纳的盐税 ………………………… 275
表 10-7　明代煎盐法和晒盐法之比较 …………………………… 276

导　　论

在川、滇、藏交界的澜沧江峡谷主要生活着藏族、纳西族，在其东边的金沙江流域和西边的怒江流域，则除了藏族和纳西族，还有其他民族①。每一个民族都是由一些次级群体构成的。长期以来，这里的每个民族共同体及其次级群体都是自给自足的，由于剩余产品的出现和互通有无的需要，交换就发生在他们居住的边界。盐是一种特殊的交换媒介，长年累月地影响着各个群体的生活特性与生产方式，形成该地区居民的共同传承。可以说，盐推动了当地民族的产生，创造了当地的历史。

第一节　盐与早期部落社会

就人类社会而言，没有哪一种物质比盐更为重要、更具意义。明代宋应星在《天工开物》中谈到："辛酸甘苦经年绝一无恙，独食盐禁戒旬日，则缚鸡胜匹，倦怠恹然。岂非天一生水，而此味为生人生气之源哉。"② 著名藏学家任乃强也曾说道："人类各种动物，以至于原生动物，凡具新陈代谢之生理功能者，无不需要一定的盐分供给。愈高级至于人，需要之量愈多；苟完全脱离食盐（氯化钠），即不能活；不唯食欲为之衰退，排泄发生困难，即血液循环亦将发生奇变。牛、羊、马、鹿等草食兽，每牧至盐泉浸渍处，恒舐土不肯去。家畜消化不良时，微饲以盐，即能康复。……此生理之自然，非可以嗜好拟之也。"③ 可见，盐是人和动物不可或缺的物质，常被称之为"生命的食粮"④。不仅如此，盐在早期部族的定居、部落社会的发展乃至国家起源的整

---

① 金沙江东岸分布有彝族，怒江流域分布有怒族、独龙族、傈僳族等民族。
② 宋应星编著：《天公开物·作咸》，商务印书馆1933年版，第105页。
③ 任乃强：《说盐》，载《盐业史研究》1988年第1期。
④ ［法］皮埃尔·拉斯洛著：《盐：生命的食粮》，吴自选、胡方译，百花文艺出版社2004年版。

个过程中，均发挥着举足轻重的作用。以青藏高原而言，任乃强先生认为西藏东部的古老民族能停留在今天的昌都一带，和当地分布有丰富的盐泉不无关系。① 那么，早期的部落社会中，盐究竟充当什么样的角色？学者任桂园对三峡地区古老部落"巫国"进行论述时提到：

> "咸"字最为原始的意义，乃是表"人人皆需的食盐之味"，所谓"皆也、悉也"的意思，当由引申而来。而所谓"巫咸"，即是生活在宝山盐泉涌流之地的一个部落首领的名称，同时这位首领的名称，也成为该部落以及该部落所在地域的总的名称……关键在于他（首领）和他的部落掌握了涌流不绝的宝山盐泉。有了足够的经济资本，自当称雄一方，成为该地域范围内众多部落联盟的首领。②

以上任桂园的论述表明：盐和一个部落社会的形成与发展有着密切联系，部落联盟的首领掌控盐资源后可为其加强权力控制增加砝码。按《尚书·禹贡》所载"海岱惟青州……厥土白坟，海滨广斥。厥田惟上下，厥赋中上。厥贡盐、绨，海物惟错"③ 可知，盐在当时已是重要的贡品，较为稀缺，拥有盐是权力的一种象征；从盐的进贡和接纳这一过程来看，已出现社会等级现象。显然，部落首领通过掌握制盐技术，拥有经济资本，以此树立权威，获得统治权力。

据学者研究，商周及之前曾在渝东、鄂西一带活跃的巫、巴、蜀等部落民族，对早期川西一带盐的发现、制作和运输颇有贡献。④ 任乃强指出："人类文化，总是首先从产盐地方发展起来，并随着食盐的生产和运销，扩展其文化领域。文化领域扩展的速度，殆与地理条件和社会条件是否有利于食盐运销的程度成正比例。起码，在17世纪以前，整个世界历史，都不能摆脱这三条基本规律。"⑤ 盐一度是人类文明进程中的重要资源，以盐为核心的区域文化的形成是人类文明进程中的一项重要内容。

何国强指出："我们生活在一个资源有限的世界，政治活动的目的就是获取资源。"⑥ 的确，在有关早期国家形成的学说中，冲突论占据了一席之地，

---

① 参见任乃强著《羌族源流探源》，重庆出版社1984年版，第16页。
② 任桂园著：《从远古走向现代——长江三峡地区盐业发展史研究》，巴蜀书社2006年版，第74～75页。
③ 王世舜：《尚书译注》，四川人民出版社1982年版，第49页。
④ 参见任乃强著《四川上古史新探》，四川人民出版社1986年版。
⑤ 常璩撰：《华阳国志校补图注》，任乃强校注，上海古籍出版社1987年版，第52页。
⑥ 何国强著：《政治人类学通论》，云南大学出版社2011年版，第58页。

其观点是精英者对资源的占有,导致权力的集中,从而推动国家的形成。学者指出,美洲大陆上几乎各个文明中心的建立均与盐业生产有关,玛雅文明的孕育正是建立在盐的生产和贸易上。① 显然,该观点对于揭开区域文明的历史是有帮助的。刘星灿、刘莉等在其《解盐与中国早期国家的形成》一文中,通过对山西河东盐池相关历史文献的解读,结合考古学分析,认为"至迟公元两千纪中期,河东盐池的盐业生产和分配已经有国家介入了,这一政策也许是和国家起源同时诞生的。换句话说,食盐官营是中国早期实行的政治策略之一,它有助于早期国家的集权和扩张"②。

20世纪20年代考古学传入中国后,将中国的复杂社会于何时何地、以何种方式形成的话题作为考古学研究重点的对象。不少西方学者对新石器时期晚期及青铜时代的黄河谷地的集权制邦国和国家扩张的形成过程产生了兴趣。③这一过程传统上被认为是中华文明和相邻区域文明的核心。④ 付罗文(Rowan K. Flad)在《中国古代盐业生产和社会分层:三峡专业化考古调查》(*Salt Production and Social Hierarchy in Ancient China：An Archaeological Investigation of Specialization in China's Three Gorges*)中提出:为检验在中国涌现的社会复杂性,必须探究的关键因素是社会成员相互依赖以及他们卷入权力分层关系的程度。在这一过程中,经济上的专门化分工起到了重要的作用。在该文中,他挑战了传统观点。传统观点认为,当专门化生产被新晋的社会中层精英当作获得财富积累的一种策略时,这将涉及具有象征性商品的生产。付罗文则认为,事实上产品应当放在具体的消费情景中理解(比如,盐就是一种较为特殊的产品——笔者所加),许多对社会分层起重要作用的专门化生产的商品都显现出本体论上的多样性,盐就是这样的一种产品。盐业专门化生产的增长和青铜时期华中地区不断发展的社会复杂程度联系密切。付罗文还对科斯廷(Costin)提出的模型进行了改造,提出分析社会专门化生产的不同层面的的模型。该模型主要描述生产过程的交叉因素,包括了强度、集中程度、规模、工人间的关系以及生产语境,其目的是为了厘清生产体系中的不同方面,以便掌握生产的

---

① 参见[美]戴尔·布朗主编《辉煌、瑰丽的玛雅》,张燕译,华夏出版社2002年版。
② 陈星灿、刘莉、赵春燕:《解盐与中国早期国家的形成》,见李水城、罗泰主编《中国盐业考古(第2集)——国际视野下的比较研究》,科学出版社2010年版,第64页。
③ Chang, Kwang-chih. *The Archaeology of ancient China*. New Haven：Yale University Press, 1986. Creel Herrlee. *The Origins of Satecraft in China：The Western Chou Empire*. Chicago：University of Chicago Press, 1970. Li Liu. *The Chinese Neolithic：Trajectories to Early State*. Cambridge：Cambridge University Press, 2004.
④ Nelson Sarah M. "Ideology and the Formation of Early State in Northeast China". In：Classen H J and Oosten J G eds. *Ideology and the Formation of Early State*. Hague：Brill, 1996. pp. 153～169.

社会因素。①

通过对中坝遗址的考古学分析，付罗文认为在早期的青铜时代，并没有明显的社会阶级现象出现，但是，相关的仪式性占卜活动已经被少部分人控制，被这一新晋的精英阶层当作管理盐业生产和分配的策略，而他们的权威所依赖的是对仪式知识和占卜的控制。② 这和古德利耶（Maurice Godelier）在巴鲁亚部落社会研究的情况如出一辙，巴鲁亚部落的盐并不是从海水或盐矿中获取，而是从一种植物中提取。制盐的过程是复杂的，因此，这项技术仅被少部分掌握巫术和技术出色的专家所掌控。③ 对资源的掌控将引起社会分层的刺激，以致政治权力层随之发生调整。因为，围绕盐业技术的掌握，盐的运销和分配均涉及权力的博弈关系。

早期部落之间围绕盐泉或盐池的争夺比比皆是。在唐代，中央王朝和吐蕃、南诏在定筰（盐源）一度为了盐池争战多年。唐开元、天宝年间，爨氏集团、南诏、唐王朝三方势力在安宁（今昆明安宁市）盐井的争夺最为激烈。④ 大理国时期，段氏分封他的贵族世守各地，其中的孙氏、袁氏、高氏在安宁城不断争夺盐池，导致地方社会的权力秩序不断更迭。⑤ 在藏族著名史诗《格萨尔王传》中的《保卫盐田》，正是描述两个部落争夺盐泉的传说，背景是岭国（部落）的盐田被姜国发现后，发动了侵占盐池的战争。

第二节　相关文献回顾

一、盐业相关问题研究概况

在中国乃至世界历史上，盐有其独特的地位和功能。因此，各国盐业相关问题的研究成果可谓汗牛充栋。人类制盐起源于何时，至今学术界并无定论。

---

① Rowan K. Flad. *Salt Production and Social Hierarchy in Ancient China: An Archaeological Investigation of Specialization in China's Three Gorges*. Cambridge: Cambridge University Press, 2011. pp. 1～2.

② Rowan K. Flad. *Salt Production and Social Hierarchy in Ancient China: An Archaeological Investigation of Specialization in China's Three Gorges*. Cambridge: Cambridge University Press, 2011. p4.

③ Maurice Godelier. *Perspectives in Marxist Anthropology*. Translated by Robert Brain. Cambridge: Cambridge University Press, 1977. pp. 132～140.

④ 参见李何春《唐代吐蕃和南诏的制盐技术比较分析——兼论吐蕃东扩之原因》，载《云南民族大学学报》2015 年第 5 期。

⑤ 参见赵敏著《隐存的白金时代——洱海区域盐井文化研究》，云南人民出版社 2011 年版，第 50～51 页。

明代旧志载："考盐名，始于禹，然以为贡，非以为利也，至周始与民共利之。"① 有学者认为丘濬的观点来源于《禹贡》，尽管《禹贡》被认为是地方志方面的经典之作，但是其所描述的内容和时空的确定上，还需进一步考证。夏时并无文字，是否已经有盐出现，则不得而知。殷商有甲骨文，但未确定有"盐"字出现。② 又据汉代许慎所著《说文解字》中出现"盐"字时说盐"卤也，天生曰卤，人生曰盐。从卤，监声"。看来这个时候的"卤"和"盐"已经被区分开来，天然形成的盐水称之为"卤"，经过人类加工后称之为"盐"。不过人类开始利用天然的卤水的历史，应该可以推至新石器时代。

有关中国古代国家对盐业生产、流通和分配的控制，一般认为始于春秋时期齐国的管仲，他是早期政府控制食盐专卖制度的创始人。③ 长期以来，中原文明都有编史的传统，因此可知中国盐业文化源远流长。学者认为，中国的制造业当中，盐业相关的文献记录相当可观，除了农业和纺织业可与之相比外，其他行业均无法与之比较。④ 因此，有关盐业的研究情况无法一一进行论述。⑤ 从已有的研究成果来看，盐业的相关问题研究主要涉及两个领域：一是以自然科学为主体的化工制盐技术研究；二是人文社会科学对盐业及相关问题进行研究。

从化工制盐技术的相关研究情况来看，主要涉及两个方面。

（1）化工制盐技术在工业原料生产上的应用。盐是化工技术中的重要原料，可进一步制成钠、碳酸钠、碳酸氢钠、小苏打、苛性钠、氢氧化钠和盐酸，而这些产品可广泛应用到国民经济中的各个部门，对人们的生产和生活都有极大的影响。因此，如何提高工业用盐的技术成为自然科学领域关注的问题。此外，随着人口增长、盐的消费总量不断增加，化工技术还关注如何提高不同种类生活用盐的技术水平。前者在研究方面主要通过化学工艺提高资源的利用率，如《盐业化学工艺学》⑥一书分两个部分讨论化学制盐工艺，第一部分讨论了海盐、湖盐、岩盐的制盐过程以及天然卤水通过几道加工程序制成

---

① 丘濬编：《盐法考略》，中华书局1985年版，第2页。
② 参见国务院三峡工程建设委员会办公室《峡江地区考古学文化的互动与诸要素的适应性研究》，科学出版社2009年版，第312页。
③ 参见陈星灿、刘莉、赵春燕《解盐与中国早期国家的形成》，载李水城、罗泰主编《中国盐业考古（第2集）——国际视野下的比较研究》，科学出版社2010年版，第62页。
④ 参见［德］傅汉斯《从煎晒到暴晒——再谈帝国时代的中国海盐生产技术》，林圭侦译，见李水城、罗泰主编《中国盐业考古（第2集）——国际视野下的比较观察》，科学出版社2010年版，第20页。
⑤ 对盐业相关研究的文献综述见吴海波和曾凡英著《中国盐业史学术研究一百年》，巴蜀书社2010年版。该著作系统介绍了自1909以来近100年来中国盐业史研究的相关主题和内容。
⑥ 北京轻工业学院主编：《盐业化学工艺学》，中国财政经济出版社1962年版。

盐；第二部分运用了化学的元素含量分析和提取法来讨论各种卤水资源如何有效地综合利用，这方面的成果较多，包括《海水制盐工艺学》《制盐与苦卤工业》《加锰晒盐法》《制盐技术》《海盐工艺设计》等著作，均基于化工理论来探讨基于精密仪器的机械化操纵下如何提高工业用盐的效率。类似的文献还有很多，基于本书的研究方向是传统制盐技术，相关性不大，因此不再冗述。

（2）依赖仪器、设备进行地质层的成盐过程、盐的纯度、各种成分的比例的技术性测定分析。这包括化学实验分析研究和地层地质分析。化学实验分析是通过将卤水取样进行实验分析，得出卤水中诸如水分、不溶物、铁铝氯化物、硫酸钙、硫酸镁、硫酸钠、氯化钠等成分的比例。例如，崔克信在《盐井县之地质及盐产调查》[①] 一文中正是利用化学试剂测定盐井卤水中上述各种成分的比例。而对于地质学研究而言，主要通过盐泉中同位素特征示踪研究来得出地层中卤水成盐过程。目前将此法应用在分析西藏盐井盐成盐过程的文章有《西藏盐井地区盐泉同位素特征示踪研究》[②] 一文。

总体看来，化工技术对本书的研究有以下启发和意义：一是化学元素分析法对卤水和成盐的分析，利于人们在研究盐业过程中，准确把握盐的纯度，而盐的纯度直接同产量和效率相关，盐的纯度又将影响到人们对盐的接受程度。成盐过程的分析，指导人们通过地势、岩层来掌握盐的整个补给系统，以此掌握传统盐业产盐所必需的地理环境。二是现代技术水平和制盐工序是原有的传统技术的升华和发展，因此二者具有继承性和相似性。此外，食盐产量和人口总量有直接关系，直接体现在市场和生产者之间的供求关系上。

人文社会科学对盐业的研究以历史学为主，政治经济学次之，考古学有部分涉及，人类学和民族学研究最弱。总结中国100年来有关盐业的研究成果，主要涉及八个方面：私盐问题研究、盐商问题研究、盐业制度改革问题研究、盐业人物研究、食盐专卖问题研究、盐的利润问题研究、盐的消费情况问题研究和盐与地方社会的问题研究。在这八大研究主题中，盐业制度改革问题研究、私盐问题研究、食盐专卖问题研究和食盐与地方社会的问题研究等领域，无疑是盐业研究的重头戏。一般而言，历史学研究有关盐业的盐政、盐法、专卖、私盐、盐业改革、盐业人物、盐产地、盐商等较宏观的问题。政治经济学则主要研究盐法、盐政、盐的专卖、盐税改革、盐的利润、盐的消费、盐与地方社会、盐与资本主义的萌芽等中观问题。文学艺术学主要进行与盐相关的事件、人物、制盐的工具、构造、制盐户的建筑风格、雕像等美学研究，包括了

---

① 崔克信：《盐井县之地质及盐产调查》，载《西康经济季刊》1944年第8期。
② 漆继红、许模、张强、覃礼貌：《西藏盐井地区盐泉同位素特征示踪研究》，载《地球与环境》2008年第3期。

旅游者的记录、回忆、游记等。

相比较而言，人类学（民族学）的研究主要通过微观视角分析盐与当地社会的生活、习俗、精神、族群互动、贸易往来等问题。考古学则通过考古发掘的手段，对器物的分析、归类、推演，来重构历史，为其他学科研究这一方面的内容提供资料，特别在缺乏文献记载的区域，如有考古发掘提供证据，会大大加强论证的力度和提高论证的可信度。由于历史学研究盐业相关问题的著作多，涉及的范围广，吴海波和曾凡英在《中国盐业史学术研究一百年》中对中外研究中国盐业自1909年到2008年的论文和著作进行了分门别类的介绍，因此有关具体研究情况，无须冗述。不过，还需指出各门研究盐的学科也存在交叉关系，未必严格遵守学科界限。

从研究的对象来看，可分为井盐、海盐、岩盐，如果再做细分，可分为井盐、海盐、池盐、湖盐和岩盐。井盐主要分布在云南、四川（包括现在的重庆），海盐主要分布在中国沿海一带，池盐和湖盐分布在藏北、青海、新疆、内蒙古等西北部地区，岩盐却分布比较少。傅汉斯综合学者的观点后认为，在帝国时期的中国传统盐业，山西的解州盐湖是中国食盐10%～15%的来源地，四川和云南的井盐则占5%左右，80%～85%的食盐则是来源于海盐。[①] 从技术研究来看，主要围绕井盐技术、海盐的晒盐技术来展开，井盐制盐技术中当属川盐的钻井技术较为重要，池盐国内较少利用，研究相对薄弱。

从研究的历史时期来看，主要集中在汉代、唐代、宋代、明代和清代，这是因为这几个朝代推行盐业改革制度的成效较为显著。从研究的专题来看，主要集中于私盐问题研究、食盐专卖研究、食盐场地研究、盐业人物研究和官商关系研究等问题。此外，还有一些特殊方面的研究。比如，姜涛认为中国人均每年的用盐量在10斤[②]；姜道章在《中国清朝盐的消费》[③] 一文中，就我国不同地区的每年人均的食盐消费量进行了比较分析。据其估计，在"清时，中国人均每年所需的食盐量为13斤。华南、华中因气候湿润，出汗较多，对盐的需求极高，其平均数为14斤；西南地区则为13斤；华北地区因气候干燥且北方人食肉较多，需盐量较少，平均每人每年为12斤"[④]。姜氏的这一估算结果并不一定准确，但我们依然可以认为，它为后人研究不同地区的食盐消费问

---

① 参见［德］傅汉斯《从煎晒到暴晒——再谈帝国时代的中国海盐生产技术》，林圭侦译，见李水城、罗泰主编《中国盐业考古（第2集）——国际视野下的比较观察》，科学出版社2010年版，第20页。

② 参见姜涛《食盐与人口》，载《中国经济史研究》1994年第3期。1斤=500克。

③ Ching Tao-chang. "Salt Consumption in Ch'ing China", *Nangyang university Journal*, 1974～1975, v. 8&9.

④ 引自吴海波、曾凡英著《中国盐业史学术研究一百年》，巴蜀书社2010年版，第196页。

题提供了一个非常重要的参考点。例如,李中清利用人均每年消耗的食盐量来估算清代云南的人口。①

二、国内制盐技术史研究

研究中国制盐技术史是国内盐文化研究的重要部分。其中,海盐生产占较大比例,湖盐生产次之,井盐生产又次之。此与技术难度的递增有关,技术越难,越考验劳动者的智慧,对研究者来说难度也会增加。下面的论述围绕海盐、井盐的制盐技术史展开。

海盐是最古老的盐种,《说文》里记载"古宿沙初作煮海为盐",这种说法仅限于传说,并无根据。但是,到商代已经确定,盐已经作为一种必需的调料品出现。白广美在《中国古代海盐生产考》一文中认为海盐的制盐法主要有直接煎盐法、淋卤煎盐法两种,晒盐法是元代发展起来的。此文同时指出,学者往往忽视了直接煎盐法,其依据是《煮海制盐图》所提供的场景,即盐丁用长柄勺将海水倒入木桶中,另外两人负责将海水运至锅灶上方的水池,灶口则有人负责添加柴火,旁边有人不断将锅中的结晶的食盐铲至缸内,另有数人将盐送往盐仓储存,该法一直使用到宋代。②但是傅汉斯则提出《煮海制盐图》所表现出来的内容不一定真实。他认为"这些混乱不清的描绘也有可能是由于绘画者不了解海盐真正的生产情形所致"③。二者的观点均有一定道理,问题的结点在于煮盐之前是否已经有一道浓缩卤水的工序。傅汉斯对此引用了《南史·张融传》的《海赋》④ 一诗的内容,以此说明5世纪的时候海盐的制作是经海沙过滤后制成浓度高的卤水,然后再进行煎卤,以此获得食盐。此外,朱金林在《对〈中国古代海盐生产考〉的几点浅见》一文中同意白广美的观点,只是认为从直接煎盐发展到淋卤煎盐法,时间划界上可将此法推至唐代。⑤

对淋卤煎盐法的概说,学者基本上认同存在两种相似的方法,即"刮灰淋卤"和"晒灰淋卤"。傅汉斯强调"或用灰,或用沙、土淋滤制作浓卤水,

---

① 参见李中清《明清时期中国西南的经济发展和人口增长》,见《清史论丛》(第5辑),中华书局1984年版,第70~71页。

② 参见白广美《中国古代海盐生产考》,载《盐业史研究》1988年第1期。

③ [德]傅汉斯:《从煎晒到暴晒——再谈帝国时代的中国海盐生产技术》,林圭侦译,载李水城、罗泰主编《中国盐业考古(第2集)——国际视野下的比较观察》,科学出版社2010年版,第22页。

④ 其四句诗是"漉沙构白,熬波出素;积雪中春,飞霜署路"。见[唐]李延寿撰:《南史》,中华书局1975年版,第833页。

⑤ 参见朱金林《对〈中国古代海盐生产考〉的几点浅见》,载《盐业史研究》1991年第2期。

目的都是为了在熬盐的过程中节省燃料"①，由此看来，早期的煎煮海水较关心燃料的来源和成本，于是傅汉斯对传统的海盐分段制盐法提出了新的见解，认为在煎煮海水之后，出现了浇淋与暴晒结合的阶段。该阶段可以对传统制造卤水的方法加以保留，只在最后阶段才将卤水放入池中或便于携带的木盘中暴晒。经过该阶段的发展，最终形成了在水池中分段蒸晒卤水的技术，分段池中的海水起到了浓缩卤水的作用，而基本上放弃了木柴的使用。这种方法，史料中的记载是出现于 16 世纪福建、长芦等盐场，但或许在更早的时代就已经被使用了。②

有关晒盐法的起源，各有说法，大体有宋元以前说、宋元说、明代说三种。白广美依据元代官修《大元圣政国朝典章》所载"（福建运司）所辖十场，除煎四场外，晒盐六场。所办课程全凭日色晒曝成盐，色与净砂无异，名曰砂盐"，又《元史·食货志》"福建之盐，……至顺元年（公元 1330 年），实办课三十八万七千七百八十三锭。其工本钞，煎盐每引递增至二十贯，晒盐每引至一十七贯四钱。所隶之场有七"，认为中国的晒盐法起源于元时期的福建盐场。③ 林树涵则在前人研究的基础上肯定在南宋前期，在福建海盐一带已经使用晒盐法的观点。④ 傅汉斯则认为，日晒法在明代才被福建盐产区广泛使用，并逐渐扩大到两淮、两浙、广东、长芦、山东等地。⑤ 综上所述，晒盐法并非是最传统的制盐方法，而是经历了漫长的发展之后才形成的，这种制盐技术明代时已经在全国推广开来。

井盐，普遍使用煎煮法。吐蕃统一青藏高原以前，高原东南部的民族使用炭取法制盐，有书为证："白摩沙夷有盐池，积薪，以齐水灌，而后焚之，成盐"⑥；"越巂先烧炭，以盐井水泼炭，刮取盐"⑦；"昆明城有大盐池，比陷吐

---

① ［德］傅汉斯：《从煎晒到暴晒——再谈帝国时代的中国海盐生产技术》，林圭侦译，见李水城、罗泰主编《中国盐业考古（第 2 集）——国际视野下的比较观察》，科学出版社 2010 年版，第 24 页。
② 参见［德］傅汉斯《从煎晒到暴晒——再谈帝国时代的中国海盐生产技术》，林圭侦译，见李水城、罗泰主编《中国盐业考古（第 2 集）——国际视野下的比较观察》，科学出版社 2010 年版，第 28 页。
③ 参见白广美《中国古代海盐生产考》，载《盐业史研究》1988 年第 1 期。
④ 参见林树涵《中国海盐生产史上三次重大技术革新》，载《中国科技史料》1992 年第 13 期。
⑤ 参见［德］傅汉斯《从煎晒到暴晒——再谈帝国时代的中国海盐生产技术》，林圭侦译，见李水城、罗泰主编《中国盐业考古（第 2 集）——国际视野下的比较观察》，科学出版社 2010 年版，第 22 页。
⑥ 常璩：《华阳国志·定筰》，齐鲁书社 2010 年版，第 42 页。
⑦ 李膺：《益州记》，此文转引自（北宋）李昉等编《太平御览·卷八六五》，中华书局 1960 年版。

蕃。蕃中不解煮法，以咸池水沃柴上，以火焚柴成炭，即于炭上掠取盐也"①。以上三处地名中"白摩沙"和"昆明"指同一地方，即今四川省盐源县和云南省宁蒗县相交的地带；"越巂"指今四川省西昌市，与盐源县较近，应为同一范围，该地过去为炯族世居，生产习俗为将木柴放在盐水中浸泡，然后将木柴烧成炭，刮取炭表面的结晶盐。这表明当地人当时还未知内地的煎煮法，由此推及当时的盐井在技术上应同例。

井盐制盐技术当以川盐最为发达，这表现在两个方面：一是井盐的钻井技术，这是 11 世纪中叶前后中国盐业技术史上的一大发明。19 世纪初期，川盐的钻井深度可达 800～1000 米，而此时欧洲的钻井技术还很难突破 200 米的深度。② 二是将天然气运用到煮盐过程当中，这项技术可以追溯至 3 世纪，到魏晋之后中断，到了明代开始恢复使用。这项技术对推动盐业生产起到了积极作用。③

西藏盐井盐在制盐技术上采用的是风吹日晒法，而卤水的获取则是采用传统的钻井法。这种现象不仅在国内少见，在国外也鲜有例子。应该说，盐井盐是海盐和井盐传统文化的一种结合。

三、西藏盐井盐业研究概述

（一）史料和方志的记载

最早系统描述盐井概况的地方文献，当属段鹏瑞于宣统元年（1909 年）所著的《巴塘盐井乡土地理志》，又称《巴塘盐井乡土志》或《盐井乡土志》④，该书被称为是西藏唯一的一部乡土志。该志目录中设有"盐田"一节，对盐田的基本情况、分类、产区和晒法均做了论述，但均未涉及税收和运销。此后，金飞在对盐井做了一定调查的基础上著有《盐井县考》⑤ 一文，于 1931 年发表在《边政》上，但调查过程及写作时间不详。该文内容主要包括盐井的山川形势、来源及质点、制法及操作、民情及销路四个部分，文后附有

---

① 樊绰：《蛮书》，向达校注，中华书局 1962 年版，第 96 页。
② 参见［德］傅汉斯《从煎晒到暴晒——再谈帝国时代的中国海盐生产技术》，林圭侦译，见李水城、罗泰主编《中国盐业考古（第 2 集）——国际视野下的比较观察》，科学出版社 2010 年版，第 22 页。
③ 参见张学君、冉光荣著《明清四川井盐史稿》，四川人民出版社 1984 年版，第 68～70 页。
④ 段鹏瑞：《巴塘盐井乡土志》，国家图书馆宣统二年（1910 年）铅印本，按段鹏瑞在自序中所言，完成于宣统元年十二月。该乡土志在收入《中国地方志集成·西藏府县志》时，吴丰培建议去掉"巴塘"二字，理由是"今巴塘属川，盐井属藏，不相隶属，故改用今名，以免相混"。见《中国地方志集成·西藏府县志》，巴蜀书社 1995 年版，第 424 页。
⑤ 金飞：《盐井县考》，载《边政》1931 年第 8 期。

1910年边军所规定的《盐井初办捆商时变通规则及议定盐价》六条的内容。文章着重分析了盐业的基本概况，卤水井、盐池、盐田、运销、缉私均在列，基本反映了清末民初这一时间段内盐业的基本情况。除此之外，当属《清末川滇边务档案资料》①中收集了改土归流中涉及盐井地方事务的一些奏折和电文，主要记录了有关赵尔丰川边改土归流时期收复盐井、进行盐业改革、税收等方面的内容。此后有《盐井县纪要》②一文于1931年发表在《边政》上，作者和写作的时间均不详，作者试图套用志书，罗列了沿革、山川、交通、学制、税制、币制、礼俗、户口等项目，但仅在税制中谈及民国初期时盐井的盐税情况。除此之外，民国期间的《西康公报》《西康经济季刊》《新西康月刊（南京）》《新亚细亚》《论盐丛报》等③刊物发表了有关盐井的盐业、盐税和地方管理的文章。这些文章，多被研究盐井的学者们所遗漏。

（二）有关盐井的专门性论述

民国三十年（1941年），尽管时局动荡，但崔克信仍然冒着生命危险，跟随着从巴塘来盐井驮盐的马帮来到盐井，乔装成商人在盐井进行了为期17天（实际只有15天左右）的调查，著有《盐井县之地质与盐产调查》④一文，从地质学的角度论述了盐井盐成盐的因素及各种矿物质含量的比例。此外，就盐的有关生产技术、组织、产销、交通以及盐井盐技术层面上存在的不足进行了论述，并提供了相关建议。这对于从技术的角度探讨盐井盐业生产提供了重要的依据。可惜的是，由于专业角度的局限，崔氏并没有关注物质生产背后的生产关系。此外，受时局影响，未能做详细的调查，因此他的研究从客观层面上讲存在一定的不足。需要指出的是，该文献长期以来为后人所忽视，包括那些从事盐井专门性论述的学者，如冉光荣、朱霞、李晓岑、陶宏、黄健、吴成立、江洋等人。此后，人们开始关注用考古学的方法对其进行研究。例如，2010年由西藏自治区文物保护研究所、陕西省考古研究院、四川省考古研究院三家单位联合对盐井进行了考古学调查，发表了《西藏自治区昌都地区芒康县盐井盐田调查报告》⑤一文。该文主要对盐业生产的生产工具和制盐设施

---

① 四川省民族研究所、《清末川滇边务档案史料》编写组编：《清末川滇边务档案史料》（上、中、下三册），中华书局1989年版。
② 佚名：《盐井县纪要》，载《边政》1931年第6期。
③ 《夷务：西康盐井县知事呈军部收复河西加该欧曲村夷众就抚情形由》，载《边政公报》1929年第2期；《西康消息：各县通讯——盐井县县署办理二十年度户口统计县已竣事》，载《西康公报》1932年第42期；《纪事二：各县区纪事：西康：盐井县盐务之整理》，载《谈盐丛报》1931年第27期。
④ 崔克信：《盐井县之地质及盐产调查》，载《西康经济季刊》1944年第8期。
⑤ 西藏自治区文物保护研究所、陕西省考古研究院、四川省考古研究院：《西藏自治区昌都地区芒康县盐井盐田调查报告》，载《南方文物》2010年第1期。

冉光荣的《清末民初四川盐井县井盐生产述略》①一文，主要通过对历史文献的解读试图论述盐井（此处的"盐井"就是现在的西藏芒康县盐井乡）的盐业生产，对于文献史料相对缺乏的盐井而言，要进行盐业相关问题的研究，实属不易。作者进行了四个方面的论述：①盐井县及盐井、盐厢（盐田）概况；②官盐局时期；③盐商局时期；④井盐业的积极作用。在前人文献记载的基础上，作者指出盐井盐对整个康区的开发具有积极而特殊的功能，是其他地区的井盐，乃至海盐、池（湖）盐难以企及的。作者得出的结论是，盐井盐的存在增加边务经费，并带动了赋税制度的推行；盐井盐支持了四川铸银元、铜元在西藏的流通，抵制了印度卢比的使用范围，维护了中国在金融领域中的主权地位；盐井盐的量衡制度有助于标准度量衡器的推广；盐井盐的流通增进了察隅地区珞巴人、僜人和藏、汉等民族之间的了解和团结。但是，冉氏的研究有明显的不足之处，具体表现在：①整个论述所使用的材料多来自盐井的地方志，未亲自到盐井进行实地调查，其结果是，他在有些问题的看法上带有片面性。②冉先生着重论述的是赵尔丰改土归流前后的盐业情况，未对寺院和土司制度下的盐业情况以及民国期间的盐业相关情况进行论述，最终导致看待盐井盐业的视角仅停留在改土归流，但是从历史节点来看，赵尔丰掌握盐井权力的时间未超过5年，要客观了解盐井盐业，显然需要了解不同历史时期的盐业状况。

21世纪初期，民族学、人类学等学科的学者纷纷踏入西藏东部这片原本神秘的土地，试图揭开该区域各民族文化的面纱。随着学术界越来越关注西南地区有关盐业相关问题的研究，围绕盐的生产技术、盐的运销与地方社会之间的互动关系，出现了2篇硕士学位论文和2篇博士学位论文。2篇博士学位论文②均以云南西部云龙县境内的诺邓盐场为研究对象，前者论述盐业生产同民俗的关系；后者从历史人类学的视角关注诺邓盐场在特定历史场景中的文化图像，以及围绕盐，诺邓如何同地方、国家发生关系。其中2篇硕士学位论文均研究西藏盐井的生产技术和地方文化。吴成立的《西藏芒康县纳西民族乡盐文化研究》③作为一篇学位论文，从文化的视角围绕盐业论述了技术、销售、税收以及习俗等方面的内容，还就井盐与海盐、池盐、湖盐进行比较。该研究

---

① 冉光荣：《清末民初四川盐井县井盐生产述略》，见彭泽益、王仁远主编《中国盐业史国际学术讨论会论文集》，四川人民出版社1991年版，第354～370页。
② 舒瑜著：《微"盐"大义——云南诺邓盐业的历史人类学考察》，世界图书出版公司2010年版；朱霞著：《云南诺邓井盐生产民俗研究》，云南人民出版社2009年版。
③ 吴成立：《西藏芒康县纳西民族乡盐文化研究》，中山大学社会学与人类学学院硕士学位论文，2009年。

收集到一定的历史文献，试图对盐井的盐文化进行建构。总体看来，文章内容丰满、面面俱到，但存在的问题也不少，除忽视了一些重要文献之外，论述并不深入，有隔靴搔痒之嫌。而江洋的硕士学位论文《西藏盐井纳西族盐业生计方式的传统与变迁》①，仅从内容来看，就比前者逊色得多，篇幅仅有前者的三分之一；作者选择的调查点单一，未能覆盖整个盐井的制盐村落，何况3个制盐村还存在一定的文化和制盐细节上的差异。

诸如此类分析西藏盐井盐文化的文章，包括以游记形式出现的报道，数量不少，虽让我们看到盐井文化的特殊性，但明显缺乏系统性和全面性的学理分析，很难上升到"整体观"视角的理论研究，更谈不上和中外盐业文化进行对话。整体上，西藏盐井盐业相关问题研究凤毛麟角：第一，没有专著的出现，缺乏系统性研究；第二，学界发表的有关西藏盐业的论文，除冉光荣的《清末民初四川盐井县盐井盐生产述略》② 一文之外，目前对盐井盐业的研究多停留在表面的描述，未能抓住事物本质，且多出自旅游者或文学艺术爱好者之手，未能分析盐背后的人物关系，更谈不上有系统研究，有种"身在庐山，却不见庐山真面目"之感觉。③

四、简要述评

总体看来，中国盐业相关问题研究成果丰富，据学者统计：出版著作150余部、发表1500余篇论文，硕士学位论文40篇，博士学位论文12篇。④ 这些成果从研究的学科来看，主要集中在历史学、政治经济学。经各学科的努力，有了一定的研究成效；主要涉及了有关盐的盐政、盐法、盐商、盐税、食盐生产技术和运销（专卖）等宏观问题。整体看来，主要围绕食盐产量丰富的地区，多进行历史文献梳理；观点有冲突，但也达成了一定的共识，即都承认盐作为人类的生存必需品，对国家政权的实施和稳定有重要意义，且盐业长期以来受国家强制力操控。不过，中国盐业研究依然还存在一些不足，主要表现在以下几个方面。

从研究学科来看，缺乏民族志作品出版。尽管研究中国盐业史的论文、论著、史料，可谓不胜枚举，但是不得不承认，研究领域主要集中在历史学、政

---

① 江洋：《西藏盐井纳西族盐业生计方式的传统与变迁》，云南大学民族研究院硕士学位论文，2011年。

② 盐井当时归四川巴塘所辖，现在属于西藏芒康县所辖的纳西民族乡。

③ 这个时期的调查成果主要有陶宏：《茶马古道上的盐务重镇——盐井乡》，载《中国文化遗产》2005年第5期；朱霞、李晓岑：《西藏自治区芒康县盐井镇的井盐生产》，载《中国藏学》2007年第3期；陶宏、黄健：《西藏芒康县盐井乡盐业研究》，载《盐业史研究》2002年第4期。

④ 参见吴海波、曾凡英著《中国盐业史学术研究一百年》，巴蜀书社2010年版。

治学、经济学等传统学科。对此，学者指出，除了传统的文、史、哲、经等学科领域外，应适当将社会学、人类学、宗教学等学科的研究方法吸引和整合到盐业史的研究中来，盐业史研究同其他学科合作的空间很大，研究方法上也可以相互渗透。① 的确，就目前与盐业相关的研究成果来看，即便有的论著已从历史人类学的角度对盐业史进行了分析，不过仍然缺乏其他学科的视角和方法融合进来。

从研究的角度来看，缺乏从综观的角度分析影响盐业发展因素的论著。将人口（生产盐的人口和消费盐的人口）、技术、制度（盐业管理和税收）等因素作为考察盐业发展角度的论著还未出现，缺乏历史性和共时性相结合的研究。传统的盐业史研究方法上采用自上而下的路径，然而这种多在旧史学中采用的方法，早受到历史学界的摒弃。赵世瑜认为，自上而下的旧史学是为统治阶级服务的精英政治史，这种研究可能带来的结果是研究者缺乏主体的自觉，自我优越感强，却很少站在同情和理解的立场上看待问题。② 也就是说，这种眼光向下的研究方法，给人的感觉是"只见森林，却见不到树木"。因此，适当从自下而上的视角进行剖析，对盐业史研究而言是要寻找一种新的研究视角和途径。

从研究的区域来看，缺乏对边缘地带以传统盐业技术为载体的区域文化的研究，如西藏"政教制度"下有关盐和税的研究几乎空白。总体上，盐业史研究选题在时间和空间的选择上存在不平衡。③ 从空间上来看，诸多学科对盐业史的研究均集中在各大盐场。对明清以来的盐业研究，主要集中在长芦盐区、河东盐区、山东盐区、两淮盐区、两广盐区、四川盐区和云南盐区几大盐区，往往忽视了几大盐场外围的小盐场，如海南的洋浦盐田、西藏芒康的盐井盐田等盐产地。对历史资料丰富、影响力大、盐业体制较为系统的盐区进行深度研究，这无可厚非，不过边缘地带的盐业在历史进程中发挥的作用也是不可忽视的。

从研究的对话点来看，目前缺乏不同盐文化之间的对比研究，如井盐和海盐之间、煎盐法和晒盐法之间、南部晒盐法和西部晒盐法之间。此外，缺乏中西不同盐文化之间的比较研究，忽视了中国传统盐文化同周边国家不同盐文化之间的关联和影响。

---

① 参见吴海波、曾凡英著《中国盐业史学术研究一百年》，巴蜀书社 2010 年版，第 212 页。
② 参见赵世瑜著《小历史与大历史——区域社会史的理念、方法与实践》，生活·读书·新知三联书店 2006 年版，第 24 页。
③ 参见吴海波、曾凡英著《中国盐业史学术研究一百年》，巴蜀书社 2010 年版，第 208 页。

第三节　理论借鉴的来源

一、有关物的研究

文化人类学本着整体论的方法来研究"物",重点是"透物见人"。例如,马林诺夫斯基通过特罗布里恩德群岛的库拉交易圈,揭示了在物质流动范围内的政治、经济与亲属关系;莫斯在《礼物——古式社会中交换的形式与理由》借物的转手说明情感(功利心、道德心、爱心、美感等)的传递。继莫斯之后,列维-斯特劳斯的《结构人类学》认为物是外在的结构,通过交换触发了其与社会心理结构的联系。

20世纪80年代,阿尔君·阿帕渡莱编著了《物的社会生命——文化视野中的商品》一书,艾戈·科皮托夫在其中发表了《物的文化传记:商品化过程》一文,对物的研究可谓更上一层楼。阿帕渡莱把物看作有生命史过程的东西,指出物如人一样会经历不同的生命阶段,在不同的阶段中,物所表现的价值和意义不同[1]。这打破了传统的"死物论",关注物在交换之后发生的事情[2]。物并非长期停留在单纯的"礼物"阶段,迟早会有"去商品化"的时候。科皮托夫提出了两个概念:"商品化"和"去商品化",即说明了物并非永久性地停留于某一个阶段,在不同的情境下物自身表达的意义是不同的。1996年,美国人类学家罗伯特·C.尤林在解读法国葡萄酒时,将其当作流动的商品,分别与中世纪的、自由资本主义的和当代的三种世界体系相对应,描绘了这一特定饮食文化的动景图。[3]

上述研究说明研究物的人类学家在马克思的影响下关注商品的社会属性,因为他们知道《资本论》对商品拜物教所做的深刻论述[4]。近年来,有人提出

---

[1] Arjun Appadurai. "Introduction: Commodities and the Politics of Value". In: Arjun Appadurai, ed. *The social life of Things: Commodities in Cuturel Perspective*. Cambridge: Cambridge University Press, 1986. p. 3.

[2] Igor Kopytoff. "The Cultural Biography of Things: Commonditization as Process". In: Arjun Appadurai, ed. *The social life of Things: Commodities in Cuturel Perspective*. Cambridge: Cambridge University Press, 1986. pp. 64～84.

[3] 参见[美]罗伯特·C.尤林著《陈年老窖:法国西南葡萄酒业合作社的民族志》,何国强译,云南大学出版社2012年版。

[4] 详见《资本论》第1卷,第一章,"商品的拜物教性质及其秘密"。

"物与物质文化研究最大的贡献,也许不是在物自身性质的探讨上,而是对文化本身的探讨"①的观点,并且从生产、流通、消费阶段中寻求物自身的意义和探讨价格生成的过程。可以看出,这种观点直接受到阿帕渡莱等人的影响,间接受到马克思的影响。

二、区域视野下有关西南地区物的流动研究

就物的研究而言,西南地区物的流动性问题已经受到学者的关注,族群间的生活必需品的流动无疑是最为重要的,如"茶马互市""丝绸之路"等带来的物的流动。20 世纪 90 年代初,木霁弘等人针对滇藏之间的茶叶贸易,对云南境内重要的马帮驿站进行了考察,提出了"茶马古道"这一民族之间的商货流通、马帮通行的交易通道的学术概念。②但是有的学者对此有不同意见,在《隐存的白金时代——洱海区域盐井文化研究》一书中,作者指出"盐马古道"远比学界普遍关注的"茶马古道"出现得更早,可以说"茶马古道"前身是"盐马古道"。③显然,拿盐和茶叶做比较的话,人体对盐的需求要比茶更加强烈,因此,"短距离的盐的贸易比茶的贸易更早"这一论断更合情理。任乃强认为,古羌系部落南下可能是在寻找盐泉,而停留在昌都察零多一带的古老民族是眷念上了这里的盐泉④。

在西南的区域文化研究中,学者较为关注藏族和纳西族的两族关系,并分别就族源、文化、政治等方面对两族进行了研究。2004—2005 年,《纳西族与藏族关系史》⑤ 和《纳西族与藏族历史关系研究》⑥ 先后出版,这两本书谈到自唐代以来藏族和纳西族的文化交往,藏族一般出产羊毛、牛皮、酥油等,这些特产往往被藏民用来换取粮食、茶、布匹等生活必需品。明末清初时这种贸易交换达到高峰。

张应强通过木材的放排展示了贵州苗区历史际遇中的权力关系⑦。这种研究方法得益于弗里德曼的综合论(综合理解血缘、地缘、市场、精英、区位、

---

① 黄应贵:《物与物质文化》,台湾"中央研究院"民族学研究所 1993 年版,第 2 页。
② 参见木霁弘著《茶马古道上的民族文化》,云南民族出版社 2003 年版。
③ 参见赵敏著《隐存的白金时代——洱海区域盐井文化研究》,云南人民出版社 2011 年版,第 4 页。
④ 参见任乃强著《羌族源流探索》,重庆出版社 1984 年版,第 14~15 页。
⑤ 赵心愚著:《纳西族与藏族关系史》,四川人民出版社 2004 年版。
⑥ 杨福泉著:《纳西族与藏族历史关系研究》,民族出版社 2005 年版。
⑦ 参见张应强著《木材之流动:清代清水江下游地区的市场、权力和社会》,生活·读书·新知三联书店 2006 年版。

国家的互动的理论)①、施坚雅的市场结构②和雷德菲尔德的乡民社会观点（一种从"小地方"看"大历史"的方法），将社会整体结构的分析建立在市场和制度的互动关系中。这对本书理解盐井的盐市同权力运作之间的互动关系是很有借鉴意义的。

黄国信对于清代广东海盐向湘、粤、赣销售的研究突破了地方观念和国家制度的限制，指出清政府采取了食盐专卖的区域划分的措施，但是，划界后的食盐专卖边界却是不断变化的、模糊的。此观点打破了划界行盐的传统观念——盐的运销其实并非严格操守界限，以此引出食盐销售中的"界"和"区域"这两个重要概念，用来探讨食盐专卖制度的变迁与地方社会之间的复杂关系。③

三、考古学视野下的盐业研究

考古学对盐业的研究，也是物的研究的一种范式，不过在这里将盐业考古重点提出来，显然是因为盐业考古对传统研究盐业方式起到了弥补不足的作用。本书所研究的西藏盐井传统晒盐技术在明代以前的历史资料相对缺乏，这对于试图通过历时性的方法建构一个地方的社会变迁以及通过盐业的生产、交换和运销来反应社会结构中的权力博弈显然有一定困难之处。考古学在一定的程度上能弥补早期历史文献的不足，这对本书的研究是一个莫大的启发。正如罗瓦安·K. 弗雷德所言："考古学研究的长处在于它能够通过将研究的焦点聚在时间上的变迁，以此思考具有广泛的人类学意义的问题。"④ 而且考古学自20世纪20年代传入中国以来，始终关注这样一个问题：中国的复杂社会于何时何地、以何种方式产生。围绕着新石器晚期及青铜时代黄河谷地中央集权制酋帮国和帝国扩张的形成过程，不少西方学者对此产生了浓厚的兴趣。⑤ 不过，通过研究，人们慢慢发现盐业在整个人类文明中发挥着重要作用。

《中国盐业考古》是基于21世纪初以来考古学对中国四川盆地的大中型盐业遗址的关注，以及通过不同国家的盐业考古发现而形成国际视野下的跨文

---

① 参见［英］莫里斯·弗里德曼著《中国东南的宗族组织》，刘晓春译，上海人民出版社2000年版。
② 参见［美］施坚雅著《中国农村的市场和社会结构》，史建云、徐秀丽译，社会科学文献出版社1998年版。
③ 参见黄国信著《区与界：清代湘粤赣界邻地区食盐专卖研究》，生活·读书·新知三联书店2006年版。
④ Rowan K. Flad. *Salt Production and Social Hierarchy in Ancient China: An Archaeological Investigation of Specialization in China's Three Gorges*. Cambridge: Cambridge University Press, 2011. p10.
⑤ Rowan K. Flad. *Salt Production and Social Hierarchy in Ancient China: An Archaeological Investigation of Specialization in China's Three Gorges.* Cambridge: Cambridge University Press, 2011. p1.

化比较研究。研究者们达成这种共识是通过北京大学与加州大学洛杉矶分校共同发起的国际合作计划。该计划第一阶段主要围绕"四川盆地及其邻近地区古代盐业的景观考古学研究"的主题的田野调查。第二阶段是通过两次有关考古学和人类学的国际性的学术会议的探讨。该研究出版了由4篇田野发掘报告和4篇专题论文组成的论文集《中国盐业考古（第1集）——长江上游古代盐业与景观考古的初步研究》（李水城、罗泰，2006）和14篇专题论文组成的论文集《中国盐业考古（第2集）——国际视野下的比较观察》（李水城、罗泰，2010）。在第1集的田野调查和专题讨论中始终围绕以下主题：①寻找文献记载之前的有关盐业遗存；②重构该区域在使用铁锅制盐之前的陶器制盐技术；③揭示盐业生产的组织和管理方式，特别是早期阶段；④估算该区域内古代盐业生产的产量；⑤关注盐业与环境之间的关系；⑥盐业的交换贸易对周边社会的影响。其中不乏一些富有洞见的文章：《尖底陶杯与花边陶斧——兼说峡江地区先秦时期的鱼盐业》一文作者颇有见地，通过对器物的分析，证明先秦时期鱼和盐之间有着直接的关系，当时的人们已经懂得利用盐来腌制鱼以便保存。

在第2集中，通过考古学的研究，在14篇专题论文中分别介绍了包括中国在内的东亚和东南亚、近东和欧洲，以及美洲新大陆等不同国家的盐业文化遗存的情况。这为跨文化比较研究开辟了新的视野，由此发现不同国家在制盐方面的殊相和共相，也可以通过盐来展现不同国家与社会群落中有关盐的贸易、交换以及人群的等级关系。

其中，傅汉斯的《从煎煮到暴晒——再谈帝国时代的中国海盐生产技术》一文通过对中国海盐生产技术的推断，认为日晒法制盐是在煎煮卤水浓缩卤水制盐法的基础上发展起来的，引起制盐技术变化的根本原因是煮盐法需要耗费大量的燃料。① 岸本雅敏的《古代日本盐的流通》一文就法国人类学家墨里斯·古德利耶（Maurice Goderlier）对巴鲁亚的研究进行了对比分析，并就古德利耶提出的盐在交换过程中形成不平等的原因是"产品缺乏"和"知识缺乏"进行了延伸，认为日本国内的盐虽然上升到货币的地位，但它却是劳动财源的一种，可被用来交换其他物品。②

显然，考古学视野下的盐业研究，一方面有利于认识我国远古盐业的基本情况，为近现代以来的研究提供了一个参照系；另一方面，国际之间的跨文

---

① 参见［德］傅汉斯《从煎煮到暴晒——再谈帝国时代的中国海盐生产技术》，林圭侦译，见李水城、罗泰主编《中国盐业考古（第2集）——国际视野下的比较观察》，科学出版社2010年版，第20页。

② 参见［日］岸本雅敏《古代日本盐的流通》，张莉译，见李水城、罗泰主编《中国盐业考古（第2集）——国际视野下的比较观察》，科学出版社2010年版，第74页。

化研究，利用从盐的角度看待不同国度之间的异同，对于把握我国盐业研究有开阔视野的作用。最重要的是，通过各国盐文化的比较，一方面可以比较出各国盐文化的异同，另一方面则更为重要，即如何准确认识邻国之间盐文化的相互影响，以及通过盐的交换引发的邻国之间的经济互动、文化交往和政治博弈。一定程度上，中国盐业文化在"三圈说"①的影响下，同样可以建构中国盐文化体系的三个文化圈。"内圈"是以汉文化为代表发展起来的核心圈，这可谓是华夏文明的中心，制盐技术历史悠久，影响深远；"中间圈"是汉族和少数民族互动频繁的少数民族聚居区，该区域制盐技术相对落后、产量低，但是在汉族与少数民族在政治、经济和文化三个方面的交流产生了深远的影响；"外圈"则是中国同各周边国家的比邻区域，该区域历史上不断发生变化，但是彼此之间在盐业的技术、运销和流动方面存在着关联和影响。例如，中国同南部的越南、菲律宾、缅甸和西部的尼泊尔等国家之间，长期以来存在盐的交换。例如，"15世纪，中国明朝政府对今越南北部地区的控制可能为其带来新技术的改造动力，促使制盐家庭作坊相互融合，形成制盐工厂，以适应不断增长的中越间通过红河至云南及相邻省份的盐业贸易需求"②。资料显示，"越南的盐和鱼酱出口至中国南部边疆的广西和云南两省"③。

第四节 本书的研究倾向

一、研究的基本思路

（一）研究指向

本书围绕盐井人工制盐的技术和条件，讨论制盐在满足当地居民的物质资

---

① 王铭铭著：《中间圈："藏彝走廊"与人类学的再构思》，社会科学文献出版社2008年版，第53页。笔者深受该理论的启发，并试图将"三圈"引入到中国盐业文化体系的分析中。

② 安德列斯·芮内克：《越南盐业生产的早期证据：考古发现、历史记忆和传统方法》，见李水城、罗泰主编《中国盐业考古（第2集）——国际视野下的比较观察》，科学出版社2010年版，第152页。

③ Thomas Engelbert. Die chinesische Minderheit im Süden Vietnams（Hoa）als Praradigma der kolonialen und nationalistischen Nationalitätenpolitik. Frankfurt am Main：Peter Lang Europäischer Verlag der Wissenschaften，2002. P47. 引自安德列斯·芮内克《越南盐业生产的早期证据：考古发现、历史记忆和传统方法》，见李水城、罗泰主编《中国盐业考古（第2集）——国际视野下的比较观察》，科学出版社2010年版，第156页。

料生产和人口繁衍方面所起到的作用，并且扩大到川、滇、藏交界区来看待盐业的政治经济问题。具体化为以下三种研究倾向：

（1）通过切实的田野调查，弄清在生产流程的初始阶段卤水资源的分配是如何决定着生产流程之后，分析盐产品的各种分配主体和分配形式，既看到制盐组织、劳动分工、技术革新（如煎煮法、晒盐法）等文化制度与自然条件的契合，从而了解盐业生产和环境限制的关系，又要看到站在生产者后面的力量。

（2）在田野调查基础上结合对文献的梳理，探讨文化交融与社会变迁。历史上曾经发生过两次外来强势文化对盐井的碰撞，一次是明朝木氏土司的北扩，带来了先进技术，直接影响到制盐的生产力；另一次是清末赵尔丰的改土归流，影响了盐业的生产关系和上层建筑。历史上的盐产品流通圈也是在不断地伸缩，运输方式和行走路线都在变化，由此引发社会分层、精英控制、政教联合（神圣和世俗结合）、贡赋与税收等环节的冲突与调适。为了说明实现生存，当地居民必须考虑资源的有效利用，以满足生产者的最低生活要求，保证人口的繁衍和生产的持续，我们有必要追溯往日的结构性事件，重构历史图景，由此当地盐业的变迁脉络才清晰可辨。

（3）通过理论模型来把握盐业体系中的全部活动者，包括生产者、销售者、控制者和消费者。本书对于控制者进行了结构分析，介绍发生在盐井及其周边的经济交换、政治冲突、力量整合，揭示僧俗两界、中央王朝、噶厦政府和地方精英以控制盐的方式来追求各自的最大利益。生产者处在盐业的底层，盐贩、中介（房东、牙用）、马帮、土匪等处在中层，寺庙、军队处在顶层，各层级联合推动了地方的发展。

（二）基本观点

第一，整体观。把澜沧江峡谷和周边的民族看作一个整体，这一文化系统可分为物质、制度和精神三个层次。物质是人类社会的第一层次的需求，是人类得以生存和繁衍的基本要求，通过物质的需求，可以看到制度对物质的依赖性和制度对物质资料生产的影响。制度联通了精神和物质，精神则是制度和物质之间互动的表现。

第二，生态观。其一是把澜沧江峡谷的盐业生产技术放在具体的时空中去考察，分析盐业技术同环境之间的关系。其二是本书还将盐的流通和制度紧密结合起来考虑，了解历史上盐业的贸易和税收如何受到地理环境和社会制度的影响。

第三，变量观。本书把澜沧江峡谷的两种生产（通常说成物质资料的生产和人类自身的生产，也可以归结为土地、生计和人口这三个基本因子的互动）看作原动力（自变量），把生产关系、社会制度和组织看作次动力（因变量），自变量和因变量在一定条件下角色互换。对盐业而言，人口（生产盐的人口和消费盐的人口）、技术（采用何种技术和技术发挥程度）、制度（盐业管理和税收）是影响其生产规模的三大因素。三者之间的平衡关系一旦被打破，则将推动或制约盐业生产。

二、研究的立足点

本书的研究是基于田野调查和历史文献的解读，避免了纯粹的文本解析，利用田野调查资料来补充文献资料的不足。研究立足于以下六点：

（1）从环境、气候、资源出发来探索区域文化，揭示人类与自然的能量交换方式。

（2）从技术出发来描述制盐的基础条件，如气候、水质、基础设施、生产工具、操作方式等，其实是为传统生产方式寻找生产力的基础，这就把生产力看作为社会进步的决定性因素。

（3）从历史事件的进程来探索新的发展机遇。明初，纳西族进入盐井，带来先进的制盐技术；清末，赵尔丰改土归流，建立厘盐局，把内地先进的盐业管理方式引进来，通过国家力量来调整税收与分配关系，维持盐业的继往开来。

（4）从交换最早发生在民族与族群的边界出发，探索整个盐业（制盐、流通、税收）运动和地方社会之间的内在关系。无论是唐代的中原、吐蕃和南诏，还是明清时期的中原、木氏土司和西藏噶厦政权，或者是民国的地方军阀、藏军势力、地方土司等，都是组织起来运用武力，利用盐业基础设施榨取盐产品，控制盐道，运用管理来控制盐户的强权势力。

（5）商人充当了榨取盐产品的中介势力，他们通过粗细不同的网状"吸管"，以不同的方式把盐转运至盐产地的周边甚至于更加遥远的地方。传统的"妇女晒盐、男子卖盐"只不过是"吸管"里的一种现象。

（6）展现传统技术在高原民族面对恶劣环境的适应过程中所起的当之无愧的作用，从中窥视人类在青藏高原东部的三江并流地区的生存动力，使人们思考这块高原瑰宝在工业技术飞速发展的今天还能保持多久呢？

以上六点在三个层次上彼此相通，第一、二点基于田野资料来谈盐井发展的内在动力；第三、四点基于文献资料来谈外力的影响；第五、六点综合田野素材与历史文献来谈合力。三个层次上发生的动力因素联合作用，共同推动着盐井由远古走向未来。

第一章　澜沧江峡谷的营盐村落

盐井，藏名"察卡洛"，意为"产盐之地"。所产之盐在当地称"藏盐"，在滇地称"砂盐"（或沙盐）。盐的交换促进了盐井居民同周边民族的互动。营盐是当地居民的产业之一，古老的制盐方法的传承意味着文化积淀的浓厚。

目前，沿214国道由滇入藏，过了德钦县城，低眉眺望，澜沧江进入眼帘，公路在山坡上蜿蜒起伏。快到佛山乡时，河道陡然变窄，向前一直延伸到盐井。早先这一段江面布满溜索，以沟通两岸物流，故史称"溜筒江"，今日已不见一根溜索。历史车轮滚滚向前，解读昨日的故事需要回到自然条件、人口要素和基础设施的起点。

第一节　晒盐的自然条件

一、地理、地质与气候

（一）地理位置

盐井位于中国西南川、滇、藏交界的"三角交界带"，现属西藏自治区昌都市芒康县管辖。盐井地处东经98°34′~98°39′，北纬28°59′~29°02′。东临四川省巴塘县，西部与西藏自治区左贡县接壤，南部靠近云南省德钦县，往北可通往芒康县城（嘎托镇），地理位置相对特殊，处重要战略要冲（见图1-1）。

盐井离西藏自治区首府拉萨1336公里，离昌都市550公里；离云南省迪庆州香格里拉县290公里，离云南省德钦县城（升平镇）仅有110公里，车程大约3小时；离云南和西藏的交界处（隔界河）仅10公里。

盐井历来是藏东古老民族迁徙以及后来藏族同其他民族交往的孔道。现在，盐井交通便利，国道214线直接穿过乡驻地，处在由滇入藏的第一站，将

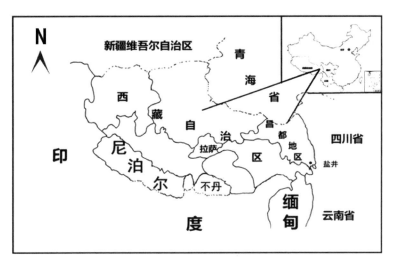

图 1-1 盐井在我国川、滇、藏三省（自治区）的位置

云南境内的昆明、香格里拉、丽江、大理和西藏境内的芒康、左贡、昌都、林芝以及拉萨等重要城镇串联起来。

盐井处西藏东南部。唐代称西藏为"吐蕃"。明嘉靖四十三年（1564 年）成书的《智者喜筵》提到西藏早期的辖境有上、中、下三部："上部阿里三围状如池沼，中部卫藏四如形如沟渠，下部朵康三岗宛田畴……"① 赤松德赞在位时期（755—797 年），恰逢唐朝发生"安史之乱"，唐玄宗从长安逃到四川。由于唐朝抽调大量军队去平乱，使得西部防务空虚，河西大片土地落入吐蕃手中，版图东扩到与陇山，北扩到贺兰山，含"今日西藏、青海、西康全部之地"②，南以南诏为属国。据藏文史籍记载，吐蕃的疆域还一度推进到喜马拉雅山以南的恒河北岸。

此后，西藏地域上形成了"多康六岗"之说③。"岗"是藏语对两水间的地域称呼。

"六岗"划分，貌似清晰，实则非清。例如，盐井所处的位置，既可划归

---

① 巴卧·祖拉陈哇著：《〈贤者喜宴〉摘译》，黄颢译注，载《西藏民族学院学报》1980 年第 4 期。
② 任乃强著：《西康图经·境域篇》，新亚细亚学会民国二十二年（1933 年），第 3 页。
③ "六岗"为色莫岗（金沙江上游与雅砻江上游之间的广大地区，即现在的德格、石渠、新龙、白玉、甘孜和青海玉树一带）、察瓦岗（怒江和澜沧江之间的区域，包括察瓦龙、闷空、左贡、察隅等地）、绷波冈（金沙江和雅砻江中下游之间的区域）、玛康岗（金沙江与澜沧江上游间的区域，包括宁静山西北的芒康、贡觉及察雅、昌都等地）、玛扎岗（黄河与雅砻江上游之间的区域）和木雅热岗（雅砻江中游以东，以木雅贡噶即木雅热为中心的区域）。

"察瓦岗"，亦可归"玛康岗"，学者提到"芒康岗是著名的产盐之地"①，此处的芒康岗即玛康岗，而芒康境内只有盐井一处产盐为著，故玛康岗应含宁静山西北部的芒康。可是，又有一说，察瓦岗"历史上因盛产盐而闻名藏族聚居区，故而得名"②，"察哇，指食盐的供应者。谓盐井县之盐泉，由藏民煎晒成红盐由此运输于喀木地区，故曰察哇岗（察瓦岗）"③。这岂不是说盐井属于"察瓦岗"了？有的观点指出：盐井藏名"擦瓦龙"④（察瓦龙），那样容易得出察瓦岗以察瓦龙而命名的结论。

以上分歧可能基于两点：一是盐井指澜沧江两岸，符合"岗是两水间的地域"的含义，既然"岗"作为一个整体是不能分的，因此盐井也不能分为两半，澜沧江东岸属于玛康岗，西岸属于察瓦岗，自然不合理；二是行政区划往往以自然地势（如山峦的分水岭、江河的中心线等）为标志，于是对于"岗"的可分性就有了新的理解，自然意义上的"岗"虽是一个整体，但行政管理上则可以将其分割。由于持论不同，便会造成理解的偏差。根据1726年清廷会同川、滇、藏三省官员划界一事看，盐井当时并未从巴塘的管辖权中脱离出来。当时，以宁静山为界，以西划归西藏，盐井依然归巴塘管辖。这样的局面一直持续到赵尔丰将盐井单独设县。故按照"六岗说"，盐井应该归察瓦岗。

盐井为外界所知与其地名的传播分不开，学者一般认为康熙六十年（1721年）六月间，云贵总督之幕僚杜昌丁从阿敦子（今云南省德钦县升平镇）入盐井，据此，史书载有盐井的地名。⑤ 其实，"盐井"一词的出现比这个时间还要早约200年，因《木氏宦谱》有"盐井那胜寨"的提法，应是指现在的盐井。⑥ 所以，盐井这一地名最早应出现在《木氏宦谱》中记载占领盐井那胜寨的1526年，因为在这本书中记录了木氏土司遣兵入境占盐井、取巴塘的事迹。

"盐井"这个地名是约定俗成的。20世纪80年代人民公社解体后，官方文献不再称"盐井"了，而是用"纳西民族乡"来代替。西藏的主体民族是藏族，盐井是西藏的局部，纳西族在这里生活了490年，现在他们的人口数量

———————

① 杨福泉著：《纳西民族志田野调查实录》，中国书籍出版社2008年版，第350页。
② 何峰主编：《藏族生态文化》，中国藏学出版社2006年版，第56页。
③ 西藏自治区社会科学院、四川省社会科学院编：《近代康藏重大事件史料选编》（第一编），西藏古籍出版社2001年版，第40页。
④ 西藏自治区社会科学院、四川省社会科学院编：《近代康藏重大事件史料选编》（第一编），西藏古籍出版社2001年版，第384页。
⑤ 参见杜昌丁《藏行纪程》，见吴丰培编《川藏游踪汇编》，四川民族出版社1985年版，第46页。
⑥ 参见《木氏宦谱（甲种本）》，见郭大烈主编《中国少数民族大辞典（纳西族卷）》，广西民族出版社2002年版，第544页。

未达到当地总人口的一半,但可依法在民族乡的建制下享受自己的权利。"纳西民族乡"是个行政区划的名称,与作为地名的盐井不矛盾,无论本地人还是外地人都喜欢用约定俗成的地名。例如,盐井外地商客有50余人,拥有30多家店铺,其中,来自湖南、四川和云南(大理、丽江、鹤庆等地)的商家各占1/3,他们对外皆自称在盐井做生意,但有时候也说自己在纳西民族乡经商。

有的学者认为,中国社会两种文明的分野受中国大陆自身的地形、地势和地貌分布的影响。按照地势划分,中国大陆从西往东可分为三个阶梯。第一级主要是我国西部的青藏高原大部分地区,这一级的突出特点是整体海拔高,在4000米以上;第二级是青藏高原边缘一带,这一级的特点是高原和盆地居多,海拔迅速下降至1500米左右;第三级是我国东部,这一级是丘陵和平原分布区,海拔降到500米以下。① 按照这种三级分法,盐井地处第一级和第二级的过渡区。该区域既不同于第一级拥有高海拔山脉,也不同于第二级出现广阔的盆地。此处海拔在2000米到3500米。因此,不管是地理环境还是人文历史,盐井都具有自己的独特性。

(二)地质与气候

澜沧江流经盐井峡谷,此处山坡陡峻,坡度在30°左右,上部为较缓的"V"形谷,下部呈陡峻的嶂谷形态。谷坡不稳定,常见崩塌、滑坡和泥石流。河床即为谷底,江中多急流、险滩。在支沟汇入处常有滑坡和泥石流,发育成扇形台地,上盐井和下盐井就是位于澜沧江峡谷的两个台地上,彼此高差50米,其中下盐井的台地面积较大,有5平方公里,台地前缘高出江面300米。多个盐场就出现在峡谷中。

井盐的产生与地质结构有关。众所周知,井盐主要产于我国西南地区,那里的地质结构中有丰富的盐矿,在地下水的作用下形成盐卤,最终造成了自然的盐泉。由于盐泉水的颜色与普通泉水不同,很容易被当地人开发。

西藏是青藏高原的一部分,处于中国的西南。距今2亿年前,青藏高原原为一片汪洋,印度板块以每年45毫米的速度挤压欧亚板块。这种挤压形成了地球上最壮观的造山运动,经过2000多万年,海床隆起,古喜马拉雅山脉被大幅度抬高,形成高原地貌,同时也造成了一次又一次的大地震。

盐井地处青藏高原东部的地壳板块褶皱带,在整个昌都地区芒康县境内,其卤水资源最为丰富。"深层的地下盐卤水是一种特殊的液体矿产资源,其形

---

① 参见许绍明、何国强著《整体稀缺与文化适应:三岩的帕措、红教和民俗》,中山大学出版社2013年版,第4页。

成受到地质构造、水文地理、气候等多方面因素的影响。"① 据分析，地质构造上"盐井地区属于印度河—雅鲁藏布江和班公错—兹格塘—怒江构造带，是我国大陆最强烈水热活动带之一。本区所处位置为昌都—盐井陆块，东西分别以背江贡—察里雪山断裂和窝木扎断裂为界，东邻蟒岭接合带（在北段，两单元之间夹有金沙江—红河裂谷带），西邻扎玉碧土接合带。区内断裂、褶皱构造发育，断裂组成的褶断系控制着本区沉积作用、岩浆活动的展布"②。

特定的地质结构及其运动，形成地表上有澜沧江水系，地下有不同的水循环路径，总体看来"可将本地地下水的类型分成两类：其一是受本地侵蚀基准面控制的浅表循环地下水系统，多为两侧山地高海拔地区接受降水、融雪水补给；另一类则是循环路径深大长远的地下热水系统"③。地热的作用使得地下水的补给系统形成温泉效应，直接导致丰富的卤水资源，为地面上生活的藏族和纳西族提供了营盐的天然条件。

井盐与地质构造的关系极为密切。此地澜沧江河床上的盐泉温度较高，有人记录："盐井乡境内，在澜沧江两岸南北长约300米、宽20米的范围内，有很多大小不等的泉眼涌出，水温而咸，最高温度41.4℃，总涌水量达20 L/S。"④ 盐井出盐泉的地方集中在两个地方，一是现在盐户在晒盐的澜沧江两岸地段，南以通往加达村的桥为界，北至九家村⑤，南北三四公里之内均有盐泉。另一盐泉集中区域在曲孜卡乡政府驻地，该区域现在主要开发为温泉。据村民介绍，过去有108眼之说，泉眼出处可以煮熟鸡蛋。现在只有十来个泉眼，为了开发成旅游景点，很多盐泉都被集中起来，不过也存在村民为了争夺温泉，彼此之间常引起矛盾。曲孜卡温泉被开发以后，受到了远近百姓的欢迎，芒康、佛山、盐井、木许等地人们都会常到曲孜卡泡温泉。

卤水含有一定的氯化钠，并有钠、钾成分。盐田出露地层为泻湖相沉积。加达村附近的红层倾向北面，倾角为45°～60°，是盐井背斜的西翼。盐田附近红土层中未见"盐霜"，推测这种浓度很高的盐泉是深部地下热水在上升途中，溶解了部分盐层，沿断裂带涌出地表而形成白霜，报道人称之为"盐霜"。北起盐井的盐场，南行20公里，至滇、藏分界的隔界河，沿江两岸经

---

① 钱琳：《西藏芒康盐井盐泉地下热盐卤水形成及演化机理分析》，成都理工大学环境与土木工程学院硕士学位论文，2007年。
② 漆继红、许模、张强、覃礼貌：《西藏盐井地区盐泉同位素特征示踪研究》，载《地球与环境》2008年第3期。
③ 漆继红、许模、张强、覃礼貌：《西藏盐井地区盐泉同位素特征示踪研究》，载《地球与环境》2008年第3期。
④ 佟伟、廖志杰、刘时彬等著：《西藏温泉志》，科学出版社2000年版，第258页。
⑤ 九家村原归上盐井行政村，现在属下盐井行政村。

常有盐泉出露。

盐类矿床属蒸发沉积矿床，它的形成必须具备干旱的气候条件①，盐井处于干旱少雨的气候带。这样的气候可能与成矿的年代并无关系，却能够满足晒盐的条件。盐井气候受东亚季风气候和印度季风气候的影响，与此同时还受到来自青藏高原环流系统的影响，形成过渡地带独有的复合式气候带，以至于该地区天气比较复杂，"十里不同天"的气候现象比较普遍。

二、蒸发结晶的原理

结晶指热的饱和溶液冷却后，溶质以晶体的形式析出的过程，一般有两条途径：一是蒸发溶液法，一是冷却热饱和溶液法。晒盐属于蒸发溶液法，煮盐属于冷却热饱和溶液法。二者的原理相通，都是通过挥发盐溶液中的水分，使溶质逐渐沉淀，最终成为结晶体。差别在于挥发的力源不同，前者来源于风力蒸发（配合光的作用），后者来源于人为的热力。两种方法出现的时间孰先孰后，目前暂无定论。傅汉斯说"日晒法绝非古代中华帝国最主要的制盐法，但它却随着时间的推移而变得愈益重要，并最终取代了煎煮浓缩卤水的制盐法"②，这句话也没有回答孰先孰后的问题。

用第一种方法制盐，须先将盐卤引入储卤池使水分蒸发到一定程度，形成氯化钠饱和溶液；再将其倒入盐田，继续日晒风吹，蒸发盐卤中的水分，直至析出氯化钠晶体（粗盐）。无论地理环境的差异如何，干燥的季风和温暖的阳光则是晒盐的必需条件。

国内外有许多盐场利用蒸发结晶的原理制盐。国内从渤海湾到北部湾，从青藏高原到海南岛都有晒盐场，其中，西藏芒康县的盐井在井盐晒制工艺中堪称一绝。

盐井的平均海拔为2500米，正北面是红拉山，正南面是白达拉山，西北是太子雪山，高空的气流在三座大山面前受到阻碍，下旋进入澜沧江峡谷，谷底的澜沧江面海拔为2160米，与村庄的落差为340米。

盐井属高原温带半湿润性季风型气候，日均气温可达20°C，年降水量350～450毫米。1月份平均气温为-5℃，7月份平均气温为10℃，年均气温为3.3℃。全年降水分布不均，干湿季分明，主要集中于6—9月。段鹏瑞在

---

① 参见王清明《我国石盐矿床地质特征》，载《井矿盐技术》1985年第5期。
② ［德］傅汉斯：《从煎煮到暴晒——再谈帝国时代的中国海盐生产技术》，林圭侦译，见李水城、罗泰主编《中国盐业考古（第2集）——国际视野下的比较观察》，科学出版社2010年版，第20页。

《巴塘盐井乡土志》①中曾对此地气候做了记录："盐井四季气候温和……且常年多南风。"② 气温高、风大,是晒盐的有利条件。

盐井处于"S"形峡谷（见图 1-2、图 1-3），两边悬崖高耸，不管风是从北面的曲孜卡乡方向吹来，还是从南面的佛山乡方向吹来，在此段峡谷交汇，气流受地形限制，四处乱窜，在曲折凹形的地势规范下形成强劲的风势。这样一来，峡谷就形成了风洞效应，"呜呜"的风声随处可闻，满江满坡都是风，无论是南下之风还是北上之风阵阵掠过地表，均带走盐场的水汽，在阳光灿烂的日子里，蒸发作用特别强。

图 1-2　盐井呈"S"形的峡谷
（卫星俯视图）

图 1-3　盐井呈"S"形的峡谷
（实景平视图）

每年阳历 8 月，这里雨水多、湿度大，为晒盐的淡季，笔者测量了此时的风速和温度。测量风速时先用土法：有风时揪起一把草，从约 1 米高处让其自由坠落，记录草从空中到落地的时间，量出落点与原点水平距离，用公式（$v=s/t$）算出风速；接着用便携式风速测量仪检查，记录温度时使用普通温度计。采集到的数据见表 1-1。

---

① 宣统年间，盐井归巴塘管辖。
② 段鹏瑞：《巴塘盐井乡土志》，国家图书馆宣统二年（1910 年）铅印本，第 4 页。

表 1-1　盐场 8 月的风速和温度

测量时间	风速值（m/s）	温度（℃）	测量地点
2015.8.15/11：00	1.0～1.5	28.9	加达村盐场
2015.8.15/13：00	0.3～0.5	32.0	加达村盐场
2015.8.16/12：10	0.8～1.5	29.6	下盐井盐场
2015.8.16/16：40	2.0～5.6	29.4	下盐井盐场
2015.8.17/14：41	2.3～11.4	30.1	加达村盐场

数据显示，测量时室外温度较高，一天中的早上和下午温差不大（气温保持在28℃以上）。早晚风力差别却很大，上午的风力较小，风速在0.8～1.5米/秒。下午4点以后，风速加大，最高可达5.6米/秒。由此可看出，一天当中，温度高时风力小，而温度低时风速加大，这样二者之间的互补，保证了盐卤早、中、晚都有结晶的条件。

人们早已采用自然蒸发的方式来制盐，那么在这种晒盐法之前有没有采用其他制盐方式呢？据说曾经有过煎煮法，但为何此法行运不佳则值得讨论。结合盐井的地理环境和自然条件，归纳其原因如下。

第一，晒盐法成本低，节省燃料。一般而言，煎煮法成本较高，需要大量的燃料。这些燃料要么是木柴，要么是煤炭和天然气。但是，盐井的情况是植被覆盖率低，木料来源缺乏，即便高山上有木柴，但也是路途遥远，因山路陡峭，运输困难。盐井又无煤炭和天然气。因此，清人金飞所著《盐井县考》道："此间既无煤矿，又无柴薪，蛮民摊晒之法，构木为架，平面以柴花密铺如台，上涂以泥，中间微凹，注水寸许，全仗风日。"[1] 并提及盐井"附近无煤，山峻高而樵路远，成本几增二十余倍"[2]，可见这是有道理的。

盐井木料之缺乏，绝非空穴来风，盐井地处海拔2500米左右的台地上，澜沧江两岸在3000米海拔以下的区域基本上看不到有树木，长在山石之间的植物多是荆棘和灌木丛，这里土质较差，基本上是沙石，还容易引发泥石流。这和盐井的气候环境和海拔有密切关系。从青藏高原植物生长的海拔分布来看，海拔2200～2600米之间的地带属低山干旱河谷，树木较少，多为刺灌丛。因此，要想获得木材，需走上四五个小时山路，方能有所斩获。九家村的村民仁青顿珠说："路途遥远，一天只能拉回一根木料，丛林灌木之地，马骡

---

[1]　金飞：《盐井县考》，载《边政》1931年第8期。
[2]　金飞：《盐井县考》，载《边政》1931年第8期。

无用武之地，仅靠人力。"

在清末有文献曾指出盐业"拟改用煎熬之法，一经提炼，色味俱佳"。但是，也反复提到"惟关外向无煤矿，全用山柴，成本几增二十余倍，只可暂仍其旧"①。可想而知，就建造盐田所用的木料都极为缺乏，何况采用烧煮法制盐需要大量的木柴，那样算起来，盐的成本超过20倍属正常。显然，盐井的制盐技术并非不想改进，而是"改良殊难"②，故只能保持这样的传统方式才能适应其所处的自然环境。

第二，盐井具备晒盐的良好自然气候条件。世界上依赖传统晒盐技术的盐场并不多，国外以秘鲁的马拉斯盐田为著，国内则以海南省的洋浦盐田和西藏盐井的盐田最为有名。尽管它们所处的地理环境不同，但晒盐所需的两大要素是相同的，那就是风和阳光。作为地处海边的盐田，风力条件自然不用说，但是在青藏高原上晒盐，显然和海边的风是不可比的。

尽管盐井低处一无森林，二无煤矿，缺乏煎煮法所必需的燃料。但是，天气则异乎寻常。盐井属于干热河谷气候，按照金飞的描述是"常年多南风，昼夜不息，房舍遇有罅隙，风力无时无处不到，触之令人头晕气塞"③。段鹏瑞的描述是：盐井暑令热度至华氏70度止（70 ℉），江西加打一带则涨至华氏73度整（73 ℉）④。"加打"即加达村，华氏70度（70 ℉）等于摄氏21.1度（21.1℃），华氏73度（73 ℉）等于摄氏22.8度（22.8℃）。由于澜沧江流经此地，水吸热和放热的过程提高了这里的气温，日均气温可达20°C。可见，此处日照强、风力大、气温高，这些特点对卤水的自然蒸发十分有利。

自然蒸发不需燃料，降低了制盐成本，产品物美价廉，在川边康区独占鳌头。据《西康各县之食盐概况》记载："西康接壤各县之食盐，其来源约分四处：雅安、荥经、汉源、天全，各县食盐为乐山竹根滩所产，每斤售价约四千文至六千文。西昌、越嶲、冕宁、昭觉各县食盐为盐源县所产，每斤售价二千余以至四千余。西康之雅江、理化、巴安以及云南边境各县食盐为西康盐井县所产，售价一千余以至二千余。……上述各处食盐，以乐山产为最佳，而价亦最昂，以青海盐来途为最远，盐井县盐售价为最贱。"盐价低廉的根本原因是无需燃料，全依赖风力和太阳。因此，技术成本低，成为其竞争的有利条件。

---

① 四川省民族研究所、《清末川滇边务档案史料》编写组编：《清末川滇边务档案史料》（中册），中华书局1989年版，第446页。
② 金飞：《盐井县考》，载《边政》1931年第8期。
③ 段鹏瑞：《巴塘盐井乡土志》，国家图书馆宣统二年（1910年）铅印本，第4页。
④ 摄氏温度和华氏温度之间的转换公式为：摄氏温度 = 5 × （华氏温度 - 32）/9，即℃ = 5 × （℉ - 32）/9。

第二节　滇藏茶马古道上的瞿关

一、曾经的民族走廊

盐井是一个藏族和纳西族聚居的村落，然而两个民族却是"你中有我，我中有你"。民族边界在盐井社会中是模糊的，他们拥有共同的生活方式、共同的生活地域，乃至共同的历史记忆，却难以用"民族"一词来诠释生活在盐井的居民共同体。这种情况不仅在盐井存在，沿着澜沧江河谷，从德钦到盐井，一路上都有类似的情况，这就表明盐井不过是古代民族走廊上的一个孔环。

笔者在调查期间碰到一位来自山南地区的藏族男子。他说："只到盐井还不能算到西藏。"在他看来，盐井受汉文化的影响较深，连语言都汉化了，此外，无论是宗教文化还是生活习惯，这里和卫藏地区均有差别。这和盐井同云南毗邻，长时期受汉文化的涵化不无关系。当地人也常说，盐井是西藏的"人间天堂"，这里气候适宜、交通便利，是工作、生活的好地方。

盐井居民为藏族和纳西族。清末"本县人民分么些①（现在的纳西族）、猓猕（通"古宗"，现在的藏族）、獠夷、狭夷、貉夷及土著"②。笔者曾对这几个民族做了介绍。③ 据考古学者判断，盐井下游30公里处的人类活动的遗迹，年代"约为春秋早中期，或可早到西周晚期"④。如果把盐井的历史追溯到春秋，那么当时的民族构成情况如何？这倒是个问题。

古代民族可能经常在青藏高原东部狩猎，因为当地岩石结构多为白石英块，方便做投掷武器；此外，当地有盐泉，适合动物与人类生存。这些古代民族可能是后来康区和滇西北的古宗、麽些、普米等民族的先人⑤。他们"有两种来源：一种是土著民族……；另一种是从北方南下的氐羌系统的民族……以后西藏的种族和文化，有可能就是以这两者为主体，再接受其他的因素综合而

---

① "麽些""么些""摩些""摩娑"和"磨些"均指纳西族，文中再次出现时不再特别说明。
② 刘赞廷：《盐井县志》，见《中国地方志集成：西藏府县志辑》，巴蜀书社1995年版，第389页。
③ 参见李何春、李亚锋著《碧罗雪山两麓人民的生计模式》，中山大学出版社2013年版，第30～31页。
④ 云南省博物馆文物工作队：《云南德钦县纳古石棺墓》，载《考古》1983年第3期。
⑤ 参见任乃强著《羌族源流探索》，重庆出版社1984年版，第14～15页。

形成的"①。

吐蕃统一西藏之前，今昌都地区有东女、苏毗等部落。据考证，"西康之东女国，……大抵今昌都、察雅、类乌齐、察哇龙一带，北至隆庆，西至丹达山之地，皆其旧境"②。吐蕃时期，松赞干布攻下了吐谷浑，随后又一直往南征战，攻破党项、白兰等部落，至公元 680 年，吐蕃基本上已经掌控了昌都的大部分地区。877 年，吐蕃政权被摧垮后，青藏高原基本上处于"族种分散，大者数千家，小者百十家，无复统一矣。各有首领分割统治局面"③。盐井此时情况亦如此。此后，"公元 10 世纪至 13 世纪，西藏各地的世俗封建头领分别与再度复兴的众多佛教各教派结合在一起，割据一方，不相统属，长期征战"④。盐井此时的情况不得而知。

上述研究有待实证补充。2009 年 6 月，由陕西、西藏几家机构组成的考古队在下盐井村查果西沟内的小拉康（佛堂）内发现了扎古西西摩崖造像⑤，断定为吐蕃时期的文物。2013 年，笔者在觉龙村小溪西侧参观了一个宽不过 4 米，长仅 1.5 米的小佛堂，内有 4 尊造像，初步认定为松赞干布、文成公主、尺尊公主和禄东赞的造像。⑥ 小庙位于扎古西峡谷的南端，可见盐井是滇藏茶马古道的重要孔环，峡谷两侧峭壁直立，宽度仅供人畜单行。"扎古西"在藏语中是石门峡的意思。入觉龙，沿石门峡北行，过南墩（然堆村）与川藏茶马古道相汇。1941 年 10 月，崔克信到盐井调查就是走这条路，他从川藏茶马古道沿此路入滇藏茶马古道，经过石门峡抵埗，11 月从原路返回。通过石门峡通道与松赞干布等石雕群像，可窥吐蕃时代盐井的状况。

明洪武四年（1371 年），朝廷设置"朵甘卫指挥使司"，盐井归其管辖。⑦ 明代木氏土司在丽江崛起，沿着金沙江峡谷和澜沧江峡谷不断北扩，进攻迪庆高原西北部。1526 年左右，木氏土司顺澜沧江峡谷北上，攻占盐井，其势力深入西藏境内。地方志则认为，巴塘由云南丽江土知府管辖的时间最早是在

---

① F. Grennard. *Tibet and the Tibetans.* London：Hutchinson and Co.，1904. p. 230. 转引自西藏自治区文物管理委员会、四川大学历史系编：《昌都卡若》（中国田野考古报告集考古学专刊丁种第 29 号），文物出版社 1985 年版，第 155～156 页。
② 任乃强著：《任乃强民族研究文集》，民族出版社 1990 年版，第 226 页。
③ 《宋史》卷 492《吐蕃传》。
④ 李光文、杨松、格勒主编：《西藏昌都——历史·传统·现代化》，重庆出版社 2000 年版，第 47 页。
⑤ 参见席琳、张建林、夏格旺堆、田有前《藏东地区吐蕃石刻遗存的首次全面考古调查与记录：西藏昌都地区芒康、察雅两县考古调查新发现 2 处吐蕃石刻遗存》，载《中国文物报》2009 年 11 月 13 日第 4 版。
⑥ 参见陈建彬《西藏摩崖造像调查简报》，载《考古与文物》1990 年第 4 期。
⑦ 参见四川省巴塘县志编纂委员会编纂《巴塘县志》，四川人民出版社 1993 年版，第 54 页。

1568年。① 1639年底，青海蒙古族和硕特部入康在灭掉白利土司后，南下打败木氏土司，结束了木氏土司在巴塘等地71年的统治②，盐井由青海和硕特部控制。

由于峡谷的空间极其有限，没有平地可供晒盐，像沿海一带那样修晒盐场显然是不可能的。前人受到梯田的启发，依山架设盐楼，修起盐田。据传此举为木氏土司开创，"盐井及宗崖城皆其封藩，云南时所创，而惟于书无所考见，惟据《一统志》吐蕃之地北起陕西，迤南而历四川、云南、西北之地，则当明之世巴、里、中、维尚属同壤，盐井之开创于木氏无疑矣"③。从目前的史料来看，说盐田由木氏土司所开的证据尚不确凿。

明清以来，横断山脉的河谷中存在很多孔道供商贸往来，显然这些商贸往来的古道，绝非短时间之内能形成。而穿行于横断山脉的"茶马古道"应该比"盐马古道"还晚些，盐井峡谷内的通道，应该和取运盐水有一定关系。

康熙四十二年（1703年），盐井由西藏派往巴塘的第巴管辖。清末，中央王朝在川边积极推行改土归流，宣统元年（1909年），边军攻克腊翁寺，为盐井设县奠定了基础。当时的盐场景况如下："夷民缘岩构楼，上复双泥，边高底平，注水于中，日晒风燥，干则成盐，扫贮楼下以待沽。夷名其楼曰'盐田'……盐楼鳞比数千，岁产缗累巨万，诚天生利源也。"④ 到了民国二十年（1931年），盛况不减，有人数过："东岸盐厢一千二百四十二，盐池八百零二；西岸盐厢二千七百二十四，盐池四百七十四。"⑤此处援引之"盐楼"与"盐厢"，名异而实同也。

民国二年（1913年），全国废除府、厅、州三级制，川边废除康安、边北两道，设立川边道，盐井归其所辖。此时就清末改土归流的区域核设32县，初定为"川边特别区域"，盐井设盐井县。⑥ 1914年，四川边军进驻盐井，县长由边军委任。1917—1918年，盐井朔和寺活佛贡噶喇嘛收缴边军的枪支，联合宁静的藏军。藏军也拉拢他，1920年委任他为宗本，将盐税的一半收入作为给他的补助。⑦ 民国十四年（1925年），刘存勋任西康屯垦使，川边改称"西康"。此时定乡、稻城、得荣和盐井并不包括在"西康"之内，从32个县

---

① 参见四川省巴塘县志编纂委员会编纂《巴塘县志》，四川民族出版社1993年版，第54页。
② 参见四川省巴塘县志编纂委员会编纂《巴塘县志》，四川民族出版社1993年版，第54页。
③ 段鹏瑞：《巴塘盐井乡土志》，国家图书馆宣统二年（1910年）铅印本，第13页。
④ 程凤翔《喀木西南记程》，见西藏自治区社会科学院、四川省社会科学院编《近代康藏重大事件史料选编》第一编（下），西藏古籍出版社2001年版，第739页。
⑤ 金飞：《盐井县考》，载《边政》1931年第8期。
⑥ 参见任乃强著《任乃强藏学文集》（中），中国藏学出版社2009年版，第441页。
⑦ 参见中国社会科学院民族研究所西藏少数民族社会历史调查组编《昌都地区社会调查材料专册》（初稿），1964年刊印，第7页。

减至11个县。到了民国十七年（1928年），刘文辉在康定设西康特区政务委员会，收抚乡城、稻城、得荣和盐井4个县，盐井归其管辖。1932年10月8日，国民政府和噶厦在岗托签订条约，以金沙江为界，协议停战。至此，原巴安所属，金沙江以西的盐井、蟒岭、竹巴笼、廓布等地均划归西藏地方。①

1953年10月12日盐井解放，盐井宗解放委员会成立。1959年，开始征收盐税，100斤盐交税2元。1960年4月9日，成立国营盐场，扩大盐业生产。1965年11月，盐井划归芒康县。1983年10月8日，准备筹建盐井县，拟辖7个区，即原盐井、蟒岭、邦达、徐中4个区和芒康县析出的恩曲卡、安麦西、拉久西3个区，县政府驻今下盐井，后来此事搁浅。1985年1月24日，纳西民族乡正式成立，只辖下盐井行政村及7个村民小组，同年撤销供销社。1986年，盐井开始出现承包生产食盐。2007年开始，盐户逐渐使用水泵抽取卤水，背运卤水的时代逐渐过去。2012年，盐井正式进入旅游发展时期，西藏盐井历史文化展览馆开放，盐田成为4A级国家旅游景区。

二、村落布局与村民生计

盐井处于青藏高原东延地段，横断山脉与喜马拉雅山脉在这里相切，到处呈现出"两山之间有一川，两川之间夹一山"的地貌景观。澜沧江劈开万山，两岸的台地和峡谷间分布着星星点点的村庄（见图1-4）。

当地人的生计方式有盐业、农业、畜牧业、采集业、种植业等。长久以来，盐营是首要的谋生之道，盐户通过盐同其他生活物资进行交换，以维持生活。为此，盐井和周边的族群保持着较为频繁的互动关系。

盐井纳西民族乡政府所在地的海拔为2560米，而分布在澜沧江两岸的盐田海拔为2230米左右。政府驻地所在的下盐井村坐落在澜沧江东岸的一个东西长不过3公里、南北长不过5公里、方圆不到15平方公里的台地上，其海拔比盐田所在的位置高出330米。全乡面积374.90平方公里，现有耕地面积3153.75亩②，人均耕地面积0.77亩。

---

① 参见芒康县地方志编纂委员会编《芒康县志》，巴蜀书社2008年版，第317页。多数学者认可《岗托条约》以金沙江划界，不过，任乃强先生则另有观点。按照《岗托条约》所述"汉军以金沙江上下游东岸为最前防线。藏军以金沙江上下游西岸为最前防线"中"金沙江上下游两岸"者，仅指德格、三岩之部，与巴塘以南无涉。那么，巴安（塘）以南，康军原管之巴安河西13村与盐井一县地方，应由康军收回接管。后因刘文辉败退，又受"诺那事件"影响，盐井及巴安河西诸村，遂竟为藏军占领。任先生的看法不无道理。见任乃强著《任乃强藏学文集（中）》，中国藏学出版社2009年版，第536页。

② 1亩≈666.67平方米。

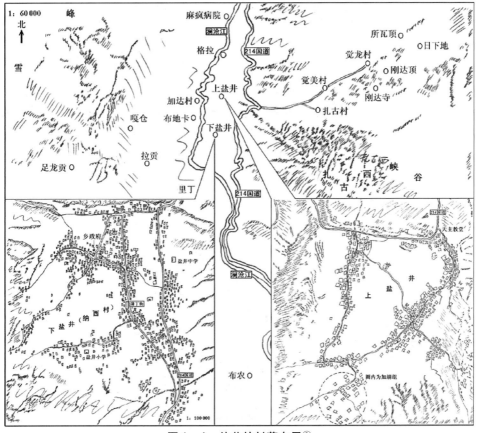

图1-4 盐井的村落布局①

纳西民族乡现有4个行政村,即下盐井、上盐井、觉龙②和加达。以澜沧江为界,前三村在江东,后一村在江西。各行政村之下为自然村,若干个自然村设一个村民小组,全乡共21个村民小组。当地居民主要为藏族与纳西族,极少数为汉族和白族。全乡总人口4265人,分属780个家户。其中,纳西族267户,1314人,占总人口的30%,集中居住在下盐井村。全乡居民95%信教,境内有1座天主教堂,有神父1人,修女2人,信众550人;另有1座佛寺(岗达寺),佛教信众5073人③。各村人口、劳力、性别见表1-2。

---

① 此图由何国强提供,在此表示感谢。
② 也写作"觉陇"或"角龙"。
③ 此数据包括盐井周边如佛山、木许等地的信教群众。

表1-2 纳西民族乡所辖4个行政村的人口结构（2012年）*

行政村	户数	人口	男	女	劳动力		
					男	女	合计
下盐井村	243	1150	545	605	276	281	557
上盐井村	149	735	370	365	160	168	328
加达村	206	1233	603	630	236	260	496
觉龙村	182	1147	570	557	236	238	454
合计	780	4265	2088	2157	908	947	1835

* 据2013年4月调查材料整理，由盐井乡政府和各村委会提供。

盐楼依山势而建，层层而上，景观独特：从上往下看和水田无异，而从下往上看，则隐约像木楼；从上往下看，盐田多为长方形，长宽不等，很少有椭圆形或圆形。上述四村，除觉龙村隐于山谷以外，下盐井村、上盐井村和加达村皆依山临水，村民世代从事制盐。所有盐田皆分布于澜沧江之东西两岸。其中，上盐井村之盐田在北部靠近曲孜卡乡，离村子最远，地势陡峭；下盐井村之盐田在南部；加达村的盐田离本村最近，地势平坦。

从澜沧江东岸北眺，下盐井村的盐田展现于脚下。再从西岸东眺，上盐井村的盐田悬挂在陡坡和崖边，一层摞一层，鳞次栉比，煞是壮观。搭建盐田的柱子仅固定在江边的岩石上，有些木柱甚至未加以固定。若是站在盐田上，颇为心惊胆寒，不是担心盐田倒塌，就是害怕摔下悬崖或者坠入江中。晒盐人似乎看透了笔者的心思，以平缓的语气说，盐田看似不牢固，其实结构力很强，很少发生倒塌的现象。

这三村的生计均呈现出多元特征，而盐井东北方向的觉龙村离澜沧江有十余公里，有农业、牧业、采集业，而无盐田。以下是四村的基本情况。

（一）下盐井村

下盐井村亦称纳西井村①，为纳西民族乡政府驻地，地处214国道旁，交通便利，平均海拔为2600米，年平均气温达10℃，年降水量为350～450毫米，下属7个自然小组，全村共有243户、1150人，全村耕地面积856.70亩，粮食作物主要有青稞、小麦、玉米等；经济作物有花椒、桃子、苹果、梨子、石榴、李子、橘子等。该村重视教育，有餐饮、住宿和零售的店铺，旅

---

① 本书习惯称"下盐井村"。

游开发较好。

（二）上盐井村

上盐井村地处214国道旁，距离乡政府驻地约2.5公里，平均海拔为2600米，全村下辖加帮、重巴、重对、盐业、嘎堆5个自然组，耕地面积530.80亩，人均耕地面积0.72亩，全村共149户、735人，劳动力328人。主要从事种植业，以青稞、小麦、玉米为主。西藏唯一的天主教堂坐落在上盐井村，信仰群众500余人，占全村人数的75%，是中西文化交融的村落。

（三）加达村

加达村地处澜沧江西岸的台地上，村委会驻地离盐井有5.5公里，全村共有206户、1233人，原有寺庙1座（拉贡寺，现在已经搬迁至曲孜卡乡），耕地面积589.60亩，平均海拔为2250米，属于河谷气候。加达村由于海拔低、气候好，适合种植青稞、甘荞、小麦、玉米、葡萄、梨、核桃、青椒、莴笋、土豆、萝卜、白菜、石榴、苹果等。

（四）觉龙村

觉龙村位于纳西民族乡东面，离下盐井村12公里，坐落在"扎古西"峡谷北侧，是滇藏茶马古道的首驿。觉龙属于河谷干热气候，年温差小而日温差大，年平均气温15℃左右，平均相对湿度为59%，年均日照时数为2526小时，日照百分率为56%，年降水量为350～450毫米。

全村辖有5个自然小组，182户村民，共1147人。共有耕地面积1275.02亩，人均耕地面积1.11亩，粮食产量31.87万公斤，人均278公斤，粮食作物主要出产青稞、小麦，经济作物主要有核桃、苹果、桃子、梨子、花椒、玉米、菌子，有虫草、贝母等药材，牲畜2189头，无盐业。

农业在盐井具备一定的自然条件。芒康县的农业区域主要集中在高山河谷区、高原农业区和高原农牧区。盐井绝大多数区域属于高山河谷类型，土地分布在澜沧江两岸，海拔在2100米到2600米之间，因此气候温和，日照时间长，基本能保证一年两熟。盐井一季地有780.25亩，双季地2172.5亩，但是人均耕地面积却不到1亩。当地主要的农作物有青稞、小麦、玉米、豆类和蔬菜等。大春主要产小麦和青稞，随着现代农业技术的发展，如提供良好的籽种、化肥等，农民开始大面积种植玉米，小春则主要种植小麦。高原农业区海拔相对比较高，一般在2500～3200米之间，受气候条件的影响，大体一年一熟，以青稞和小麦为主。畜牧业占一定比例，牧场海拔3000～3500米。觉龙村和加达村的部分区域属于此类型。

据九家村村民仁青顿珠介绍，觉龙村的草场在整个盐井分布最多，主要分布在澜沧江东岸、海拔较高的山顶。从村里到草场，要徒步七八个小时。以前，家家户户都到牧场去放牧，现在九家村只有1户人家在草场放牧。由于村子周围都是农田，因此普遍实行季节性转场。5—10月赶牛羊上山，到10月中旬农田收割结束，再将牛羊赶回村里。牲畜主要有马、骡、毛驴、牛、山羊，而牛以奶牛、黄牛为主，鲜有牦牛。

当地居民认识到土地有限，须补充利用其他资源。因此，在不耽误晒盐和农业生产的基础上，人们多进行采集松茸，挖虫草、贝母、黄连等。其中，松茸生长在海拔4000米以上的山林，每到7、8月份人们便去采集。届时，人们带上干粮，宿在山上，一去就是四五天。松茸的价格以等级来算，一般而言，骨朵较大且未开花是一级，价格在40~50元；二级是轻微开花，价格在30元左右；完全开了花的松茸被定为三级，价格为10~15元。第三级的松茸主要是当地人购买，价格实惠，用于食用。虫草一般生长在海拔3000~5000米的草甸，采集时间在4、5月。由于其价格高，每到采集季节，全村出动，高山上多是找虫草的人。

盐井是西藏境内种植葡萄的地区之一。早先，法国传教士从欧洲带来了葡萄苗。近些年，当地建设了葡萄酒厂，带动了盐井葡萄种植业的发展。现在政府积极引导村民来种植葡萄，在种植葡萄的前三年，政府每亩葡萄地每年补贴1500元。每个乡成立葡萄种植协会，酒厂和协会、农户三方签订合同。如今，政府、酒厂和木许乡、曲孜卡乡都签订了协议。至2013年年底，全乡葡萄种植户达270户，种植面积达600多亩。

盐的产量，东西两岸略有不同，澜沧江东岸的上盐井村和下盐井村，晒盐的周期短，盐产量高，每块盐田一道盐就能产三四十斤。加达村一道盐能刮二三十斤，二道盐普遍在三四十斤。如此计算，除去三道盐，一块盐田的产量在五六十斤。盐户的收入，受盐田大小和经营状况的影响，互有差异，多数人年收入在1万元左右，最低的也有四五千元，最高的有18000元左右。

第三节 盐场的基础设施

盐楼、盐田、卤水池、卤水井和道路是为盐业生产提供公共服务的工程设施，是保证制盐工作正常进行的基本物质条件，其完善与否对于当地人民的生存有着极为重要的意义。

一、基础设施的要项

盐场的基础设施是盐业生产的必要条件。不同的盐业生产方式，在不同的自然和地理条件下，基于一定的盐业生产技术，为其提供的基础设施各不相同。国内同样采用晒盐技术的几处地方，尽管核心的技术流程相同，但是在细节上仍存在差异，比如蒸发卤水的平台天南地北各不相同。中国南端的海南省洋浦古盐田将卤水晒在由火山玄武岩制作的石砚槽内，而和盐井同处澜沧江流域上游的青海省囊谦境内的多伦多盐场和白扎盐场，则将卤水晒在用石块垒成的平台上。笔者在盐井调查时，似乎走进了历史的现场，所见到的盐场布局与史料的陈述相差无几，皆迎合了地势与气候的特点。基础设施的要项包括盐楼、卤水池、卤水井和道路等，下面依次介绍，并着重于前三项。

（一）盐楼

盐楼的构造接近于干栏，依山而布，层层叠叠，绵延数里，建在澜沧江两岸地势陡峭的斜坡上，多处上下伸展七八层。最多处从江边到盐田高处，达10层，高出江面100多米。其中，下盐井村的盐楼最为壮观，最高处高出江面150米，海拔达2310米。在江水和沿岸农田的衬托下，盐田的色彩更为斑斓，雄伟壮观。盐田，似汉人之水田，在《巴塘盐井乡土地理志》中段鹏瑞提到"盐田之式，土人于大江两岸层层架木，界以叮畦，俨若内地水田"①（见图1-5）。

图1-5　西岸的加达村盐田

---

① 段鹏瑞：《巴塘盐井乡土志》，国家图书馆宣统二年（1910年）铅印本，第12页。

盐楼是两位一体的建筑，木料支撑的结构统称"盐楼"，楼顶上部的平台是晒盐的场所——盐田，地势陡峭的盐楼下常建有储卤池，有效利用空间。从盐田的分布来看，长期分为三区，旧志记载："（盐井）计东岸产盐二区，曰蒲丁，曰牙喀；西岸产盐一区，曰加打。"① 蒲丁，即现在的下盐井村；牙喀，即现在的上盐井村；加打，即现在的加达村。盐井纳西民族乡的盐田按照所属的行政村，主要分三大块（见图1-6）。

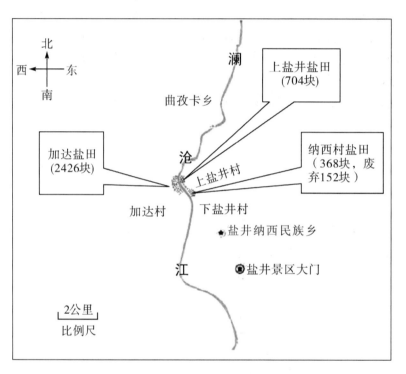

图1-6 盐田分布状况

（1）加达村的盐田，在"S"形弯道的上游西岸，盐田数最多，最密集，面积最大。

（2）上盐井村的盐田，在"S"形弯道中游东岸，与对岸加达村的盐田隔江相望，因架设在陡峭的山坡上显层层叠叠，颇为壮观。

（3）下盐井村的盐田，在"S"形弯道下游，规模最小，也最破旧，几乎无人愿意修整。

两岸的盐田，因地质和土壤不同，呈现的颜色也不同。西岸的加达村盐田

---

① 段鹏瑞：《巴塘盐井乡土志》，国家图书馆宣统二年（1910年）铅印本，第13页。

呈红色，而东岸的上盐井和下盐井两个村的盐田却是黄色的，这种反差皆因从不同的地方取土所致。澜沧江东岸的黏土为黄色，西岸的黏土为红色，盐田表层需要铺设黏土，不能去对岸取土，只能取本地的黏土，因此，收盐时不免渗入大量泥土，致使东岸盐为白色、西岸盐为红色。人民公社时期曾泊水泥来铺设盐田，但蒸发效果不理想，注入一池卤水，月余过后仍是卤水，晒不出盐巴。此事表明，土法晒盐看似简单，实则奥妙无穷。

盐田的情况可从两个维度观摩：一则由高瞰低，盐田形如水田。有的刚注入卤水，反射着光线；有的水分已经蒸发，显出洁白的盐层；有的还未注入卤水，裸露着棕红色（在加达村的盐田）或黄灰色（在上盐井村、下盐井村的盐田）的台面。二则从低仰高，盐楼如一丛丛幽暗的林地，有"鳞比数千"[①]之感（见图1-7、图1-8）。若要进入盐楼底部，因树立着较多的木柱，有如进入迷宫一般。而且可以看到一条条手指粗细、细长的盐结晶体下垂，晶莹剔透，极为漂亮。

图1-7　南眺下盐井村盐田

---

① 吴丰培辑：《川藏游踪汇编·喀木西南纪程》，四川民族出版社1985年版，第444页。

图1-8 西眺上盐井村盐田

盐楼依山势搭筑成平台,支撑的圆木依地形截取所需尺寸。因地势险要,前部架设长立柱,后部架设短立柱,立柱形成框状,间距1～2米(见图1-9)。盐楼因地势前高后低,过高之处,若柱子长度不足,则需架上横木搭接,多为两三截相连。近岸之处,立柱不足1米,更低者直接立于地上,不搭木楼。这样的立柱,多则需要七八排,少则需要三四排,每排排列整齐,受力均匀。柱顶用横木搭成架,其上错落有序地铺设细小圆木,再铺设一层木板,也有用木柴、树枝铺成,之后用碎石子、粗泥砂及相对粗糙的黏土,并用盐拍用力平整,泥层厚约10厘米,四周需要高出盐田的底部约15厘米,中间用泥土分隔成若干方块,最后用黏土粉搅成泥浆抹平使之平滑,形成一块9～50平方米不等的平台,通常称之为"盐田"。

木楼上的盐田用泥土铺整,渗透性较强,利于晒盐。盐田的表面必须水平,否则斜面会造成蒸发不匀,引起卤水流失而致减产的后果。盐田之间或彼此毗连,或以长木连接成栈道,自下而上层层延伸。楼上楼下以独木梯相接。依地势从盐田间的洞孔进入盐田,洞口呈正方形,宽约70厘米,仅供一人通过。

盐民在长期盐业生产过程中,深知运卤的辛劳,因此,对卤水资源极为珍惜。盐民们在每一座盐楼靠山坡一侧都要开一个孔径为20厘米左右的洞口,将盐筐放置于此孔,过滤刚收取未晒干成盐粒的水分,使之滴入下面的储卤

图 1-9　在陡峭的地势上修建盐田

池，卤水得到回收、利用。

　　盐楼之上是多呈长方形的盐田。一般长 3～6 米、宽 2～4 米，面积在十余平方米。其他如扇形、圆形、梯形等形状较少，主要是这样的形状难以建筑，不便晒盐与收盐。面积 50 平方米以上的盐田极为罕见，因为圆木难以支撑。盐田无论大小，均分隔成若干块，少则三四块，多则十来块，多数在四五块，以利晒盐。

　　盐井的盐田，多数是如上所述的盐楼样式，不过在加达村，也有部分盐田因地势稍平，是直接用石料垒成的。石料之间的缝隙，仍然具有渗透水分的作用，也能晒出盐来，这样的盐田主要分布在加达村往曲孜卡乡方向行走的道路下侧，有三四十块。

　　文献仅对盐田（厢）和盐池（储卤池）有记载，宣统元年（1909 年）的资料显示，当时盐田有"二千七百六十有三"块[1]，《盐井县考》记有："东岸盐厢一千二百四十二，盐池八百零二；西岸盐厢二千七百二十四，盐池四百七十四，两岸共盐厢三千九百六十六。"[2] 对于盐井的盐田到底有多少块，21 世纪以来，学者们的说法不一。据陶宏和黄健的调查，"加达村现有木楼 300

---

[1]　段鹏瑞：《巴塘盐井乡土志》，国家图书馆宣统二年（1910 年）铅印本，第 12 页。
[2]　金飞：《盐井县考》，载《边政》1931 年第 8 期。

余栋，盐田1500多块；下盐井村现有木楼120余栋，盐田800余块；上盐井村有木楼200余栋，盐田1100多块"①。显然，这只是估计的数值，并未真正进行统计。朱霞和李晓岑的调查认为盐田约3000块②，这和上述学者的数据有一定的差异。此后，吴成立在盐井调查，认为盐田东西两岸共有约3000块，其中，加达村有木楼300多栋、盐田1784块，下盐井村有木楼120多栋、盐田789块，上盐井村有木楼200多栋、盐田1223块。③

笔者在2013年调查期间，通过调查，结合各村统计的材料，最后得出上盐井村共有盐田704块，加达村有盐田2426块，下盐井村有盐田368块（不含废弃的盐田152块），共计3498块。如含废弃的盐田，则共计3650块，从这个数据来看西岸的盐田总数要比东岸多。需要指出的是，上盐井村和下盐井村的盐田均存在这样的情况，如有的下盐井村村民的盐田被分到上盐井村，这种情况的发生主要是因为继承者的户口发生变化。例如，扎西央宗家在下盐井村，有11块盐田，但是盐田却在上盐井村，这是因为她的婆婆是上盐井村人，随着嫁到下盐井村后，家里给她分了几块盐田，因此人在下盐井村，盐田却分布在上盐井村。

地势决定着盐田的面积大小和密集程度，加达村盐田所处的位置地势平坦，因此盐田看似不多，但实际上比东岸多。上盐井村的晒盐户每户约拥有盐田数7块，晒盐专业户的盐田平均数则近12块。而加达村的晒盐户的盐田平均数在18块左右，整个盐井晒盐专业户的盐田平均数在22块左右。这和上盐井村的盐田情况比较后可得知，两村的晒盐专业户均掌握着较多的盐田。

（二）储卤池

顾名思义，储卤池（或称卤水池、水塘）是用来囤积盐水的。盐井共有几百个储卤池，大多呈方形，直上直下，少数呈"V"形或窝形（见图1-10）。储卤池的尺寸大小不一，从调查的资料来看，一般深度在1.0～2.5米之间，长宽也不固定。小型的储卤池一般长为5米，宽为3～4米，其容积在数立方米到数十立方米不等。有的大型储卤池长约8米、宽约5米，这样大的池子一般为盐民在后期所建。近来，人们用石块、水泥砌成更大的储卤池，容积是过去储卤池的四五倍，目前最大的储卤池容积可达400多立方米。

---

① 陶宏、黄健：《西藏芒康县盐井乡盐业研究》，载《盐业史研究》2002年第4期。
② 参见朱霞、李晓岑《西藏自治区芒康县盐井镇的井盐生产》，载《中国藏学》2007年第3期。
③ 参见吴成立《西藏芒康县盐井纳西民族乡盐文化研究》，中山大学社会学与人类学学院硕士学位论文，2009年，第66页。

图1-10　窝形储卤池

储卤池为盐民存放卤水而建的小池塘，其作用有三：一是将卤水倒入储卤池中，便于卤水与结晶盐土的充分结合，促进成盐的速度；二是从卤水井用人工背到储卤池（或水泵直接抽到储卤池）的卤水，往往温度高，多达30℃～40℃，为了保证成盐的质量，必须将出井后的卤水温度降低到日常温度，一般在20℃左右；三是每到5—8月，澜沧江河水暴涨，洪水一旦泛滥，将会把卤水井全部淹没，盐民为了能继续生产食盐，并且产量不受影响，只能将大量卤水存放在储卤池中。① 这便是"盐户之勤敏者，设法于江水未发之先，预为池蓄水，以备井没"②之说。总体说来，储卤池的作用就是卤水的中转站和储存站。

在未使用水泥浇筑技术前，用石头砌成的储卤井容易出现卤水渗透，因此，常常需要细致检查卤水池四周。在2007年之前，卤水基本上靠当地妇女人工背运，卤水十分沉重，使得背运卤水较为辛苦，一旦储卤池漏水便前功尽弃。因此，除了常规的检查外，一到年底就要对其进行修整。自从使用水泥浇筑后，人们不再担心储卤池会漏水，只是使用的时间长了，储卤池底部沉积了大量的各类废弃物，需要清扫。

---

① 参见李何春、李亚锋著《碧罗雪山两麓人民的生计模式》，中山大学出版社2013年版，第183页。

② 金飞：《盐井县考》，载《边政》1931年第8期。

卤水倒进储卤池后，需要添加一些容易结晶、含高盐分的物质，如选择修盐田拆下的木料，这些物质因长期受卤水侵蚀，含有较高的盐分，所以人们会在整修盐田时将其放入储卤池，以增加卤水的浓度，提高成盐质量；又如盐楼底下的泥土，因晒盐时，卤水不断渗漏，滴入土中，形成盐蚀土。这两者均是盐民首选的浓缩卤水添加物。这样做除了能使储卤池中的卤水与结晶盐土进行充分结合以促进成盐外，还可使从卤水井出来后的卤水温度降至日常水温，以提高成盐质量。

储卤池多选择建在盐楼之下，或离自家盐田较近之处。因储卤池形状各异、大小不一，其数量多不得知。清末宣统二年（1910年）间，大概是"六百八十有九"① 口。笔者在2013年调查期间，经粗略统计发现，东岸的上盐井村盐田有储卤池120口左右，下盐井村的盐田有70口左右，对岸加达村的盐田有近百口，两岸共计300口左右。

（三）卤水井

卤水井是晒盐的重要公共设施，少部分为私人所有。其分布在邻近江面的河床，通常盐户找到卤水泉眼之后，开掘成井，卤水自然涌出，即可采卤。卤水井依江而建，井底与河床平行，井壁用石头及水泥砌实，井宽窄深浅不一。从大小来看，可分小型卤水井和大型卤水井。

小型卤水井，离江最近，呈方形，宽为0.6～2米，深为1～2米；大型卤水井一般超过5米深，多为圆形，甚至有深15米者，称之为大口井。此外，卤水井也可分为公共卤水井和私人卤水井。不言而喻，前者供盐田内所有盐户使用，后者归盐民独家使用。井内多数砌有石阶，石阶边还靠有简易木梯或独木梯（斫有脚踏凹槽的粗大圆木），梯子近于直立，供人入井取卤。梯子一般以石块垫高，防止卤水腐蚀。除5口老井呈圆形外，其他井的形状不规则。② 夏天洪水暴发，淹没半边斜梯，说明卤水可能是江水切割河床，造成水浸入地层，"将盐层中之盐质溶解而成盐水"③。

最早的卤水井已沿用数百年，而且较为有意思的是，卤水井通常以小地名或家族名来命名。这样的具名卤水井（盐井），目前在加达村有5个：曲莫、巴廓、卓萨果、吉东、莫勒错。其中，名为"曲莫"的卤水井即为公共卤水井。④

---

① 段鹏瑞：《巴塘盐井乡土志》，国家图书馆宣统二年（1910年）铅印本，第13页。
② 参见吴成立《西藏芒康县盐井纳西民族乡盐文化研究》，中山大学社会学与人类学学院硕士学位论文，2009年，第71页。
③ 崔克信：《盐井县之地质及盐产调查》，载《西康经济季刊》1944年第8期。
④ 参见西藏自治区文物保护研究所、陕西省考古研究院、四川省考古研究院《西藏自治区昌都地区芒康县盐井盐田调查报告》，载《南方文物》2010年第1期。

不同盐井的卤水的丰吝厚薄不同，旧志说："东岸两区，井深约两丈，井底泉脉一股两股，多寡不等，来源略缓，卤质厚而味浓，盐粒大而色白。两岸只一区，井浅数尺，来源颇旺，卤质薄而味淡，盐粒碎而色红，故夷俗有红盐井之称。"①民国在盐井调查者崔克信，对盐井（卤水井）也有描述："盐井，自澜沧江两岸含盐层中，□坚井，□溶水面。右岸者，直径普通约有一五公尺②，深自二公尺至五公尺不等。而以深二三公尺居多，井口均镶以木，成显长方，或显正方，各边最长者有一五公尺，短者半公尺，至一公尺，井周围镶者仅一井，其距江边最远者，不过五公尺，最近者仅一公尺。井之位于江之左岸者，可称盐塘，旧均极宽浅，不似井状，其为多□三四公尺，深不过一公尺，未有镶木者，其中除一三井位于江边五六公尺处，高出江面不及一公尺，余均临江边一二十公尺，高出江面不下五公尺。"③

不同历史时期，卤水井的数量也不同。清宣统元年（1909 年），"查澜沧江东岸有井三十余口，其西岸有井二十口"④，总计也就是五十来口。《巴塘盐井乡土志》载 "井五十有二"⑤。盐井的数字在后来的《盐井县考》中有所增加，其曰："东岸井二十四口，西岸井三十一口，两岸井共五十五口。"⑥ 据笔者 2012 年的调查，东岸有卤水井 61 口，西岸有 17 口，共计 78 口。盐民反映有些卤水井，因江水冲积，或长期未使用而废弃。

（四）道路

1. 盐田联通外部的道路

盐田分布在谷地，加达村几乎分布在江边，而上盐井村和下盐井村村民生活在澜沧江边的台地上。因此，晒盐三村，进出盐田均需要通道。旧时依托"茶马古道"。20 世纪 70 年代，214 国道公路从云南省的德钦县修到西藏自治区芒康县的盐井，后来又从盐井修至县城嘎托镇，214 国道成为盐井与外界交换的重要通道。从盐井各村之间的通道来看，上盐井村到下盐井村主要依靠 214 国道。上盐井村到加达村，原来走山路，此线以下会提及。后来，盐井进行旅游开发，由西藏宏绩集团投资 400 余万元，修建了从盐井检查站到下盐井村盐田的柏油路。21 世纪以来，从东岸到加达村、横跨澜沧江的钢混桥筑成，

---

① 金飞：《盐井县考》，载《边政》1931 年第 8 期。
② 应是一公尺半之意，下同。1 公尺 =1 米。
③ 崔克信：《盐井县之地质及盐产调查》，载《西康经济季刊》1944 年第 8 期。
④ 四川省民族研究所、《清末川滇边务档案史料》编辑组编：《清末川滇边务档案史料（中册）》，中华书局 1989 年版，第 446 页。
⑤ 段鹏瑞：《巴塘盐井乡土志》，国家图书馆宣统二年（1910 年）铅印本，第 13 页。
⑥ 金飞：《盐井县考》，载《边政》1931 年第 8 期。

可供 2 辆车并行通过。仅供马骡通行的吊桥逐渐被人们遗忘，靠溜索往来江上的历史更是成为过去。在重庆市政府的援藏工程下，从江边到加达村的路面，铺成了弹石路。到冬季，人们纷纷组织起来，不断修正从加达村到曲孜卡乡的路。这条路联通了两个地方，使得出行较为方便，村民愿意投工，修平路面。而从曲孜卡乡出发，又可先过澜沧江，爬"Z"字形的公路，经 214 国道按顺时针方向到达下盐井村。这样，就形成了环形的交通路线，将加达村、下盐井村、上盐井村和曲孜卡乡联系起来。

2. 进出盐场的道路

坐落在澜沧江两岸的盐场与各村的距离不同，东岸上盐井村和下盐井村的盐户进出盐场必须下山、爬山，路途稍远，不如西岸加达村的盐户那么便利。

从盐井乡政府驻地（下盐井村）到盐田有两条路：一条是沿着景区开发盐田所铺的柏油路一直斜下，先到澜沧江东岸的下盐井村盐田，过澜沧江的钢混桥之后可到对岸的加达村盐田。这个行程大约有 4.5 公里，公路顺着山势往下延伸，弯道多且狭窄，容易引发交通事故。选择乘坐汽车到下盐井村盐田，所需时间在 15 分钟左右。步行则需 1 个小时左右，从盐田返回乡驻地则至少需一个半小时。这条路主要是方便旅客到达盐田。另外一条路则是盐民和马帮通往盐田的主要通道，往乡政府右侧走，顺着农田边往峡谷方向下行。这条道路比一般的山路宽敞，显然可供马骡同行，负驮时也不至于碰到路的两边。一路下去便是河谷，小溪的两侧有废弃的房屋。据下盐井村的老人讲，这里原本有八九户人家，后来响应乡政府的号召，全部搬到街上去了。过该村，径直下行，就可走到下盐井村的盐田；再由此跨小溪，攀悬崖，可转到上盐井村的盐田。由于是走下坡路，从下盐井村到江边盐场需要半小时；再从那里到上盐井的盐场，由于是上坡路，山路崎岖狭窄，又要半小时。游客常走此路去观赏盐田，走到这一段路则再也不敢前行。

上盐井村有小路与盐场相连接，下山需 30 分钟，上山需 40 分钟。如果沿着公路走，因为要绕着走，比走小路要多费 1 小时。

加达村的盐场就在村边，道路宽畅。现在从加达村到曲孜卡乡的土路可供马帮和摩托车通行，一般的车辆很少走此路。

3. 盐场内部的小径

简易公路一般只修到盐场旁边，各盐场内部则以小径相连，只能行走人与骡马。上盐井村的盐田，骡马只能到达盐田最高处的平地。盐楼之间的小径还是易行的，难行的是从盐楼到卤水井的那一段，许多地方陡峭而狭窄，只能单人行走。总的来说，加达村的盐场小径较为平坦，上盐井村和下盐井村的比较崎岖。

二、基础设施的维护

（一）盐田的修整

作为盐民进行盐业直接生产的主要场所，盐楼之重要，不言而喻。盐楼建起后并非一劳永逸，一则盐田的主楼由木架支撑，经过卤水侵蚀，年久容易损毁；二则受到雨水、泥石流、地震等自然灾害的影响，建在斜坡之上的盐田经常受损。盐田"所最难防者，即江水之涨落……水极大时，即盐厢虽居高处，亦有冲倒之虞"[①]。此外，盐井的地质结构活跃，容易发生地震。据文献记载，1921年盐井发生了6级以上的地震，"川边盐井县地震为灾，伤毙人畜，压坍房屋及盐池、盐地，为数甚多"[②]。因此，不管何种因素导致盐田受损，均需要及时修整，不让其影响晒盐。

通常，盐民每次在收盐之后将绕盐楼检查一周，如发现问题将极时处理。到了年底还要全面检修，以保证盐民从事生产时的安全。盐田的修整分临时与定期两种。临时修整一般是发现盐田有漏卤水之处，或木料腐朽，立即修理。定期修整则一般间隔一年左右的时间，对整个木楼或盐田局部进行统一修整（见图1-11），包括更换腐烂的木柱及所铺的第一层中腐烂的木料。为了降低工程量，一般在修整前，先将沙土挖出，堆放在盐田周围，以便再次使用，并将所拆除的木料放入储卤池中，这是因为木料中有长期渗透下来的卤水浸入，将其放入储卤池中浸泡，可将木料中的盐分溶解出来，达到回收卤水的效果。定期修整还包括每10年左右进行全面地重建木楼和盐田。

图1-11 加达盐民正在拆盐田

---

① 金飞：《盐井县考》，载《边政》1931年第8期。
② 《东方杂志》和《申报》1921年5月25日的相关报道。

盐田的修整有以下几个步骤：首先是备料和加工，上山伐木，运回盐场。待木料半干，即可用于搭建盐楼。此时在有经验的师傅帮助下，将木材加工成所需尺寸的柱或梁；按照地势，搭好主架子，在木架子上铺一层圆木或木块，缝隙较大者用树枝或木板补上；接着，铺上粗砂石一层，平整后再选较细的黏合土，浇上水，浸十来分钟后，将其拌成泥浆，用泥掌磨平，四周先用木块铺垫，再用泥浆固定。至此，盐田基本修整完成（见图1-12）。这项工作所耗时间不长，一般来说，四五个人花费两三天的功夫，即可完成。

图1-12 加达村妇女在修盐田

（二）储卤池的修整

储卤池在西藏解放以前多用石头垒砌而成，因此需要大量的石料，多建成"窝"状。随着结构力强的水泥生产出来后，即不再需要修建较厚的池壁，只要混凝土倒入事先做好的木制模子，用振动器均匀震动后，再过两三天即可拆掉模子，储卤池便成型了。

储卤池的修建同样需要几道工序。第一道工序如同修建盐田，首先是要选择储卤池的位置。这也是很有讲究的一步，其位置不能离盐田太远，如果自家拥有十几块盐田之时，更是需要综合考虑储卤池离每块盐田的距离。如果离得太远了，从卤水池运卤水到盐田就会耗费太多的劳动力和时间。

　　储卤池一般需要有一定的容积，因此在地势不平坦的地方，往往需要深挖斜坡，而如果遇到砂石混合的土质，则深挖的难度更大，需要体力强者用十字镐慢慢敲。如果坡度特别大，则挖一个长方形的卤水池（见图1-13）更为不易，此时盐民采用的方法是只挖一半，另一半用石头和水泥浇筑。

图1-13　上盐井村的盐民在修建方形储卤池

　　修建储卤池的第二步是搬运石头，这些石头一般是来自江边，因此靠盐民用篮子或背带往上背，一次只能背运一两块。石头的选择也有讲究，要尽量挑形状规则、有切面的石头，那样镶嵌起来较为方便，也能节省材料。有些盐民采用上述的浇筑方法。一般而言，选用石头来砌储卤池，耗费的劳动力多，通常需要三四个人一边砌石头，一边在缝隙倒入混凝土。扎西央宗家在2013年4月份修建了一个储卤池，据她丈夫讲，从挖储卤池的地基到砌成储卤池一共花了十四五天。待笔者和他一起去盐田的时候，储卤池刚修了四五天，池中装满了水，他不断地用桶倒水到储卤池浇筑外墙。后来，笔者得知那是因为储卤池还未完全定型，如果不浇水容易出现池壁裂痕，导致储卤池漏水。不过，据盐民讲，虽然这样的储卤池耗费大量材料和劳动力，但是一旦修好，就能管用十几年。

（三）旧井的维护和新井的修建

对盐民而言，卤水井同样重要，其作用是将地下卤水集中起来，以便盐民取运。不过，一方面需要维护旧井，另一方面需要寻找新的卤水，以建新井。

旧井需要周期性的维护。一旦进入雨水季节，洪水暴涨时，卤水井容易被江水淹没。此时，江水变浑，水量增加，建在江边的卤水井，一部分会被江水淹没（见图1-14）。而一旦卤水井被淹没，无卤水供给，将直接影响到盐业的生产。

图1-14 江水暴涨时被淹的卤水井

依前人描述：

> 江水之涨落，由四五月起，至七八月，水势暴涨数丈，波涛汹涌，两岸盐井尽没。……水退井眼皆为泥沙壅闭，淘汰颇须时日，历年皆然。奈水源竭，势难持久，欲弥其缺，首在卫井。除筑堤而外，有就井圈墙一法，怒涛骤作，声振山谷，起落数丈，非巨款不能成事。①

---

① 金飞：《盐井县考》，载《边政》1931年第8期。

待江水退去，盐民还得花上两三天的时间来清除井中的泥沙。此外，雨季来临时，盐田和盐池同样会受毁。例如，1980年8月21日，盐井遭受暴雨袭击并引发山洪暴发和泥石流，冲毁盐池170口、盐田34块，新修的盐井亦被淹没，盐业生产被迫停止。①

如前面所述，盐井一旦发生地震，对盐田、盐池、卤水井等设施的破坏是极大的。据《东方杂志》和《申报》② 载，1921年盐井发生的此次地震，震级在6.75左右，地震带来"伤毙人畜，压坍房屋及盐池、盐地，为数甚多。本日奉大总统令，著财政部迅拨币银一万元，交由陈镇守使遴派妥员，分赴灾区，核实放赈"。据西藏察隅、当雄大震考察队考察，在此次地震中只有两层关帝庙和三层木架结构的盐务局没有倒塌，此外的360余户房屋（多为卵石砌墙）全部倒塌，甚至还出现了盐泉位置前移现象。③ 因此，震后需要盐民不断加高卤水井，或选择新址重建卤水井。④ 盐民为了防止江水上涨淹没卤水井，采取了很多防范措施，上述金飞所述的"井圈墙"一法最为有效。盐民不断加高大口井，这样江水涨时就难以淹没井口，将井一侧所开之门用木板牢牢堵住，进入井中的泥沙就少。

新建卤水井，需要耗费大量的人力、物力和财力。新中国成立以后，盐田进行了多次重新分配，卤水井也逐渐变成了公共所有。因此，修建卤水井变集体行为，不再是哪个村小组或个人的事情。劳动力的组织以村主任为核心，号召所有的晒盐户投工投劳。大家集资购买所需的水泥，其他所需的材料如粗砂、石料，均靠大家组织劳动力去取运。如能获得政府支持，则村民只需投入劳动力。卤水井的修建是一项持续性的工程，需要大规模的劳力投入，不管是在东岸还是在西岸，修建卤水井都要近百村民投入到其中（见图1-15）。

2013年4月，加达村在申请到民宗局20万元的资助后，新建了一口较大的卤水井。据了解，这是因为加达村地势相对平坦，又在澜沧江的转弯处，一到下雨季节，河水暴涨，便淹没了较低的卤水井，因此这一次要修建较大的卤水井。3月中旬，有七八十人的队伍在建卤水井。政府下拨的资金主要用于购买水泥，其他修建卤水井所需的沙子和石料则由村民自己想办法。其中，男女分工比较清楚，男人主要是浇筑卤水井、拌水泥、撬石头，女人则负责背石头、背水泥、捡石块。男人在江边寻找到适合的石头后，用撬杆将其撬起后，

---

① 参见芒康县地方志编纂委员会编《芒康县志》，巴蜀书社2008年版，第37页。
② 1921年5月25日。
③ 参见西藏察隅、当雄大震考察队《1921年芒康县盐井地震考察》，载《四川地震》1987年第1期。
④ 李何春、李亚锋著：《碧罗雪山两麓人民的生计模式》，中山大学出版社2013年版，第178～179页。

图 1-15　加达村民集体修建卤水井

女人用一根绳子作为背带将石头背到卤水井旁。据加达村村主任介绍，村民从早上 8 点开始干活，中午 12 点后休息一个小时，下午 1 点又开始干活，直到晚上 6 点半才收工。据观察，这个卤水井的修建队伍每天都保持不低于 40 人，最多的时候达 80 多人。除了下雨，大家已连续工作六七天。按这个强度，整个卤水井的修建一共持续了一个月。总体上，大家乐意参与到卤水井的修建中，因为这为盐户今后的晒盐提供了保障。

第二章 制盐工具与制盐工艺

在有限的生产空间里，盐井依然保持着完整的制盐工艺，包括凿井、采卤、制盐等程序。每一程序又可以划分出若干步骤，如凿井可分为找井、钻井、砌井等，每一步骤使用的工具又不同。采卤亦然，开凿盐井后，用不同的工具（如容器、管道等）汲取卤水，将其送到储藏池。继而是收盐、运输，也都有特定的工具。为了阐述清楚，从工具入手是理想的选择，进而涉及操作技术。

第一节 制盐工具

一、与卤水相关的工具

（一）瓢类

卤水瓢是用来将卤水盛入卤水桶的工具，主要用在将卤水从卤水井舀入卤水桶中。它通常是用桦树皮制作而成，其"平面略呈圆角长方形，弧壁平底，两端接合处用皮绳、桦树皮垫片和木插销固定。口部长 20～22 厘米、宽 11～16 厘米，底部长 19 厘米、宽 8 厘米、高 9 厘米、壁厚 3 厘米"[1]。后来，人们用葫芦瓢、铁瓢舀卤水。因铁瓢容易氧化，不耐用，又被放弃使用。再后来，人们使用塑料生产的水瓢，该瓢不易氧化，经久耐用。可以看出，在不同时期，人民所使用的瓢类不同，随着其实用性而不断更替。

---

[1] 西藏自治区文物保护研究所、陕西考古研院、四川考古研院：《西藏自治区昌都地区芒康县盐井盐田调查报告》，载《南方文物》2010 年第 1 期。

（二）桶类

卤水桶分为两类。一类是盐井东岸纳西族和藏族妇女背运卤水的工具，因地势陡峭，两村所用的卤水桶具有深、细、长的特点，旧志称："其器长式木筒，束筒于背。"① 此类卤水桶近似圆柱体，但是底端处的直径要稍微小一些，越往上桶越粗，这样的构造是木工师傅有意为之，为的是减轻肩上的负担。桶底的直径为 20～25 厘米，桶口在 22～27 厘米，桶口比桶底宽 2 厘米左右。桶壁由 26 片木条组成，桶外高 60 厘米，底径 25 厘米，壁厚 0.8 厘米，木条宽 2.5～5 厘米，铁丝间距 6～10 厘米。通过铁丝紧箍，卤水桶各木条之间紧密相贴，保证了桶不容易漏水。（见图 2-1、图 2-2）

图 2-1 卤水桶②

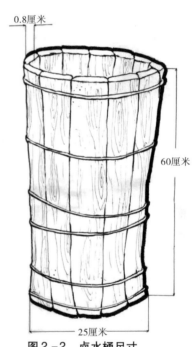

图 2-2 卤水桶尺寸

还有一种树皮桶，是用桦树皮或樱桃树皮制成的，既可装卤水，亦可装盐，多在地势平坦的加达村盐田中使用，上盐井村和下盐井村几乎不用这类桶（见图 2-3、图 2-4）。用此类水桶挑运卤水时，还需要扁担，一般取木质韧

---

① 金飞：《盐井县考》，载《边政》1931 年第 8 期。
② 图 2-1、图 2-2、图 2-3、图 2-4、图 2-6 均来自吴成立的《西藏芒康县纳西民族乡盐文化研究》，中山大学社会学与人类学学院硕士学位论文，2009 年，第 74～75、78 页。

性较好的木头作为材料，形状扁平，长 142 厘米左右，中间向上凸起，形成弧线，两端刻上一小槽，用绳子各固定一铁钩。铁钩一般长 8～12 厘米，绳长 30～40 厘米，可以视人的高矮调整绳子长度。挑运卤水时，两手需要握住绳子，以保持水桶的平衡。

图 2-3　树皮桶

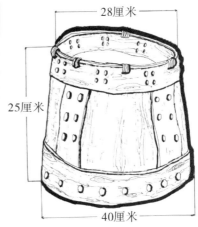

图 2-4　树皮桶尺寸

在 2007 年以前，以上两类卤水桶一直是盐民不可或缺的晒盐工具。金飞记有"凡汲水摊晒等工作，多女子任之"①，其中背运卤水是最为辛苦的工作。在人工背运卤水的年代里，经常可以看到在道路崎岖、地势陡峭的盐田里，三五成群的妇女向上背运卤水的景象。她们通常从早上 7 点多钟开始背，直到将自家的储卤池倒满，才得以休息。一天下来，在储卤池和卤水井之间来回七八十趟，一天几乎要背运近 1 吨的卤水。可想而知，盐民的生活非常劳苦。

东岸使用的卤水桶较深，一般在背运卤水之时，很少将其装满。按其容积来看，即便是装平常的水，满桶的水也有 60 斤左右，何况卤水密度明显大于水，那将超过这个重量。因此，在山势陡峭、道路狭窄的盐田里，人们一般负重在 40 斤左右，这样才能保证一天的劳动强度。因此，一般卤水桶只装 2/3 左右的卤水，桶深使得卤水不易在上坡背运过程中溅出桶外。

卤水桶还需配有背带，一般由细羊毛编织而成，其主要特点是质地软、耐性好、韧性强，长约 1.5 米，一般视桶的直径来确定，宽约 4 厘米。此外，还需配有垫子。垫子的外部用麻布由手工缝制而成，内部塞入羊毛或棉絮，平面呈四方形，边长 40 厘米左右，厚 3～4 厘米。垫子为的是减少腰部直接和桶

---

① 金飞：《盐井县考》，载《边政》1931 年第 8 期。

底与桶壁的摩擦，减轻负重时对身体的伤害。

2012年，笔者到盐井调查期间，当地盐民均使用电力抽运卤水。在此之前，卤水多靠人力背运。20世纪80年代，西藏自治区政府为了减轻盐民的劳动强度，试图投资20万元，用机械抽卤水，将卤水输送至高处的卤水池，后来因电力供应不足和生产成本高而停止。① 2007年前后，人民开始使用柴油机发电，带动水泵来实现卤水的取运。2009年以后，电力得到保障，人们多数使用电场提供的电，直接用水泵抽取卤水。

水泵的运用使得抽取卤水的工作效率明显提高。以原来背运卤水所使用卤水桶的规格来看，假设以底直径为26厘米、高为60厘米，那么一桶卤水的体积为0.031立方米，则100立方米的储卤池，需要3226桶，以每次背运1桶卤水的时间为25分钟计，一天工作8小时，则需要100天的时间才能运满。而水泵每小时正常的抽水量为30～45立方米，100立方米的卤水池2个多小时就能抽满，效率得到大幅提高，省去了大量的劳动力。

二、与晒盐相关的工具

（一）木拍

木拍是盐民在修整盐田或完成一次收盐之后平整盐田的工具，或称木槌、盐田拍。它是由一整块青冈树木削制而成，分为拍面和槌柄两部分。拍面长为20～30厘米、宽为14～18厘米，呈弧状三角形，或梯形，或子弹头式，前部分尖突；槌柄为圆柱状，柄长为10～12厘米，柄的直径为2～3厘米。（见图2-5）

图2-5 木拍

---

① 参见吴成立《西藏芒康县纳西民族乡盐文化研究》，中山大学社会学与人类学学院硕士学位论文，2009年，第88页。

(二) 刮盐板

刮盐板,形如薄片状,为木块或铁片。木制刮盐板呈梯形刀刃状,使用之时,宽底(下底)一面和盐田接触,相对窄的一面(上底)由单手握住。下底边长40厘米左右,上底边长30厘米左右,宽为12～14厘米,木制的刮盐板,厚度为2厘米左右。铁制的刮盐板比木制的稍小,厚度基本上在1.5毫米左右,由于铁片较薄,容易伤手,往往手握的一侧,需要向内侧卷起1厘米左右,形成圆形边缘。目前,在盐井多数使用铁制的刮盐板,木制的刮盐板被淘汰了。(见图2-6、图2-7)

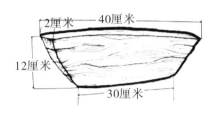

图2-6 木制的刮盐板尺寸

图2-7 铁制的刮盐板

(三) 盐箕

盐箕是收盐过程中盛盐的器物,和内地汉人所用粪箕无异。目前,在盐井有两种盐箕:一种是用竹篾编织而成(见图2-8),一种是用废弃的车轮内胎制作而成(见图2-9)。两种样式差不多,前者舌宽为38～45厘米,底宽约为35厘米,长40～45厘米,高15厘米左右;后者舌宽为32～40厘米,底宽约为40厘米,长45～50厘米,高12厘米左右。前者,因竹篾之间有缝隙,主要用来盛放从盐田中刚收集起来的湿盐,这样可将水分沥干;后者,因是用车轮内胎制作而成的,无缝隙,可盛放干盐或泥土。

图2-8 用竹篾编制的盐箕

图2-9 用车轮内胎制作的盐箕

（四）盐筐

盐筐（见图 2-10），用竹篾编制而成，形如汉人的背篓。其状呈"V"形，上口或为圆形、椭圆形，或为方形。上口圆形者，其直径在 46～60 厘米不等，底部一般为方形，边长为 12～20 厘米。上口方形者，其边长在 45～55 厘米不等，底部边长及形状与上口圆形者均差不多。盐筐绝大多数时候盛放的是湿盐，一般盐民将盐箕收集起来的盐集中倒入盐筐中。此外，盐筐也有和盐箕类似的功能，可沥干盐的水分。盐干之后，便可运至盐仓。

图 2-10　盐筐

（三）扫帚

扫帚（见图 2-11），一般用藜科植物捆扎而成，此类植物多在觉龙村附近的山上生长。其柄部用竹篾、铁丝或绳子扎上两道，以此固定整个扫帚。全长为 55～65 厘米，柄长 25 厘米左右。多用于刮完盐之后，清扫余下的盐；或在修整盐田的时候，扫平土层。

图 2-11　扫帚

第二节　工艺流程

盐户在生产中，利用成盐的化学知识，按照工序要求，掌握工具，从原料到制成成品各基本活动构成工艺流程。晒盐过程详细来说可分 5 个步骤：汲卤、运卤（包括了现在的抽卤水）、晒盐、刮盐和收盐；概括起来，主要是运卤、晒卤和收盐三步。

一、从汲卤到晒卤

使用传统的海水晒盐法时，因海水的含盐量低，需要先浓缩盐水，再摊晒；井盐则含盐量高，很少进行浓缩，因此，汲卤是井盐晒盐法的第一个环节。汲卤即从卤水井中将卤水打上来。又因汲卤后，一般会立即将卤水运送至储卤池，两个环节紧密连接，是晒盐过程中的运卤阶段。崔克信对此也有过描述：

> 制盐第一步骤，汲盐水，在夹达（现在的加达村）擦音（盐田之义），系以木制水桶自盐塘中汲取盐水挑送盐田，其余则均以长形水桶背运。①

2007 年以前，全靠人力运卤，而这个艰苦的工作多由澜沧江两岸的藏族和纳西族妇女承担，既耗时耗力，又辛苦劳累。据十一二岁就开始晒盐的老人讲述，靠人力运卤时，一天要背卤水七八十桶。由于山陡路险，体力消耗快，人们不得不起早贪黑。

由于澜沧江两岸的地形不同，东岸的下盐井村盐田和上盐井村盐田地势险要，人们采用的是背卤法（见图 2-12）。此法不仅消耗体力，而且需要一定技巧。

人沿着卤水井中垂直的梯子，一手扶梯一手抓桶，侧身下井。人靠近井水面，稍稍转身面向井水卸下空桶，两脚叉开稍比肩宽呈"外八字"形站稳，慢慢蹲下，左手顺背带抱住桶移至胸前，右手取出桶中的水瓢放

---

① 崔克信：《盐井县之地质及盐产调查》，载《西康经济季刊》1944 年第 8 期。

图 2-12　上盐井村的盐民在背运卤水

置右脚边；再双手抓桶，左手把住桶底，右手抓住桶口，横着压桶入水，左低右高地两手提起大半桶卤水，把桶放置左脚尖前；随后，左手顺势代右手扶住桶口边并将桶稍向井内卤水面倾斜，右手抓瓢舀水至桶的八九分，再将空瓢轻轻放于水桶面，这样即可以瓢以位，还可防止人走动时，桶中卤水溅出；人稍左转动桶，把卤水桶放移到胸前，将背带悬挂脖子与桶腰间；慢慢起立右转向梯子，同时提桶将桶底置于腹部托起，右手扶桶口边，左手抓梯，近乎抱桶而上。①

而西岸的加达村盐田，因为地势平坦，人们使用的是挑卤法（见图 2-13）。自 2007 年以来，人工背运卤水的历史时代悄然改变，取而代之的是用抽水机（水泵）抽卤水，先将卤水抽到一个大型的储卤池中，各家各户再从该池中抽卤水到各家的小型储卤池中。从此，纳西族和藏族妇女背卤和挑卤的历史场景不再重现，取而代之的是盐田中横七竖八的电线和放置的各类抽水设备。

将卤水运到储卤池中，目的有二：一是冷却卤水。这是因为从卤水井中刚抽（或背）出来的卤水温度较高，一般达 40℃ 左右，如果急于倒入盐田将影

---

① 吴成立：《西藏芒康县纳西民族乡盐文化研究》，中山大学社会学与人类学学院硕士学位论文，2009 年，第 88 页。

响晒盐的质量。二是提高卤水的浓度。在制盐过程中不管采用哪种方式，都需要掌握卤水的浓度，以烧煮制盐法来说，倒入器皿中的卤水浓度过低，将浪费燃料；以晒盐法来说，浓度低将延长收盐时间和影响盐的质量。如何测量卤水的浓度，在海南省洋浦盐田，那里的盐民使用的方法是截一段黄鱼茨树枝，将该树枝放入卤水池中，如果树枝是漂在水面，那么盐的浓度就够了。① 在中国其他地方有不同的测量卤水浓度的方法，有一种方法是"丢入干莲子，因卤水含盐量不同，比重各异，干莲子可能因卤水浓度充足、比重大而浮于水面；或因浓度不足而沉底。当卤水质量良好时，莲子会恰好直立在水面下"②。这样看起来，上述两种测量卤水浓度的方法及原理一样。在盐井，人们使用的是另外一种方法。在和盐民扎西央宗一起到盐田晒盐的几天里，笔者看到她将手指伸入卤水池中，蘸一点卤水，然后放入口中，以味觉来判断。显然此方法较为传统，需要盐民有长期的经验积累，才能做出准确的判断。

图2-13　加达村的盐民在挑卤水③

如前所述，盐井具备良好的晒盐条件。说"晒盐"，其实是"晒卤"，盐民主要的任务是将储卤池中冷却和浓缩后的卤水注入盐田，靠风吹和日晒便可成盐；具体而言，将卤水倒入盐田，一般深度为3厘米左右即可，一位纳西族

---

① 参见《中国国家地理》（盐专辑）2011年第4期，第60页。
② ［德］傅汉斯：《从煎盐到暴晒——再谈帝国时代的中国海盐生产技术》，林圭侦译，见李水城、罗泰主编《中国盐业考古（第2集）——国际视野下的比较研究》，科学出版社2010年版，第26页。
③ 图2-12和图2-13均由笔者在盐井历史文化展览馆拍摄，感谢盐井历史文化展览馆的帮助。

妇女教笔者一种简单判断水位的方法，将手掌放到盐田中，手掌全部被卤水淹没（即淹到手掌关节处）时是卤水的最佳水位。盐田中的卤水在风吹日晒的条件下，表面开始结上一层结晶体，这就是成盐过程。在卤水几乎结成盐块、水分较少的时候，盐民开始下一步工作。不过，盐民有时候也需要查看盐田中卤水的结晶情况，如果结晶量少，盐田的颜色不太白，则需要再次注入卤水。（见图2-14）

图2-14　卤水正在结晶的盐田

一年四季，每个季节的风力和阳光强度不同，又受降水影响，晒盐可分为旺季和淡季。对此，崔克信有过较为深入的分析：

> 每年阴历三至六月，日强风大，盐水干甚速，产盐较多称为旺月。五六两月，为涨水季节，七八月为退水季节。江水涨退之迟早，视雨水之多少而定，在涨水前，盐户即雇工昼夜背水，储于水塘，以备水没盐井之后晒盐之用。七八二月，盐水来源渐绝，盐户即将盐田盐□折□，浸泥砂及梁、柱等于水塘中，以溶解渗留其中之盐质，三数日，盐质全溶以晒盐，其产量不减于旺月，故普通亦视为旺月。九十冬三月，阳光不足，风力亦少，产量最少，约当旺月十分之三，其中，以十冬二月为最，腊正二月产量渐增，约当旺月十分之五。①

卤水成盐所需的时间因不同的季节，亦不相同。农历三月至六月，在风和

---

① 崔克信：《盐井县之地质及盐产调查》，载《西康经济季刊》1944年第8期。

日丽的情况下,东岸的盐田因卤水所含盐分高,仅需2～3日;而西岸加达村的盐田,因卤水质量稍差,需4～6日。

二、从晒卤到收盐

待盐田中的卤水都结晶成盐、水分还未全部干去时,盐民开始收盐(见图2-15)。收盐又可分为两个步骤,先将盐结晶体分层用刮盐板刮成一道道弧线,过十几分钟后,盐结晶体中的水分减少,再用盐箕将盐扫至盐筐中,该盐筐一般放在储卤池的四个角上,用一根木头垫住底部,这时从盐箕中过滤出来的水其实含有一定的盐分,流入储卤井中可继续使用,这样水分得到沥干,盐水不至于流失;待两三天后,将盐直接放入盐袋中。也有的盐户在盐田下方挖一个坑,垫上塑料层,直接将盐放在小坑中,待驮盐时再装入袋中。

图2-15 下盐井村的妇女在收盐

收盐过程,从工艺来看很有讲究。按照收盐的顺序,所得的盐因所含杂质不同,盐的等级也不相同。总体上,分为三次:

扫一次扫时复分三次,计第一次,当盐水干约七成时,用擦盐板将盐面刮一遍,稍再将浮面花盐刮入盐袋中,袋置于盐田及水塘间堤上,浸出盐水,即注入塘中,不至损失。第二次扫时,待盐干后,先用扫帚轻扫一遍,再用擦盐板将盐刮起,倒入袋中,第三次,将余盐扫净,以砂泥湿

□，故多掺入盐中，第一次刮取之盐质最纯，属桃花盐，第二次次之，称三道盐，第三次最劣，称三道盐。①

　　此文献指出在收盐的过程中，先要判断卤水成盐的质量，如果盐质好，则并非一次性将盐全部刮干净，而是先将盐的最上层刮成一道道弧线（见图2-16）②，此时并未触及底层的盐，相对来说杂质少。待用手抓起一把盐，较少有水分滴出，即可将最上层的盐巴收起来，再依次刮第二层和第三层盐巴。但是，如果成盐质量差，则一次性将盐全部刮起来，那样也就不存在"三道盐"的说法了。

图2-16　刮盐

　　每块盐田，因面积大小不同，所收得的盐的重量有较大的差异。一般而言，8～10平方米的盐田，每次可收盐30～45斤；10～15平方米的盐田，每次可收盐45～60斤；15～25平方米的盐田，每次可收盐60～70斤。不过，供人们食用的一道盐和二道盐，一般只占总收盐的四五成。由于地质原因，一般加达村的盐田所晒出来的盐巴，其杂质比东岸盐田晒出来的盐巴要多，则含杂质较多的盐绝大多数仅供喂养牲畜所需。

---

①　崔克信：《盐井县之地质及盐产调查》，载《西康经济季刊》1944年第8期。
②　图2-16中左纵向三块盐田的中间一块，正是盐民先刮起最上层的盐巴，待该层盐巴收完后，再刮取第二层盐巴。

第三节 劳动组织

一、性别分工

（一）妇女做的活计

盐场的工作十之八九是由妇女完成的，背卤、注卤、收盐、储盐……各道工序都只见妇女。由于到处都是妇女在干活的场景，因此说盐场是"女人谷"并不过分。无论是在加达村，还是在上盐井村和下盐井村的盐场，绝大多数的晒盐者是女性（占90%），只有几位男性（占10%），盐场到处都是女人的身影，无异于是妇女的天地。

晒盐是盐井妇女从事最多的工作。在每年的晒盐季节里，她们早上6点左右就要起床，吃过早餐，准备好午餐的干粮，徒步四五十分钟到盐田，开始一天的晒盐。一个上午，要么收盐，要么修整盐田，要么将卤水抽到储卤池。中午12点左右，有人用口哨告诉大家休息的时间到了，妇女三三两两聚在盐田下方的盐楼里，长期以来这里是她们中午休息的地方，多数情况下放着锅、壶和碗筷，也放置着一些柴薪。大家聚拢过来，先是烧火；然后开始烧开水；水开之后，首要做的是打酥油茶；茶好了，大家围成一圈，各自将带来午餐摆在中间，多数是粑粑、咸菜，或是炒的土豆片、辣椒。一边喝着酥油茶，一边吃着这些干粮，这便是她们简便的午餐。午餐结束后，各自收好东西，放入包中，又回到各自的盐田，开始工作。有时候，她们一直在盐田工作到晚上六七点钟，回到家时已经是晚上8点钟。尽管拖着疲惫的身子到家，但是等待她们的还有一大堆的家务，父母、孩子和丈夫可能还在等她们回来后为一大家子做晚饭。晚饭之后，妇女们依然不得清闲，不仅要收拾碗筷、整理厨房，还要拌饲料、喂牲畜。

由于妇女承担了盐场的全部工作，她们的身心受到超常的重压，四十五六岁的女性已显得分外憔悴。单说背卤水一项，从豆蔻年华干起，直到中年，日复一日，年复一年，每天从清早来到江边，直到傍晚才离去。在那样一个人力背运卤水的年代，女性每天不背七八十桶卤水是不够数的，有时甚至多达100多桶。清早因为卤水特别多，她们不停歇地背了一桶又一桶；近晌午时，卤水已打干，方能休息。由于妇女们的手脚长期和卤水接触，以至于皮肤经常开裂、脱皮，冬天时情况更加糟糕，再次接触卤水时，更是疼痛难忍。在当地，人们找不到那些防裂的药物，最好的办法也只是涂上酥油，这样能减轻皮肤开裂。因此，女性在盐井承担着重要的盐业生产工作，她们甚至不顾生理期的不适，即使怀孕期间也得下盐田，盐是她们汗水的结晶。

电力的发展使得盐井的妇女从背运卤水的重担中解放出来，目前不再需要她们整天背运卤水。无论是井中汲卤，还是将卤水运送至储卤池，再从储卤池中运卤到盐田，都不再需要大量的人工了。妇女的活计主要集中在晒盐和修整盐田，由于运卤节省了大量的时间，妇女们拥有更多的时间，或参与到其他的生计中，或有点自己的休闲时间。

（二）男女合作的活计

在盐井，唯有三个场合方见男人的身影：一是从事建筑，如维修盐卤井、卤水池和盐楼；二是妇女在盐楼下出盐时，男人赶着骡马来了，他们将盐装袋上驮，又赶着骡马上山，妇女目送他们渐渐远去；三是最近十余年来，由于新技术如内燃机的采用，电线牵到盐场，到处树起电杆，机修工和电工都是男性。传统作业是女人晒盐、男人卖盐，这种性别上的分工起于何时，无从稽考。但在这三个场合，妇女就退居到辅助的位置，男人走上前去唱主角。

集体经济转型之后，盐业的生产和经营完全以家庭为单位。家庭经济与社会经济相融，既有独立的一面，亦有交换的一面。盐井的家庭基本上面临三重任务，即田间劳作、高山放牧和制盐贩盐。家庭成员有所分工，有所合作，其中盐田劳作主要由女性承担，运输和食盐的交换主要由男性承担，其他工作由男女共同分担。此外，许多家庭还以运输业和短期的近距离打工作为部分收入的来源。从事各个行业的劳动力很难精确统计，季节与机遇是调节劳力分配的杠杆。

在盐场，修建盐田、储卤池和卤水井以及电力的架设，都离不开男人。原因是这些活计较多情况下需要强劳动力，此外部分活计也需要一定的技术。

修建盐田的时候，男女自然也有相对的分工。男性的任务是运送木料、将盐田拆除和架木楼，特别是后者还需要有经验的男性木工师傅。女人则从事一些辅助性的工作，如整理男人拆下来的木料，在修盐田的时候负责背运沙土、拌泥浆等。修建储卤池的时候，男人主要负责运石料、水泥，并用石料垒砌储卤池的四面墙，女人则辅助拌水泥和砂浆，在砌墙的过程，也需要妇女递送石料等。修建卤水井时，一般工序比较复杂，妇女承担的工作和上述基本相同。

为了说明男女活动的全貌，我们还须把眼光移到盐场外部。例如，在天气不利于晒盐时，妇女还蹲在盐场吗？如果不是，她们会参与到哪一个生产门类？与此同时，男人们又在干什么呢？

每年从 6 月底至 10 月初，当地天气多雨，盐场的工作可以稍事停顿，妇女加入到其他行业中,整个盐场清清冷冷。她们加入到采集的行列,5月至6月是挖虫草的时节,前后也就持续四五十天。8月至9月又有一个月的采集时间,这是捡松茸的时节。紧接着,10月是挖贝母的时节,持续将近一个月的时间。从5月开始采集虫草到10月底,是当地村民上山采集的重要时间段。这个时候,一般不分男女,各村的男男女女,纷纷到山上从事采集业。而在采集的山上,为了满足采集者生活所需,还有一些人提供各种服务,例如保管摩托车,开零售店、修理店,等等。

下盐井村的扎西央宗是纳西族,自家有11块盐田,平时多数时间在家晒盐。长松茸的季节,因为雨水多不适合晒盐,于是她和嫂子、表妹放开家中的活计,一同去山上采松茸。她告诉笔者,找松茸的地方路途很远,一般早上6点钟就要出发,到了下午三四点才能到长松茸的地方。三四个人结伴而行,带上口粮,背上行李,一去就是五六天的时间。她辛辛苦苦花了4天时间去采松茸,最终找到了15市斤,共收入460多元。因为松茸越来越少,而找的人越来越多,于是她的丈夫也去芒康打工了。扎西央宗每次回到盐井,第一件事情就是卖松茸,由于收松茸的商人街上就有四五家,因此这个过程很快就能完成。卖完松茸后,留给扎西央宗有一天的时间去找够5天左右的猪草以及牛料,因为第二天一大早她又要和几个姐妹一起上山去采松茸了。她所去的山是澜沧江东岸的高山,这里只允许下盐井村、上盐井村、觉龙村三村的村民去找,而绝不允许跨江的村民去找。这个时节的盐井一到下午七八点钟,采到松茸的村民都忙着赶紧把新鲜的松茸送下山,卖给收松茸的老板。街上主要有两个收购点:一是盐田宾馆前的空地,二是当地农业银行背后的空地。来这里收购松茸的老板主要来自香格里拉、丽江,他们一般都是三四个人合作,有人负责收松茸,有人开车,晚上8点收好松茸后立即将其连夜运往香格里拉和大理一带。

在扎西央宗看来,尽管找松茸很辛苦,但是她每次去都会有收获,这和晒盐相比,收入要高得多。在盐田里晒盐,1斤盐最高不过1元,一天的平均收入也就是几十元钱。找松茸一天基本上能挣100元左右。因此,到了找松茸的季节,大家都放下手中的活计(或是提早做完),全部投入到找松茸中。

采集季节一过,妇女又回到盐场。家庭、山野和盐场是她们活动的三个空间。在公路修通以前,男人赶骡马运盐,现在则有人用货车到村里来收购。由于上盐井村和下盐井村的盐场不通公路,仍要用骡马运盐到村里,性别分工依然如旧。

在盐井,除了性别分工之外,也存在着年龄分工。18～55岁的健康者为青壮年劳动力,当地生产中的各类活计主要由他们完成。小学生与中学生不算作正常的劳力,虽然他们有时可以做些辅助劳动;大学生仍然处在学习阶段,他们的户口已转离家乡，也不计算在劳动力的范畴内。55岁以后的人逐渐退出强劳力的范畴。尽管如此，当地的村民也并非如有些学者所言，60岁以后不再从事任何家务以外的活计；相反，根据家庭的实际情况不同，在盐井有的人到60岁之后，也依然还在从事农业。

二、家户间的合作

家庭是基本的经济单元。平时的工作受生产周期的调节，采卤、背卤、注卤、收盐大都是各家自顾，不需要合作。但是有几种情况，家户之间会存在合作。

一是如遇洪水或意外事件，需要抢修盐田等基础设施，为保证工期，各家各户间的合作比较紧密。此时，因为亟须恢复盐业生产和不影响盐的产量，盐田受损严重的家庭，需要亲戚或邻居的帮助，以便能在最短的时间内修复盐田。另外一种情况就是修建公共卤水井的时候需要联合大家的力量，这在加达村修建新卤水井的论述中已有所介绍。

二是因为不同家庭的劳动时间不同、生计主体不同，或是土地类型不同，导致在某一时间内，有些农户比较忙，而有些农户又比较清闲，如果将二者结合起来，形成闲者帮助忙者，待对方需要劳动力的时候，又调过来再去帮忙，这样能够提高劳动力的利用效率。因此，盐户常以不同的形式合作，这样组织起来功效大：一则容易办成一件事情；二则利用不同生计方式的时间差，起到合理利用劳动力资源的作用。总体上，晒盐以家庭为主，在修建卤水井、盐田时则以集体为主。不同的家庭修建储卤池的过程也不一样，有的家庭先准备材料，然后集中砌石头；也有的家庭请亲戚和邻居集中修建，都是采用换工的方式，相互帮忙。如果是几家人共同使用的储卤池，则大家一起投工投劳，分工和上述相同。

三是有耕骡①家庭和无耕骡家庭之间的合作。盐井耕地的方式主要有两种：一种是使用机械，这主要是在上盐井村和下盐井村的平整的田地中使用；一种是用骡马来耕地，这和中国其他地区使用黄牛、水牛耕地是不同的。因此，那些没有耕骡的家庭，在从事农业生产、进行土地耕种时，则需要和有耕骡的家庭沟通，一般采用换工的方式，即一匹耕骡耕地一天算一个工，而负责耕地的主人算一个工。这样耕骡的主人和骡子耕地一天，需要对方还两个工。

---

① 用于耕地的骡马，在盐井耕地主要用的是骡子，少部分用机械化，不见使用黄牛耕地。

第三章 盐的交易状况

盐是一种极为特殊的产品，体积小、价值高、用处大。比如，盐为人畜所必需，但并不是到处都能生产，据此形成以盐产地为中心的流通与消费网络；再者，人畜对盐的需要量有限，就一个人而言，日食3克、年食1公斤足矣，故在等价交换中，盐可交换到体积大于自身数倍的物品，盐作为交换媒介，特别有利于运输。正是由于以上关系，国家对盐设立了特殊的税收体制。

第一节 交易规则

一、衡制与衡器

西藏东部盐井盐的交易，主要经历了三个重要阶段。

第一阶段是在赵尔丰川边改土归流之前。那时多是以物易物，使用衡器的情况较少，有时人们靠经验来猜测重量，因此前人有"蛮民归俗，不知权衡为何物，不知货币之流通"[①]的描述，正因如此，最终实现的交换多数时候难以保证是等价交换。盐井的交换主要是以盐易货，人们并无商品意识。即便偶尔使用衡器，但是也会出现"各处夷汉杂处，权量衡度，不惟名目与内地不同，即大小轻重长短亦异"[②]的现象，这使得市场混乱、交易不公平，存在诸多隐患。金飞谈到清末民初时期，盐井当地交换时使用的衡器是蛮斗，称之为"魁"。"魁""即指称为'磨'（音），乃称重工具，有固定的尺寸规格：长、宽、深均为20厘米，每磨装满盐时重量约为20斤"[③]。

[①] 金飞：《盐井县考》，载《边政》1931年第8期。
[②] 吴丰培编：《赵尔丰川边奏牍》，四川民族出版社1984年版，第82页。
[③] 吴成立：《西藏芒康县纳西民族乡盐文化研究》，中山大学社会学与人类学学院硕士学位论文，2009年，第98页。

川边衡器之混乱，当地"所用之蛮秤钱两不分，且无标准，而斗则称为克，并不知升合，又不以石计，只有所谓批者，其大小并不一律，或十余批为一克，二十余批为一克不等。似此纷歧，收纳粗粮，易于弊混"①。此为盐井交易的第一阶段。

第二阶段，针对川边衡器不相统一的局面，赵尔丰极力推行衡器的统一，由官方指定统一的标准。为此，赵尔丰曾经要求"制木斗一具，发交该员（定乡委员）作为乡城官斗，使民间遵照造用在案。……为此札饬该员遵照：速将官斗照样比较大小制造木斗三具，分别移送里塘、巴塘、稻坝各员，作为官斗，令民间一律造用，不准任意大小不齐"②，要求"定制斗秤各一，发交地方官作为官斗官秤，无论收发粮物，均以官斗照平斗量之，不准高入平出"③，民间百姓所用衡物必须"轻重以此为准，不准大入小出"④。斗和秤成为赵尔丰统一川边的两种衡器。

赵尔丰将盐井收回官办后，规定："即照库平为定，量制则照每斗三十斤为定；度制则照营造尺为准。"⑤ 在制发官斗官秤的告示中指出："照得中国量衡，原有斗秤为凭，秤以库平十六两为一斤，一两为十钱，一钱为十分，一分为十厘。斗以十勺为合，十合为升，十升为斗，十斗为石，内地汉民，无不知之，各处一律。"⑥ 赵氏试图按照内陆制定的衡器标准，来规范川边的衡器制度。

赵尔丰统一量衡的标准，不断在整个川边多处推行，光绪三十四年（1908年）十月二十六日，上奏打箭炉厅统一度量衡。在川边少数民族聚居的地区，各种衡器不仅名称不同、长短不一，度量之间也存在差异。为了今后各地交易市场不再混淆，赵尔丰制定权衡之制。"照库平为定量制，则照每斗三十斤，为定度制则照营造尺为准，视由省制购库平秤十把，前来交发。"⑦ 随后，赵尔丰又在川边各县发放了官秤，总计发放了十杆官秤，每秤标明号数，以便检查验收，其中八号官秤发给盐井县所用。应该说，在赵尔丰时期，盐井交易时所用的衡器基本统一为官秤。统一的度量机制，有效地规范了盐的交易，也为盐业改革奠定了基础。

---

① 吴丰培编：《赵尔丰川边奏牍》，四川民族出版社1984年版，第82页。
② 《边务档案资料》第四分册《札仿制官斗、转发库平官秤》，见隗瀛涛主编《治蜀史鉴》，巴蜀书社2002年版，第411页。
③ 吴丰培编：《赵尔丰川边奏牍》，四川民族出版社1984年版，第82页。
④ 吴丰培编：《赵尔丰川边奏牍》，四川民族出版社1984年版，第82页。
⑤ 吴丰培编：《赵尔丰川边奏牍》，四川民族出版社1984年版，第83页。
⑥ 吴丰培编：《赵尔丰川边奏牍》，四川民族出版社1984年版，第82页。
⑦ 吴丰培编：《赵尔丰川边奏牍》，四川民族出版社1984年版，第83页。

《盐井县考》指出："自设立盐局以后，以汉法晓之，每驮定为一百二十斤，出井盐价，合藏元两元，抽厘银藏元一元。"① 在所附的《盐井初办捆商时变通规则及议定盐价》中详细说明了盐的价格，干盐和湿盐均分三等，均用斗作为度量工具。② 这在一定程度上保证了交换过程和税收时的公平，规范了市场。

民国期间，因川边陷入了地方势力、军阀的征战之中，不仅衡器不统一，市场上的货币也出现了印度卢比、藏洋、钢洋、铜元四种之多。这个时期，当地以钢洋为主币，其余为辅币；不过公家在收税的时候又以藏洋为主。③

盐井解放以后，不断和内地接轨，逐渐使用全国统一的度量制度，进入到盐业交换的第三个阶段。笔者在盐井调查期间，盐的交换主要使用杆秤和台秤，多用市斤作为主要单位。盐的重量在50市斤以内，多用前者称重；多于50公斤，则多用台秤来称重。不过，在盐井各盐场目前还保留着一种较为传统的交换方式——盐和制盐工具的交换，其所使用的衡器为"斗"，藏语称为"夹壁"。该斗用木料制成，呈方形，口大底小，斗的四面均呈梯形，口的边长为30厘米，底边长24厘米，斗高16厘米，壁厚1.1厘米，底厚1.5厘米，斗深为14.5厘米。（见图3-1）据盐民讲，每斗能装12斤左右的盐巴，装粮食则在五六斤不等。

图3-1 木斗

---

① 金飞：《盐井县考》，载《边政》第1931年8期。
② 参见金飞《盐井县考》，载《边政》第1931年8期。
③ 参见冯云仙《西康各县之实际调查：盐井县》，载《新亚细亚》1931年第5期。

随着旅游开发，到盐井的观光者不断增加，盐民开始出售包装好的小袋盐，按包来卖，每包在1～2市斤。这样，盐的价格比单斤出售要高一倍多，一般一包1斤的盐能卖到2元，而2斤的盐可卖到5元1包。

二、新旧时期的盐价

在不同历史时期，盐的交换价值亦不相同。此外，盐作为一种稀缺品，不同地区获取盐的难易程度也不同。因此，研究盐价需要对不同的历史时期进行描述。

在赵尔丰改土归流之前，盐井的盐主要是通过物物交换的方式进行，因此盐的价格主要体现在所能交换到的物品的价值。这一时期，因掌握的历史文献有限，情况并不清晰。曾有文献记载："所需之货，重在食盐，常以谷二三批易盐一批。"① 按照此说法，盐和粮食的交换比例为以一换三。不过，这只是正常的交换比例，有时候甚至能达到一换十，即100斤盐可换1000斤粮食。此时，盐井人同周边区域进行交换时，盐起到中介的作用，是按照盐和粮食（或其他物品）的交换比例来体现盐的价值。盐的价格，也因获取盐的难易程度、离盐场的远近而发生变化，即越难获得食盐，则盐的价格越高；离盐场越远，运输的距离越远，盐之价格也越高。

赵尔丰管理盐井时期，通过改革，制定了各种规范制度②，因此对盐价也做了规定。早期在宣统元年（1909年）十月制定的《盐井征收盐税章程》并未涉及盐价，甚至到宣统元年十二月制定的《议定盐井商盐局章程》三十条章程中也未落实盐的具体价格，这和赵尔丰刚刚接手盐井事务、还需要熟悉地方情况有关。不过，这些制度已初步明确了由商盐局、盐户、商贩协商盐价，形成灵活的、波动的价格机制。其中有五条章程与盐价有关：

> 第三条 盐归该职商统买，则盐价应由地方官就近体察情形，与该职商及商贩、盐户等按春、夏、秋、冬四季定价。盐有高下之分，价亦有贵贱之别，事前出示晓谕，俾众周知，以免贱买贵卖之弊。
>
> 第四条 四季盐价，地方官必须知会商盐局协同盐户、商贩公平议定，限日悬牌晓谕。春季则以正月初一日，夏季则以四月初一日，秋季则以七月初一日，冬季则以十月初一日为定。
>
> 第五条 按季定价，由地方官悬牌之后，无论盐户晒出何项盐质，商盐局均应照定价收买，发给现价，不准稍有抑勒。

---

① 吴丰培编：《赵尔丰川边奏牍》，四川民族出版社1984年版，第227页。
② 详见本书第六章的内容。

第六条　地方官按季所定盐价前，不协同商盐局及多数商人、盐户公平议明，任意定价破坏商务有碍税课者，必从重参办。

第七条　地方官定价之后，与商盐局将本季盐价情形，各具简明报单，分报边务大臣存案。①

以上五条章程的内容，初步形成了随季节变化的食盐定价机制。这是因为四季的天气和风力不同，直接影响盐的生产，导致盐的产量不一样，围绕供需关系，自然引起盐的价格波动。为防止官盐局、商盐局、盐商、盐民之间出现盐价的分歧，四者必须协商定价，以维持盐业交易市场的正常运行。

宣统二年（1910年），当地政府又制定了《盐井初办捆商时变通规则及议定盐价》，初步制定盐价，形成盐的等级制度，不同等级的盐，其价格不同。盐有干盐和湿盐之分，又分上、中、下三个等级。"上盐藏元一元，湿盐六斗、干盐五斗；中盐藏元一元，湿盐七斗、干盐六斗；下盐藏元一元，湿盐八斗、干盐七斗。以上所定盐价，商盐局随收随买，出入一律。"② 此时的盐价，一藏元能买100斤上等干盐。从每驮120斤的盐中，政府征收盐税为藏元一元半（合银四钱八分），将上、中、下三等盐综合来算，一驮盐的盐税能买一百四五十斤的盐，这样计算，则每斤盐的价格和盐税基本持平。

清末民初，盐井陷入驻军、喇嘛寺和格桑泽仁之间混乱的博弈，盐井盐业荒废，盐价不知。从民国三十年（1941年）的调查来看，当时"盐田之盐价，普通在旺月期间，每铜洋可购桃花盐两斗半，二道盐三斗，三道盐三四斗，贫月期间每铜洋可购桃花盐一斗，二道盐斗半，三道盐二斗左右，若盐户需款孔急时，取价廉，盐缺乏时定价则较高"③。显然，此时的盐价与产量和盐民是否急需处理盐有关。

从1959年开始，盐井的征税采用人民币，但是这个时期的盐价无文献资料。此时，100斤盐征收2元人民币的税收，整体上盐的价格应在每斤0.15元左右。

历来白盐和红盐的价格不同，这主要是受杂质不同的影响，一般来说红盐的杂质比白盐多。2007年，东岸的白盐价格为：一等盐100元/百斤，二等盐60～70元/百斤，三等盐30～40元/百斤；加达村所产的一、二等盐相比较前者每斤要低0.3～0.4元。④ 2013年，每个等级的盐价都在上浮，白盐价格

---

① 见本书附录二《议定盐井商盐局章程》。
② 金飞：《盐井县考》，载《边政》1931年第8期。
③ 崔克信：《盐井县志地质及盐产调查》，载《西康经济季刊》1944年第8期。
④ 参见吴成立《西藏芒康县纳西民族乡盐文化研究》，中山大学社会学与人类学学院硕士学位论文，2009年，第100页。

为：一等盐 100～120 元/百斤，二等盐 70～80 元/百斤，三等盐 40～50 元/百斤；红盐的价格：一等盐 100 元/百斤，二等盐 60～70 元/百斤，三等盐 35～45 元/百斤。

三、交换中介

　　盐贩和盐民在长期的盐粮交换过程中，形成自己的一套交换规矩，这是为了保证各方的利益，也是长期能进行交换的保障。当盐贩从很遥远的地方赶着马帮来到盐井进行交换时，盐贩自然需要准备和盐民交换的粮食、酥油、肉类或其他物品。交换一般在盐民家进行。此时，盐主不能接触盐巴，粮主也不能接触粮食，必须找一位彼此信任的村民来组织交换；两者都将自己的货品或盐摆放在家中，商量好交换的比例后，在中间者的直接参与下完成交换，避免误解，以保证交易顺利进行。这也是针对缺乏标准的衡器之下，难以保证足额交换或交换的平等时，所采取的一项措施，即便是盐主和粮主（盐贩）已经长期形成信任的交换关系，仍然需要坚持此原则。

　　在交换的过程中，有时候也会出现盐贩手中可供交换的物品不足。但是，其想交换更多的食盐，毕竟每次长途跋涉，来到盐井并不容易，因此这个时候，盐贩也要找到信任的中间人，为其保证下次交还此次未带足的物品。

　　现在类似的盐粮交换少了，因为盐户可以从他们的亲戚那里获得粮食，在收完盐以后将盐回赠给他们。这实际上仍然是盐粮交换，只不过并非是即时性的交换，而是先记下对方给予的数量（粮食或者盐），下一次再以价值相等的产品回赠对方。也就是说，交换依然存在，只是没有了中介，而变成了一种亲戚或者熟人之间带有人情味的对等馈赠行为。

第二节　交易方式

一、直接交换

（一）收盐小贩

　　直接交换者，除了本地消费群体以外，还有做小本生意的盐贩，他们既包括外地人，亦有当地村民，均看中盐业的有利可图。

　　盐作为特殊的商品，只有在交换中，才能体现其商品价值。在不同的历史时期，盐井不同的社会群体都会参与到盐的贩卖中来。早期盐井的腊翁寺、岗达寺的喇嘛纷纷参与进来，将盐贩卖到盐井周边地区。较为显著的是，喇嘛寺将盐贩卖到察隅、独龙江等地的时候，获得了高利润；喇嘛寺甚至依仗自己的宗教地位和土司之间的密切联合，强行卖盐给独龙族和怒族。

来自不同地方的盐商，也会参与到盐的贩卖中来。他们远道而来，直赴盐场收盐，再利用骡马将盐贩卖到别处去，以此赚取差价，常常是"盐商均揣各种日常用品，如米茶衣料等物，赴盐田与盐民交换食盐"①。长期保持交换关系，使得盐民和盐贩成为良好的合作伙伴。对盐商而言，建立长期的交换关系，有利于他们在盐的产量有限而商人较多时，依然能在固定的伙伴手中获得盐巴；对盐民而言，只有盐能够顺利出售，交换到自己所需的生活必需品，才能维持家计。因此，二者的这种关系是双赢的。不过，也有特殊情况，前人记录有："因小商甚多，及一雨即数日无盐关系，有时数十（日）无之交易。"②此时，盐商通常要等半个月以上，在此期间，盐商要与盐户一同吃住，盐户需要无偿提供盐商的骡马所需饲料。盐商则在离开盐井时，常常把自己的东西留给热情款待他们的房东。③

盐产量高时，盐的交换停滞，此时的盐民只得将盐存在盐仓之中，等候新的货主来临。在粮食严重缺乏的时候，盐民唯一的办法是减少盐所能交换的货物。

（二）制盐工具的交换

盐户卖盐，主要是为了换取粮食，除此之外就是换茶、药材、油、布匹等其他生活物品。程凤翔曾记载："杂揄（察隅）一带，尚有闷空夷商运井盐来易黄连。"④此例表明，盐的交换对象通常是重要的物资。此外，现在盐井还存在一种较为普遍的直接交换，即盐和制盐工具的交换。这种传统而古老的交换方式，在如今的货币交易时代，仍然顽强地存在。

晒盐自然离不开一些常用工具，这种需求的存在，形成了工具和盐交换的传统。2013年4月，在盐井调查期间，笔者看到了一幕晒盐工具和盐之间的交换场景。一天早上，笔者和扎西央宗的丈夫去上盐井村的盐场驮盐，到达该村骡马常常停歇的平地，这个地方是盐民经常驮盐的唯一场地，因为上盐井村

---

① 崔克信：《盐井县志地质及盐产调查》，载《西康经济季刊》1944年第8期。
② 崔克信：《盐井县志地质及盐产调查》，载《西康经济季刊》1944年第8期。
③ 参见吴成立《西藏芒康县纳西民族乡盐文化研究》，中山大学社会学与人类学学院硕士学位论文，2009年，第95页。
④ 四川省民族研究所、《清末川滇边务档案史料》编辑组编：《清末川滇边务档案史料（中册）》，中华书局1989年版，第606页。

的盐场地势险要，故马骡多拴在此处。笔者见到一位中年男子将他自己所制作的工具摆放在地上，有四五个人围着观看，有些人手里拿着木拍左右翻看，时不时用力往地上敲敲，感受一下是否合适。还有一些工具被放在原来装化肥的袋子中，未拿出来。此人叫扎西，是从曲孜卡乡专程来上盐井村的盐场交换盐巴。据其介绍，他的父亲也是做晒盐工具的师傅，从小他就和父亲学习制作晒盐工具，一般情况下是制作卤水桶、木拍（盐田拍）和刮盐板等，现在卤水桶基本上派不上用场了，故目前以制作木拍和刮盐板为主。

经过扎西的一番吆喝，更多的盐户围了过来。过了一会，来了一位中年女性俯身翻看那些木拍，最后她选中了两个，接着扎西和她来到其自家盐田下方的盐仓。笔者跟了过去，见到扎西打开准备好的袋子，这位妇女用"夹壁"盛满盐后倒入扎西的口袋里。一共倒了12个"夹壁"，那样算起来，一把木拍就需要6个"夹壁"的盐，也就是每个木拍能交换到72斤的盐巴。（见图3-2、图3-3）

据盐井的木匠师傅讲，晒盐工具的制作一般先由盐户口头预订，告之所需工具的尺寸和大小，然后师傅开始制作工具，制成后通知盐户。此时，盐户会带着粮食来到木匠师傅家里交换。在盐井能制作木拍、刮盐板、扫帚的村民不少，但是会制作卤水桶的师傅也就那么两三个，因为这种技术要求木匠师傅有耐心、制作细致、精确，一旦做工不良导致卤水桶漏水，所有工作便将功亏一篑。

图3-2 盐民在挑选制盐工具

图3-3 盐和制盐工具的交换场景

九家村的达瓦是制作晒盐工具技术娴熟的师傅之一，常常制作卤水桶、木拍和刮盐板等工具。据老人介绍，做卤水桶的木料来自白杨树。树砍下来以后，在阴凉处晾干，这个时间一般需要等上几个月。待制作卤水桶之时，先是用锯子截取所需尺寸的木料，一般是先用大型的锯子锯成大的木块，再将木块切割为小块。这些小块木料需要用刨子刨平，且要表面光滑，最终制成片状木块，然后用篾子将15片木块组装起来。组装的时候里边还要塞进去一些东西，以便能固定形状。以前，一个制作出来的卤水桶能换124斤盐。达瓦说："木头准备好以后，这样的卤水桶基本上一天能做好一个。卤水瓢当时是用山上的桦树皮做的，这样的瓢能换到一半多'夹壁'的盐，估计有9斤。"但是，多数时候的交换一般靠大家来估计。仁青顿珠提高声音道："交换的时候主要看一个人的人品好不好了，那些做事老实的人，就会把'夹壁'装得很满，不希望师傅吃亏。也有人比较狡猾，故意用手将'夹壁'抹平，这样每次就会少交换出去一点盐。这么做的村民常常成为大家茶余饭后闲聊的对象。"另外，晒盐所需的扫把（寻）主要是觉龙村村民制作的。在一起去觉龙村的山上时，阿旺曾和笔者说道，这里扎扫把的草（即前文已经提到的藜科植物）比较多，因此，觉龙村的村民多愿意制作扫寻，拿去和盐民交换盐巴。一般而言，一把扫寻能换多少斤盐，主要看扫寻的大小，小的能换五六斤盐，大一点的扫寻能换七八斤盐。

二、间接交换

有盐，则必有盐商。由于盐的特殊价值，也就成为最早的一般等价物之一。有人看中这一点，专门从事盐的买卖，低价时囤积，高价时抛出；或从此地进货，运到彼地销售，获取利润。这种情形在盐井屡见不鲜。例如，"巴塘城区、东南区、康宁寺也有部分骡帮专门经营盐业。他们从盐井低价收购，运到巴塘以后经较高价出售坐商，后者以更高价销售顾客，或再转手运往康南其他地方"①。这些盐商与食盐消费群体不同，与小本经营的盐贩亦不同，他们是沟通盐户与消费群体的中介。

清末在盐井设立的厘盐局只是管理盐务的机构，并不是食盐售卖机构。而盐井没有食盐专卖店，盐的交易完全由个体完成，几乎是全产全销，大部分盐就地销售，卖给当地的商店和做盐生意的商人；另有少部分则销往外地，主要是藏族聚居区。运盐靠马帮运送，沿滇藏茶马古道和川藏茶马古道跋山涉水，

---

① 扎西朗嘉：《巴塘运盐古道》，载《巴塘新苑》第3期，引自冉光荣《清末民初四川盐井县井盐生产述略》，见彭泽益、王仁远主编《中国盐业史国际学术讨论会论文集》，四川人民出版社1991年版，第357页。房建昌所引的此文章，难以找到出处。《巴塘新苑》疑似为《巴塘志苑》。

销往滇、川、藏等地，特别是西藏的芒康、左贡、察隅，云南的德钦、维西、中甸，四川的巴塘、理塘等藏族地区。

现在的盐井，已经看不到马帮来到盐场驮盐的繁荣景象，盐的交换主要在几家盐的收购点进行。而且在蒲丁街上长期收购食盐的盐商也不多，只有3家，均分布在派出所门前的街道上。第一家收购点在出派出所正门右转的10米处，商店仅看得到一道门，往里看屋内一片黑乎乎的。这家收购点的主人是杨陪，房子是以前供销社遗留下来的，由其租用。门上的牌子印着大字"盐巴收购点"，顶部还有藏文①，汉字下边写着："主营：白盐、红盐、大茶"以及主人的联系电话（见图3-4）。

图3-4 盐巴收购点

第二家的店主是觉安拉姆，其商店和第一家盐的收购点并排，同样是租用原供销社的房子。商店的牌子上依然分别用藏语和汉语印有"盐井供销社"字样，汉字下部印有"主营：盐、百货、副食、酒、藏式服装"和主人的联系电话（见图3-5）。商店门口稍大，两侧挂着大小不同的塑料壶、扫帚。门口两侧的地上摆放着盐筐、竹篮、塑料桶、拖把等杂货。在盐井调查期间，她

---

① 在盐井，任何的商店名称均需要印刷汉文和藏文，这是当地工商所的统一要求。

曾和笔者聊起过她的经历。

　　1964年，我16岁，由于家里有6个姊妹，经济困难，通过找关系来到供销社上班。那时，盐井供销社经营当地生产的白盐和红盐。其中有2个职工，随时去盐场收购盐巴，运回来售卖，每年可以收购240吨盐。现在的情况是每1斤盐的收购价与销售价相差5分钱，卖100斤盐赢利5元钱，卖1000斤盐赢利50元钱，卖1吨盐赢利100元。每年供销社（指的是现在租用供销社的两个盐巴收购点）赢利24000元，平均每人（觉安拉姆和杨培）赢利12000元。每年公历3、4、5月份是收盐的大好季节，此时天气晴朗，卤水质量好，晒盐周期短，给盐田注一次卤，两三天就能成盐。因为后来供销社进行体制改革，我和一位多年工作的同事杨培把供销社的这幢房子买了下来，在这里经营各种百货，销售白盐和红盐。

图3-5　盐井供销社

　　盐井街上的第三家盐商是下盐井村村民邓登，也就是本书中提及的扎西央宗的父亲。其商店和觉安拉姆的商店面对面，房子由自家所建。商店的牌子上依然分别用藏语和汉语印有"邓登百货店"字样，汉字下部印有"主营：盐、茶、副食、粮食、青稞酒、葡萄酒"和主人的联系电话（见图3-6）。

图 3-6 邓登百货店

2013 年，笔者在盐井调查期间，有一天在其家中吃饭时，他和笔者聊到："我在盐井卖盐已经卖了 20 多年了。10 年前，这里晒盐的人数比较多，一次买盐的量也比较大，都在几百斤，有人甚至一次会购买上千斤，但是现在慢慢地买当地盐的人少了，每次购买的盐不过也就十几斤到四五十斤。现在的盐不好卖了，我主要帮女儿把她晒的盐卖掉。"在他看来，因为自家盐田晒了很多盐，因此他的商店卖盐的主要目的是帮女儿顺利地卖出去所晒的盐巴。果然，一天中午，笔者见到他的女儿扎西央宗在邓登的商店前称自家的十几袋盐，希望她的父亲能帮她卖掉全部的盐巴。

收购盐的小商贩，除了盐井街上有这 3 家以外，上盐井村也有一两家，但是那里的盐巴收购点经常大门紧锁，并无生意。在加达村则几乎不见固定的盐巴收购点，该村的盐民一般晒有十几袋盐巴，就会用拖拉机运到盐井街上卖给上述 3 户盐贩。近年来，盐的销售萎缩，主动到各盐场买盐者更是寥寥无几。人们不得不想尽办法，利用旅游发展的契机，向游客推销盐。

第三节　人、盐、马帮

人是盐的直接生产者，马帮则将人和盐有机地结合起来。通过马帮的长途运输，生产者用盐换得粮食，以此满足养家糊口的需求。在盐井的历史图景中，三者之间因盐而关系密切起来。

一、盐粮交换

马克思说过："人们创造自己的历史，但是他们并不是随心所欲地创造，并不是在他们自己选定的条件下创造，而是从直接碰到的、既定的、从过去继承下来的条件下创造。"① 在盐井，正是一代又一代的盐民在有限的自然条件下继承着晒盐这一特殊而传统的生产活动。盐自产生那天起，其实担负着一种具有社会性的责任，不仅为人类所消费，而且在部落社会和阶级社会中赋予了浓厚的政治含义。盐井的历史是人们继承着盐这种物质资料不断的生产、分配、消费的循环过程。

盐自从被生产出来，并进入到了商品的行列，就不再是普通的产品，这与盐是人类的必需品分不开。只有通过交换，盐才能充分体现盐自身的价值，甚至能产生超出自身本应有的价值，因此，常常被国家和地方社会的上层权力所控制也是可以理解的。盐是一种商品，而"商品生产和商品流通是极不相同的生产方式都具有的现象"②，盐的交换和流通成为一种必然，其中盐业贸易曾被誉为人际交往中一种最重要的方式③，甚至盐的需求可能是最早产生贸易的起源。在新中国成立以前，盐井受封建制度影响深刻，自然经济占主体地位。因此，这里的人们可谓"不知权衡为何物……其交易皆以盐易货"④。

盐井当地的百姓，长期以来商品意识落后，货币交换并不成熟，交换方式多是物物交换。这一交换方式早在原始社会时期就已经形成，这种现象在考古资料的验证下变得更为清晰，事实表明物物交换在盐井长期占有主导地位。在本书前文中我们已经了解到，川、滇、藏的三江流域地区之间有着文化的互动关系。在货币没有出现之前，基本上是靠物物交换，这个时候某些自身有价值、不容易磨损的物品充当了一般等价物。在盐井调查过程中，笔者的视野中逐渐形成了这样一种关注，那就是盐在村内村外，甚至在长途跋涉所达成的物物交换中成为交换的一般等价物。

法国社会人类学家墨里斯·古德利耶（Maurice Godelier）在巴鲁亚进行了为期2年的实地调查，获得了有关制盐及其贸易的一手资料。他后来发现巴鲁亚人将盐作为和其他部落交换的商品，对于他们而言其实盐起到了货币的功

---

① 《马克思恩格斯全集》（第8卷），人民出版社1995年版，第121页。
② ［德］马克思：《资本论》（第2卷），人民出版社1975年版，第128页。
③ 参见［德］托马斯·塞勒《中欧早期的制盐业：新石器时代食盐生产模式与贸易模式》，温成浩、林永昌译，见李水城、罗泰主编《中国盐业考古（第2集）——国际视野下的比较观察》，科技出版社2010年版，第210页。
④ 金飞：《盐井县考》，载《边政》1931第8期。

能。巴鲁亚人这种只有盐才能作为通用等价物和其他所有物品交换，其实就是展现了盐的一种货币功能。①盐井盐在交换过程中其实也形成了这样的功能，比如在该区域内的交换中，一般以一"夹壁"盐换多少"夹壁"的青稞、小麦，或以一勺盐能换多少勺油，盐成为衡量任何可交换对象的价值标准。在形成交换链的过程中，盐作为一般等价物表现得一览无余，如盐井之外的商人要进行盐的交换，第一件事是到盐井用粮食交换盐，当商人将此盐运往其他地方的时候出现的情景是以盐来换更多的粮食，在这个过程中盐无疑起到了中介的作用。图3-7是盐井的交换圈及交换货物。

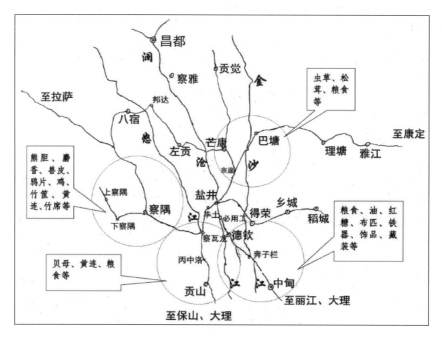

图3-7 盐井的交换圈及交换货物

通过盐来获得更高的利润在三江并流地区是常见的现象，在政教制度下，表现更加突出。盐是盐井西部独龙族人生活中的必需品，但是这种稀缺品是由上层的统治者占有和支配的。盐井盐的交换范围可延伸到怒江的贡山一带，该区域在解放前由土司和藏族领主管理，他们前去收缴贡物时，还兼向独龙族人放贷盐巴。例如，他们进入独龙江时，用马驮去盐巴，由伙头负责强迫当地的独龙人购买。很多的家庭并不是当场就能拿出可交换的物品，只好先收下盐，

---

① 参见［日］岸本雅敏《古代日本盐的流通》，张莉译，见李水城、罗泰主编《中国盐业考古（第2集）——国际视野下的比较观察》，科学出版社2010年版，第68页。

等下次对方来的时候再缴纳物品,以此形成了债务关系。① 在这种关系中,可以明显看到盐的货币功能。此外,盐还具有储值的功能。例如,在察瓦龙,头人给当地百姓放贷的盐巴,"春放四盅(约二两多)盐,秋收六种物:一张兽皮、一斤黄连、一斤黄蜡、一个簸箕、一个竹筒、一个篾盒子等"②。

民国期间的贡山,依然还处在无繁盛商埠、无市集地点、无密盛街场、无商会,也无公司、无大商巨贾的阶段。所有米粮、牛马、猪羊等买卖,尽在家中。此外一切交易,大都以物易物。每年的七八月份,贝母开始上市,此时交易开始频繁,来往人员增加,又多以药材交换,被称为"药会",但是从事交换的也只是零星的小贩。此时多以运来的土布、棉线等货调换贝母及各种山货。在贡山长期驻扎并从事商贸的也就只有"荣华畅"和"茂盛源"两家,且资本都只在一两千元。冬春进入降雪期,交换更是冷落。

据当地人介绍,很久以前,这里的人们商品意识薄弱,很不情愿面对面地进行交易。当时有人从察瓦龙运来盐(西藏盐井所产)和当地人换粮食,人们采取的方式是将自己需要换的东西放在路边的显眼位置,人却偷偷地找个能隐蔽的地点,静而远观。来换粮食的人自然知道,只需要将自己的货物放在原货的位置,便可将换得的货品取走。这人走远了怒族人才出来拿回自己换得的东西。至于那些前来换东西的人,其实部落的头人一直派人监视着,一旦出现拿了别人的货物,自己的货物不及时放到原位时,或发现所交换的货物价值上相差较大,部落头人就会指使监视的人对其下手。因此,买卖双方彼此都在无形地遵守着交换规则。

贡山周围药材资源丰富,有黄连、贝母、茯苓、黄草;来自动物身上的药材有麝香、熊胆等。山货多有牛皮、獭皮、飞鼠皮、火狐皮、岩羊皮、鹿皮等。但是,贡山却急需盐、茶叶、棉布等,这都需要与四周进行交换。贡山的交通情况,清末以前道路狭窄,形如掌宽,对交易有阻碍作用。

清末以来,交换有了明显的进步,无论是贡山的怒族、独龙族、傈僳族,还是来自西藏察瓦龙的藏族(当地人称为古宗)、丽江等地的纳西族、大理剑川等地的白族等纷纷进入怒江从事商品交换。1913 年,英国植物学家 F. 金敦·沃德(F. Kingdon Ward)从缅甸进入西藏东部横断山脉进行植物研究。从察瓦龙进入贡山的丙中洛一带路上,就曾描写到:"当我停下来拍照、测方位并作记录时,好几批怒族人走了上来,他们运送谷物到西藏去出售,然后准备

---

① 参见张劲夫、罗波著《独龙族文化史纲——俅人及其临族的社会变迁研究》,中山大学出版社 2013 年版,第 148 页。
② 杨毓骧著:《伯舒拉岭雪线下的民族》,云南大学出版社版 2002 年版,第 61 页。

换回食盐。"① 从中可看出，当时人数很多，且络绎不绝，其目的是到察隅换食盐。此盐正是指西藏盐井乡所产的盐。

有关物物交换，以及物的价值、使用价值和交换价值，马克思曾提到：

> 直接的物物交换这个交换过程的原始形式，与其说是表示商品开始转化为货币，不如说是表示使用价值开始转化为商品。……生产本身，就它的整个结构来说，是为了使用价值，而不是为了交换价值，因此，在这里，只有当使用价值超过消费需要量时，它才不再是使用价值而变成交换手段，变成商品。另一方面，使用价值尽管两极分化了，但只是在直接使用价值的界限之内变成商品。因此，商品所有者交换的商品必须对双方是使用价值，而每一商品必须对它的非所有者是使用价值。②

认真分析马克思的以上观点，可以发现商品首先具备使用价值，且一旦某种物的使用价值超出了消费需要量的时候，就会出现交换，变成商品。物物交换的存在，在人类社会发展过程中起到不可替代的作用。其功能可表现在两个方面。

（1）双重需求的耦合。例如，在远古的时候，一个已经拥有了斧头的家伙，肯定不会愿意再拿自己的毛皮和对方交换斧头。因此，需要交换的双方都能提供对方所需的物品这样交换才有可能性。物物交换还表现出人类的社会性。马克思指出："交换或物物交换是社会的、类的行为，社会的联系，社会的交往和人在私有权范围内的联合，因而是外部的、外化的、类的行为。正因为这样，它才表现为物物交换。"③

（2）物物交换一定程度上推动了社会的分工。由于交换的出现，保证了人类对不同物品的需求并非完全靠自己直接进行生产，而可以通过自己所拥有的货物与对方进行交换所得。这极大地调动了人类从事专门化的生产。

西藏在解放以前，物质资料生产相对落后，生计方式多以农牧业为主，自给自足的自然经济占据了主导地位。"以物易物是西藏产品流通的主要形式，而农牧区之间的盐粮交换，又是以物易物的主要方法，并在西藏农牧区经济生活中占有重要的地位。"④ 一般情况下，生产基本以封闭的自我满足且能维持基本生活为首要目的，但是对于人类的生存必须品——盐，并不一定任何地方

---

① ［英］F. 金敦·沃德著：《神秘的滇藏河流——横断山脉江河流域的人文与植被》，李金希、尤永宏译，四川民族出版社、中国社会科学出版社2002年版，第149页。
② 《马克思恩格斯全集》（第13卷），人民出版社1995年版，第39页。
③ 《马克思恩格斯全集》（第42卷），人民出版社1995年版，第27页。
④ 安新固：《西藏的盐粮交换》，载《西藏研究》1982年第3期。

都能生产，因此仍然需要通过交换才能获得。西藏盐粮交换是历史的产物，它是适应于社会生产力低下的一种原始落后的产品流通形式。① 而且西藏的盐粮交换是重要的贸易关系，是西藏经济不可分割的一部分。这种交换形式，是一种最简单、最原始的以物易物的交换方式。② 在盐井，物物交换不仅存在的历史时间长，而且在盐粮交换的推动下，范围较广。长期的盐粮交换也促使晒盐专业户的出现。在前面的内容中我们已经论述到，盐井因为人多而耕地面积少，造成生活在这里的人们必须通过另外的生计方式获得物质资料，以便和周边的民族产生交换关系，甚至在内部从事不同的生计方式的人们之间也产生了交换关系。在盐井，盐民常常通过盐和周边地区进行交换，获得生活必需品。最终盐井形成了女性晒盐、男性卖盐的生计方式。

盐井的交换可分为区域内的交换和区域外的交换，区域内的交换主要在盐户和非盐户之间进行。除了晒盐之外，这里还存在着诸如上述提及的种植业、农业、采集业、牧业、商业等多元生计方式。因此，除了晒盐户之外，居住在周围村寨的藏族和纳西族需要和晒盐户进行交换，特别是牧业较发达的地区，大量的牲口每年消耗的食盐比人的需要更大。而且这些牲畜多离不开盐，因盐有催膘的功能，而且牲畜在发情期，更需要补充盐。

区域外的交换范围广，通过马帮长途跋涉来实现。九家村邓增取平的父亲美蓝长期在茶马古道上奔波，那个时候还是解放③以前，他的父亲就把自己家晒得的盐往云南方向运到中甸、丽江、大理，赶着马帮，请了小工去换粮食、棉布、油等生活用品。那个时候，他家里的盐田很多，自家晒不过来，所以请了很多小工。当时小工的人数也是不一定的，有时候请1个，有时候请2个、4个，最多的时候有8个小工。小工的工钱有时候给盐，有时候给青稞。有些时候也采用这样的方法，比如有十一二块盐田让小工去晒，那么将其中两三块盐田所晒得的盐作为小工的报酬。当然也可以将盐折算成粮食或藏元。

上盐井村80岁的老人扎西提到自己赶着马帮到处去交换粮食的经历，因为是在人民公社以后赶的马帮，自己并没有遇上土匪打劫的经历。但是，听前辈们说，以前很多地方有土匪，都要几家人组成一队马帮才敢行走。运盐的路线，往南可以到德钦、维西、中甸、丽江等地，往西可去到毕土、察瓦龙一带，往北可到左贡，然后翻一座山，来到怒江。他说道："从这里（盐井）出发，到德钦的话，需要5天时间。去到丽江，来回就需要一个月。到维西的话

---

① 参见安新固《西藏的盐粮交换》，载《西藏研究》1982年第3期。
② 参见宁世群《西藏的经济特点》，载《西藏民族学院学报》1991年第1期。
③ 中华人民共和国成立时间为1949年10月1日，盐井和平解放时间是在1950年。本书中的"解放"时间是指当地和平解放时间，而非指新中国成立时间。

需要8天左右。去丽江经过的路线为：盐井、碧用工、巴美村、松顶（现在的佛山乡）、山顶、古水、阿东、德钦。到了那边的话去换粮食，比如荞面、玉米，也有换油的时候。换盐一般都是要到人口比较集中地方，反正你到了那个地方，那些人看见马帮来了，就会主动来交换。这些地方一般都是村子里，或是山沟沟里，那些地方人比较多。如果一直遇不到村子，则马帮要不断地翻山越岭，找到交换的人。"

交换的时候，如果是用盐换油，则会使用一种叫瓢的容器，一瓢盐装满以后，一般也就换得一瓢油，基本上就是以一换一。如果是交换荞面和玉米，则使用的是一个木制的容器（即前文提到的"木斗"，藏语叫"夹壁"，这个时候一个夹壁的盐，就能换得八九个夹壁的荞面或玉米。和大米交换，一般也是以一换一，一个夹壁的盐换得一个夹壁的大米。那些居住在海拔较高的地方，一般路况不好，所以缺盐的现象普遍，交换多可以一换二。

扎西说道："去左贡的话必须要经过红拉山、多枝拉山、东达山、普拉、芒康、如美，到左贡，再到灵芝那边。这样一个来回，一般需要走一个多月。盐井主要就是三个通道，一个是去云南，那边可以去到四川的得荣等地。往北去芒康、左贡等地，往东可以经觉陇村、徐中乡、巴塘等地，再到理塘。"

马帮大部分时间至少要有5个人，一个人照顾5匹马，一队马帮有二三十匹马，如果遇上大雨或下雪天气，只能盖一个棚子用以暂时停留，要等天气好了才能继续行走。有时候还遇到半路上骡子生病的情况，就不能再往前走了。这个时候只能等从这条路上回盐井的马队，向他们求助，和他们一同回去。马队的头骡多是身强力壮者，系上大铃铛，在路特别窄的地方，清脆响亮的声音能提醒从另一个方向来的马队，以便大家能找个比较适合避让的地方，以减少摩擦，保证大家的安全。另外一种说法是能驱赶野兽，野兽听了声音就会跑开。

罗松的爷爷当时帮岗达寺做生意，常年为该寺赶马，到处跑。那个时候他家里特别富裕，有80多匹马。一般出去赶马，10匹马就能组成一小队，那样算起来能组成8个小队的马帮。更多的时候，他家还要从丽江、德钦等地请人来帮忙，运茶、糖等货物到拉萨，去换回生活用品，如布匹、粮食等。很早以前，上盐井整个村只有7户人家，罗松祖辈在7户人家中算得上是比较富裕的一家。但是，现在上盐井村已有120多户人家了。在20世纪二三十年代，他们家还算得上是该村中最富裕的人家。解放后，盐井开始搞集体公社，那个时候要求各家各户将自己家的土地、盐田、马骡等通通交给生产队，然后又由生产队重新分配，进行各项分工。

现在，上盐井的盐收回来以后，主要集中存放在天主教堂上侧、靠近214国道旁的小屋里。当有专门收盐的商贩来，直接卖给他们。一般情况下，大家都不会讨价还价，差不多就卖了，大家不习惯于讲价。察隅一带的人来盐井买盐是比较多的，基本上是一年来买一次。因此，每次赶来的骡马特别多，都在300匹以上，这么多的骡马来盐井驮盐，那种场面非常壮观。

以前，毕土、察隅等地的人，要去芒康、昌都要经过盐井，因为没有直接通往芒康的路，盐井成了必经之地。现在毕土、察隅通了直接去左贡的公路，来这边的人自然少了。罗松还提到七八年以前，盐井周围几百里的藏族群众都来盐井换盐，特别是那些大的牧场，一年需要来盐井换两次盐。他们长途跋涉来到盐井为的是能换到牲畜喜欢的盐井盐，其中最喜欢的还属加达村的红盐。他们几户人家一起赶着上百头的牦牛，翻越几座雪山才能达到盐井。一般情况下，每户人家来盐井交换都会有固定的主人，形成交换伙伴，这种关系是几代人一直维护下来的。因此，彼此之间极为信任，交换的过程也会很愉快。察隅、毕土等地的牧民经常带着用皮革包好的酥油来盐井换盐。在交换的过程中，盐的主人是不能碰到盐的，只能由中间人负责交换，以保证交易的公平性。

很多时候盐井的人们为了获得更多粮食和酥油，主动将自己晒得的盐巴用马驮到各个地方去换粮食，通过十多天的路途才能到达那些交通不便又急需盐的地方。那样，通过自家辛辛苦苦驮去的盐巴，换得的粮食或酥油要比在盐井交换得到的要多。而且，在他们看来行程中又省了牲口的饲料。因此，盐井比较流行"女人只管晒盐，男人则想办法卖盐"，形成了"盐业之户，男丁任盐转运，兼事耕种；凡汲水摊晒等工作，多女子任之"[①]。于是，绝大多数的时间，盐井的盐粮交换都是换盐户和晒盐户之间的交换。

二、马帮

长期以来，盐的交换主要是通过马帮来完成的，极少情况靠人力背运。马帮在中国西南的少数民族地区是常见的运输工具，在崎岖的山路上、河谷地带都能看到他们的身影。马帮行走在山间，峪里萦绕着马铃声，加上赶马人的吆喝声，一同组成了最美丽的画面。每次马帮的出行都是生与死的考验，都寄托了无数家人的期盼。每次征程，都牵动着无数人的心扉，无论路途多么遥远，道路多么艰险，他们都希望能满载而归。如今，马依稀可见，马帮却难以寻觅，取而代之的是汽车的轰鸣声、宽敞的柏油路，马驮着盐奔腾的画面终成历史。但是，马帮文化在人类历史上的伟大贡献超乎人的想象。爱尔乌德指出："马之畜牧，其影响于世界的原始文化，很相似于汽车发明之影响于我们现代

---

① 金飞：《盐井县考》，载《边政》1931 年第 8 期。

的文化。"① 其实，对中国西南的少数民族来说，其影响是长久而深远的。

马帮是在横断山脉特殊的地理环境下，生活在这里的人类为了克服人力的不足，利用马骡的身体特长如能耐力、负重大、个子高等优点进行货物运输的结果。盐井地处横断山脉，这一区域内河谷纵深，道路狭窄且艰险，雪山起伏、冰川林立成为一大特点。著名藏学家任乃强曾提到：

> 世称西康诸山为横断山脉者，包有大雪山脉、素龙山脉、宁静山脉、怒山山脉、伯舒拉岭、野人山脉诸脉在内。查"山脉"一词，19世纪以前，率解为山峰联属之系统。连山之侧，众水所汇，故曰"二山之间，必有一水。""山之所趋，水亦从之。""不审龙脉，不辨江源。"是所谓山脉，即分水也。其说与堪舆学术相表里。堪舆家谓地高三尺为龙，故凡属分水，虽平原土埂，亦得为脉。制地图者，但须于二水系间，施以晕瀚，但取某一著名山峰，名之曰某某山脉。②

横断山脉山水相间，盐井地处澜沧江畔，北临宁静山脉，南靠怒山山脉（碧罗雪山），东边翻越一座雪山就是金沙江峡谷，西边翻越腊翁山，过毕土，可到达怒江。方国瑜指出："云南地处云贵高原，西北连接康藏高原，高山峻岭，嵯峨纵列，迤逦而南，倾向东南，渐下渐展，亦渐低下，山岭盘错，布满全境，山间分散着河谷及盆地，构成的地形可称为山脉高原。"③

无数史实证明，茶马古道上行走的马帮，面临的艰险程度超乎寻常，他们的每一次征程就是一次生与死的体验之旅。马帮不仅要征服自然，还要与猛兽搏斗、与土匪斗智斗勇，所以每次征程就是超越自我的生死挑战。

青藏高原东缘的横断山脉地区是世界上地形最为复杂和独具特色的高山峡谷地区，沿途高峰耸云、崇山峻岭，马帮时常走在临江绝壁、陡峭悬崖上。在横断山脉，要想翻越雪山，一般困难重重，只能依靠峡谷间的台地，打通人畜通道。但是，这一通道几乎顺江而行，地势险要，稍有不慎就会坠入江河。茶马古道上这样的路段很多。例如，怒江经过雾里村的茶马古道，一面是悬崖峭壁，一面是波涛汹涌的怒江，这条马路是人们在悬崖上开凿出来的，仅能容一匹马驮着货物单向而行，地势陡峭，人们不得不将路修成一个半圆形的通道，远看去，人马似走在悬崖上穿行，人一旦不小心头就能碰到正上方的岩石。正是因为这样的生存环境，生活在这里的古老民族仅靠人力背运，显然难以满足

---

① ［美］爱尔乌德：《文化进化论》，钟兆麟译，上海文艺出版社1989年版，第187页。
② 任乃强著：《西康图经》，西藏古籍出版社2000年版，第551页。
③ 方国瑜著：《云南地方史讲义》，云南广播电视大学1984年版，第4页。

需要长途跋涉才能获得交换的物品，这便是马帮形成的重要因素之一。

另一个重要的因素是马的驯化成功，且马逐渐成为骑乘工具。长期以来，马在狩猎和战争中发挥了重要作用，至于马是先用来驮运货物，还是先用于骑乘，至今还未有定论。藏族是一个古老的民族，在骑马方面也有着悠久的历史。但是，藏东一带的马是否为当地民族世代喂养，还不得而知。不过盐井靠近云南的滇西北地区，这里又是茶马古道的重要通道，马帮在长期的贸易关系中，起到重要的作用。这些马帮队伍中，绝大多数是从大理、丽江、中甸等地进入藏族聚居区的。要知道，云南境内马的历史也是比较悠久的。据学者指出，云南驯养马出现的时代大致在公元前11世纪前后。① 然而，我们对于这段时期的青藏高原的认识还不够全面。但是，离盐井仅有30公里的德钦县纳古的石棺葬中发现有马饰，土铜铃马饰的出现表明马当时已经存在。据分析，这表明西周至春秋中期，当地已经有马出现。②

云南养马业到了南诏国时有了较大的发展。《蛮书》卷七记载："马出越赕川东一带，冈西向，地势渐下，乍起伏如畦畛者，有泉地美草，宜马。"《新唐书·南诏传》云："越赕之西多荐草，产善马，世称越赕骏。"这说明当时的南诏国水草丰富，适合养马。宋代大理的马匹更加举世闻名。"蛮马出西南诸蕃，多自毗那、自杞等国。来自杞取马，于大理古南诏也。地连西戎，马生尤番。大理马，为西南蕃之最。"③

汪宁生经考证后指出，宋代从四川买去的"羁縻马"中有一部分是来自大理国，从广西买去的"广马"中绝大部分也都是云南马。④ 由此可以看出，云南马对周边省份贡献之大、影响之明显。汪宁生还进一步指出："我国西北和北方少数民族擅长养马，这已是人所共知的历史事实；但是，人们常常忽略了另一个同样重要的历史事实，即西南的少数民族古代养马业亦相当发展，云南高原上各族人民不仅在养马方面积累了丰富的经验，而且曾培养大批马匹供给内地，为巩固国防做出自己的贡献。养马业的发展，是古代西南少数民族在畜牧业生产方面一项突出的成就。"⑤

以上论述表明，滇西北一带的马帮极有可能来自大理、丽江等地，即便是藏族聚居区的一些马匹也是到大理、丽江交换的。明朝就已经开始盛行的大理

---

① 参见张增祺《古代云南骑马民族及其相关问题》，见云南省博物馆编《云南青铜文化论集》，云南人民出版社1991年版，第263页。
② 参见王明达、张锡禄著《马帮文化》，云南人民出版社1993年版，第9页。
③ 范成大著，齐治平校补：《桂海虞衡志校补》，莫乃群编，广西民族出版社1984年版，第18页。
④ 参见王明达、张锡禄著《马帮文化》，云南人民出版社1993年版，第12页。
⑤ 汪宁生：《古代云南的养马业——云南少数民族科技史学习札记》，载《思想战线》1980年第3期。

三月街每年三月十五日在大理举行，这一盛大的物资交流大会吸引了很多地方的商贾。清末修纂的《大理县志稿》记载更为详尽："三月大市在城西校场，每岁以三月十五至二十日止，各省及藏缅商贾争集，官署戍卒卫之。俗称唐永徽间有观音大士以是日入大理，四方之人闻风而来，各挟其货，因而成市。亦曰观音市云。自六诏至今相沿不改。盛时百货生意颇大，四方商贾，如蜀、赣、粤、浙、桂、秦、黔、藏、缅等地，及本省各州县之云集者殆10万计，马骡、药材、茶叶、丝棉、毛料、木植、瓷、铜、锡器诸大宗生理（意）交易之，至少者值亦数万。"① 这一信息更加验证了从西藏来大理交换马匹的情况也是存在的。

但是，在民主改革之前，滇西北一带的马帮究竟是哪些人掌控呢？以中甸最大的寺庙归化寺为例，早在康熙二十七年（1688年）该寺就极为重视商业，倪蜕的《滇云历年传》卷十一载："二十七年，……达赖喇嘛求互市于金沙江。总督范承勋以内地不便，请令在中甸立市，许之。"② 中甸允许立市，这为中甸喇嘛从事滇藏之间的贸易活动创造了有利的条件。归化寺喇嘛藏商凭借自己雄厚的政治经济势力以及与康藏各寺院密切的关系网络，进行滇、印、藏"三角贸易"。其中，马帮是中甸喇嘛藏商掌控最大的资产，寺院还拥有骡马2000匹左右、青稞300万斤、枪1000多支，全部家产（包括房屋、珠宝、牛马等）达到数十亿元。③

盐井盐在和外界交换的过程，是以人和马帮长途运输实现的。明清以来，盐井长期由土司和喇嘛寺控制。如盐井的上盐井村一度是岗达寺的属地，从事马帮运输的藏商要么是寺庙喇嘛，要么就是寺庙喇嘛的亲戚或是当地头人。赶马这一长年累月在外奔波的活计是由小工在做。

《盐井乡土志》记载，盐井"常年马匹草料及蛮兵口食盐井协敖管理"④。在盐井，"所有岗达寺、硕和、热浪三大昭皆有土地、佃户，支差完粮向与蛮民一律，凡若此等喇嘛，奉佛讽经而外，或至滇边贸易，或经理地亩、租粮，孳养牲畜，与内地主持僧无异，不逾制也"⑤。也就是说，这三个寺庙的喇嘛从事商业是受到优待的，更不会加以制止。其实，不仅是这三个寺庙的喇嘛拥有这样的权力，盐井澜沧江西岸的腊翁寺更是长期控制了当地的盐税，更不用说该寺从事商业活动，利用手中掌握的权力，雇人赶该寺的马帮，以获

---

① 引自大理白族自治的地方志编纂委员会编纂：《大理白族自治州志·卷4》，云南人民出版社1999年版，第12页。

② 倪蜕辑，李埏校点：《滇云历年传》，云南大学出版社1992年版，第543页。

③ 参见潘发生、七林江初、卓玛《中甸归化寺僧侣商业概述》，载《西藏研究》1993年第2期。

④ 段鹏瑞：《巴塘盐井乡土志》，国家图书馆宣统二年（1910年）铅印本，第17页。

⑤ 段鹏瑞：《巴塘盐井乡土志》，国家图书馆宣统二年（1910年）铅印本，第23页。

得利益。

段鹏瑞在《巴塘盐井乡土志》中提到："牧畜远不及巴塘迤北。"看来，盐井的畜牧业并不发达，所以紧接着提到"通计盐井全境亦不过牛三千四百六十二匹、骡马二千七百一十三匹"，且"家畜牦牛、犏牛、骡、马、驴、犬等类不异他处，而盐井驴为最劣云。"① 因此，这些组成马帮的马匹极有可能是从云南交换过来的。

马帮多数情况需要组织十多人以上才敢上路，特别在中甸的奔子栏一带土匪甚多，有钱的赶马人还要购置枪械来保护自己。经济条件不太好的商人只能仰仗经济实力强、能购买枪支的商人，和他一同前行，以便在行商的路途中得到保护。但是，这种临时组建而成的商队也有自身的不足。其主要表现在：一是当时的茶马古道路途遥远，时常要经过一些道路狭窄的小道，如果马帮成员过多，不便于行动。二是在整个商队行程中会有分工，比如一些人负责做饭、一些人照看牲畜、一些人负责安全保卫，这个过程中往往会产生分歧。由于是临时组成的，团结起来比较困难，这个时候有经验的、经常跑马帮的年长者会发挥重要作用。有时候为了不会产生分歧，常常是轮流来做各项工作。为了预防土匪抢劫，在土匪常出没的地方需要轮流值夜班，以保证整个马帮的安全。有些地方估计不会遇到强盗，在这些路段上就会把马骡放在路旁，睡上一个安稳觉。有钱雇佣小工的商人，往往会让小工干最辛苦的活计，晚上的安全基本上就交给他了。

马帮最容易受到土匪的打劫，这种事情时常发生，土匪往往会利用有利的地形进行前后堵截。马帮途径的地方大多数都要过江，一般采用溜索和牛皮船两种工具。前者安全性低，但是不受季节性影响；而后者相对安全，但是受天气、季节影响较大，如洪水暴涨的七八月份就不能使用。

盐井九家村的仁青顿珠一直向笔者强调，盐井真正的茶马古道是从九家村经过，当时村子的西部澜沧江边要口就是税卡。在他看来，现在很多领导人和旅游公司模糊了这一历史情况，往往将现在的214国道当作原来的茶马古道，这明显不符合历史。笔者在现场察看了九家村的税卡，从地势来看，这里的卡点南北通行，西临汹涌的澜沧江，东面是陡峭的悬崖峭壁。这里无疑是选择收税的合适地点。

在盐井，很多老人和中年人在笔者问道盐井早些时候的情况时，他们的言谈中，都会和马帮扯上关系。

下关老人的儿子（扎西）说道：他父亲是纳西村人，母亲是巴塘人。下关老人父亲小的时候其实家里很穷，但是他父亲很有本事，又懂汉话，经常

---

① 段鹏瑞：《巴塘盐井乡土志》，国家图书馆宣统二年（1910年）铅印本，第11页。

到拉萨和德钦、维西一带做生意。一般从盐井运出去盐、虫草、贝母等当地的土特产，和那些地方换取粮食、茶和生活必需品。慢慢地，下关老人的父亲闯出了一片天地，后来成为纳西村数一数二的富人，那个时候的纳西村，也就那么十来户人家。后来家里所拥有的土地都是下关老人的父亲通过经商获得的财富购买的。再后来，这些财产继承给了大儿子，而未让下关老人继承。不过，下关老人经常跑拉萨等地，后来家里还雇佣了小工。家里经济条件还算好。

  盐井的盐，无论是盐民将盐运至家中或销售点，还是将盐运往盐井周边各地进行交换都离不开马骡。即便是早期各地商人纷纷到盐井进行交换，对于那些带着酥油或是粮食来交换食盐者，马骡始终是他们最重要的运输工具。也有部分地方的藏族以牦牛来驮运货物。因此，马骡在盐井是最常见的牲畜，即便是交通工具发达的今天，在盐井的街上仍然能看到它们的身影。如今，马帮已经不复存在。马骡仅用在车辆无法到达的地方或短距离的运输。但是，马依然是盐民喂养的主要牲畜之一。特别是上盐井和纳西村的盐民，家家户户都养三四匹马（骡），因为这些盐户到盐田运盐全要依靠马和骡子。40多岁的扎西，家里有十来块盐田，每次去盐田驮盐都要赶上家里的3匹马。他向笔者介绍说："马和骡子还是有区别，骡子是雌马和公驴的配种，它吸取了马的优点，即个子高，同时又吸收了毛驴耐性好的优点。一般情况下，一匹马最多能驮250斤，一头驴最多能驮200斤，但是骡子正常能驮300多斤，体格好的骡子能驮500斤。"因此，大多数人都喜欢养骡子。但是，很多时候人们都不会刻意去区分马和骡子，而是将二者都称为马。

  扎西央宗家有1匹马、2匹骡子。他们家10块盐田所晒得的盐，全靠这2匹马（骡）驮运。有一次笔者和她丈夫说好，第二天早上和他一起去盐田驮盐。早上7点半到他家，他已经把马的鞍子都铺好在马身上了。和他简单地喝了碗酥油茶、吃了点粑粑便去盐田。从纳西村到上盐井的盐田，一路下坡。到了盐田，他将3匹马拴在一块空地旁的小树上，然后去到自己家的盐田去扛用化肥袋装好的盐。看着他扛起一袋盐，笔者也走过去帮忙，想不到费了好大劲，才把盐扛到肩膀上。他说，这样的一袋盐差不多有100斤。笔者原本以为一匹马也就驮2袋盐，那也差不多200斤。想不到那匹看着稍微强壮的骡子，驮了3袋盐，那样算起来有差不多300斤了！

三、驮夫

  明清以来，随着茶马古道的兴起，不管是从内地运往西藏的货物，还是从西藏往外运的皮货、草药，都不断增加。此时，不管是寺庙，还是有资本的商人，在人手不足之时，都需要请小工。张雪慧在对光绪年间的两则诉状进行分析后指出，清代后期中甸和德钦等地已经是联系西藏和康定的重要枢纽，几者之间的商贸往来中，驮夫和骡子起到了关键性的作用。① "在迪庆藏族聚居区的贩运商业中，除了房东、商户之外，驮夫（小工）也是不可缺少的成员。"② 他们通常情况下是春夏两季在家中种田种地，到了秋冬季节为领主赶马。

通常情况下，驮夫的赶马生活是比较辛苦的，长途跋涉当中，免不了饥寒交迫、露宿风餐、生命受到威胁等经历。在盐井，下关老人告诉笔者，他们家当年请驮夫（小工）还是有一套习俗的。

> 如有人来到一户人家当小工，主人首先就要给他购买一套全身的衣服，这包括帽子、衣服、裤子、靴子等。如需要长途去拉萨的话，有时候还要添置一两套。除了要保证小工正常的生活之外，第一次出门，主人还要带上大米 10 斤、酥油、茶、盐等到他家里表示问候。一趟下来也会适当给小工工资，但是所给工资多少主要还是以主人的财富多少和声望高低来给。一般有钱人很有名声，很希望别人能尊敬他，觉得他有头有脸，给小工的工资也就高。③

但是，绝大多数情况下，驮夫并没有那么好的待遇。白族作家马子华曾说道："赶马人为了得到老板的一点点工钱，他所受到的苦是难以想象的，他过着和骡马一样的生活。如果有马店投宿，他们就睡在槽面，等候饲喂夜草，否则，他们唯有'开亮'（睡在旷野里）为席，以天为幕，在当中烧起一个火塘，取暖也是它，照明也是它。"④ 驮夫自身贫寒，本来当驮夫都是迫于生计，但是往往还遭到驮主的算计，"往返西藏数次，积十一年可攒脚本银二百余两，但皆存驮主处。驮主一旦赖账，驮夫则分厘无着，甚而因欠西藏货主银两而无法偿还债务。驮主……本人往往不亲自进藏甘冒风险，只是坐收渔利"⑤。

---

① 参见张雪慧、王垣杰《从几份档案中看滇藏经济贸易——兼谈对云南藏族聚居区社会经济与历史研究的重要性》，载《中国藏学》1989 年第 1 期。
② 王恒杰著：《迪庆藏族社会史》，中国藏学出版社 1995 年版，第 81 页。
③ 盐井田野调查资料。访谈时间：2013 年 10 月，罗松，阿旺朗杰翻译。
④ 马子华著：《滇南散记》，云南人民出版社 2002 年版，第 13 页。
⑤ 张雪慧、王垣杰：《从几份档案中看滇藏经济贸易——兼谈对云南藏族聚居区社会经济与历史研究的重要性》，载《中国藏学》1989 年第 1 期。

第四章　吐蕃时期澜沧江流域及其周边的盐业

7世纪是吐蕃、唐王朝和南诏国三大政权不断发生政治博弈和文化碰撞的重要历史阶段，吐蕃东扩和三者在川西的军事角逐打破了原有的族群分布格局，一定程度上增进了不同族群之间的互动和交融，促进了藏彝民族走廊的形成。7世纪50年代或更早些，吐蕃已经进入到"昆明"①一带，为争夺这里的食盐，发生"昆明池"之战，但是人们对唐时期吐蕃境内的制盐技术却知之甚少。尽管如此，较为明显的是，这一时期南诏、唐王朝和吐蕃三大势力不断在盐源一带进行军事角逐，这不仅涉及各个政权的疆域管控，同时涉及利益的争夺和战略的部署，因为通过掌控盐这一特殊的资源可以钳制对方。本章以吐蕃在7世纪前后东扩的历史过程为线索，分析唐时期吐蕃和南诏国制盐技术的不同之处，以及二者在文化碰撞之后带来的可能性影响。

第一节　澜沧江流域的盐泉与人类的活动

澜沧江流域，从北到南，均有盐泉分布。青海省囊谦县境内有多个小型盐场；顺澜沧江南下，芒康境内有盐井盐田；再顺江而下，盐泉分布更密集，兰坪县境内有喇鸡井，剑川县境内分布有弥沙井，云龙县境内分布有滇西出名的诺邓井。这些盐井中，诺邓井和弥沙井历史最早。诺邓井至少在汉代（公元前109年）就已经被开发，此时云龙县称"比苏县"（比苏，在白语中意为"盐水"）。这里的制盐技术一直持续到20世纪末期。除诺邓井之外，明代云龙境内还有山井、师井、大井、顺荡井，并称"五井"，设五井盐课提举司。清代又增加三井，即石门井、天耳井和金泉井，称"八井"。弥沙井则年代晚

---

① 指现在的四川盐源县一带，不能和云南省的省会昆明相混淆。

些，学者推测在唐代已经开发。① 盐具有推进文化的强大动力，别的姑且不记，单看澜沧江丰富的盐资源，就会明白吐蕃时期政权反复争夺的原因。

一、地质运动与盐泉的形成

盐井地处青藏高原东延地段的横断山脉，这里是喜马拉雅山的余脉，为三江并流世界奇观的腹地。按照地质学和古地理学的解释，如今的青藏高原在远古时期是一片汪洋大海。该地区为何会变成如今的陆地和高原，板块学说认为，青藏高原是由于印度大陆板块向北漂移与欧亚大陆板块碰撞而形成的。而喜马拉雅是印度板块和欧亚板块最后碰撞的交接地带，在地壳运动中，不但形成了喜马拉雅山脉，而且导致了青藏高原的强烈隆起。这么说来，青藏高原按照地质年龄来算是全球最年轻、海拔最高的高原。②

经过距今 2500 万～1200 万年和距今 600 万～3000 万年的两次喜马拉雅地质运动后，形成了喜马拉雅褶皱带和台湾褶皱带。并在这两次运动中，亚欧大陆板块发生了巨大的变化，古地中海消失了，亚欧大陆连成了一片，且中国的西部地区迅速抬升，形成了中国西高东低的地形。③ 但是值得注意的是，在距今 1000 多万年前的青藏高原，海拔仅在 1000 米左右。因此，这个时期的青藏高原是"十分温暖而较湿润的亚热带气候"④，植被茂密且食物较为丰富，这为古猿人提供了一个丰厚的食场。按照人类起源大概在 800 万年前的上新世时期来推断，西藏可能很早就已经有人类的足迹了。

考古发掘对探索人类的起源和文化传播有着重要的意义。1956 年 7—8 月，中国科学院地质研究所在西藏黑河河岸上发现 2 件石器，其中一件疑似人工打制石器；在托托河河岸上采集到 3 件石器，在霍霍里西南的曲水河河岸采集到 5 件石器。⑤ 此后，考古研究者在西藏定日县苏热、申扎县珠洛勒、普兰县霍尔区等地不断发现旧石器时代的打制石器。⑥ 以上西藏高原旧石器文化遗址的发现，预示着西藏高原地区完全有可能是人类的起源地之一。⑦ 这表明，

---

① 参见赵敏著《隐存的白金时代——洱海区域盐井文化研究》，云南人民出版社 2011 年版，第 26 页。
② 参见戴加洗著《青藏高原气候》，气象出版社 1990 年版，第 1 页。
③ 参见任桂园著《从远古走向现代——长江三峡地区盐业发展史研究》，巴蜀书社 2006 年版，第 19～23 页。
④ 中国科学院青藏高原综合科学考察队编：《西藏气候》，科学出版社 1984 年版，第 5 页。
⑤ 参见邱中郎《青藏高原旧石器的发现》，见高星、侯亚梅主编《中国科学院古脊椎动物与古人类研究所 20 世纪旧石器时代考古学研究》，文物出版社 2002 年版，第 69 页。
⑥ 参见张森水著《步迹录：张森水旧石器考古论文集》，科学出版社 2004 年版，第 32～37 页；安至敏主编：《东亚考古论集》，中国考古艺术研究中心、香港中文大学 1999 年版，第 101～110 页。
⑦ 参见石硕著《西藏文明向东发展史》，四川人民出版社 1994 年版，第 21 页。

至少在旧石器时代，青藏高原已经有人类在活动了。

任乃强先生进一步指出，藏东分布的藏族、缅语族支的各少数民族是猿人由缅甸热带雨林从横断山脉进入西藏草原发展而来的。从缅甸循三条横断山脉进入康青高原的三路猿人中，最大的一群是向云岭山脉移动，他们在金沙江和澜沧江之间的宁静山附近停留过，并在察雅县境内发现了人类所必需的盐泉，于是在此停留下来。① 任先生继续指出，昌都东北的"察零多"盐泉自古以来就供给了芒康、察雅、贡觉、同普、囊谦等地区的食盐。停留在这里的猿人成为康区和滇西北的部分民族。② 任先生的这一判断是有一定道理的，目前可以看出这些地方零星地分布有盐泉。据地质学研究，西藏东缘的"盐井地区属于印度河—雅鲁藏布江和班公揩—兹格塘—怒江构造带，是我国大陆最强烈水热活动带之一"③。这里很容易出现裸露的盐泉，而且盐井属干热天气，适合盐矿成盐，因为"盐类矿床属蒸发沉积矿床，它的形成必须具备干旱的气候条件"④。

经过两次剧烈的地质运动，原来的大海并非突然间消失，而是不断处在板块挤压的状态，此时，大海中所含的大量丰富盐水，随着板块不断发生挤压和碰撞，将盐水浓缩为盐矿，一旦该地段的地质层薄弱，盐泉随着雨水循环系统显露出来，此时裸露的盐泉或盐矿容易被动物和人类所发现。

人类早期的祖先不大可能对偶然获得的盐水进行加工，而是和动物对盐的需求类似，或在进食的同时喝上盐水，或是间隔一定的时间到出盐泉的地方饮上几口盐水，后来可能发展到将盐水放入器皿中掺杂捕获猎物的肉一起煮。从昌都卡若文化出土的陶器来看，虽然器型简单，底部平，陶质为夹砂陶，但是纹饰已经出现。⑤ 这说明，陶器已经成为当时主要的生活用具，而且，此种陶器器皿用来盛放盐水也是可能的。从汉字的发展来看，更加说明了这一点。学者指出："盐"字在最早的殷商甲骨文中仍未出现，那么在夏禹时代"盐"字是否已经出现，更值得推敲⑥，但是可以肯定，在这个时候人类已经发现盐水，并学会了利用。《说文解字》中出现"盐"字时说盐"卤也，天生曰卤，人生曰盐。从卤，监声"。按照许慎的说法，天然形成的盐水称之为"卤"，

---

① 参见任乃强著《羌族源流探索》，重庆出版社1984年版，第12～14页。
② 参见任乃强著《羌族源流探索》，重庆出版社1984年版，第14～15页。
③ 漆继红、许模、张强、覃礼貌：《西藏盐井地区盐泉同位素特征示踪研究》，载《地球与环境》2008年第3期。
④ 王清明：《我国石盐矿床地质特征》，载《井矿盐技术》1984年第5期。
⑤ 参见西藏自治区文管会、四川大学历史系《昌都卡若》，文物出版社1985年版，第120～121页。
⑥ 参见国务院三峡工程建设委员会办公室《峡江地区考古学文化的互动与诸要素的适应性研究》，科学出版社2009年版，第312页。

经过后天人类的加工,"卤"变成了"盐"。从古代人类利用盐的过程看来,"在同一产盐区,从自然形成的卤(水),到人工加工的盐之间,还应该存在着一个发展的过程"①。然而,这一过程的时间有多长,盐何时开始从卤水中提取出来,一时难以考证。但是,"自然盐的利用,应该更早,可以推至夏,甚至夏之前的新石器时代"②。那么,远古藏东文明的先祖在新石器时代以后应该逐步开始利用自然盐。

二、古羌南下与盐泉的利用

如今,人们普遍认为,西藏境内的藏族因宗教的禁忌不食鱼肉,以此推断远古时期生活在青藏高原的人类同样不吃鱼肉,这种结论存在缺陷,原因是颠倒了西藏宗教文化兴起和人类起源的先后关系。西藏并非是人类的直接起源地,但是自新石器时代开始已有人类在活动了,这在上述的内容中已经论述。

1977年,考古研究者在地处西藏东缘澜沧江流域的昌都发现卡若新石器时代遗址,该遗址位于西藏自治区昌都县城东南约12公里处的卡若村,该处是南北走向的澜沧江和自西向东的卡若水两河交汇处,遗址正处于两河汇集形成的第二级台地上,海拔3100米,面积约1万平方米,实际发掘面积为1800平方米,文化堆积层比较厚,为1~1.6米。③ 在1977年和1979年两次共发掘房屋遗址28座,出土石器工具7968件、骨器366件、陶器46件、2万余片陶片及10余种动物骨骼。遗址中还出土了农作物品种粟,这表明当时农业已经出现。据测,卡若遗址的绝对年代在距今5000—4000年之间④,出土的工具可分为农具、牧具及猎具三类工具,这表明当时已出现定居农业,伴随着牲畜饲养。⑤ 2002年对卡若遗址进行再一次考古发掘时,发现了鱼骨,经鉴定为黄河裸鲤(*Schizopygopsis Kessleri Herezenstein*)。⑥ 这表明早期西藏居民是食鱼的,后来不食鱼可能是其他原因造成的。⑦

卡若遗址在澜沧江上游,4000年前当地人已经懂得捕鱼,那么同处这条江流域的盐井境内也一定有鱼。任乃强先生曾指出:肉食加盐,经火焙烤,是

---

① 国务院三峡工程建设委员会办公室:《峡江地区考古学文化的互动与诸要素的适应性研究》,科学出版社2009年版,第312页。
② 国务院三峡工程建设委员会办公室:《峡江地区考古学文化的互动与诸要素的适应性研究》,科学出版社2009年版,第312页。
③ 参见西藏自治区文管会、四川大学历史系《昌都卡若》,文物出版社1985年版,第150页。
④ 参见西藏自治区文管会、四川大学历史系《昌都卡若》,文物出版社1985年版,第150页。
⑤ 参见石硕著《藏彝走廊:文明起源与民族源流》,四川人民出版社2009年版,第110页。
⑥ 参见李永宪《卡若遗址动物遗存与生业模式分析——横断山区史前农业观察之一》,载《四川文物》2007年第5期。
⑦ 参见石硕著《藏彝走廊:文明起源与民族源流》,四川人民出版社2009年版,第111页。

当时古羌族最好的美味；腌制干肉，是当时远出狩猎最好的食粮。因此，食盐是超过了黄金和白玉的珍宝，也是古羌族文化得以发展的物质基础。① 结合卡若文化中鱼的出现，古羌族是否已经学会了用盐水来腌制鱼呢？在西藏东南部的盐井、怒江贡山等地的民族有腌制琵琶肉的习惯，而且怒江一带的老人常常提到腌制的过程使用的食盐，最好的是来自盐井的红盐，这一加工渔猎产品的技术是否来自古代民族值得研究。

盐井处在卡若文化的下游，这里的人类最早能追溯到什么时候，是否和卡若文化有关系？对于这个问题，不妨对盐井澜沧江下游30公里处的德钦纳古石棺葬遗址进行分析。1977年8月，云南省博物馆工作队在德钦县西北部70公里处的纳古进行了考古发掘。挖掘了共24座古墓，全为石棺葬，其中17座中都有器物发现。② 对石棺葬内人骨经放射性碳素测定，年代为距今2900±100年和2815±100年，时间在公元前950年—公元前865年间。③ 出土的随葬品多为陶器，也有矛或短剑的青铜器，陶器形状多为单耳、双耳、钵等。"从器物的造型、装饰及对还原火的使用可以看出，烧陶技术已超出原始制陶工艺水平。就发掘的器型来看，基本上属于罐的形状演变，或单耳、或双耳，底有圈足的；但是多平底，主要用于煮食或盛饮，说明器物主人生活方式简单，大体是牧猎者的生活用品。"④

将卡若文化中的主人和纳古石棺葬的主人相比，时间上后者比前者晚1000—2000年，但是二者之间似乎存在某种文化关联。从卡若文化中的石砌建筑遗址来看，当时的石砌技术已经相当发达，三段石墙中，两段均残长15米、宽1～2米，第三段长8.6米、宽2米（以底部计算），现存高度0.7～0.8米。"圆石台两处，一处直径2米，高0.23米；另一处直径1.5米，高0.25米。三座石围圈，其共同特点是半地穴建筑，平面呈圆形，面积不超过6平方米，周围均为石垒的石墙。但是石墙的建筑中却均未见草泥等粘合剂。"⑤ 对于圆石台和石围圈的用途，至今没有定论，童恩正先生给出的解释是可能和原始宗教信仰有关。⑥ 石硕也认为：

---

① 参见任乃强著《羌族源流探索》，重庆出版社1984年版，第36页。
② 参见云南省博物馆文物工作队《云南德钦县纳古石棺墓》，载《考古》1983年第3期。
③ 参见中国社会科学院考古研究所实验室《放射性碳素测定年代报告（八）》，载《考古》1981年第3期。
④ 王恒杰著：《迪庆藏族社会史》，中国藏学出版社1995年版，第14页。
⑤ 西藏自治区文管会、四川大学历史系：《昌都卡若》，文物出版社1985年版，第46～47页。
⑥ 参见童恩正《试论我国从东北至西南的边地半月形文化传播带》，见《文物与考古论集》，文化出版社1987年版，第25页。

从卡若遗址中众多石砌建筑到新石器时代晚期到西汉时期大量存在的石棺葬，以及历史时期该地区普遍盛行的石砌碉楼、石砌房屋，几者之间不仅有紧密的内在联系，而且一脉相承，呈现出一个十分清晰的石砌建筑传统的发现演变脉络。若将藏彝走廊的石棺葬放在这样的一个特定的历史背景中来认识，我们可以清楚看到藏彝走廊地区的石棺葬文化主要从当地新石器文化发展而来，它与当地的石器文化不仅相互连接，而且属于同一个文化系统。①

从二者之间的文化相似性中，似乎可以发现一些端倪。从卡若文化遗址中发现有少量的陶器6件，且直径都在5.1厘米以下，到德钦纳古古墓中有陶器23件，和前者相比不仅数量多，而且陶器的直径明显增加。具体数据见表4-1。

表4-1 德钦县纳古石棺葬发掘陶器统计情况②

器物种类	总件数	器型	口径（厘米）	腹径（厘米）	高（厘米）
双耳罐	20件	Ⅰ	7.6	11.6	11.2
			16.6	21.4	14.2
			9.2	12.0	10.0
		Ⅱ	6.4	10.0	13.0
			10.0	20.0	27.0
		Ⅲ	5.6	11.6	11.2
			5.6	12.0	13.6
单耳罐	3件	Ⅰ	6.6	8.1	10.2
			7.4	8.4	9.9

罗开玉指出，川滇西部一带的双耳罐陶器的用途是"双耳罐在早期，主要是一种吊煮器"③，还有"这一地带流行石质建筑，自古以来习惯架柴吊烧、吊煮食物，双耳罐的两耳较大、较结实，正是在实际需要的基础上发展起来的；腹大、底大、吊烧、吊煮时受热面积才大；颈小、口小，散热慢，在寒冷的高原地区有利于保温"④。仔细观察，陶器也可以作为另外一种工具——煮

---

① 石硕著：《藏彝走廊：文明起源与民族源流》，四川人民出版社2009年版，第190页。
② 数据来源于云南省博物馆文物工作队《云南德钦县纳古石棺墓》，载《考古》1983年第3期。
③ 罗开玉：《川滇西部及藏东石棺墓研究》，载《考古学报》1992年第4期。
④ 罗开玉：《川滇西部及藏东石棺墓研究》，载《考古学报》1992年第4期。

盐或运盐。学者曾在分析中坝盐业生产的组织结构的时候，指出陶器在盐业生产中多被用作煮制卤水的器皿。① 当然，这仅为推测，还需进一步加以佐证。此外，陶器也可以用于盛放盐水，便于进行远距离的盐水取运。

有学者指出，相比较江川李家山、楚雄万家坝、茂汶、齐家以及夏家店等诸文化，特别是齐家文化中已经有猪的出现，这象征着畜牧业或农业的出现；而在纳古古墓及墓葬中，却丝毫看不出农业经济的内容，这说明纳古古墓的主人还处在以狩猎和采集为谋生手段的阶段。② 众所周知，青铜制品一类属武器或猎具，用于防身或割开动物的皮肉；另一类则归日常用品，用于削制工具，这些都应是牧猎民族的生活用品，或至少同牧猎民族有关。纳古古墓发掘的地点离盐井仅十余公里，这反映了这样一个事实，即盐井一带的人类同样经历了采集狩猎的阶段，且农业并不发达。因此，极有可能生活在盐井一带的人类在采集狩猎的同时也进行捕鱼活动。

从德钦纳古石棺葬中出土的海贝、绿松石来看，"陪葬品虽然少，但可看出已有贫富差别"③。又从童恩正先生在分析卡若文化中的石砌圆台、石围圈和宗教有关④，表明这一时期纳古的社会等级制度已经形成，社会精英已经出现。盐虽为人体的必需品，但也受天然的条件限制，资源较为有限，从中国几千年来的文化传统和国外原始部落的社会情况来看，盐业几乎均被部落的首领或宗教领袖所操控。法国人类学家古德利耶曾对新几内亚高地的巴鲁亚部落的盐业生产状况进行研究。

> 巴鲁亚人生活在新几内亚一个小区域内的十一二个小村庄里，人口大约在1500人，是1960年澳大利亚政府最后控制的区域，位置在澳大利亚北部岛屿的新几内亚的东部高原上。他们的语言、物质文化和社会组织结构，均在澳大利亚政府进入之后才得以了解。他们被称为库卡部落，自他们接受澳大利亚政府的管理之后，被邻族所蔑视。语言上，库卡部落和高地部落并没有联系，和美拉尼西亚这个新几内亚巴布亚岛沿海部落也没有太大的联系。他们生活在广阔的丘陵地带。

> 新几内亚本土的食物来源主要依靠植物的块茎，而且缺乏为这些部落提供丰富资源的肉类和鱼类，这种人体必需的钠元素也是缺乏的。盐必须

---

① Rowan K. Flad. *Salt Production and Social Hierarchy in Ancient China: An Archaeological Investigation of Specialization in China's Three Gorges*. Cambridge: Cambridge University Press, 2011.
② 参见王恒杰著《迪庆藏族社会史》，中国藏学出版社1995年版，第18～19页。
③ 云南省博物馆文物工作队：《云南德钦县纳古石棺墓》，载《考古》1983年第3期。
④ 参见童恩正《试论我国从东北至西南的边地半月形文化传播带》，见《文物与考古论集》，文化出版社1987年版，第25页。

通过另外的一些方式获得。在海岸沿线，盐可以从海水中获取，而且盐常常在靠海的部落之间交换。那个区域的地形、距离和部落之间的不断征战，阻止了巴鲁亚人从他们那里获得海盐。然后，他们中的一部分人，只能生产他们所必需的盐，从矿物质中获得，或是从植物中采集和提取。

库卡部落自己就会生产盐，但是巴鲁亚人没有地方能获得大量的食盐以及这项特殊等级的技能。他们是从一种"盐草"的灰烬中提取盐分，这种植物仅种植在2～30英亩的一小块地上。

古德利耶指出，在巴鲁亚社会中，掌握制盐巫术和知识的能人有四种：男性、制盐者和勇士、萨满及食火鸡捕猎者。专门制盐的技术被巫师掌握，其他人是不能掌握这项技术的。在巴鲁亚社会，盐并不是用来当调味品，而主要用于仪式和交换中。巴鲁亚人是不会生产很多盐来以此牟利的，仅通过交换满足部落之间的基本需求。①

西藏东部的盐井盐在生产的变迁过程中可能经历了类似的阶段，依据考古发掘的判断，纳古石棺葬的主人所处时间在"约为春秋早中期，或可早到西周晚期"②。此后，有关盐井一带的历史记载并不清晰。近些年，考古发现对了解盐井文化有些帮助，如今在芒康县纳西乡下盐井村查果西沟内的小拉康（佛堂）内发现查果西摩崖造像，并断定年代在吐蕃时代③，这表明吐蕃时期，盐井境内的佛教文化已经盛行。

综合其他信息，《迪庆州宗教志》载："本（苯）教是发育于象雄的一种宗教，约公元前七至八世纪，象雄王朝势力进入滇西北，本（苯）教亦传入迪庆。在吐蕃时代，迪庆藏族聚居区仍有本教流传。据本教经典《十万白龙》、《色尼尔》等记载，藏族人死后要进行一系列丧葬仪式，其中重要的一项是以石片为棺，从在德钦县永芝、纳古、石底等地和中甸尼西等地出土石棺墓及其中的随葬品如青铜器、土陶罐、银饰、绿松石等来看，这与当时流行的原始本教有关。公元7世纪，吐蕃军事势力南下，迪庆是吐蕃、南诏争相经略之地。吐蕃曾集结重兵于此，史载约有十万之众（包括随军家属）。吐蕃军中盛行'军中本教师'制度，为其军事行动服务。"④ 如果在吐蕃以前，苯教已

---

① Godlier Mauriee. *Perspectives in Marxist Anthropology*. Translated by Robert Brain. Cambridge: Cambridge University Press, 1977. p127～151.
② 云南省博物馆文物工作队：《云南德钦县纳古石棺墓》，载《考古》1983年第3期。
③ 参见席琳、张建林、夏格旺堆、田有前《藏东地区吐蕃石刻遗存的首次全面考古调查与记录：西藏昌都地区芒康、察雅两县考古调查新发现2处吐蕃石刻遗存》，载《中国文物报》2009年11月13日第4版。
④ 《迪庆州宗教志》编纂委员会编：《迪庆州宗教志》，中国藏学出版社1994年版，第1页。

经进入盐井，那么苯教利用宗教权力、依靠占卜仪式控制盐业也是有可能的。"由于苯教是基于阶级社会发展起来的宗教，并得到王权的支持，因此具备浓厚的等级意识。这一点可以在苯教的'宇宙观知识体系'中明显得到表现。"①因为苯教信仰的是自然崇拜和图腾崇拜，因此想方设法将制盐这一技术渲染为一种超自然力量，以此达到统治百姓之目的。

第二节 吐蕃境内"炭取法"制盐技术分析

一个政权建立之后可以朝四面八方进行扩张，但为何吐蕃政权选择的是东进？这是必然，还是松赞干布政权的随意选择？石硕认为，吐蕃政权向东发展有三个重要的因素：地缘性因素、文化相容性因素和中原文明的凝聚力因素。从地缘因素上看，吐蕃政权的北面是高原，南面是谷地，东面是峡谷，西面和南面是平均海拔在 6000 米以上的喜马拉雅山脉，北面是海拔在 6000 米左右的昆仑山脉，因此吐蕃的南、北、西三侧都限制了其向外扩张。东面虽然是峡谷，但是有天然的三大河流，成为自然通道，便于居高临下，可以轻而易举地进入川西和云南地区。②而且在吐蕃东扩之前，金沙江、澜沧江、怒江三大河谷已经形成古老民族迁徙的古道，这为吐蕃南下提供了便利。不可否认，地缘性和文化相容性以及中原文明的吸引力，都对吐蕃东扩有一定的影响，但是笔者认为吸引吐蕃东扩的另一个重要原因是往东可以获得各种资源，吐蕃使臣仲琮曾对唐高宗说道：

吐蕃居寒露之野，物产寡薄，乌海之阴，盛夏积雪，署毼冬裘。随水草以牧，寒则城处，施庐账。器用不当中国万分之一。③

青藏高原气候恶劣，资源匮乏，导致吐蕃向东掠夺资源，这些资源有可能是矿物、盐、茶和粮食，其中又属盐是最为重要的资源。这种推论，在美国学者查尔斯·巴克斯论述吐蕃和唐王朝之间的关系时同样提到过：

吐蕃朝云南西北方向的扩张，其范围殊为广远，勇猛推进，其势汹

---

① 叶远飘著：《青藏高原东部的丧葬文化研究》，中山大学出版社 2013 年版，第 59 页。
② 参见石硕著《西藏文明向东发展史》，四川人民出版社 1994 年版，第 115～145 页。
③ 《新唐书·吐蕃传》，卷二一六。

汹。吐蕃与这一区域诸部族在人种、经济、文化等方面的基本一致鼓励了他们吞并此地的野心。更为重要的是,吐蕃和唐朝一样清楚地知道,这一区域拥有财富和资源,并想掠为己有。可能吐蕃最想得到的基本资源是盐。在巂州西南的边界地区,也就是今天云南境内的一些地区有大量的盐矿。尽管当时煮盐的技术尚比较原始。强有力的证据表明,吐蕃已占据了当地盐井中的一个,其位置就在唐代有名的昆明县(今四川省盐源县,不能与今云南省的省会昆明市相混)。这一盐井为吐蕃据为己有。当然,为维持对这一地区的统治,吐蕃进行了拼死的争斗,直到后来它在这一地区的整个统治全面崩溃。①

查尔斯·巴克斯的这一观点不无道理,有学者同样指出:"自吐蕃势力进入麽些人所居住的地区后,双方难免发生基于利益和资源的冲突,这比较突出地反映在双方争夺盐池的战争上。"② 笔者在研究过程中也逐渐意识到吐蕃和滇西北制盐区域之间有密切的联系,川西一带丰富的食盐一度成为吐蕃争夺的对象。

一、吐蕃东扩与盐池之战

"昆明池"即古代的"定筰",唐代以后称为"昆明城"③,《旧唐书》和《新唐书》中称之为"盐井城"或"盐川城",有学者将"(乾元二年)(759年)冬十月丙寅,仆固怀恩引吐蕃兵二万……甲申……剑南严武奏收吐蕃盐井(川)城"④中的盐井城误判为现在的芒康县盐井⑤,这不符合事实。定筰这一地名在汉代早已出现,而且当时已产盐。《汉书·地理志》中的定筰县属越巂郡,设有都尉一职,为的是加强盐业管理,所以有"出盐,……都尉治"。《华阳国志·蜀志》中写有定筰县"出盐,……汉末,夷皆固之,张嶷往争"。这表明当时盐权的争夺已经较为激烈。《三国志·蜀志·张嶷传》中同样说道"定筰出盐,而夷獠久自固食。嶷率所领夺取,署长吏焉"。这里提到,盐本来由"夷"人自给自足,后来张嶷率部争夺。

唐代,随着吐蕃在青藏高原的势力逐渐强大、人口不断增长的同时,传统

---

① [美]查尔斯·巴克斯著:《南诏国与唐代的西南边疆》,林超民译,云南人民出版社1988年版,第34页。括号内的内容为巴克斯所加。
② 杨福泉著:《纳西族与藏族历史关系研究》,民族出版社2005年版,第79页。
③ 今四川盐源一带。
④ 《旧唐书·卷一一·本纪第一一》。
⑤ 参见西藏自治区文物保护研究所、陕西省考古研究院、四川省考古研究院《西藏自治区昌都地区芒康县盐井盐田调查报告》,载《南方文物》2010年第1期。

的牧业和采集狩猎限制了其自身的发展；资源有限、粮食不足成为吐蕃政权首先需要解决的问题，当时吐蕃所采取的方式是让其征服的部落缴纳赋税，例如，吐蕃征服东女国之后，其"土有丝絮，岁输于吐蕃"①；征服南蛮之后，"吐蕃役赋南蛮重数"②。这些举措均为了弥补其境内资源的不足。

另一原因是尽管吐蕃境内的藏北一带产湖盐，但一方面是这里的湖盐先得满足藏北大部分农牧区对盐的需求；另一方面，因为藏东一带属横断山脉，峡谷纵深，道路狭窄且危险，也不利于盐从藏北向藏东长途运输，所以生活在西藏东部的诸多部落很难获得食盐，加之技术落后（本书后面会谈到），导致食盐严重供给不足。面对食盐消费人口的增加，而吐蕃盐业生产规模又不大时，吐蕃需要重新调整盐业生产和需求之间的关系。可采用的方法有三种：一是改进制盐技术；二是推动盐业管理制度的完善，以制度的规范来促进盐业生产；三是寻找新的盐业资源。然而，从吐蕃境内的制盐技术来看，不仅落后，而且难以改进；就盐业管理制度而言，吐蕃一直处于非制度化阶段，难于突破。于是，选择第三种方式的可能性更大，即通过战争获取新的盐业资源。

鉴于上述情况，吐蕃在唐王朝和南诏国接壤的"昆明地区"③进行抢夺盐池，原因是该地带属吐蕃、唐王朝和南诏国三者的缓冲带，权力控制相对薄弱。但是，从此后三方不断在"昆明池"交战的情形看，任何一方都不会轻易放弃这里的盐池，这与盐可以为他们带来税收和利润是分不开的。于是，三者之间斗智斗勇、明争暗斗，各自不断选择自己的新盟友来攻击另一方，最终导致该地区不断处于战争之中。

吐蕃何时控制了昆明诸部落，尚无史料可证，吐蕃势力应该在7世纪70年代或者更早一些顺雅砻江流域南下，可能在高宗后期已经控制了昆明（现在的盐源县）一带。④需要提及的是，在7世纪的五六十年代，吐蕃势力已经深入到西洱河，时间上不会晚于公元664年。⑤即，吐蕃向东发展过程中，可能同时选择南诏境内盐业相对发达的地区。从《旧唐书·卷八·本纪八》载"开元十七年（公元729年）二月丁卯，巂州都督张审素攻破蛮，拔昆明城及盐池，杀获万人"可看出，公元729年之前，吐蕃进入了南诏国、唐王朝的交界带——定筰，占领了当地的盐池，"杀获万人"表明战争规模大，伤亡人数不少，以此可以想象当初吐蕃头人的军事力量之强以及定筰一带人数之多。

贞元末年，唐王朝支持南诏王皮罗阁，南诏打退了吐蕃，收回了吐蕃控制

---

① 《旧唐书·东女国传》，卷一九七。
② 《旧唐书·南蛮传》，卷一九七。
③ 即上文提及的川西盐源县一带。
④ 参见赵心愚著《纳西族历史文化研究》，民族出版社2008年版，第91页。
⑤ 参见赵心愚《吐蕃入滇路线及时间考》，载《西藏民族学院学报》2004年第4期。

的浪穹诏、施浪诏，统一了六诏。此后南诏国收复昆明池，但是吐蕃并不妥协。《勅蒙归义》载："吐蕃于蛮，拟行报复，又巂州（今西昌）盐井，本属国家，中间被其内侵，近日始复收得，卿彼蕃落，亦应具知，吐蕃唯利是贪，数论盐井，比有信使，频以为词。今知其将兵拟侵蛮落，兼拟取盐井，事似不虚。国家与之通和，未尝有恶，今既如此，不可不防。"① 吐蕃在失去对昆明的控制后，想一边谈和，一边择机起兵报复，唐王朝看穿了吐蕃的算盘，于是利用南诏国，望其和吐蕃进行抗争，以此达到保卫三大势力的过渡区域。此后南诏国打退了吐蕃，占得盐池。《勅巂州都督许齐物书》载："勅许齐物：近者，投降吐蕃云：'蕃兵已向南，出盐井。'"

天宝十年（751年），南诏和唐王朝关系破裂，南诏和吐蕃成为兄弟联盟，联手对抗唐王朝，此时吐蕃应该管辖了昆明城。至德二年（757年），绛州已为吐蕃所占领。② 唐建中四年（783年）之后，吐蕃和南诏之间的矛盾上升，唐王朝支持南诏以制衡吐蕃，贞元十年（794年）南诏打败了吐蕃，暂时收复了昆明盐池。《旧唐书·吐蕃传》载："贞元十六年（800年），韦皋累破吐蕃二万于黎州、福州……其明年，吐蕃昆明城管磨些千余户又来降。"《旧唐书·韦皋传》又说："十七年（801年）吐蕃昆明城（今盐源）管磨些蛮千余户又来降。……巂州经略使陈孝阳、兵马使何大海、韦义等及磨些蛮，东蛮部落主苴那时等兵四千进攻昆明城、诺济城。"③ 这表明南诏是从吐蕃的手中夺回了昆明盐池，所以吐蕃原来管辖的磨（麽）些蛮来投降。

由吐蕃、南诏和唐王朝三者之间在川西的频繁交战来看，其实除了各自为巩固自己的政权这一因素外，利益驱使也是一个重要因素。唐朝处于战争时期，战事所需，想从牧业相对发达的吐蕃那里得到马匹，而吐蕃则需要川西的食盐和云南的茶叶。④

有学者将上述对盐池争夺的史实和藏族著名史诗《姜岭大战》联系起来，其原因是该史诗描写的是两国之间为了争夺盐池的传说。

> 在格萨尔统领的岭国南面，有个拥有十八万户部落的姜国。岭国有个名叫阿隆巩珠的大盐海，与姜国接界。姜国国王萨丹，因在梦中受到姜国地方神——保护神的唆使，吩咐内外大臣，调集一百八十万兵马，准备入侵岭国阿隆巩珠盐海，抢夺调味佳品——食盐。

---

① 方国瑜主编：《云南史料丛刊·第2卷》，云南大学出版社1998年版，第125页。
② 杨文顺：《唐代麽些蛮与吐蕃、南诏关系初探》，载《云南师范大学学报》2003第3期。
③ 《旧唐书·韦皋传》，见方国瑜主编《云南史料丛刊·第1卷》，云南大学出版社1998年版，第420页。
④ 参见王恒杰著《迪庆藏族社会史》，中国藏学出版社1995年版，第39页。

萨丹王王妃达萨贝玛琦珍和大臣贝塔尔够建议国王不要发生战争。但萨丹王不听劝告，终于下令出兵入侵岭国盐海。姜国兵马正在入侵途中，岭国格萨尔王得到天神白梵天王的启示。天神告诉他赶快动员岭国军民，奋起抵抗入侵的姜军。格萨尔遵照天神白梵天王的启示，立即召集兵马，奋起迎击。格萨尔大王亲自率领从十八个部落调集来的一百八十万大军，星夜开赴盐海，抗击姜国的入侵。姜国一百八十万侵略军侵入盐海后，姜岭双方共三百六十万军马在盐海展开了激战。战争一开始便打得尸横遍野，血染盐海，双方伤亡惨重。战争年复一年，双方恶战不休。经过五年的鏖战，姜军主要将领纷纷丧命，战争仍未分胜负，姜岭两军仍时时激战盐海。后来在一次激战中，岭国名将丹玛香查射死了姜军重要指挥者上姜国统帅滚尕法王。此后姜军节节败阵，战局发生转折，岭军进入反攻阶段。

格萨尔天王抓住战机，亲率三军首先攻入姜国第二大城堡滚尕法王居住的"天雷红岩城"。岭军攻下这座城堡后，将各种珠宝财物、衣食用品分给姜国穷苦百姓。岭军然后撤回盐海驻守。这时岭军军中内奸晁同，企图通敌卖国，由于阴谋被大将丹玛香查揭穿，晁同的奸计才未能得逞。

这时，住在姜国"九角铁城"的萨丹王的护法神红熊土官，仍在策划反扑。格萨尔又率军攻下此城，亲自射死了这个土官。岭军消灭了这个姜国的护法神后，又撤回盐海驻守。战争打到第八年时，姜军残存不到一半。这时姜·萨丹王只好率领三万残兵向岭军扑营。萨丹王在扑营途中，落入格萨尔用神通法术设下的圈套。萨丹王到达姜地玉镜湖时，下湖洗澡，格萨尔趁萨丹在湖中喝水时，用神通把自身幻变为一尾鱼，钻入萨丹腹中，刺死了萨丹，除去了这个挑起战祸的元凶。①

从故事中可以看出：第一，姜国和岭国毗邻，地理位置上岭国在姜国的北面，姜国在岭国的南面。第二，姜国是战争的发动者，即侵略者；岭国是盐池的拥有者和保卫者。第三，战争发起的原因是姜国要夺得岭国的"阿隆巩珠盐海"。第四，战争中出现了"内奸"，导致出现了局势的变化。

正因为史诗描述的是对盐池的争夺，而且又出现和昆明盐池争夺相类似的战争场景，于是众多学者将史诗中的姜国和岭国同吐蕃与南诏、唐王朝二者中的一者分别对应起来，出现了不同的观点。学者认为："姜国之'姜'（Ijang 或 Vjang）又译作'绛'，姜国一般认为是藏族史料中的'绛域'（Ijang-yuI

---

① 赵秉理编：《格萨尔学集成（第四卷）》，甘肃民族出版社1994年版，第2598～2599页。内容引用时有删减。

或 Vjang-yuI)。绛域既指地区，又指政权，一般指唐代以云南为中心的地方政权——南诏国。"① "因此，《保卫盐海》所依托的历史背景应是吐蕃崛起后其势力南下今滇西北、川西并争夺洱河一带（今洱海）以及昆明一带（今四川盐源）的战争。"② 法国学者石泰安指出："江地（Vjang，即丽江流域的么些）的国王被称为'木族老爷'，但他也是一位魔王般的人物，颇懂魔法。其中的真正成份可能是木氏（Mu），丽江的首领们从1382年之后就享有这一尊号。"③ 这里的"江"即通"姜"，因此姜岭大战就是发生在吐蕃和"麽些"之间因盐而起的战争。杨福泉认为，"姜"（Ijang）就是藏语中对麽些人和麽些人分布地区的称呼。而姜国国王"萨丹"一词系藏语对丽江坝子的专称，因此姜岭大战更加符合吐蕃和麽些人之间的为了争夺盐利而发生的史实。④

而在康南地区的众多人心目中，《保卫盐海》这场战争发生在盐井，他们的依据是"康南各县的石碉称为'姜妖房'，认为这些石碉就是《保卫盐海》中的萨丹王的城堡，木氏土司就是住在这些妖房中的妖魔，又将《保卫盐海》中的盐说成是今芒康的盐井，认为格萨尔王赶走了木氏土司夺回了盐井等"⑤。盐井的当地百姓同样认为这场战争就是发生在盐井，这无非也是将木氏土司侵占盐井和《姜岭大战》中的情景联想起来。

二、吐蕃制盐技术浅析

我国的井盐主要产于西南地区，那里的地层中蕴藏着丰富的盐矿，在地下水的作用下，盐矿形成盐卤，最终造成自然的盐泉。由于颜色与普通泉水不同，很容易引起人们的注意并开发。

目前，学术界大多关注吐蕃、唐王朝和南诏国三者在军事上的博弈，而忽视了该时期三者在川西军事角逐涉及盐的争夺，即对盐在族群互动中所发挥的重要作用有所忽视。所以，学界对吐蕃的盐业关注不多。显然，这与盐在民族—国家的互动和政治博弈中均发挥着举足轻重的作用是不相符的。在上述内容中，笔者就吐蕃时期其境内的制盐技术落后、如何向川西地区抢夺获得食盐进行了论述。那么，这一时期吐蕃的制盐技术如何呢？

众所周知，传统制盐技术主要有两种（还有其他少见的制盐方式）：一种是日晒风吹法，另一种是烧（煎）煮法。英国皇家人类学学会所编的《人类

---

① 赵心愚著：《纳西族历史文化研究》，民族出版社2008年版，第95页。
② 赵心愚著：《纳西族历史文化研究》，民族出版社2008年版，第96页。
③ [法] P. A. 石泰安著：《川甘青藏走廊古部落》，耿昇译，四川民族出版社1992年版，第98页。
④ 参见杨福泉著《纳西族与藏族历史关系研究》，民族出版社2005年版，第79～84页。
⑤ 赵心愚著：《纳西族历史文化研究》，民族出版社2008年版，第103页。

学询问与记录》一书记载："盐要么从固态的含有盐的矿石中采挖获得，或是通过汲取盐池中的盐水，进行煮沸，或让其自然蒸发，还有一种方法是把某些植物烧成灰烬，将其浸泡水中，从而获得卤水。"① 从现有情况来看，前两种制盐方式较为普遍，后一种制盐技术比较少见。法国社会人类学家墨里斯·古德利那在新几内亚的巴鲁亚地区调查时曾发现，这里的部落通过种植一种"盐草"的植物，将其焚烧，从灰烬中提取盐。②

从两种较为常见的制盐方法来看，日晒风吹法主要在从事海盐制作的沿海一带使用。例如，现在的海南省洋浦盐田仍然在采用这项技术，不过，海南并非是最早采用日晒法的盐产地（以后的内容将具体论述）。后一种烧煮法，是井盐中普遍使用的制盐技术。在19世纪初期，井盐的钻井技术已经相当发达。此外，中国古代盐业中使用天然气煮盐的历史可追溯到3世纪左右，这表明中国井盐制盐技术曾一度领先世界水平。但是，井盐中采取日晒风吹法制盐的，目前在国内仅存于西藏东部的盐井。那么，两种制盐技术之间是否存在关联，若有，出现的先后顺序如何？对此，傅汉斯认为"采用连续畦池日晒蒸发并不是一个简单地借助日晒风吹使海水浓缩成卤的问题，……日晒法绝非古代中华帝国最主要的制盐法，但它却随着时间的推移而变得愈益重要，并最终取代了煎煮浓缩卤水的制盐法"③，傅氏的观点说明日晒风吹法是在煎煮浓缩卤水制盐法发展到一定的程度后才形成的。

长期以来，有关描述吐蕃制盐技术的历史文献屈指可数，最早可在《蛮书》中找到其影子，其载"昆明城有大盐池，比陷吐蕃。蕃中不解煮法，以咸池水沃柴上，以火焚柴成炭，即于炭上掠取盐也"④。藏学学者坚赞才旦等认为从《蛮书》上述内容中可以得到四点启示：

第一，吐蕃占领昆明城（盐源）之后，制盐先将柴薪于咸水中浸泡，复取出以后烧成炭，再从木炭表面刮下结晶体，说明他们不识煮盐法；

第二，公元794年春，南诏收复盐源后，采用煮盐法（灶上置陶罐或锅釜，灶内填柴薪）利用卤水资源，表明洗炭法落后；

---

① Royal Anthropological Insitute of Great and Ireland. *Note and Queries on Anthropology*. London：Routlege and Kegan Paul Ltd，1951，pp. 240～259.

② Maurice Godlier. *Perspectives in Marxist Anthropology*. Translated by Robert Brain. Cambridge：Cambridge University Press，1977.

③ ［德］傅汉斯：《从煎煮到暴晒——再谈帝国时代的中国海盐生产技术》，林圭侦译，见李水城、罗泰主编《中国盐业考古（第2集）——国际视野下的比较观察》，科学出版社2010年版，第20页。

④ 樊绰撰：《蛮书》，向达校注，中华书局1962年版，第189页。

第三，南诏盐官采用的煮盐法内地早已实行，如安宁和一平浪的白盐井和黑盐井采用铁锅熬盐，而那里的煮盐法又是从蜀地传来的；

第四，盐源一带的居民为东蛮（傈僳等）、么些蛮（纳西）、诸部落（古宗等藏族支系），这些古代部族的人畜用盐来源于此。①

以上分析，揭示了两个重要信息：一是古代西南地区诸夷中曾存在一种炭取法（也有学者将其称为"刮炭法"）制盐；二是炭取法和煎煮法相比较，前者比较落后，后者应用比较普遍。按照《蛮书》所载，吐蕃的制盐方法落后于汉人，因此是不懂得使用煎煮法获得食盐的；其采用的制盐方法是将木柴放在盐水中浸泡，然后将木柴烧成炭，在炭的表面形成盐的结晶体，即可获得食盐。有关此项技术可以在晋唐两代的史料中看到有不少记载。

"白摩沙夷有盐池，积薪，以齐水灌，而后焚之，成盐。"[晋]常璩《华阳国志·蜀志》

"越巂先烧炭，以盐井水泼炭，刮取盐。"[晋]任预《益州记》

"巂州昆明县……盐井在县城中。今按：取盐先积柴烧之，以水洗土，即成黑盐。"[唐]李吉甫《元和郡县志》

"昆明城有大盐池，比陷吐蕃。蕃中不解煮法，以咸池水沃柴上，以火焚柴成炭，即于炭上掠取盐也。"[唐]樊绰《蛮书》

上述有关从炭上取盐的方式，粗略看来，并无差别，但是仔细分析，即有端倪。《华阳国志·蜀志》中记载的白摩沙夷使用的方法是在柴薪上浇卤水，然后烧柴薪成炭，在炭上取盐。但是在《益州记》中记载"越巂先烧炭，以盐井水泼炭，刮取盐"，这种方式是柴薪先烧成炭，在炭上浇卤水后成盐，再刮取。显然这种方式和前种方式在顺序上存在不同，却都是从炭上取食盐，二者之间的差别很容易被大家忽视。先烧炭，再在炭上浇盐水的制盐方法在（北宋）乐史《太平寰宇记》有记载："巂州昆明县盐井在县城中，今邑民取盐，先积薪以火烧过，以水洗灰，即成黑盐，炼之又白。"清代的顾祖禹在《读史方舆纪要》中更加细致地描述到："波弄山上下有盐井六所，土人掘地为坑，深三尺许，积薪其中焚之，俟成灰，取井中之卤浇灰土，明日皆化为盐。""明日皆化为盐"表明这种方法的确存在，在烧热的木炭上浇上卤水，靠炭的余热将卤水蒸发，第二天可以在木炭上获得制盐。在[唐]李吉甫的

---

① 坚赞才旦、许绍明著：《青藏高原的婚姻和土地：引入兄弟共妻制的分析》，中山大学出版社2013年版，第116页。

《元和郡县志》记有"巂州昆明县……盐井在县城中。今按：取盐先积柴烧之，以水洗土，即成黑盐"，不过洗土似乎不太符合逻辑，"以水洗土"或为"以水洗灰"更合适。从以上资料城中最后可得出一个重要的信息，即在宋代之前，基本上采用了在柴薪上浇卤水，然后烧之，再在炭上取盐；但是到了宋代，当地的盐工觉得以上方式所获得的食盐味苦（即黑盐），于是在黑盐的基础上炼制白盐，因此才有"炼之又白"①一说。

尽管有关炭取法的记载在旧志中多次出现，但是这一技术是否存在以讹传讹的可能呢？鉴于此，笔者曾亲自做了一个模拟实验，其过程如下：将一块木头浸泡在浓度为30%左右的盐溶液中5～6个小时，取出木块，在火炉上燃烧，不到1分钟，即可看到木块表面有一层白色的晶体。不过，随着燃烧的时间变长，白色晶体会变成黑色。将木块燃烧成炭之后，无白色晶体痕迹。待炭冷却后，取炭的表层炭灰，用舌头舔之，较咸，带有苦涩之味。② 从这次简单实验可以看出，通过燃烧在卤水中浸泡的木柴，能得到盐，只是其颜色为黑色，其味道和通过煎煮法和晒盐法获得的食盐不同。这表明，此炭取法的制盐方式并非子虚乌有。

从《蛮书》所记载的"蕃中不解煮法，以咸池水沃柴上，以火焚柴成炭，即于炭上掠取盐也"来看，此时吐蕃境内已经有制盐点，只是使用的制盐法明显落后于南诏国的煮盐法。又《蛮书》中载"贞元十年（794年）春，南诏收昆明城，今盐池属南诏，蛮官煮之如汉法也"，可知煮盐是汉人所用的制盐方式。从《蛮书》记载的情况来，樊绰应该通过一定的渠道了解到当时吐蕃境内已经使用"炭取法"制盐，但是地点在何处则并未记载。从现在了解到西藏境内出卤水的地方多分布在西藏东部，又联系上述坚赞才旦所提及的盐井（西藏芒康县）和盐源之间的距离并不远，而且此时盐井已由吐蕃控制，可否推测吐蕃境内当时采用"炭取法"制盐点就在盐井呢？这有待进一步考证。

吐蕃几经周折，从大约公元764年占领昆明盐池，到贞元十一年（795年）被南诏再度收复，吐蕃占领昆明盐池30多年。为何吐蕃未能从当地古老的麽些（纳西族）部落那里学到烧煮发的制盐技术，其原因笔者认为可能有两种：一是煮盐法技术复杂，吐蕃不易学会；二是吐蕃占领麽些部落后，当地麽些民不愿意将此技术告之吐蕃。按照《蛮书》"昆明城有大盐池，比陷吐蕃。蕃中不解煮法，以咸池水沃柴上，以火焚柴成炭，即于炭上掠取盐也"

---

① 黑盐炼成白盐的技术和详细过程可参见林元维、宋良曦、钟长永等著《中国井盐科技史》，四川科学技术出版社1987年版，第430～434页。

② 2016年4月7日的实验情况。

来看，吐蕃不懂得煮盐法技术的可能性是存在的。那么，另外一个原因会不会存在呢？方国瑜先生认为：

> 麽些所居之地，东为雅砻江，与西川接，西至金沙江上游，与施、顺诸蛮杂居，其南则连蒙诏，而北与吐蕃交错。西川、蒙诏、吐蕃争强，麽些介于三大之间，且其势微弱，已成攘夺之疆场。初以吐蕃称强，为其所并，后异牟寻浸盛，复归于蒙诏。强邻逼处，惟顺时势事大耳。其事迹略可考见于史册者，兹为述之。①

由于麽些部落势单力薄，因此该部落只能依附于占领和控制昆明池的一方。例如，郭大烈、和志武两人认为，唐时期的纳西族是在夹缝中求生存，往往权衡利害而考虑向背。② 这么说来，该时期的麽些部落较少有选择权，如果吐蕃急切需要掌握煮盐的技术，麽些人是要传授给对方的。于是，问题只能归结于吐蕃难以学会麽些部落煮盐技术，那么吐蕃的制盐技术落后于南诏是可以说得通的。

现在考察吐蕃的制盐技术。我们前面已经了解了吐蕃的制盐方式是将盐水先浇在木柴上，然后将木柴烧成炭，炭上取盐。这和"越嶲先烧炭，以盐井水泼炭，刮取盐"有一定的区别。需要提出的疑问是吐蕃的制盐技术从哪里来？是在吐蕃东扩以后向川西的古老民族那里学来，还是本民族不断在制盐中发展起来的？

首先需要考虑的是西藏境内有关制盐技术的情况。房建昌是国内较早研究西藏盐业的学者，他曾指出："藏盐可分池盐、井盐和岩盐三种，蕴藏甚丰。池盐以班戈、当雄两县间的纳木措湖（蒙语名腾格里海）所产最丰，其余如公努木盐池、里牙尔盐池、尔布盐池、雅根盐池、必老盐池、那木盐池、马里盐池、苦公盐池、那木鄂岳尔盐池，亦均著称。"③ 他所提及的西藏盐池主要分布在位于藏北的羌塘一带，即现在的阿里北部和那曲西部。这一重要信息指出，藏盐尽管有池盐、井盐和岩盐，但是藏盐主要以池盐为主，这是因为池盐容易被发现，且绝大多数是自然结晶，这相对于井盐开采卤水而言所需的技术含量低，易于采集。井盐则不同，需要经历挖深井、汲卤、浓缩、煮盐等步

---

① 方国瑜著：《方国瑜纳西学论集》，民族出版社2008年版，第37页。
② 参见郭大烈、和志武著《纳西族史》，四川民族出版社1994年版，第401页。
③ 房建昌：《西藏盐业的兴起、发展以及衰落》，载《中国经济史研究》1995年第1期。

骤，而且在煮盐的过程中还需要提供器皿（铁锅或陶器）①，这在技术层面上限制了青藏高原境内的民族获得更多的食盐。此外，运用烧煮法制盐还需要大量的柴薪或天然气，相比较而言，井盐的获得要比池盐在技术上要求更高，更耗费燃料，因此普遍成本较高。

傅汉斯在对海水煮盐的制盐技术论述中提到："虽知熬煮必须使用灶和铁锅（又称"牢盆"），但至于真正在锅内煮的是何物，则没有记录言及。若我们假设一如稍后所见，灶户在进行煎煮前，已经先将卤水浓缩至某种形式，此猜想似颇为合理，因为直接熬海成盐过分浪费燃料。"② 他的论述是有道理的，从目前看到的情况，即便是传统的晒盐法，也同样需要对卤水浓缩，吐蕃境内的民族或许还未能掌握这项技术。因此，西藏以传统的池盐为主，且落后于井盐的煮盐法。

普遍看来，西藏盐业并不发达，有关盐业的资料也是凤毛麟角，对此房建昌指出："对于西藏的盐业及盐政史，由于史料的缺乏，国内外均无人作系统的论述。从而成为藏学及中国盐业及盐政史研究中的一项空白。"③ 看来吐蕃境内即便是落后于南诏国的制盐法——"炭取法"，依然是向其他民族学习后掌握的，从本民族发展起来的可能性不大。从《益州记》载"越嶲先烧炭，以盐井水泼炭，刮取盐"，吐蕃曾占领过川西一带来看，吐蕃从川西学到炭取法的可能性最大。

三、明代以前盐井制盐技术探析

吐蕃进入滇西北地区的时间，据学者研究考证，大概在 7 世纪 50 年代或稍前。④ 滇西北在自然地理上具有特殊性，天然的澜沧江、金沙江和怒江可作为吐蕃行进的通道。而且在吐蕃进入滇西北之前，这里的通道已经被古老的民族所利用。汪宁生先生指出，早在公元前 2000 年横断山脉和澜沧江、金沙江等流域就已经成为氐羌族群自北向南迁徙的孔道。⑤ 2009 年 6 月，几家考古队

---

① 煎盐法中使用的器皿，是制盐过程中不可缺少的工具。而煎盐的工具——铁盘，长期以来受国家权力管控，正所谓"古者煮盐之器具，其名曰铁，……官物也"。在西汉盐法中，官府要发给盐民煎盐的"牢盆"，杜佑《通典》卷十《食物·盐铁》解释为"煮盐盆也"，《中国历史大辞典·秦汉史卷》载"盐民使用国家的工具煮盐上交，再由国家发给雇价，故称煮盐之盆为牢盆"。

② ［德］傅汉斯：《从煎煮到暴晒——再谈帝国时代的中国海盐生产技术》，林圭侦译，见李水城、罗泰主编《中国盐业考古（第 2 集）——国际视野下的比较研究》，科学出版社 2010 年版，第 22 页。

③ 房建昌：《西藏盐业及盐政史略》，载《西南民族学院学报》1993 年第 1 期。

④ 参见赵心愚《吐蕃入滇路线及时间考》，载《西藏民族学院学报》2004 年第 4 期。

⑤ 参见汪宁生著《中国西南民族的历史与文化》，云南民族出版社 1989 年版，第 202 页。

在下盐井村查果西沟内的小拉康（佛堂）内发现查果西摩崖造像①，并断定年代在吐蕃时代，证明了盐井在吐蕃时期就有人类在活动。由此说来，吐蕃时期盐井已经成为该政权的控制区，吐蕃瓦解之后，成为部落社会。费孝通也曾提到："传说察隅地区原来还有一种称为'炯'的人，他们生产先进，所筑的梯田，遗迹尚在，大约在六代前被藏族打败，部分迁走，部分已藏化。这种人究竟属于什么民族现在还不清楚。"②说明在藏东的察隅一带早就有了人类活动，那么盐井早期是否就是炯人在活动呢，据此坚赞才旦等在分析盐井的情况时曾提出：

（1）"盐源"和盐井相距不远，早期的制盐方法二者是否相同；
（2）吐蕃击败炯人后占有盐井，日晒风吹法是否从炯人习得；
（3）吐蕃占有盐源未用此法，可否当地不具备风吹日烈的条件；
（4）晒盐法在制盐中的地位如何认可，人类学著作只提及，未有定论。③

遗憾的是，学者在此后的研究中并未就所提出的相关问题进行论述，成为本书要加以论述的内容。

吐蕃占领盐井之后，长期以来只能利用掌握的炭取法获得制盐，这种方法可能持续到木氏土司进入盐井才得以改变。当然，这一猜测需要对相关文献（包括藏文文献）进行进一步的研究。就掌握的汉文文献来看，木氏土司带入晒盐技术的可能性还是存在的，其原因有两个。

（1）有关晒盐法的起源有两种说法：一种是据《闽省通志》说，北宋时期福建盐产区的陈应功发明，因为发明了晒盐法，他被称之为"宋室忠勋"，并称其为陈侯。④另一说法是依据明弘治时期由周瑛等人编纂的《兴化府志》，志中载"有陈姓者，居陈侯庙南，为人多智计，私取海水日晒盐园中。及成，乃教其乡之人。后人失真，遂以陈侯云"⑤。两则传说表明晒盐法的起源地在福建产盐区，即最初使用这种方法制盐是在运用海盐煮盐法的沿海一带。白广

---

① 参见席琳、张建林、夏格旺堆、田有前《藏东地区吐蕃石刻遗存的首次全面考古调查与记录：西藏昌都地区芒康、察雅两县考古调查新发现2处吐蕃石刻遗存》，载《中国文物报》2009年11月13日第4版。
② 费孝通：《关于我国民族的识别问题》，载《中国社会科学》1981年第1期。
③ 坚赞才旦、许绍明著：《青藏高原的婚姻和土地：引入兄弟共妻制的分析》，中山大学出版社2013年版，第116页。
④ 参见刘淼著《明代盐业经济研究》，汕头大学出版社1996年版，第64～65页。
⑤ 刘淼著：《明代盐业经济研究》，汕头大学出版社1996年版，第64页。

美在研究海盐制盐技术后指出:"上述有关晒盐技术起源的两种说法都不确切。迄今为止,笔者查阅到的有关晒盐生产的正式文字记载始见于元代,而唐、宋典籍中尚未见到记载。"① 经过对元代官修《大元圣政国朝典章》和《元史·食货志》中有关晒盐记录的分析,进一步指出海盐晒制技术始于元代福建盐场,而且在公元1334年的时候,晒盐技术并未普及,到了明末海盐晒制技术已经发展到了福建之外的长芦和两广盐区。② 此后,有关海盐的晒盐技术历来说法不一,有宋元以前说、元代说、明代说,等等。

台湾学者姜道章认为,晒盐法在中国范围内的传播是逐渐地以福建盐场为主要阵地,并推广到全国其他的盐场,并在17世纪左右,由大陆传入台湾,18世纪末已经传到两广地区,19世纪初期向北传入奉天和山东等地,后来又从山东传到江苏。③ 另一学者表示并不赞同姜道章的观点,认为晒盐法传入广东、江浙、山东、长芦和淮北等盐产区的时间应该在明末。④

尽管以上几位学者的观点不一,但还是可以找到共同点:第一,在宋元时期,晒盐法已经基本被掌握,但是并未得到发展,直到明清时期该晒盐法才得到广泛传播。第二,晒盐法普遍在沿海的海盐生产中使用,井盐中使用晒盐法,清代之前均未见文献记载。在清代,人们逐渐发现芒康县盐井的井盐使用晒盐法,海盐和井盐使用同一种制盐方式,二者之间可能有某种关系。

总体说来,从上述晒盐发展过程来判断,晒盐法至少在明代才被几大盐场广泛采用,明代之前则只有少部分的盐场使用,并未形成一定的规模,所以吐蕃控制的盐井在明代之前掌握这种技术的可能性不大。

(2) 晒盐法并非落后技术。在对井盐晒盐法的认识上,大家形成了一种思维定式,包括部分学者认为晒盐法是最古老的制盐方法,因此技术是最落后的。有关晒盐法,已经有学者关注了,如傅汉斯在《从煎晒到暴晒——再谈帝国时代的中国海盐生产技术》一文中指出:"技术上的发明和革新也同样显现在池盐和海盐上。采用连续畦池日晒蒸发并不是一个简单地借助日晒风吹使海水浓缩成卤的问题,实际上它还涉及一系列相当复杂的工作,即建造一个能分段导引水流的系统,用以沉淀天然盐水或卤水中的不同成分。"⑤ 从煎煮盐发展到晒盐,中间可能还要经历浇淋和暴晒的结合,再到分段池晒盐。因此,这一复杂的制盐过程,估计盐井境内的民族在明代之前掌握的可能性不大。

---

① 白广美:《中国古代海盐生产考》,载《盐业史研究》1988年第1期。
② 参见白广美《中国古代海盐生产考》,载《盐业史研究》1988年第1期。
③ 参见姜道章《中国沿海盐场晒盐法的起源与传播》,载《中国地理学会会刊》1993年第20期。
④ 参见王日根、吕小琴《析明代两淮盐区未取晒盐法的体制因素》,载《史学月刊》2008年第1期。
⑤ [德]傅汉斯:《从煎晒到暴晒——再谈帝国时代的中国海盐生产技术》,林圭侦译,见李水城、罗泰《中国盐业考古(第2集)——国际视野下的比较观察》,科学出版社2010年版,第20页。

那么，从吐蕃时期开始一直到明代，和藏族交流广泛的民族当中，哪个民族更有可能是晒盐技术的传播者呢？通过分析，笔者认为纳西族的可能性很大。

(一) 藏纳之间的地缘关系

盐井地处澜沧江峡谷，澜沧江从这里流过，经德钦县的佛山乡进入云南，流经德钦（阿墩子）、维西进入迪庆高原。澜沧江峡谷早在吐蕃时期就已经是吐蕃部落进入滇西北的重要通道。有些学者认为，从吐蕃进入中原必须经过松潘安戎城，因为这里曾经是唐朝官员认为能阻止吐蕃东进的屏障，其理由多来自《资治通鉴》中所载永隆元年（680年）"先是，剑南募兵于茂州西南筑安戎城，以断吐蕃通蛮之路。吐蕃以生羌为乡导，攻陷其城，以兵据之，由是西洱河诸蛮皆降吐蕃。吐蕃尽据羊同、党项及诸羌之地，东接凉、松、茂、巂等州……"①。但是，查尔斯·巴克斯在分析吐蕃和唐王朝之间的关系时否定了这种观点，提出吐蕃东进"成都的西部，至少有三条特别的道路，……这些路线则完全没有经过唐朝的领土"②。巴克斯并未指出具体是哪三条线，但是从所提供的安戎城与西川的西部边境图来看，主要指的是横断山脉的几条大江，即怒江、澜沧江、大渡河等处。有学者在对巴克斯分析的基础上指出：澜沧江流域的河谷地带（包括金沙江）的交通线应是直接的和相对便捷的路线，从这一区域的河谷南下，可以远离唐王朝的控制区，相对比较安全，也正因此而并未被唐朝军队发现。③

吐蕃从横断山脉进入滇西北的这条通道，或许很早就已经形成。需要进一步指出的是，吐蕃选择此处除了有利地形为其提南下供方便之外，另一个重要的因素是地域文化的相似性。此前有学者在研究吐蕃东扩的时候，已经注意到了吐蕃境内的民族和迪庆高原民族之间的文化相融性，比如人种、语言、经济、文化类型等因素成为吐蕃进入藏东、川西、滇西北的一大原因。④ 这一地域文化的相似性为其提供了东扩的文化基础。但是，此后从丽江纳西族木氏土司北扩进入藏东的时候，历史好像发生了逆转，此前是南下，如今成为北扩。这和藏东与迪庆高原之间的地缘性关系是分不开的。

(二) 历史因素

纳西族是西南民族的藏缅语族彝语支中古老的民族，就纳西族的起源来

---

① 司马光撰：《资治通鉴》（图文珍藏本）（第三册），岳麓书社2011年版，第2976页。
② [美] 查尔斯·巴克斯著：《南诏国与唐代的西南边疆》，林超民译，云南人民出版社1988年版，第30页。
③ 参见赵心愚《吐蕃入滇路线及时间考》，载《西藏民族学院学报》2004年第4期。
④ 参见石硕著《西藏文明向东发展史》，四川人民出版社1994年版，第132～145页。

说，学者基本上认同纳西族的发源地是定笮（即现在的盐源县），仅对形成过程各有说法，目前主要有两种：一种是"羌人说"，主要以章太炎、方国瑜、任乃强为代表；另一种是"夷人说"。但是持"羌人说"者占多数，此后又有学者提出藏族和纳西族的同源说。①

1977 年 8 月，云南省博物馆工作队在德钦县西北部 70 公里，即盐井澜沧江下游 30 公里处的德钦纳古石棺葬遗址，挖掘了共 24 座古墓，全为石棺葬，其中 17 座中有器物发现。② 汪宁生先生在比较了云南滇西北各地（包括德钦纳古、德钦永芝、中甸尼西、川西的木里等地）出土的石棺葬和西藏林芝、墨脱、卡若等地的新石器文化后指出：

（1）西藏（雅鲁藏布江流域和昌都地区）和云南（西部和北部地区）早在新石器时代在文化上已经有某些共同性。到了公元前一千年代，藏族先民已经分布到今天云南的藏族聚居区。

（2）自吐蕃开始，青藏高原的民族长期和云南保持频繁的经济文化联系。

（3）在宗教、艺术等文化方面，藏族对云南一些少数民族（纳西、普米、怒、白……）有一定的影响，但影响仅限云南西北部及北部的横断山脉地区和金沙江上游。

（4）云南少数民族对藏族也有影响，明代纳西族的木氏土司统治力量不仅到达中甸，而且到达今川藏地区。云南茶叶的传入，使西藏人民生活发生很大的变化。③

从纳西族和麽些、摩沙夷的古老民族有直接文化和族群继承性来看，吐蕃西南古老民族中接触最早、最深入的民族当属纳西族。从之前的论述来看，至少在 7 世纪中后期两个民族之间已经短兵相接，战争的过程无疑增进了两个民族之间的相互了解。在断断续续的昆明池之战中，吐蕃已经从麽些那里了解到制盐的方法，不过并未学会比自身技术更先进的汉人煮盐法，而是继续采用炭取法制盐。此后历经宋、元、明几个时期的发展，到清代末期，纳西族成为影响藏族文化最深、最广泛的民族。

---

① 参见赵心愚著《纳西族与藏族关系史》，四川人民出版社 2004 年版；杨福泉著：《纳西族与藏族历史关系研究》，民族出版社 2005 年版。
② 参见云南省博物馆文物工作队《云南德钦县纳古石棺墓》，载《考古》1983 年第 3 期。
③ 汪宁生：《从文物考古材料看滇藏关系》，见汪宁生著《中国西南民族的历史与文化》，云南民族出版社 1989 年版，第 210 页，笔者因需要对部分内容进行了删减。

(三) 纳西族文化的优越性

藏学家任乃强指出："麽些为康滇间最大民族，亦最优秀之民族也。"① 此后，著名学者吴泽霖亦说："在我国各种边民中，无论在集体成就或个人造就上，麽些族实在是首屈一指的。"②以此看来，纳西族亦作为西南地区较为进步的民族。

此外，马长寿在《中国西南民族分类》中提到纳西族"文化亦高"③。有学者亦指出，丽江纳西族所处的环境受到限制，交通不便，与中原来往不多，汉文化在边缘地带难以普及，但是纳西族只要有机会，木氏土司的几代人都极力学习中原文化，这可以从几代土司和中原文化的名人结交并耐心请教看出来，如"明朝正德年间蓟羽士来丽江，木公与之结为知交；嘉靖初年，周月阳来到丽江，永昌举人张含同木公泛舟玉湖；木公与杨慎虽然始终都未能谋面，却是一辈子的知音。为了帮助当时木氏的年轻人学习，除了延请当地教师外，木公还想方设法请名师指点子弟"④。这些体现了历代木氏土司重视文化知识的学习。

东巴象形文字的形成，也是纳西文化发展的一个重要依据。此外，纳西族对文化的重视还表现在木土府有"万卷楼"，这是极具文化代表性的藏书楼。此外，几代土司不断增加编纂的《木氏宦谱》更是成为研究滇西北民族关系史、滇川藏交角区历史文化、纳西族历史文化的重要参考工具，其具有极高的史料价值。⑤

综上所述，盐井受纳西族的文化影响较深，如今盐井九家村的纳西族每年春节农历初五和初八举行的"那怕"仪式都和丽江的纳西族举行的祭祀仪式相同。对于这个仪式的由来，当地人是这么认为的，纳西族的祖先格过来与天上神女米过达联婚，生了三个儿子，都不会说话，打卦说他们玷污了天机，只有用世上最脏的两种动物——猪和鸡的毛，使其燃烧产生臭味，把天空中的脏物熏尽，才能让三个儿子的病情好转。⑥ 这和东巴经《崇搬图》（《创世纪》）的传说基本相同。应该说，在盐井分布的纳西族，一定程度上继承了丽江的东巴文化。

---

① 引自方国瑜《方国瑜纳西学论集》，民族出版社 2008 年版，第 6 页。
② 吴泽霖：《从麽些人的研究谈到推进边政的几条原则》，载《边政公论》1946 年第 5 卷第 2 期。
③ 马长寿著：《马长寿民族学论集》，人民出版社 2003 年版，第 76 页。
④ 余海波：《明代丽江纳西族木氏土司的发展策略》，载《中央民族大学学报》1999 年第 3 期。
⑤ 参见杨林军《〈木氏宦谱〉诸版本源流新考》，载《云南社会科学》2012 年第 5 期。
⑥ 参见《芒康县盐井纳西民族乡简介》，2011 年，内部资料。

第五章　土司制度下的盐业及税收

明朝的16世纪20—60年代，木氏土司开始北扩，其势力深入到康区的巴塘、理塘、芒康（江卡）、盐井等地。此时的麽些人相对于长期处在封建农奴制又受政教合一制度影响的西藏境内的民族而言，在政治、经济和文化等方面的发展，在农业和工业技术上的优势，以及作为一个奋进的民族，进入到盐井之后给当地社会带来了一定的影响。其中，制盐技术的改良和传统的木氏土司的管理方式都对盐井的地方社会有深远影响。

第一节　木氏土司北扩及盐井的管理

一、木氏土司北扩之过程

丽江木氏土司家族的起源，在唐代之前无详细记载。在《木氏宦谱》中木氏土司对本家族的起源有过这样的描述：

> 始祖叶古年，唐摩娑，年之前十一代，东汉为越嶲诏，诏者王也。年之后六代，改为筰国诏，又定筰县改昆明，升为昆明总军官。传至唐武德时祖叶古年，凡十七世，续传至秋阳。①

上述信息表明，唐代时期，木氏土司的祖先是摩娑，即纳西族的先民。如果以唐代作为一个木氏土司重要时间节点，则木氏土司的祖先在此之前已经历经11代，而且在东汉时期已经是越嶲诏的诏王。唐代之后，又历经6代，并曾担任昆明总军官，由此可以看出木氏土司的家族较早就已经获得军权。按照

---

①　《木氏宦谱》（影印本），云南美术出版社2001年版，第6页。

叶古年之后第6代传至秋阳①，秋阳之前历经17代，则以叶古年为唐代武德时期（618—626年）来推断，那么在秋阳之前木氏土司家族已经延续420年左右，即木氏土司的始祖在198—206年之间已生活在汉时期越嶲诏的境内，而且是部落首领。

吐蕃时期，木氏土司的祖先究竟是如何发展起来的，史料无详细记载，倒是记载了吐蕃、南诏和唐王朝之间反复争夺盐池的战争。751年以前，唐王朝扶持南诏国一起对付吐蕃，唐开元二十六年（738年），南诏在唐王朝的支持下统一六诏。751年，南诏和唐王朝之间的关系破裂；到783年，吐蕃和南诏之间的矛盾已经上升到将枪口转向对方。

宋理宗宝祐元年（1253年），木氏土司被提拔为"统军司"，管理越析诏、伯兴府、永宁府、北胜府、蒗蕖州、罗罗斯、白狼木夷僚等处，木氏土司的家族逐渐在西南民族地区产生了影响。但是，木氏土司真正得到发展是在明代。明洪武十五年（1382年），明朝将领傅友德占领滇西北之后，原效力于元朝的丽江宣抚司副使阿甲阿得接受投降，归顺明朝。据《木氏宦谱》（甲种本）载"大明洪武十五年，天兵南下，克服大理等处，得率众首先归附，总兵官南征南将军太子大师颖国公傅友德等处奏闻，钦赐以木姓，移行总兵颖国公傅拟授职。十六年奉颖国公箭付，拟本府知府，开设丽江府"②，钦赐木姓，被称之为"木府"。不过，在民间对木天王的身世则有着这样的传说：

> 吐蕃时期，吐蕃和唐朝联姻，唐王朝将文成公主嫁给松赞干布，松赞干布为了迎娶千里之外的文成公主，选派了一位大臣去唐王朝接文成公主。为了保证文成公主的安全，于是派了一名叫噶尔松赞的大臣前去迎接，并由他一路负责文成公主的安全。这一路下来，这位大臣陪伴着文成公主，而且没少照顾她。从长安到吐蕃，一路跋山涉水，路途遥远，历时一年半之久。出于安全，大臣陪伴、亲自接触文成公主的时间自然较长，没有想到的是两人在路途中产生了感情，并发生了关系，于是文成公主怀了这位大臣的孩子。到了盐井东部的徐中乡（相传为文成公主流产的地

---

① 木公的后裔秋阳成为三甸（丽江）总管，见［美］约瑟夫·洛克著《中国西南古纳西王国》，刘宗岳等译，云南美术出版社1999年版，第41页。

② 国家民委《民族问题五种丛书》编辑委员会、《中国民族问题资料·档案集成》编辑委员会编：《中国民族问题资料·档案集成·第5辑·中国少数民族社会历史调查资料丛刊·第94卷·〈民族问题五种丛书〉及其档案汇编》，中央民族大学出版社2005年版，第84页。

方)①,孩子生了下来(另一说法是流产了)②。两人通过考虑,深知此事不能暴露,孩子更不能带回吐蕃,否则一定会受到松赞干布的惩罚和世人的耻笑,于是决定将生下来的孩子放在一个木盆中,让其随江(金沙江)漂下去。想不到孩子命大,从徐中乡一直漂到了丽江的石鼓镇,被当地一位渔夫捡了起来。更让人没有想到的是,孩子天资聪明,长大以后更是有本事,慢慢地开始名震丽江,后来成为木天王。③

有关文成公主和吐蕃噶尔松赞大臣之间的爱情故事广在盐井、徐中、羊拉乡等川、滇、藏交界一带流传。2011年8月,笔者在羊拉乡调查的时候,听到类似的一则传说,故事中还表现了木天王的智慧:

> 一位大臣应松赞干布的命令护送文成公主进藏,路上和文成公主产生了感情,后来他们发生了关系,当他们到羊拉乡的甲功村时生了一个男孩,害怕事情被别人知道,受到谴责,于是将这名男孩放在木盆里,顺金沙江漂流而下。想不到,到了丽江石鼓被一户人家救起。这个孩子就是后来的木天王,又称木老爷。
>
> 木天王在丽江有了一定的地位后,一直觉得自己的地盘太小,于是天天烧香拜佛,终于感动了神灵。有一天,天神下凡来到了他的身边,问他还想要什么。木天王说再想要一张牛皮大的地方,天神觉得这很容易,不就是牛皮大的地方嘛,于是答应了他。没有想到木天王想要的根本不是一张牛皮那么大的地方,他利用自己的智慧,将得到的牛皮用剪刀将它剪成细细的牛皮条,就是用这些牛皮条圈地,结果把西藏的盐井都圈起来了。④

两则故事大同小异,不过可以看出木氏土司对当地文化的影响很深,这和木氏土司北扩占领康区不无关系。元代受封后的木氏土司不断扩大地盘,利用各种手段笼络朝廷,在中央王朝的支持下,木氏土司成为统治滇西北的霸主。

木氏土司逐渐在丽江境内扎稳根基,但并不安于现状,而是随着其势力壮大,不断往西北方向的藏族聚居区扩张。那么,是什么原因促使木氏土司动用

---

① 参见芒康县地方志编纂委员会编《芒康县志》,巴蜀书社2008年版,第22页。
② 盐井的当地老人告诉笔者徐中乡在藏语里的意思就是流产的地方,相传是文成公主的私生子到了这里流产了。
③ 2013年5月,盐井田野调查资料,报道人:洛松尼玛。
④ 2011年9月,羊拉乡田野调查资料,报道人:阿宝、农布。此次调查笔者和叶远飘两人一同前往。

大批军队、耗费军资向北扩呢？笔者认为政治因素和经济因素是主要的推动力。

（1）政治因素。潘发生认为木氏土司北扩是因为它和西藏的区域界限不明，在中央王朝管理的上百个大小土司之中，找不到统治土司的"领袖"。① 的确，明代继承了元代在西南地区的管理方式，并没有突破旧的制度，仅仅依靠当地的土官进行管理，而在滇西北藏族聚居区一带众多的土司中，却没有一个土司能统领这里的上百个土司，导致了这片区域长期混乱不堪，陷入了僵局。朝廷明显感觉到西南地区鞭长莫及，于是便利用木氏土司加强西南的管理，以起到稳固西南边疆的作用。木氏土司深知时局对自己有利，也想借机扩大自己的势力范围，以此提高自己在西南的地位。不过，此时滇西北大部分却被西藏控制，又同木氏土司的辖区接壤，因此要维护丽江地区的稳定，一定要除掉来自西北边的威胁，这正是明王朝和木氏土司之间能找到的契合点，因此推动了木氏土司发动北扩的战争。

（2）经济因素。维护政治的稳定固然对木氏土司很重要，但是经济因素也不容忽视。明朝政府扶持木氏土司，木府定要极力表示效忠朝廷，因此，木氏土司通过各种方式进贡，其中当以明王朝急需的马匹为首选。按照《新唐书·南诏传》云："越赕之西多荐草，产善马，世称越赕骏。"而汪宁生先生也指出："西南少数民族的古代养马业亦相当发达，云南高原上各族人民不仅在养马方面积累了丰富的经验，而且曾培养大批马匹供给内地。"② 因此，云南贡马的现象在历史上较为突出。以下是明代木氏土司向朝廷进贡马匹的情况。

  洪武二十五年（1392年）二月甲寅，……丽江府知府木初……来朝贡马。赐绮、帛、钞锭有差。（《太祖实录》卷二百十六）

  永乐九年（1411年）九月庚午，云南丽江军民府及镇道安抚司、土官知府木初等遣人贡马。赐钞币有差。（《太祖实录》卷一百三十四）

  永乐九年（1411年）十二月癸午，云南丽江军民府正千户阿束蒙化等州土官知府左禾令等来朝，贡马。赐钞币有差。（《太祖实录》卷一百二十二）

  永乐二十二年（1424年）四月壬戌，……云南丽江军民府千夫长阿束通贡马。赐钞币表里有差。（《仁宗实录》卷二）

  洪熙元年（1425年）四月壬戌，……云南丽江军民府等处土官木初

---

① 参见潘发生著《揭开滇川藏三角区历史文化之谜》，云南民族出版社2008年版，第143页。
② 汪宁生：《古代云南的养马业——云南少数民族科技史学习札记》，载《思想战线》1980年第3期。

等……各遣人贡马。……云南丽江军民府等衙门……贡马及方物。(《仁宗实录》卷九下)

宣德九年（1434年）春正月庚子，云南丽江军民府故土官知府木土子森及把事杨实……等来朝，贡马。(《宣宗实录》卷一百八)

正统五年（1440年）十二月甲申，……云南丽江军民府土官知府木森……来朝，贡马。赐宴并赐彩币等物有差。(《英宗实录》卷七十四)

隆庆二年（1568年）八月丙申，云南丽江军民府土官木高遣人贡马及方物。(《穆宗实录》卷二十三)

万历十三年（1585年）十二月半巳，……云南丽江军民府知府木旺贡马。(《神宗实录》卷一百六十九)①

从上述史料记载的内容可以看出，自1392年到1585年，木氏土司历代给朝廷上贡达10次之多，贡马的数量虽未明确提及，但是从朝廷赐绮、帛、钞锭来看，马匹数量应不少。自木初时，每年都向明朝中央进贡白金760两，后来黄金的质量难以得到保证，改成贡马。有时木氏土司为了能续职，一次向朝廷贿赂的银两达5000两以上。隆庆四年（1570年），木氏土司贿赂朝廷的银两更是震惊朝野。据学者统计，明代14代木氏土司中就有12位有明确的赴京进贡的记载，有三种说法。一是所查到有关进贡白银的历史记载中共有13次，银共有66000两。② 另外两种说法：一种是据《明实录》记载，木氏土司向朝廷进贡次数为18次，其中前三任均亲自赴京面见皇上，后来改派专人赴京，每年进贡的白金达760两。③ 一种是据《明实录》和《木氏宦谱》两部史书所载，木氏土司共向明朝纳贡约35次。④

而且除了贡马之外，定还有其他贡物，这无形之中增加了木氏土司自身的经济压力，"木氏土司每一代向朝廷进贡，其主要来源一是大量开矿，二是不断向外扩展，迁移本民族戍守并向领地收税"⑤。一旦木氏土司在自己管辖的境内不能解决马和物资的来源，将不得不向周边民族进行抢夺，这是木氏土司的野心和北扩的根本原因。

---

① 以上《明实录》资料，引自杨福泉《唐代以来"茶马古道"上的藏纳贸易》，见木仕华主编《活着的茶马古道重镇丽江大研古城——茶马古道与丽江古城历史文化研讨会论文集》，民族出版社2006年版，第55页。

② 参见余海波《明代丽江纳西族木氏土司的发展策略》，载《中央民族大学学报》1993年第3期。

③ 参见赵心愚著《纳西族与藏族关系史》，四川人民出版社2004年版，第242页。

④ 参见杨俊生《明代木氏土司的朝贡及其经济来源初探》，见木仕华主编《丽江木氏土司与滇川藏交角区域历史文化研讨会论文集》，中国藏学出版社2008年版，第410页。

⑤ 杨俊生：《明代木氏土司的朝贡及其经济来源初探》，见木仕华主编《丽江木氏土司与滇川藏交角区域历史文化研讨会论文集》，中国藏学出版社2008年版，第414页。

正统七年（1442年），丽江知府阿地阿习，官讳木嵌，字惟高，得到保勘袭职，于三月上任。其后在他统治丽江期间，不断向西北方向发动战事。《木氏宦谱》记载："天顺六年（1462年），得胜刺室：鲁普瓦寨；鼠罗：你罗，占普瓦寨。八年得胜鼠罗：刺罗，岩那瓦寨；里俸：见能瓦寨；里俸：梅矢瓦寨。成化四年，得胜你那：母来各寨，当瓦寨，木都瓦寨，岩甸寨。六年得胜你那：为西，下接具加瓦寨，相必瓦寨，刺土瓦寨，刺何场寨。十八年得胜照可，其琮，刺普，均里场，其立怯丁等。九年得胜忠甸，早瓦寨。二十年得胜忠甸，僧罗投降。"① 即表明，木氏土司于1462年开始发动向滇西北扩大领域的战争。在此后的几年里，木氏不断向西北方向进军。根据潘发生的论述，木氏土司进攻的路线有四条："一为你那路线，经永春河谷至澜沧江边，拟沿澜沧江岸茶马古道北上直达芒康；二为照可路线，拟沿其琮至羊拉金沙江河谷古道北上，直达均农德拉渡口，进而进入巴托辖区；三为中甸路线，拟沿茶马古道十二栏杆茶马古道进入大、小中甸坝，进而北上翻东旺大雪山进入巴托乡城；四为鼠罗路线，沿水洛河流域北上，可抵巴托辖区。"② 仔细分析这四条线路，基本上是依靠澜沧江和金沙江两岸的台地和冲积带形成的通道。现在主要考察第一条线路，也就是沿着澜沧江北上的线路，学者认为这一带正是木氏北进的你那区域。③

1470年，木氏土司的势力已经到达为西（现迪庆州维西县）。木钦长子于明成化二十一年（1485年）继位，1487年开始往西北进攻，到达现在的中甸三坝乡、洛吉乡。

（明成化）二十二年（1486年）保勘袭职。本年得胜鼠罗：苴公寨。二十三年（1487年）寇又大犯，复整兵鏖战于山哈巴江口，馘首十五颗，生擒六名，乘势追至可琮寨，贼将固守，然攻破之，斩首七十二级，讯质十八名，吾牙等寨，不攻自遁，被掳人民，尽行复业。藩镇两台嘉奖缎匹及花牌等项。又本年得胜鼠罗：于扬寨；又得胜别甸寨投服。二十四年（1488年）立鼠罗别甸寨。弘治二年（1489年）得胜照可加日寨，照可石头坎已下。三年（1490年）番寇阿加南立等众，大掠巨津州村寨，亲领兵征战三次，擒俘八十九名，落江死者无数。又得胜你那巴那、岩瓦

---

① 国家民委《民族问题五种丛书》编辑委员会、《中国民族问题资料·档案集成》编辑委员会编：《中国民族问题资料·档案集成·第5辑·中国少数民族社会历史调查资料丛刊·第94卷·〈民族问题五种丛书〉及其档案汇编》，中央民族大学出版社2005年版，第87页。
② 潘发生著：《揭开滇川藏三角区历史文化之谜》，云南民族出版社2008年版，第146页。
③ 参见潘发生著《揭开滇川藏三角区历史文化之谜》，云南民族出版社2008年版，第128～129页。

寨。四年（1491年）得胜忠甸托散佉玉寨，均集玉寨。弘治元年奉吏部丑字八百八十八号文凭，闰正月初二日上任。五年（1492年），得胜忠甸空立玉寨，见沙各寨；又鼠罗托其罗归降。六年（1493年）得胜忠甸生后玉寨。①

从1487年到1493年，在6年的时间里，木氏土司的军事力量已经跨过了金沙江到达了中甸一带；并从1490年开始逐渐往澜沧江的维西一带进攻，明正德三年（1508年），"得胜你那从仲寨，天龙寨。四年，得胜你那阿得酋等处"②。据潘发生考证，"从仲寨"是现在燕门乡的茨中村，阿得酋又称阿墩子（为现德钦县县城升平镇）。③ 1525年，木氏力量到达德钦北部的阿东村，1526年到达滇藏交界处的必鲁各寨（碧用工村）和盐井你那寨（现芒康县盐井）。因此，木氏土司进入盐井的时间为1526年（潘发生持同样的观点）④，但是当年是否已经完全占领盐井却不得而知。此后，木氏土司进入康区并不顺利，从1526年到达盐井，却到嘉靖二十七年（1548年）才进攻毛佉各（芒康），用时达22年，其中的因素可能有很多，不过木氏土司遇到了强大的对手进行抵抗是主要因素。

"（1568年至1639年）云南丽江土知府纳西族木氏土司攻占巴塘，并派一大臣驻扎巴塘，以巴塘为中心建立得荣麦那（得荣）、日雨中咱（中咱）、察哇打米（盐井）、宗岩中咱（宗岩）、刀许（波柯）等五个宗（相当于县）进行统治。"⑤ 也就是说从木氏土司进入盐井，再到控制巴塘一带，用了近40年的时间，可以看出木氏土司占领该地区并非易事。同理，按照上述的推断，木氏土司统治盐井的时间就不止71年，而是110多年。

此外，木氏土司北扩最有可能的原因是出于资源的控制，这些资源极有可能是盐和金矿。金沙江流域，自古以来黄金矿藏资源丰富，较早有开发记载。例如《蛮书》载："金出丽水（即金沙江）盛沙淘汰取之。"明代有"古丽水，以其江产黄金，故名金沙。"⑥ 这些信息表明，木氏土司北扩除了在政治上有战略意义而外，其对经济利益的追求也是推动军事进行扩充疆域的重要因

---

① 《木氏宦谱（甲种本）》，见郭大烈卷主编《中国少数民族大辞典（纳西族卷）》，广西民族出版社2002年版，第543～544页。
② 《木氏宦谱（甲种本）》，见郭大烈卷主编《中国少数民族大辞典（纳西族卷）》，广西民族出版社2002年版，第544页。
③ 参见潘发生著《揭开滇川藏三角区历史文化之谜》，云南民族出版社2008年版，第129～130页。
④ 参见潘发生著《揭开滇川藏三角区历史文化之谜》，云南民族出版社2008年版，第128～129页。
⑤ 四川省巴塘县志编纂委员会编纂：《巴塘县志》，四川民族出版社1993年版，第54页。
⑥ 张机：《北金沙江源流考》，见佟镇纂《康熙鹤庆府志》，云南白族自治州文化局1983年翻印，第222页。

素。有学者指出，木氏土司占领盐井很大程度上就是为了盐，"（木氏土司）到盐井并非是从那里继续北上，主要目的是控制那里的盐。盐井的盐是迪庆藏族聚居区、西藏昌都地区、四川甘孜州康南以及更远地区的藏族的生活必需品。木氏认为，只要控制了盐井，在一定程度上就会更有利于对上述地区的统治"①。

按照段鹏瑞记载"今传盐井为么些（音梭）王所开"②，那么木氏土司攻打盐井之后，大量开办盐田是极有可能的，因为盐税也可为木氏土司带来一笔不小的财富。

二、木氏土司与盐井晒盐技术略述

木氏土司进入盐井之后，引发了当地社会管理制度和盐业生产技术的变化，其中盐业生产技术的变化较明显，而这一变化和木氏土司进入盐井有直接关系。

在木氏土司进入盐井之前，居住在这里的藏族人（此前有可能是"怛人"）极有可能已经懂得用炭取法获取食盐。但是纳西族先民进入盐井的时间在明代后期还是更早，还需进一步考证。例如，张增祺认为："摩沙夷最先是由澜沧江河谷进入滇西北地区，然后才逐渐向丽江、盐源一带扩展。"③ 这一说法认为纳西族先民是自北向南迁移，即纳西族的先民起源于澜沧江上游地区。

纳西族的先民早在《华阳国志·蜀志》载有："（定筰）县，渡泸水。宾刚徼，（曰）摩沙夷，有盐池，汉末，夷为锢之。"唐之前称为"摩沙"。"么些"通"末些"、"摩沙"，唐代《蛮书》记载："磨蛮，亦乌蛮种类也，铁桥上下有大婆、小婆、三探览、昆池等川，皆其所居之地也。土多牛羊，一家即有羊群。"④ 这个时期的纳西族主要分布在丽江及北部地区。《云南志略》进一步谈到"末些蛮在大理北，与吐蕃接界"，在大理北与吐蕃接壤，应该在金沙江东岸的丽江以北一带；清代《维西见闻纪》记载"末些，元籍丽江"。但是，学界还是比较认同纳西族的族源来自盐源一带。

长期以来，人们基本上认为，跟随木氏土司进入盐井的家丁之后代不断繁衍，成为今天生活在这里的纳西族。也有学者认为，木氏土司进入盐井之前，

---

① 杨嘉铭、阿戎：《明季丽江木氏土司统治势力向藏族聚居区扩张始末及其纳西族遗民踪迹概溯》，见政协四川省甘孜藏族自治州委员会编《甘孜州文史资料（第18辑）》，2000年刊印，第235页。
② 段鹏瑞：《巴塘盐井乡土志》，国家图书馆宣统二年（1910年）铅印本，第13页。
③ 张增祺著：《中国西南民族考古》，云南人民出版社1990年版，第84页。
④ 樊绰撰：《蛮书》，向达校注，中华书局1962年版，第96页。

如唐、宋、元时期，当时也有一些麽些人因两族之间的贸易关系从云南进入盐井，但人数可能不多，对当地的民族构成影响不大，长期定居下来者亦不会太多。从清末盐井麽些话与丽江麽些语基本可通、语音相近的情况看，可以认为盐井麽些人基本上是明代迁徙者的后裔，《盐井乡土志》的有关记载是可信的。① 对于木氏土司进入盐井之前就可能有少量的纳西族进入盐井这一说法，显然没有可靠的文献依据。仅依靠盐井和德钦两地临近，随着贸易得到发展，从丽江来的纳西族应该有一部分人经德钦进入盐井，但显然数量不会太多。遗憾的是，这一观点一直未能找到相关的文献材料加以佐证。此外，在明代之前也没有文献能直接证明有纳西族从丽江到达盐井。

从丽江木氏土司北扩的路线和如今纳西族在滇西北一带的分布来看，二者之间似乎有吻合之处。当时木氏土司选择的路线，基本上是沿着澜沧江或金沙江北上进入芒康、巴塘、理塘等地。《滇云历年传》记载："丽江土府，元明时俱资以障蔽蒙番，后日渐强盛，于金沙江外则中甸、里塘、巴塘等处，江内则喇普、处旧、阿墩子等处，直至江卡拉、三巴、东卡。"② 说明当时的木府已经将势力扩大到德钦、芒康一带。《维西见闻纪》记载："率麽些兵攻之，吐蕃建碉数百座以御，而维西之六村、喇普、其宗皆要害，拒守尤固。木氏以巨木作碓，系以击碉，碉悉崩，遂取各要害地，屠其民而徙麽些戍焉。自奔子栏以北，番人惧，皆降。于是，自维西及中甸，并现隶四川、巴塘、里塘，木氏皆有之，收其赋税，而以内附上闻。"③ 木氏土司的进攻路线上，现在基本上都有纳西族居住着，如维西的叶枝、德钦的燕门乡、佛山乡等处均有分布。文献还表明，木氏土司从维西一直向前进攻至德钦、盐井等地，所到之处无不"屠其民而徙麽些戍焉"。所以纳西族到盐井后，平时是木氏土司的农奴，要开田造地，修房筑屋；战时则为木氏土司的士兵，要驻守关隘，驰骋疆场。④ 木氏土司所采用的这一方式和盐井当地的百姓所言一致，其中一位客车司机（德钦开往盐井）鲁茸德吉说道：

> 我们这边⑤沿江都是纳西族，听爷爷奶奶说是木天王进来的时候占领一个地方就派几个家丁守住这里。我们这里也是这样，他们不但占领了有利的地形，还把那些好的地通通霸占了。我们被赶到了山上，在那里我们只能种青稞，海拔又高，反正是种不了什么的。而且木天王来了还要求这

---

① 参见赵心愚著《赵心愚纳西学论集》，民族出版社2010年版，第167～174页。
② 方国瑜主编：《云南史料丛刊·第11卷》，云南大学出版社2001年版，第77页。
③ 余庆远：《维西见闻纪》，载《大理行记及其他五种》，商务印书馆1936年版，第1页。
④ 参见芒康县地方志编纂委员会编《芒康县志》，巴蜀书社2008年版，第266页。
⑤ 指的是云南省德钦县佛山乡的区域。

里原来居住的藏族跟他们姓。所以现在气候好、土地好、地又平一点的地方都是纳西族住的地方，高山上住的是藏族。我们的祖辈是丽江人，好久以前木天王从丽江出发去拉萨，路上经过了维西、德钦来到盐井，一路上都安排自己人（家丁）留下来，那个时候留下来的纳西族应该很少，但是因为要归木天王所管，因此大家都跟着变成了纳西族。①

以上信息反映了木氏土司进入滇西北一带目的很明确——占领这一区域，获取资源，因此常常是垄断资源，占有良田，派家丁控制农业、工业生产。对农业进行控制的现象在盐井是比较明显的，纳西村所在的区域，土地面积最广，地势最平坦，这里海拔低、气候适宜，分布在澜沧江河谷地带，成熟期早，适合农业的发展。对工业的控制，主要是控制盐井的盐田和理塘一带的金矿。

此外，现在盐井及澜沧江沿岸一带分布的纳西族不一定是木氏土司随从的后裔，极有可能是当时生活在这里的藏族在纳西族权力的压制下不得不改变原有的姓名和民族成分，很多当地民族看来是在这个时候变为纳西族的。

在盐井，当地的老人告诉笔者，江东岸的盐田很久以前是由木氏土司的家丁去晒盐，而江的西岸是由木氏土司派的汉族官员去管理，所以两岸的晒盐有些区别。例如，江的西岸卤水是用桶挑，而江东则是靠背。因此，在他们看来，造成这种不同不一定是地势的原因，而是传统遗留下来的习惯而已。明崇祯十二年（1639年，藏历第十一绕迥土阴兔年），蒙古族和硕特部首领固始汗攻占江卡、盐井一带，摧毁了木氏土司在盐井、江卡长达130年的统治。这时，一部分纳西族逃回丽江，一部分留在盐井安家落户，同盐井的藏族一起生活。经过明、清两代，盐井的纳西族已与藏族自然融合，只是在文化、生活、习俗等方面还保留了一些既不同于丽江纳西族又有别于盐井藏族的特点。

根据九家村仁青顿珠和其他4位老人的说法，盐井的纳西族最早应该是居住在九家村。

> 以前，这里的纳西族只有九家村有，上面（纳西民族乡所在地）的下盐井村的纳西族应该是从这里上去的。当时上盐井和九家村总的有十五个大家庭（户的意思），罗松家是上盐井六家（户）中的一家。②

在另外一次访问中，仁青顿珠和邓增取平对笔者说道：

---

① 2013年9月盐田田野调查资料。
② 2013年9月，盐田田野调查资料，报道人：仁青顿珠，罗松、阿旺朗杰翻译。

卤水井，也就是上盐井村有一个，我们村有一个。这两个卤水井都很大，都是由很小的4个卤水井的卤水最后汇集到一个当中形成的。整个盐田很早之前就是归现在九家村的4个家庭所有，后来才慢慢变成9家的。这4家如果要算历史的话就是仁青顿珠一家、邓增取平一家、达瓦一家、珠吉一家。那样算起来，这边（东岸）的盐田原来就是归九家村所有。后来上盐井、下盐井两个村的盐田都是因为不断的变化，重新分给他们的。变化比较大就算人民公社开始的1959年左右，田地基本上都重新分（配）了。①

将上述两个信息综合起来分析，可知很早以前上盐井村只有十来户，其中有4户是纳西族，而且这4户纳西族掌握了东岸的盐田和卤水资源。后来增加到16户，到目前仅九家村（自然村）已经增加到11户，上盐井村的6户增加到260多户。木氏土司进入盐井后首先做的一件事情就是牢牢抓住盐税，并派自己的亲信负责盐业的生产。因此，最早负责产盐的人家和木氏土司有直接的关系，而且目前九家村是祭拜纳西族传统文化"那怕"仪式较为浓厚的村寨，几位老人一再强调，他们的祖宗是从丽江来的，仁青顿珠的父母这一辈还能讲纳西族语。从这些信息中可以看出，最早留在盐井的纳西族人家为数不多，应该不超过10户，后来才慢慢发展成为200多户、1100多人的纳西族人家。同时还要强调的是，这1100多人的纳西族，在一定程度上并不一定是真正纳西族的后代，极有可能是上户口的时候所填的民族为纳西族而已，政府在统计该数据的时候，仅以户口反映的民族信息为主，未能一一加以佐证。纳西村的扎西央宗就是一个例子，她的父母都是藏族，但是她的户口本上写的就是纳西族，她说自己也不知道是怎么回事，后来才知道是父母没有文化，填报户口时被上户口的人填了纳西族。因此，在盐井户口是纳西族却不会讲纳西语的人挺多。

从现在盐田的分布和纳西族的分布来看，似乎存在巧合的关系。盐井的纳西族分布在东岸，而藏族在西岸。有纳西族分布的东岸地势平坦，可耕的土地面积广，人口集中且靠近盐田。以九家村为例，盐田离村子不过半公里，这个村子原来只有9家，因此叫九家村。全村都是纳西族，现在还保持着传统的东巴仪式——那怕。在村里调查的时候，老人还特意强调，原来的盐田和卤水井都是九家村的，后来民国初期还是由九家村来收取盐税。

盐井的盐田应该是在木氏土司手中改成晒盐法制盐的。而导致盐井的盐业从吐蕃时期的炭取法变成晒盐法，关键在于盐井长期采用炭取法制盐，消耗了

---

① 2013年9月，盐田田野调查资料，报道人：仁青顿珠，罗松、阿旺朗杰翻译。

大量的柴薪。木氏土司进入之后。一是由于钻井技术的发展产生变革，二是在康区占领的地盘扩大以后，对盐的需求导致原来小规模制盐技术无法满足消费，三是柴薪的大量消耗，促使不再适合继续采用传统方法制盐。因此，纳西族大规模进入盐井的时间应当在木氏土司北扩时期。

那么，纳西族进入盐井所带去的晒盐技术是从哪里来的呢？从掌握的资料来看，从木氏土司历代控制的区域内，难以找到直接证据表明纳西族掌握晒盐法；就文献来看，木氏土司管辖区域内的制盐技术主要以煎煮法为主。但是有一个现象值得注意：前面的内容中已经论述到，晒盐法于明代之后在长芦和两广推广，那么盐井当地的民族在明代之前就掌握晒盐技术的可能性不大，而木氏土司（纳西族）掌握晒盐法的可能性则较大。那么，纳西土司是如何掌握晒盐技术的，笔者认为其途径可能有三种。

（1）向中原学习文化知识，以此掌握晒盐技术。从文献中可以发现，木氏土司重视本族吸收中原文化。木增在《云薖淡墨》中写道："犹幸先大夫庆云光覆之下，得延鳞群孝廉望先生于塾。先生宏博君子也，课甚严，凡六艺之书及外家之语，靡不耳提面命。""六艺之书"和"耳提面命"表明木氏土司有向中原的大家学习各种知识并虚心接受的传统，这些书籍涉及的内容丰富，是否包括相关的制盐技术，有待佐证。

（2）通过书籍载体学到晒盐技术。木氏土司非常重视子女的教育，《明史·土司传》所载："知诗书，好礼守仪，以丽江木氏为首"①，为了便于子女对文化知识的学习，木氏土司经过数代人的经营，在木氏土府的左侧盖起了藏书颇为丰富的"万卷楼"，以满足子女阅读大量的书籍，尽管其书目无据可查，但可以推断包括天文、地理、史学、医学、动植物学等。② 在《慰我记之》中有"鹤溪南去雨经秋，今日人回解我忧……珍重此书来万里，数教鬼使好收留"③的诗句，正是表达了木公派人从千里迢迢之外购回书籍的急切心情。从《木氏宦谱》的流芳百世，再到收集各种书籍，无不表明纳西族对文化的重视，显然一旦书籍中记载有关中原的制盐法，定会引起重视，并加以学习。

（3）土司在进贡的过程中学会晒盐技术。《木氏宦谱》中记载木氏土司14位当中就有12位曾亲自赴京进贡，进贡次数达19次之多。④明王朝在1421年迁都北京之后，依然有5次以上的进京进贡记载，而长芦晒盐盐场离北京不

---

① 张廷玉等撰：《明史》卷三一四，中华书局1974年版，第8100页。
② 参见余海波、余嘉华著《木氏土司与丽江·大观书屋插图珍藏本》，云南民族出版社2002年版，第53～54页。
③ 《木氏宦谱·图谱》之《木氏宦谱序》（影印本），云南美术出版社2001年版，第93页
④ 参见余海波《明代丽江纳西族木氏土司的发展策略》，载《中央民族大学学报》1999年第3期。

远，木氏土司可能在进京的过程中了解到晒盐的技术也是有可能的。《长芦盐法议略》记载："（长芦）晒盐之法，近海予掘土沟，以待潮入，沟旁坚筑晒池九层或七层，自高递下，潮退，两人绳系柳斗戽沟中咸水入第一层池中，注满晒之。然后放入第二池，则又灌首池，使满，次第放至末池。"① 长芦筑盐池七到九层盐池，这和盐井极为相似，盐井的晒盐方式从长芦传播而来，也是有可能的。

三、木氏土司盐井的管理与税收

从现有的历史资料进行推测，木氏土司北进到达盐井后，利用纳西族子民的开田技术，在这里开办盐田。张玉林在巴塘的调查材料中反映："丽江土知府曾向巴塘一带大量移民。这些移民，平时是木氏农奴，为其开田造地；战时则是士兵，驻守碉楼。……纳西人善于修沟造田，打墙建屋，种植水稻。巴塘东南区的大片梯田即在纳西族人带动下开出的。"② 这表明纳西族的农业技术是较为发达的。段鹏瑞的《巴塘盐井乡土志》记载："考余庆远维西闻见录序载，明万历间丽江土知府木氏浸强，当以么些兵攻吐蕃，吐蕃降木氏遂屠其民而徙，其么些兵以成之，故其时巴塘理塘皆为木氏有，盐井为巴塘之瓯脱。"③ 因此，可以进一步推测盐井的盐业技术有可能是纳西族跟随木氏土司进入盐井带入的。需要强调的是：木氏土司给盐井带去了晒盐技术，但并非发现了盐泉和开办盐业。从明代以前盐井有人类活动来看，盐井发现自然卤水、进行小规模制盐的时间可向前推移至吐蕃时期，甚至更早。

有关木氏土司进入盐井后对盐田的管理和税收情况，无直接文献记载，现在结合田野调查做些推断。在木氏土司的管理体系中，"木瓜"是常见的管理体制，杨福泉认为，这是木氏土司进入巴塘、理塘、迪庆、盐井等地以后采用的一种不破坏原有社会结构的管理方法④，一定程度上是由纳西族来控制地方社会的一种方式。"木瓜"可翻译为"兵管"，即进行军事管理的官员。这种制度是否和木氏土司北扩有关系，现在还不能明确，在《维西见闻录》中对北扩时期的情况进行了描述：

> 万历间，丽江土知府木氏浸强，日率么些兵攻吐蕃地，吐蕃建碉数百座以御之。维西之六村、喇普、其宗皆要害，拒守尤固，木氏以巨木作

---

① 见《清朝续文献通考》卷37《征榷九》，第7902页。着重符号，为笔者所加。
② 张玉林：《巴塘历史沿革慢述》，载《康定民族师专学报》1990年第1期。
③ 段鹏瑞：《巴塘盐井乡土志》，国家图书馆宣统二年（1910年）铅印本，第1页。
④ 参见杨福泉著《纳西族和藏族历史关系研究》，民族出版社2005年版，第112页。

雄，系以击碉，碉悉崩，遂取各要害地，屠其民而徙么些戍焉。自奔子阑以北，番人惧，皆降。于是自维西及中甸，并现隶四川之巴塘、里塘，木氏皆有之。收其赋税，而以内附上闻。①

上述内容提到了木氏土司先是"屠其民"然后再派"么些"驻守，可以看出驻守的士兵的确是纳西族，多数是木氏土司的亲信或是家丁。"收其赋税"则表明，税收成为其管理地方社会的一项政治和经济举措。有学者提到木氏土司的管理体系包括总管、把事、胡阿瓜、谋瓜四个层次的军事管理人员。② 但是，并非木氏土司所有的管辖区都能形成四级管理体系，也可以是一到两级的管理制度。此外，学者普遍认为，木氏土司北扩时期，也是纳西族大规模移民的阶段。③ 格勒认为，1954年民族识别调查时甘孜州境内有纳西族至少5000户的说法一点不过分。④ 在盐井调查的时候当地老人告诉笔者：

盐井的盐水是达美拥给的，但是进行具体管理的是地方的头人叫东阿甲布，也就是"王"的意思，他招的手下全部都是汉族，所以两边的晒盐还是不一样，像加达用挑，江这边（东岸）是背。当时，纳西村这边的盐田就是由纳西族自己来管理，干活的也是纳西族人。这个头人从德钦过来一直到新德里，路上都有他的遗址，也就是碉堡嘛。也就是他住的地方都留有他的人。这一路上有360个部落都是由他来管。⑤

上述老人的叙述，可以理解为澜沧江的西岸是纳西土司派人去管理，但是东岸的盐田则是纳西族自己进行管理，甚至直接参与到晒盐中。"守兵"还承担了收税的职责，从推理上说这有一定的可能性。盐井东岸和西岸分别产盐，但是，西岸和东岸之间被天然的澜沧江隔开，从早期的交通工具来看，主要是溜索，而牛皮船出现的时间不会太早，且受季节性影响较大。因此，木氏土司占领的主要位置是东岸，则从东岸到西岸要利用溜索才能通过，而且早期的溜索仅仅是用竹篾编制而成，使用的年限较短，人或牲畜从上面溜过去很危险，那样会给木氏土司的管理带来很大麻烦，于是在西岸派官员监督盐业生产、收税最为妥当，仅需一年当中选择水位最低的寒冬腊月，将盐税运往东岸即可。

此外值得注意的是，木氏土司与西藏喇嘛教之间长期保持来往。木氏土司

---

① 余庆远：《维西见闻纪》，见《大理行记及其他五种》，商务印书馆1936年版，第1页。
② 参见杨福泉《纳西族和藏族历史关系研究》，民族出版社2005年版，第114页。
③ 参见赵心愚著《纳西族与藏族关系史》，四川人民出版社2004年版，第256页。
④ 参见格勒著《甘孜藏族自治州史话》，四川民族出版社1984年版，第14页。
⑤ 2013年10月，盐井田野调查资料，报道人：下关，罗松翻译。

占领康区的巴塘、理塘、盐井等地后，推动木氏土司进一步思考如何管理康区。木氏土司深知康区具有政教合一的文化特点，故可利用宗教头领来加强康区的管理。16世纪末，木氏土司占领的康区黄教势力逐渐强大起来，其中以理塘寺的建立为标志，而且在三世达赖喇嘛索南嘉措筹备建理塘寺的时候，木氏土司发挥了积极的作用。"铁龙年（1580年），达赖喇嘛举行仪式隆重欢度新年。丽江萨当杰布（木土司）征调乌拉，召集工匠，于五月二十日开始兴建理塘寺。"① 因此，木氏土司借宗教的力量来管理康区，当是其管理地方的手段之一。

第二节　巴塘土司与盐井税收

　　土司制度，自元明以来成为中央王朝管理西南边疆少数民族部落群体的一种策略，这和当时朝廷对边疆地区的统治鞭长莫及是有关系的。因此，中央王朝多利用当地的土官来管理地方社会，这实质上是一种间接的统治方式，长期以来被学者称为是一种无为而治的统治方式。

　　土司制度的思想基础是"因俗而治"。《礼记·王制》中说："广谷大川异制，民生其间者异俗，刚柔轻重迟速异齐，五味异和，器械异制，衣服异宜。修其教，不易其俗，齐其政，不易其宜。中国戎夷，五方之民，皆有性也，不可推移。"② 汉武帝时期，实行"边郡"政策，任用当地民族首领，"以其故俗制，毋赋税"③，就是对"因俗而治"思想的发展；其后，不同时代的统治者极力推行"因俗而治"的统治思想，直至清朝顺治二年（1645年）间对少数民族地区进行招抚时，仍在提"一切政治，悉因其俗"④。因此，土司制度是一种中央王朝在"天下一统"思想下未能实现政治上的高度统一时而采用的柔性统治方式。

　　有学者指出："追溯中国政治体制由诸侯割据到大一统的中央王朝，在实现对中央王朝的集权统治孜孜追求过程中，基本的主线有两条：一是封建王朝内部不同政治集团之间激烈对抗的分封与郡县之争；二是对边缘地区统治上以'羁縻政策'为核心的'藩屏'制度的不断否定。前者旨在清理内忧，后者目

---

① 阿旺罗桑嘉措著：《三世、四世达赖喇嘛传》，陈庆英、马连龙译，全国图书馆文献所缩微制中心1992年版，第181页。
② 《礼记·王制》，崔高维校点，辽宁教育出版社2000年版，第44页。
③ 《史记·平准书》，中华书局1959年版，第1440页。
④ 《清世祖实录》卷15。

的是清除边患、固边稳疆。"① 任乃强指出："羁少数之渠率，控多数之人民，建置土司，实为长策。否则，非待移民已众，同化已深，终不能使边荒治权长臻稳固也。"② 他认为，土司制度是一种减少国家支出、尽量达到控制少部分人而达到对多数人的统治策略。明清以来，盐井长期处在土司制度的管辖之内，这种管理制度直至清末改土归流时期才得以结束，其影响深远。

一、巴塘土司源流

在西南地区，中央王朝采用土司制度进行地方管理是较为普遍的现象。宋代，巴塘在朝廷对藏族聚居区采取"归者收纳，乱者不讨"的放任政策下，仍为吐蕃管辖地域。南宋淳祐十二年（1252年），蒙古族以兀臣合台为先锋的西路大军征服南诏，西南各地归属，巴塘也在其列。有学者提出，藏族土司制度的形成与吐蕃王朝的解体不无关系，吐蕃时代的戍边大将和吐蕃王朝的王族和贵族后裔成为土司制度的重要来源。对西南③各地实行土司制度以施控制开始于元世祖忽必烈。1252年，忽必烈从北到南，率军消灭大理；所到之处其基本做法是：凡率部归降者，即授以官职，如宣慰使、宣抚使、安抚使、招抚司等。④ 采用土司制度实行对地方的管理，其根本原因在于"诸夷杂处，易动难训"，便"设立土官，各令统其所部夷人"⑤，其所征服的地方无以顾及，不能一一派人管理地方事务；而另一方面，其强大的政治野心又促使他不会轻易放弃对这些地区的管理，所以采用土司制，把西南各地正式纳入中央管辖的范围内。

元时1264年，忽必烈把昌都一带作为"三个却喀"中"朵堆人"的一部分，将管辖权交给大臣噶尔东赞之后裔八思巴，统治了整个康藏地区，德格土司开始授封。"至洛珠刀登时，洛珠刀登为林国勇士，有女美而才，林王求以为妃，得林王赐一日之耕地，遂有柯鹿洞至龚娅的河谷地带。"⑥ 这种对藏族聚居区实行"土官治土民"的土司制度使得当时的巴塘属吐蕃的都元帅府（今昌都县境内）及奔不招讨司管辖。⑦

明代土司制度从基本形式来看，是元代的延续。例如，在地方设置宣慰

---

① 马菁林著：《清末川边藏族聚居区改土归流考》，四川出版集团·巴蜀书社2004年版，第1页。
② 任乃强著：《康藏史地大纲》，西藏古籍出版社2000年版，第94页。
③ 这里的西南应包括原来民国时期的西康地区。
④ 参见马菁林著《清末川边藏族改土归流考》，四川出版集团·巴蜀书社2004年版，第12页。
⑤ 《明经世文编》卷119，杨一清《条处之云南夷疏》。
⑥ 贾宵锋：《藏族聚居区土司制度研究》，青海人民出版社2010年版，第78页。
⑦ 参见四川省巴塘县志编撰委员会编纂《巴塘县志》，四川民族出版社1993年版，第241页。

司；但是这只是形式，从实质来看，整体上明代的土司制度是唐代以来羁縻州府政策之内涵的发展。① 有学者认为：“羁縻制度之所以成为土司制度的制度基础，是因为土司制度的基本内容和治边思想完全继承了羁縻制度的内核，并在此基础上颤变为土司制度。”② 自明代开始，土司制度开始细分为文武两种职衔，文官隶属吏部，武官则隶属兵部。明代土司制度最为突出的特点是专门设置了有别于流官的土司职衔，品级自从三品的宣慰使到从九品的土巡检，规定详尽；同时，专为土官开设衙门，按不同的品级详细规定土司的权力、职责、义务等项。③

康熙三年（1664 年），西藏达赖喇嘛占领巴塘，并在康熙四十二年（1703 年）派第巴管理巴塘。巴塘土司的来源，据《巴塘县志》载：“康熙五十八年（1719 年）五月二十四日，蒙古准噶尔部入侵西藏，清廷派定西将军噶尔招进驻打箭炉，副将岳钟琪进军西藏途中抵达巴塘。巴塘第巴陀翁布率众来归，并随军招抚乍丫、察木多、洛隆宗等地。岳钟琪上奏清廷留陀翁布袭职，获'正土司'之称（俗称'大营官'），扎西次仁（第巴）获'副土司'之称（俗称'二营官'），管辖巴塘、得荣、盐井、中甸、阿敦子（德钦）等地。自此，巴塘为清朝直接控制。”④ 此时，巴塘才最终正式进入中原王朝的统治范围，建制上开始以清代在西南地区进行管辖的方式设置土司。

雍正四年（1726 年），钦差都统鄂尔泰、四川提督周玉瑛、内阁学士班第三人一同协商川、滇及西藏的划界。以南墩的归林际山梁（后来改为宁静山）山头的一块石头为界，以西归四川，以东归达赖喇嘛管理。但是，此时的分界，并没有以金沙江为界。第二年，川、滇分界，将巴塘原来所属的奔子楠（现在的德钦县奔子栏镇）、阿敦子（德钦县城升平镇）等处划归云南。⑤ 此后巴塘设粮务一员、驻防都司一员、专汛千总一员、分防竹巴笼汛外委一员，以上人员三年一换。此外设宣抚司和副土官各一员。

按照《卫藏通志》记载：巴塘正副土司共管辖"地方寨落 33 处，头人 39 名、百姓 6920 户，大小喇嘛 2110 众。按年上纳粮赋，承应差役，换运年闲"⑥。又"凡今巴塘、得荣、西藏的盐井三县和芒康的莽岭、竹巴龙、郭布

---

① 参见马菁林著《清末川边藏族聚居区改土归流考》，四川出版集团·巴蜀书社 2004 年版，第 14 页。

② 贾宵锋著：《藏族聚居区土司制度研究》，青海人民出版社 2010 年版，第 54 页。

③ 参见马菁林著《清末川边藏族聚居区改土归流考》，四川出版集团·巴蜀书社 2004 年版，第 15 页。

④ 四川省巴塘县志编纂委员会编纂：《巴塘县志》，四川人民出版社 1993 年版，第 9 页。

⑤ 参见《巴塘志略》和任乃强著《西康图经·境域篇》，新亚细亚会学，民国二十二年（1933 年），第 111～112 页。

⑥ 《西藏研究》编辑部：《西藏志·卫藏通志》，西藏人民出版社 1982 年版，第 519 页。

等地以及云南的中甸、阿墩子等地,皆属当时巴塘土司管辖"①。此时川、滇、藏亦未划界,盐井属巴塘土司管辖,委派协敖②一员。巴塘土司情况,在《四川通志》有记载:"巴塘宣抚司(正付③两员),外辖土百户七,今巴塘、得荣、义敦、盐井等地。"

《打箭炉厅志略》记载:巴塘土司"正负(副)各一员。驻牧巴塘。土民2063户。殆全属农民。康熙五十八年投诚。辖境旧时东北面促,西南广远。东理塘;北接德格;西接乍丫,包有贡觉、江卡、札夷(宜)、桑昂之地;南界包有中甸、阿敦子,与丽江沐土府连界。宁静山划界后,南境金沙江外,割归云南,是谓'滇边'。西南自宗崖盐井两村外改隶西藏,仍不失为川边一大土司,在百二十土司(打箭炉和协所领百二十土司)中最为富庶"④。巴塘土司管辖范围之广,基本上统领了川、滇、藏交界区的三角地带。

据《巴安府治图说》,"巴安府(现巴塘)东界三坝厅,南界云南中甸厅及若苴寺野番属,西界江卡,……西南界盐井县"。在盐井,巴塘土司沿袭原来的管理方式,委派协敖(主管税收、差役、民事)一员进行管理。该协敖冬天在盐井进行收税,夏天则回宗岩。协敖之下设土百户两名,一名驻宗岩,一名驻觉龙村,均为世袭职。

表5-1　历任巴塘正土司(大营官)⑤

姓　名	任职时间	备　　注
陀翁布	康熙五十八年至雍正三年四月	西藏管理巴塘之第巴,康熙五十八年五月赴营投诚,被岳钟琪正式封为大营官。雍正三年四月病故
扎西次仁	雍正三年五月至雍正三年九月	罗布阿旺之弟,原西藏管理巴塘之第巴,康熙五十八年五月投诚,被封为二营官,雍正三年五月补任大营官,九月病故

---

① 四川省巴塘县志编撰委员会编纂:《巴塘县志》,四川民族出版社1993年版,第241页。

② 引文中多次出现"协敖""协敩""协敖",均是同一个意思,即为土司之下的职位。为了全书的统一,对引文不做修改,其他地方出现时一律用"协敖"。

③ "正付"和下文的"正负"均为"正副"之意。

④ 西藏自治区社会科学院、四川省社会科学院编:《近代康藏重大事件史料选编》(第一编),《打箭炉厅志略》,西藏古籍出版社2001年版,第17页。

⑤ 四川省巴塘县志编撰委员会编纂:《巴塘县志》,四川民族出版社1993年版,第242~243页。该县志仅列出8位历任巴塘正土司,另外2位正土司由笔者所加。

续表 5-1

姓　名	任职时间	备　注
洛松堪朱①	雍正三年十月至雍正四年	因土司之子年幼，公推头人洛松堪朱继任，雍正五年将奔子栏等处划归云南，大营官随地移驻
扎西平错	雍正四年至乾隆十七年	罗布阿旺弟，巴塘副营官，雍正五年改补正营官，七年奉部议给宣抚司职，武阶从四品，雍正十年颁发印信
扎西翁吉	乾隆十七年至乾隆二十九年	扎西平错子，乾隆十九年颁发印信
公布吉村	乾隆二十九年至乾隆四十二年	扎西翁吉侄
彭错曲批	乾隆四十二年至乾隆四十九年	公布吉村之弟
居拉曲兄	乾隆四十九年至嘉庆十六年	彭错曲批之三弟
罗宗旺登	同治九年—（不详）	不详
罗进宝	（不详）—光绪三十一年	光绪三十一年因"凤全一案"被正法

《巴塘县志》记载，从康熙五十八年（1719 年）到嘉庆十六年（1811 年），巴塘历任正土司（大营官）有 8 位（见表 5-1）；从嘉庆十六年（1811 年）到光绪三十一年（1905 年），还有 3 位正土司任职。但是从相关文献中仅查到 2 人，一人为罗宗旺登，另一人为罗进宝。罗宗旺登于同治九年四月被委任正土司，史料载"巴塘花翎土合罗宗旺登、郭宗扎保均著，赏给四品顶戴"②。按照巴塘土司的职衔应为从四品，和宣抚司同级。但有关罗宗旺登的离职时间和原因则不得而知。而罗进宝任职时间不详，后因罗进宝和丁林寺为主谋、戕杀驻藏大臣凤全和随从 50 余人、引发震惊朝野的"巴塘事件"，最终被赵尔丰等所正法。罗进宝是末位巴塘土司，其被镇压象征着巴塘土司在巴塘势力的终结。此外，从康熙五十八年（1719 年）到光绪三十一年（1905 年）有 11 位副土司（二营官）（见表 5-2）负责管理，那样历任巴塘正副土司者共计 22 人。巴塘副土司郭宗扎保，也是因为参与了"巴塘事件"被赵尔丰等正法。

---

① 雍正五年（1727 年）川滇藏划界，将本来属于巴塘土司管辖的中甸、德钦、奔子栏 2818 户划归云南，于是巴塘正土司因划界移驻中甸洛松堪朱移驻中甸，巴塘补副土司扎西彭错为正土司，大头人阿旺仁青为副土司。

② 中国第一历史档案馆编：《治朝上谕档》（第 20 册），广西师范大学出版社 1998 年版，第 84 页。

表 5-2　历任巴塘副土司（二营官）①

姓　名	任职时间	备　注
扎西次仁	康熙五十八年至雍正三年四月	西藏管理巴塘之第巴，康熙五十八年五月投城，罗布阿旺之弟
扎西彭错	雍正四年五月至雍正四年	罗布阿旺之弟
阿旺仁青	雍正四年至乾隆十五年	西藏土目，先赴巴塘土百户，雍正五年拨补副营官，雍正七年，奉委承继副土司，五阶从五品，十年颁发印信
斑鸠多吉	乾隆十五年至乾隆二十一年	阿旺仁青之子，乾隆十九年颁换印信
罗布	乾隆二十一年至乾隆二十八年	斑鸠多吉之子，乾隆二十八年因事削职
巴得马	乾隆二十八年至乾隆四十八年	阿旺仁青之子
赤列公布	乾隆四十九年至嘉靖六年	巴得马之子
泽望公布	嘉靖六年至嘉靖十一年	巴得马之子，嘉靖十一年并殒
四朗公布	嘉靖十一年至道光初	赤列公布之子
格桑斑鸠	道光初至同治九年	四郎公布之子，同治九年殁于地震
郭宗札保	同治九年至光绪三十一年	因二营官无嗣，以大营官札八吉村继之。光绪三十一年因"凤案"被正法

以上内容反映了历任土司均采取世袭制，第一任正土司陀翁布由西藏管理巴塘时期的第巴转变身份获得土司一职。

巴塘土司无论是正土司还是副土司，在其下都设涅巴（管家）一名。涅巴是土司的大管家，主要的任务和职责是代表土司管理土司辖区内的一切财政收入和处理内务。辖区内出现重要事务均由土司和涅巴协商解决，最终由涅巴代表土司执行。在涅巴之下设作涅一名，协助涅巴做事。作涅是土司的重要家臣，其任务是代表土司进行一切对外事务，一方面是接待来访的客人，另一方面是调解纠纷。涅巴和作涅的任职时间均为 3 年。

在土司制度之下还设有马本一职，其责任是管理士兵，是作为土司的军事官员参与的。此外，该职守还要镇守辖地，负责传送奏折，全面负责土司的外出安全，在其之下设甲本和觉本，相当于现在的连长和班长。总体来说，土司制度具有完整的机构设置，由正副土司、协厮、协格、涅巴、作涅、马本、觉

---

① 四川省巴塘县志编撰委员会编纂：《巴塘县志》，四川民族出版社 1993 年版，第 243 页。

本和各扎等职位构成制度的整个体系（见图5-1）。

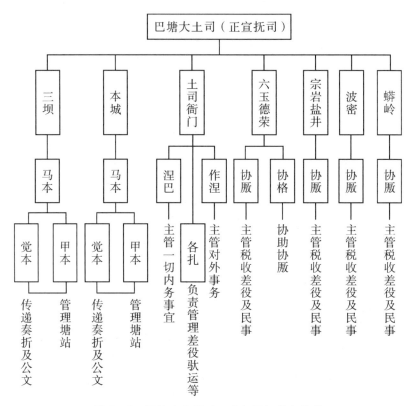

图5-1 巴塘大土司（正宣抚司）的机构①

巴塘正副土司之下，设涅巴（管家）1人、作涅（对外事务官）1人、后喜（又称为古曹或各扎）60名、马本（军官）3人、协敖（管民事）4人、协格（副协敖）2名、格布和麦色②若干名。此外，还有专任土司内勤事务的"郎约"若干人。各种职务都有明确的分工和任期。③

协敖成为土司管理各地的掌权者，拥有管理地方的实权，主要的职责是管理所属地区的一切税收、差役以及民事和百姓所要缴纳的年贡。本地区的协敖收齐后，统一向上交给土司，同时在土司允许的情况下，根据商定一部分留以自用。巴塘土司辖区内，除了西北地区的7个土百户直接归副土司管理外，其他各个区都是由正土司交给协敖来管理，再由协格来协助协敖的工作。巴塘土

---

① 四川省巴塘县志编撰委员会编纂：《巴塘县志》，四川民族出版社1993年版，第245页。
② 相当于乡长和村主任。
③ 参见四川省巴塘县志编撰委员会编纂《巴塘县志》，四川民族出版社1993年版，第244页。

司除了正常组织机构和人员外，还有机构外的附属人员，盐井属于这样的情形，在宗岩地区还设有 1 名卡纳，职责是守谷仓。正副土司和协尉还设有 4 个卡本来专门负责关税的征收。此外，正副土司手下还有 2 名背盐工，专门负责正副土司内务中的食盐供应。由此看来，盐是土司最为关切的物资。①

在土司和寺庙管理巴塘期间，封建统治意识强烈，以致民不聊生，土司苛捐杂税，重复收税的现象较为普遍。宣统元年（1909 年）的一份奏折中写道："川边巴塘、里塘、乡城等处，向归土司管辖，地亩均由土司发给，不准民间买卖，赋敛繁苛，民不堪命；百姓耕种地亩，其收粮之法，轻重不一，有分租、纳租之别。此外尚有银差，每年或纳一、二次，多至三次。又如牛羊肉及皮张、乳酥等项，钉头木屑，尺丝寸缕，诛求无餍。其供役则又有马差、牛差、步差等名目。"②

巴塘土司在管理当地社会时，无论在政治上还是在军事上都享有最高的行政权，拥有绝对的土地所有权，通过租地获得大量的租金。土司一般将土地分为三个部分，即"自营庄园地，由农奴提供无偿劳役耕种；分给头人和寺庙的领地；农奴的份地。例如，甘孜麻书土司占有如西村全部土地 8900 多亩，以 1140 亩作为自营庄园地，以 2268 亩分给属下头人，其余 5000 多亩用作农奴的份地。头人向土司领有土地和农奴，世代相承，对土司承担纳税当差义务。头人又将领地分为自营庄园地和农奴份地两部分"③。农奴因自己的生活离不开土地，而土地被土司牢牢掌握，因而土地成为束缚农奴的枷锁。土司利用其职权，往往"土民地土听土官安插，给牛、种、盔甲、房屋，充士兵，当差听调"④。从用途上看，"西康土地有二：一耕地，一牧地。番人称耕地曰绒壩，称牧地曰牛厂，耕地少而牧地多，皆为土司、呼图克图（活佛）所有，并无买卖，而土司世代相承"⑤。

土司制度在法律方面也有其特殊性，"土司的法律完全是维护农奴主统治、反映农奴主意志的。反抗土司、抗服劳役、拒纳贡赋、拖欠债务，等等，都要受到严厉的惩处，如斩首、挖眼、鞭笞、吊打、监禁、抄家、发配。此外，如盗劫、诬陷、奸淫、渎神、辱僧等，亦须处以重刑"⑥。通过酷刑，逼农奴就范。

---

① 参见四川省巴塘县志编撰委员会编纂《巴塘县志》，四川民族出版社 1993 年版，第 245 页。
② 四川省民族研究所、《清末川滇边务档案史料》编辑组编：《清末川滇边务档案史料（中册）》，中华书局 1989 年版，第 465～466 页。
③ 都淦：《四川藏族地区土司制度概述》，载《西藏研究》1981 年第 1 期。
④ 乾隆《稚州府志》卷 11。
⑤ 付嵩炑：《西康建省记》，中华印刷公司 1932 年版，第 87 页。
⑥ 都淦：《四川藏族地区土司制度概述》，载《西藏研究》1981 年第 1 期。

巴塘的正副土司还拥有自己的庄园，这些庄园可以封赠土地给寺庙及大小头目做世袭领地。此外，巴塘土司对辖区内的管理，还对所属百姓进行分类，以形成不同等级的属民。常见的有六种①。

（1）差巴，被称之为"当差的人"，仅在巴塘城区内就有80家，土司给予差地和房子，其任务是随时为土司支应差务。

（2）信巴，也叫佃户，他们仅依靠租用土司的土地为生，在盐井这样的情况比较多，各个寺庙都有自己的佃户。

（3）洛约，即长工，为土司提前约好要找的人，有一定的服务期限；与之对应的是有短工，叫洛得，主要做一些手工、砍柴及其他零时性活计。

（4）车约，即土司的终身奴仆。

（5）莫羌，即乞讨者、流浪者。

（6）却慢陶约，专门为寺院背水扫地的人。

百姓除了身份地位不同之外，还要上粮交税，承担各种来自土司和寺庙的乌拉和差役。各种类型的差役分为内差和外差，前者服务于土司头人、封建领主、喇嘛寺，后者服务于官府和地方官员。内差主要有人差、牛差、马差、兵差、率差、然差、麻差、夏差、共埃差、嫁稿差、临时差、杂差等十余种，外差有乌拉差、汤役差、打役差、速粪差、懒差、杂差6种。②

由此可见，土司制度内部所形成的政治制度，牢牢地控制了当地社会的政治权利和经济命脉，这一点也是理解封建农奴制的基础。

二、盐井僧权对盐税的控制

寺庙在藏族社会中承担了多种功能，不仅是宗教文化的传播中心、知识的传授和仪式场所，还具备了政治（僧权）和经济的双重功能，但是其经济功能往往容易被忽视。

滇西北一带的寺院都有兼营商业的传统。康区的"喇嘛寺是一个经济的团体。他们资财的来源，大半因宗教关系而从募化或布施中得来。主持寺务的喇嘛，负有发展全寺生活前途的责任。所以这些所募施得来的钱财，正是用以营利的资本，经商、利贷不断地进行。于是，一方的喇嘛寺，利用其人力、财力集中的特点，与其在宗教上之崇高，往往具有一地方的经济权威"③。在康

---

① 参见四川省巴塘县志编撰委员会编纂《巴塘县志》，四川民族出版社1993年版，第247页。
② 各种内差和外差的具体职责，见四川省巴塘县志编撰委员会编纂《巴塘县志》，四川民族出版社1993年版，第248～249页。
③ 佚名：《治理康区意见书》，见赵心愚、秦和平、王川编《康区藏族社会珍稀资料辑要》（上），巴蜀书社2006年版，第325页，作者疑是曾任雅江、理塘等县县长的张朝鉴及曹良璧。

区，为了能保证寺院本身在当地享有各种政治、军事等方面的权力，无疑寺院必然要选择一定的靠山，其首选是当地有政治权力的人物。明清以来，盐井一直处在寺院和土司的双重管理之下。这里的寺院一般和土司紧密地联合起来，形成政教联盟制度。

寺院不是单纯进行宗教文化宣扬的场所，同时还是一个消费群体，却不是生产者，因此，寺院想方设法获得物质资料。其途径主要有：地租收入、各类税收、参与商业活动和宗教活动类收入。① 这为寺院提供一定的物质基础，使其在当地拥有较高的社会地位。

盐井处在澜沧江峡谷底部，看似地方狭小，但是宗教势力并不弱。清末，盐井东部有朔和寺、南康寺、阿札寺和纳噶寺4座寺庙，僧侣150余人。西部的寺庙更多，有腊翁寺、毕土寺、觉马寺、札宜寺、打金寺、甲乙衰寺、登都寺、益鲁寺8座寺庙，僧侣计580余人，其中，以腊翁寺的僧侣最多，达300余人。北部则有紫来寺、色竹寺2座寺庙，僧侣有30余人。中部有岗达寺、扎古寺、曲登寺、鸣吉寺4座寺庙，僧侣有110余人。

据《盐井县志》所载，仅盐井就有寺庙19座，僧侣共计1070余人。② 不仅如此，当时盐井存在三个教派（红教、黄教、黑教）并存的现象。在19座寺庙中，黄教（格鲁派）占12座，红教（宁玛派）占5座，黑教（苯教）占2座，可见，到清末黄教的势力占主导地位。从当地人口和僧人的比例来看，当时盐井有2057户、14231人，也就是说每14人当中有1人是僧侣，"故以男子而为喇嘛（僧人），女子而为觉魔（尼僧）"③的现象特别突出。在盐井，一家人如果有三男，则大儿子在家务农，二儿子外出做生意，三儿子出家到寺院。这样的现象比较普遍，以下简要介绍盐井的几所寺庙和喇嘛的情况。

表5-3 盐井出家人情况

自然村	户主	家庭人数	出家人数	去向	排行	出家原因
加达村	扎西玉珍	7	1（僧）	拉贡寺	最小	按习俗出家
加达村	斯朗珍玛	6	1（僧）	拉贡寺	最小	按习俗出家
加达村	卓玛曲宗	9	1（僧）	拉贡寺	老三	按习俗出家

---

① 参见李何春、李亚锋著《碧罗雪山两麓人民的生计模式》，中山大学出版社2013年版，第238~241页。
② 参见刘赞廷《盐井县志》，见《西藏府县志》，巴蜀书社1995年版，第387~388页。
③ 段鹏瑞：《巴塘盐井乡土志》，国家图书馆宣统二年（1910年）铅印本，第7页。

续表 5-3

自然村	户主	家庭人数	出家人数	去向	排行	出家原因
加达村	邓增取平	9	1（僧）	拉贡寺	老三	按习俗出家
上盐井	曲珍	7	1（僧）	岗达寺	最小	按习俗出家
上盐井	仁青顿珠	9	1（僧）	印度	最小	按习俗出家
上盐井	荣旺	5	1（僧）	岗达寺	最小	按习俗出家
上盐井	多吉	12	1（僧）	印度	老二	个人意愿
上盐井	白珠	6	3（天主教）	盐井天主教堂		从小信仰
上盐井	鲁仁弟	4	4（神父1人）	盐井天主教堂		从小信仰
觉龙村	边觉	8	1（僧）	岗达寺	老三	按习俗出家
			1（尼姑）		最小	
觉龙村	扎西顿珠	8	1（僧）	印度	老二	个人意愿
			1（僧）	岗达寺	老三	按习俗出家
觉龙村	旺秋	5	1（僧）	岗达寺	最小	按习俗出家

  在盐井改土归流之前，腊翁寺在当地势力最大，是改土归流时期发生"腊翁寺事件"的主角。有关腊翁寺的资料稀缺，《巴塘盐井乡土志》中记载："盐井属地之喇嘛寺，从前以河西之腊翁寺为冠，其寺大昭一（大昭谓正殿也），左右喇嘛坐静房舍大小一百四十余间，结构宏广，金碧灿璀，外布缭垣，俨若城堞。"该文献未指明腊翁寺修建的经过和时间，也未对腊翁寺的基本概况做些介绍，从中只能了解到腊翁寺在盐井的所有寺院当中属势力较大的寺庙。《盐井县志》对盐井腊翁寺的描述仅仅指出腊翁寺在盐井西部，有僧侣300余人，属黄教。从人数来看，此文献验证了段鹏瑞的描述，说明该寺势力庞大。因此从上述情况来看，要想准确知道腊翁寺修建的时间，唯恐很难。现在仅能从黄教这一信息入手，寻找有关该寺庙的蛛丝马迹。

  黄教即格鲁派，是藏传佛教中成立最晚的一个教派，系宗教改革家宗喀巴创立。"格鲁"系藏语音译，有善律或善规之意。明永乐七年（1409年），宗喀巴在拉萨东建起噶丹寺，该座寺庙的修建成功标志着格鲁派正式形成。明正统二年（1437年），出生于康区的宗喀巴弟子麦·喜饶桑布学经归来，在昌都建起了强巴林寺，也称昌都寺，成为康区第一座格鲁派寺院，他本人成为该寺的首任堪布。① 其后在不断发展过程中，强巴林寺成为统治地方的政治势力；麦·喜饶桑布圆寂后，由宗喀巴弟子沃贝多吉的门徒帕巴拉继任强巴林寺的堪布，后来成为清政府认可的帕巴拉呼图克图。到康熙五十八年（1719年），清廷还颁给帕巴拉印信，其内容为："阐讲黄教额尔德尼第巴诺门罕之印。"② 在帕巴拉呼图克图之下设立了拉让和拉基两大组织机构，分别管理地方行政事务和宗教事务。康区第一座格鲁派寺院的建立，表明格鲁派是这段时间传入昌都地区，那么，各地的格鲁派寺庙建寺时间应都在1437年之后。

明万历九年（1581年），三世达赖担任昌都黄教寺院强巴林寺第13任法嗣堪布后，到昌都各地讲经传法，于是格鲁派传入芒康，而且广建寺庙，逐渐取代了噶举派、萨迦派和宁玛派的许多寺庙，使之成为势力最大、寺庙最多的教派。③ 按照这一说法，格鲁派传入芒康县境内的时间在1581年之后。盐井东部的岗达寺，据内部资料记录，是在公元1602年由五世达赖派江勇松布创建，系黄教，是徐中乡门巴村江丁寺的母寺。盐井北部的小昌都寺位于现在的芒康县曲孜卡乡小昌都村，资料显示，该寺在600多年前由吉阿玛巴创建，系黄教，是苏荷寺的母寺。以资料记录的时间是2002年来推算，600多年前则应在公元1400年左右，这显然和格鲁派最早传入昌都地区的时间不相符，不可能早于强巴林寺的建寺时间，因此该信息有误。该寺的建寺时间应该和岗达寺的时间相差不大，在1602年左右。

照此推理，属于同一教派的盐井澜沧江西岸的腊翁寺建寺时间应该和岗达寺建寺时间相差不大。但是因历史文献的缺乏，无法确定具体时间。清末，腊翁寺拥有300余人的僧侣。赵尔丰在川边改土归流时，派王会同委员前去盐井收盐税，而该寺"规避差粮，形同化外。该处盐利久为该寺霸居"④。当地经济命脉被腊翁寺牢牢地把握在手中，控制盐税便成为其操控盐井的砝码。事件后来发展到边军和腊翁寺之间军事上的冲突，以边军获胜而平息事件。

腊翁寺被边军攻占以后，可谓元气大伤，大势已去，此后再也没有控制过盐井。新中国成立后慢慢恢复建寺，但是规模早已不能和当年相提并论。随着腊翁寺所在之处海拔高，人们觉得去到该寺需要徒步爬山三四个小时太费力，寺庙下方的山体又经常发生泥石流，于是在2000年之后，腊翁寺一再向政府

---

① 另一说法是麦·西饶桑布在藏历木鼠年即1444年创建了强巴林寺。但是，普遍认为强巴林寺是在1437年间所建。参见土观·罗桑却吉尼玛著、刘立千译注：《土观宗派源流：讲述一切宗派源流和教义善说晶镜史》，西藏人民出版社1984年版，第168页。
② 和宁：《西藏赋》，引自王献军《西藏政教合一制研究》，兰州大学出版社2004年版，第116页。
③ 参见芒康县地方志编纂委员会编《芒康县志》，巴蜀书社2008年版，第269页。
④ 四川省民族研究所、《清末川滇边务档案史料》编辑组编：《清末川滇边务档案史料（上册）》，中华书局1989年版，第103页。

申请搬迁。

三、政教联合及分税

　　盐对人类而言，是不可或缺的，因此长期以来，盐一直被统治者高度控制，对于任何权力，在其所属范围都不会轻易将盐的税收权拱手相让。"若干个世纪以来，中国政府把盐看作是国家财政收入的来源，在中国已经发现了提及12世纪征收盐税的文字。古代汉字'鹽'是一个由三个部分组成的象形文字。下面那个部分表示工具，左上是一位朝廷官员，右上是盐水。所以盐这个字本身就表示了国家对盐的控制。"①

　　藏族聚居区情况有些特殊，政教合一制度较为普遍。"整个藏族聚居区在长期的历史过程中形成了滋生于青藏高原土壤的政教合一制度……是地方行政制度和宗教势力相结合的产物。"②清代以来，被清政府认可的宗教派系成为地区的统治者，当时"昌都宗是高度政教合一的地区，政令皆出于强巴林寺。帕巴拉呼图克图为强巴林寺最高宗教领袖，也是昌都宗的最高行政首领和全宗土地、农奴的最高领有者"③。此后，黄教在康区的影响很长，而且长时期占据了统治地位，据"解放初期的一份调查统计表明，昌都地区共有宗教活动场所797处，僧尼43389人。其中苯教派90处，宁玛派212处，噶举派117处，萨迦派52处，格鲁派322处，伊斯兰教1处，天主教1处"④。可以看出，昌都地区各教派的庙宇林立及其势力之大。

　　寺庙在康区不仅仅是宗教的活动场所，而且还具备政治功能，这种影响力深入到整个地区。"土司在西康社会正与喇嘛寺并立为两大特殊阶级，喇嘛寺是以宗教信仰为基础，而于（与）社会发生密切的关系；土司以政治权力为基础，而与社会发生密切关系。喇嘛寺以其本身政治和经济的特质而间接支配社会，土司则本其固有政权而直接支配人民，一政一教以维持社会安宁。因其有相辅而成之点，故喇嘛寺与土司大部是能够融合的。"⑤巴塘土司和盐井的喇嘛寺在当地掌握了社会管理权和税收权，在赵尔丰进入盐井之前土司和当地的喇嘛寺形成政教联盟，协商管理地方事务。

　　至于税收，《巴塘志略·赋税》中记载："康熙五十八年（1719）巴塘投诚案内原管番民六千零五十四户。雍正五年（1727）拨归云南二千八百十八

---

① ［美］马克·科尔兰斯基著：《盐》，夏业良、丁伶青译，机械工业出版社2005年版，第9页。
② 李何春、李亚锋著：《碧罗雪山两麓人民的生计模式》，中山大学出版社2013年版，第227页。
③ 王献军著：《西藏政教合一制研究》，兰州大学出版社2004年版，第117页。
④ 土呷著：《西藏昌都历史文化研究文集》，中国藏学出版社2010年版，第57页。
⑤ 佚名：《治理康区意见书》，见赵心愚、秦和平、王川编《康区藏族社会珍稀资料缉要》（上），巴蜀书社2006年版，第347页。

户外,实存三千二百六十户。每年认纳马骡钱粮并土官头人喇嘛口粮银三千二百四十六两三钱七分,……以上巴塘、临卡石等处番民三千六百六十三户,总共贡赋折银三千四百四十五两七钱四分。内除:正土司养廉银四百零六两八钱七分九厘。……红白盐二百一十六石七斗五升二合。……副土司养廉银一百七十四两三钱八分一厘,……红白盐九十二石九斗。"① 从以上可知,盐税是土司税收的重要组成部分,而且土司所谓的养廉银几乎占据了所有的税收。

协敖是土司制度下为正副土司服务的重要地方管理者,"巴塘则设立宣抚使土司一、副土司一。所辖宗俄(即宗崖)协敖,兼管盐井"②。《盐井县纪要》记载:"盐井盐税在未征服时(指改土归流之前),由巴塘大二营官委二三员司抽取,每驮取两批,计汉量半升零。"当时盐井的盐税收主要掌握在土官、头人和喇嘛手中。具体收税的情况《盐井县纪要》载"盐井历归巴塘大二营官直辖,委协敖一,冬驻盐井,夏驻宗岩",接着说道"土百户二,一名吉村曲查,驻宗崖,一名琼觉,驻觉陇,均世袭职"。③ 由此看来,由协敖和土百户收取盐税。

百姓向巴塘土司所纳税收繁重,项目非常多。"清康熙五十八年(1719年),巴塘的税赋项目有蜂蜜、水银、麻布、红白盐等税,雍正五年(1727年),又增收马、骡、酥油等税。除此之外,巴塘百姓和寺庙佃户每年都要向土司喇嘛交纳猪、羊、牛、鸡、蛋、酥油、水果、菜蔬、缰绳、柴草等苛捐杂税。"④ 对于上层的苛捐杂税,百姓并非没有怨言,以下这首诗反映了他们的心声。

    盐酪刍粮奉土官,喇嘛也要索单衣。
    催输终岁无时歇,那得菩腾一觉安。
    传牌一纸促星邮,乌拉飞催不少休。
    明亮夫同汤打役,裹粮先去莫迟留。⑤

百姓不仅要给土官上交各种税收,连喇嘛也要来盘剥百姓,可想而知当地的百姓生活在水深火热当中。从巴塘在清康熙五十八年(1719年)正式纳入版图之后,巴塘土司开始收取包括蜂蜜、水银、麻布、红白盐等在内的多项税

---

① 西藏自治区社会科学院、四川省社会科学院编:《近代康藏重大事件史料汇编(第一篇 上)》,西藏古籍出版社2001年版,第165页。
② 段鹏瑞:《巴塘盐井乡土志》,国家图书馆宣统二年(1910年)铅印本,第1页。
③ 佚名:《盐井县纪要·土司世系》,载《边政》1931年第6期。
④ 四川省巴塘县志编纂委员会编纂:《巴塘县志》,四川民族出版社1993年版,第192页。
⑤ 钱召堂辑:《巴塘志略》,中央民族学院图书馆编,1978年版。

收。到了雍正五年（1727年），又增加了牛、羊、猪、鸡和蛋、酥油、水果、蔬菜、柴草等各种苛捐杂税。在盐井，没有资料直接证明当时的税收情况如何，但是从盐井长期归巴塘土司管辖来看，情况亦如此。

清末，有关盐井的税收和澜沧江西岸腊翁（贡）寺的关系有明确的记载。赵尔丰在盐井推行改土归流时，"该处盐利久为该寺（腊翁寺）霸居"①。《巴塘盐井乡土志·税课》记载："盐井，巴塘土司向派盐井协敖抽收盐税，均系青稞杂粮。土司每驮应收若干批，腾（腊）翁寺堪布应收若干批。从前巴塘粮务均经报四川藩司在案。"② 盐井所产的砂盐，凡要出售，每驮土司要收一部分的盐税，腊翁寺的堪布要收一部分税。

当时澜沧江西岸的腊翁寺可谓"既兼寺商，亦兼武僧，贩运私盐，久霸盐利，有了钱就购置武器装备，又有宗教的旗帜招摇，成为当地最大的地方势力"③。腊翁寺拥有这么大的势力，除了有后台之外，喇嘛人数成为腊翁寺拥有话语权的砝码，当时腊翁寺有僧侣300余人，据赵尔丰改土归流的《察木多改革章程》中"大寺喇嘛不过三百人，小寺喇嘛不过数十人"④ 的规定，腊翁寺已经属势力强大的寺庙了，章程的规定明显是在担心喇嘛寺的势力过于强大，扰乱社会秩序。巴塘土司在盐井东北方向的宗崖设一名协敖，盐井当地的盐税、租粮、差徭都要归协敖所管。

从巴塘土司和腊翁寺联手收税来看，盐业发展缓慢，无论是腊翁寺还是土司，对盐业的管理都滞后。因仅以收取税收为目的，盐业制度的完善和改革便无从谈起。

---

① 四川省民族研究所、《清末川滇边务档案史料》编辑组编：《清末川滇边务档案史料（上册）》，中华书局1989年版，第103页。
② 段鹏瑞：《巴塘盐井乡土志》，国家图书馆宣统二年（1910年）铅印本，第12页。
③ 马丽华著：《藏东红山脉》，中国社会科学出版社2002年版，第208页。
④ 《赵尔丰下发察木多改革章程三十二条》，见西藏昌都地区地方志编纂委员会编《昌都地区志（下册）》，方志出版社2005年版，第1327页。

第六章 赵尔丰改土归流对盐业的影响

清末，内忧外患，川、滇、藏交界区进入多事之秋，光绪三十一年（1905年）"巴塘事件"震惊朝野。为了寻求新的政治平衡点，清政府命赵尔丰全权处理危机，这对推动川边改土归流进程，结束盐井长期由僧（寺庙）俗（土司）共管局面，变更原来的隶属关系起到很大的作用。赵尔丰利用自己长期在盐运部门效力所积累的知识与经验①，采取"一石二鸟"的政策，通过改革盐井的盐营制度，带动地方经济，强化地方秩序，以达增加边务经费、保障改土归流之目的（本章将叙述这一动力学表现）。

第一节 盐井改土归流经过

一、清末川边改土归流的背景

马菁林在其《清末川边藏区改土归流考》一书中认为，清末川边藏族聚居区进行改土归流有三个方面的背景：列强环伺下的边疆危机、藏政糜烂与川边梗阻、清末新政的影响。② 应该说，前两个方面对推动川边改土归流起直接作用。

（一）列强环伺下的边疆危机

中国自第一次鸦片战争以来，可谓内忧外患，特别是在和沙俄几次签订不平等条约之后，陷入了领土被占领、经济受阻，制度上进入半殖民地半封建社会的紧张局面中。第一次鸦片战争后，英国和清政府签订了中国历史上第一个

---

① 参见柯劭忞等撰《赵尔丰传》，载《清史稿》（关内本）卷469，列传256。
② 参见马菁林著《清末川边藏区改土归流考》，四川出版集团·巴蜀书社2004年版，第84～132页。

不平等的条约——《南京条约》，其重要条款之一就是要求中国开放广州、福州、厦门、上海、宁波五处为通商口岸，实行自由贸易。其目的是打开中国的大门，使中国成为西方列强的商品倾销地，以达到进一步破坏中国经济结构的目的。"而后，美国和法国分别通过《中美望厦条约》和《中法黄埔条约》获准在华开放口岸建立教堂，为基督教重新进入中国打开了大门。"① 如此一来，对我国在陆路贸易造成直接威胁的俄国，公然不顾已经签订的《尼布楚条约》和《恰克图条约》主张殖民扩张的政策，提出撕毁条约，以获得和英美等西方国家同等的商业和领事权益。

道光二十四年（1844年），清政府与法国在广州黄埔签订了法国侵略中国的第一个不平等条约——《黄埔条约》，即《中法五口贸易章程》。该条约还给予法国人在"五口"建造礼拜教堂、墓地等权利，并规定中国政府承担保护的义务。条约签订后，法国得寸进尺，进一步强迫清政府取消对天主教的禁令。

清政府迫于无奈，于1858年6月13日和俄国订立了《中俄天津条约》，在第八条专门规定："天主教原为行善，嗣后中国于安分传教之人，当一体矜恤保护，不可欺侮凌虐，亦不可于安分之人禁其传习。若俄国人有由通商处所进内地传教者，领事官与内地沿边地方官按照定额，查验执照，果系良民，即行画押放行，以便稽查。"这项规定使得俄国东正教传教摆脱了《恰克图条约》和清朝禁教政策的束缚，为传教士进入中国提供了依据和保障。不仅如此，从《天津条约》开始，咸丰十年（1860年）到同治三年（1866年）的短短6年里，法国、德国、荷兰、西班牙、比利时、意大利相继和中国签订了不平等的条约，各国为了能加强侵略，都把保护传教士传教的条款列入了条约。

经过轮番的侵华战争，列强不仅把目标放在沿海一带，还逐渐把虎狼大口张向边疆各地，试图利用各种手段，特别是通过签订的不平等条约，获得在中国的领事裁判权、内河航行权、驻军权、传教权、海关管控权等权力，这为进一步侵略中国奠定了基础。中国的情况，如康有为在《强学会序》中所言："俄北瞰，英西睒，法南瞵，日东眈，处四强夺陈中而为中国，岌岌哉！"②

光绪二年（1876年），马加理在云南被杀，英国政府立即借机胁迫清政府订立《中英烟台条约》。这一由直隶总督李鸿章和英国签订的条约明确规定："现因英国酌议，约在明年派员由中国京师启行，前往遍历甘肃、青海一带地方，或由内地四川等处入藏以抵印度，为探访路程之意。所有应发护照，并知

---

① 肖玉秋：《〈中俄天津条约〉中关于俄国在华自由传教条款的订立与实施》，载《福建师范大学学报》2010年第5期。

② 陈永正编注：《康有为诗文选》，广东人民出版社1983年版，第469页。

会各处地方大吏暨驻藏大臣公文,届时当由总理衙门察酌情形,妥为办给。倘若所派之员不由此路行走,另由印度与西藏交界地方派员前往,俟中国接准英国大臣知会后,即行文驻藏大臣查度情形,派员妥为照料,并由总理衙门交给护照,以免阻碍。"① 这一规定,允许英国派人员进入西藏,使得英国梦寐以求进入西藏的机会到来。

(二) 川边危机

光绪二十九年(1903年)七月,"谕军机大臣等:有人奏川藏危急,请简员督办川边,因垦为屯,因商开矿"②,并要求当时的四川总督锡良前往查看情况后禀报朝廷。此后清廷越来越感觉到川边的危机,锡良认识到必须加强川边治理,于是奏设川滇边务大臣,在奏折中强调:"边事不理,川藏中梗,关系更大。征之前事,藏侵瞻对,川不能救;英兵入藏,川不闻战。藏危边乱,牵制全局者,皆边藏不治,道途中梗所致也。……臣等详筹,乘此改土归流,照宁夏、青海之例,先置川滇边务大臣驻扎巴塘练兵,以为西藏声援。整顿地方为后盾。川滇边藏息息相通,联为一致,一劳永逸,此西南之计也。如能可行,请旨部议复,再由臣等将设川滇边务大臣规则,详细缕陈,是否有当,伏祈圣鉴。"③ 此后又提出"如川边将来建省,以为改土归流之基"④。西藏和川西唇齿相依,列强进入西藏的目标造成中国西南的危机,"英国进入西藏是其图谋中国整体战略的一部分……是要在远东地区建立一个西起印度、东至中国长江流域的庞大势力范围。因此,在侵略中国的战略部署上,它采取了从中国东南沿海与西藏这一线的东西两端双管齐下,最终连成一片的进攻战略。这样便可以形成以英国在亚洲最大的殖民地印度为基地,到西藏、到四川、到长江流域、到东南沿海,并向侧翼展开,到缅甸、到云南、到两广的庞大的新的殖民地势力范围"⑤。

在1903年至1904年的一年里,英国利用各种手段,最终迫使西藏地方政府在未获得清政府同意的情况下和英国签订了《拉萨印藏条约》,西藏成为英国的势力范围,并形成了直逼川边之态势。"当时的形势是,英国要把西藏置

---

① 《清季外交史料有关云南事迹摘钞》,见方国瑜主编《云南史料丛刊·第10卷》,云南大学出版社2001年版,第229页。
② 吴丰培编:《清代藏事辑要(续编)》,西藏人民出版社1984年版,第167页。
③ 吴丰培编:《赵尔丰川边奏牍》,四川民族出版社1984年版,第44～45页。
④ 西藏自治区社会科学院、四川省社会科学院编:《近代康藏重大事件资料选编·第二编·上》,西藏古籍出版社2004年版,第6页。
⑤ 马菁林著:《清末川边藏族聚居区改土归流考》,四川出版集团·巴蜀书社2004年版,第71页。

于自己的统治之下,而西藏又想把川边地区置于自己的统治之下。而川边地区正处于西藏和四川的交界之处,包括瞻对、巴塘、理塘等地。这些地区都由土司管辖,时常发生叛乱,抢劫商人,杀害官员,阻碍交通。"① 清朝政府认识到川边梗阻极具隐患,是自己的一块软肋,于是在川边派驻藏大臣,进行改土归流。其做法是"置驻藏大臣以统前藏、后藏,而理喇嘛之事。乃正其官族,治其营寨,练其兵队,固其边隘,覆其财赋,平其刑罚,定其法制,以安唐古特(指西藏)"②。但是,事情远远超出了预想,凤全在巴塘进行大规模改土归流之际,他的治边策略,特别是限制喇嘛寺僧人数量的举动,已经触及当地喇嘛寺和头人的利益,为"凤全事件"埋下了伏笔。

(三)川边改土归流经过

总体来看,清末川边的改土归流经历了三个阶段。第一阶段是时任四川总督鹿传霖认识到川边的重要性,并试图进行川边改土归流。这一阶段从1889年开始,以1897年9月朝廷命令恭寿兼四川总督、宣告改土归流计划失败而结束。这个时期的朝廷对待改土归流的态度不坚定,内部又出现权力斗争,结果基本上没什么作为。

第二阶段是以锡良和凤全为代表的川边改土归流。光绪二十九年(1903年)七月,川督锡良、驻藏大臣有泰和驻藏帮办大臣桂霖三人于成都会商,建议朝廷在川滇之间的察木多(现昌都)添设大员,加强川边的军事力量。三大臣会商之后不久,桂霖因病解职,推进川边改土归流的重任落到了锡良身上。此时,朝廷做出反应"谕军机大臣等:有人奏川藏危急,请简员督办川边,因垦为屯,因商开矿等语,着锡良查看情形,妥筹具奏"③。同年十月,川都锡良奏请朝廷将打箭炉升格为直属厅,并请求在川边巴塘开垦,推进巴塘的农业发展,这为他在川边改土归流奠定基础。此外,有泰在亲赴察看川藏交界情形后与锡良奏请将驻藏帮办大臣的"阵地"移往察木多。光绪三十年(1904年)五月,朝廷委任凤全为驻藏帮办大臣,前往察木多任职。同年九月,皇帝上谕:"有人奏:'西藏情形危急,请经营四川各土司,并及时收回三瞻内属'等语。着锡良、有泰、凤全体察情形,妥筹具奏。"同年十月,已升任驻藏帮办大臣的凤全顺利抵达巴塘,接到朝廷下令收回"三瞻内属"后,凤全认为察木多土地贫瘠、物产单薄,不能作为行政驻地,巴塘地方社会不安定、盗匪四起,且又离瞻对较近,适合在此练兵驻防,于是奏请朝廷让他暂时

---

① 万朝林主编:《四川巡抚总督》,农村读物出版社2004年版,第293页。
② 光绪《清会典》,卷67。
③ 吴丰培编:《清代藏事辑要(续编)》,西藏人民出版社1984年版,第167页。

停驻巴塘，于是驻藏帮办大臣移驻察木多一事由此搁浅。

光绪三十年（1904年）十一月，凤全正式进驻巴塘，在巴塘粮员吴锡珍开办垦荒的基础上进一步发展农业。与此同时，他试图限制土司和喇嘛的权力，奏请朝廷限制土司和喇嘛的人数，规定喇嘛寺另建小寺，以此削弱大寺的势力。这些措施引发了当地土司和喇嘛寺的不满，这也成为"凤全事件"（又称"巴塘事件"）的导火线。

"光绪三十一年（1905年），滞留巴塘的驻藏大臣凤全及其随员50多人在巴塘鹦哥嘴被杀。① 这一事变直接导致了四川都督马维骐、建昌道尹赵尔丰进剿巴塘。"② 光绪三十一年（1905年），赵尔丰以炉边善后督办一职前往巴塘，起先仅是为了查清"凤全事件"的凶手，对康宁寺严惩不贷。后来赵尔丰在川边施政的想法得到了锡良的赏识，于是极力推举赵尔丰。光绪三十二年（1906年）六月，川边设边务大臣一职，由赵尔丰担任。至此，川边改土归流进入了新的阶段。"光绪三十四年（1908年）正月，赵尔丰奏准将巴塘土司革职或裁减，改成设置流官。同时，将巴塘改为巴安县，在盐井设置盐井县，同时归四川管辖。"③ 此时，改土归流已经深入到了盐井。此后赵尔丰从行政建制、经济、文化等方面不断推进三坝厅（义墩）、理化、定乡、稻城、贡嘎、雅江、康定、邓科、德格、白玉、察雅、得荣、宁静、贡觉、察隅等地的改土归流。④ 此为川边改土归流的第三个阶段，也是实施时间较长、影响较大的一个重要阶段。

二、僧俗之争："腊翁寺事件"及其影响

盐井地处川、滇、藏交界带，长期以来因盛产食盐而引发政治上的多次斗争。当地的僧权和俗权的斗争较为明显，其中发生在清末的"腊翁寺事件"最为典型。这次事件中，边军和腊翁寺各自利用手中的权力大动干戈，酿成流血事件。从事件的前因结果来看，清末川边推行改土归流是引发"腊翁寺事件"的主要原因，而"巴塘事件"是引发"腊翁寺事件"的间接原因，对当地盐利的追求是事件的导火线。

---

① 对于凤全被害地点，文献有不同的记载，主要有三种观点："鹦哥嘴"、"红亭子"和"吉苏塘"；前两种观点同时出现在清廷的电文中。见西藏社会科学院西藏学汉文文献编辑室编辑《西藏学汉文文献汇刻·第三辑》，中国藏学出版社1994年版，第1207、1209页。"吉苏塘"一说见《英国蓝皮书》，引自杨铭译《光绪年间"巴塘事件"史料辑译》，载《历史档案》1998年第3期。
② 四川省巴塘县志编纂委员会编纂：《巴塘县志》，四川人民出版社1993年版，第55页。
③ 四川省巴塘县志编纂委员会编纂：《巴塘县志》，四川人民出版社1993年版，第55页。
④ 参见马菁林著《清末川边藏族聚居区改土归流考》，四川出版集团·巴蜀书社2004年版，第187～189页。三坝厅等均是今天的地名。

(一)"腊翁寺事件"经过

"腊翁寺事件"是在清末川边大力推行改土归流的时代背景下发生的。光绪三十一年(1905年)冬天,赵尔丰在平定巴塘、理塘之后,立即派王会同委员前往盐井察看当地的盐业情况,正在设局筹办盐局之际,河西腊翁寺番僧屡出滋扰,以至于筹办盐局的计划受到影响。缘由是边军在盐井设置盐局,命令将盐税收回官办,这一举措使得腊翁寺将无盐利可图,便产生怀恨之心。因此,王会同到达盐井以后,腊翁寺不顾边军颁布的法令,屡次违法。《巴塘盐井乡土志》记载:"复以梗于河西腊翁寺之喇嘛,盘踞山顶,抗厘伤勇。"① 显然,盐井河西腊翁寺势力庞大,不肯将盐的税收权拱手相让于边军,因此依仗地势进行顽强抵抗。而此时驻扎在盐井的边军兵力不足,未站住脚跟,又有凤全被杀事件为前车之鉴,不想与腊翁寺产生正面冲突。但事态未因边军一边的退避而减弱。对边军而言,进攻腊翁寺仅是时间长短的问题;对腊翁寺而言,只有表现出毫不退让之势来反抗边军的进攻。总体看来,无论是腊翁寺还是边务大臣赵尔丰,都试图通过控制盐税来加强对地方社会的统治。对边军而言,如能将盐业收回官办可谓一举两得,不仅能加强对川边的控制,而且盐税收入又可充当边务经费开支。

光绪三十二年(1906年)十一月初旬,"吴令锡珍到井,开陈利害,使之投诚,该寺不应"②。到了二十一日夜里,腊翁寺竟然教唆他人贩卖私盐一驮,被守卡的勇丁拿获,连马带盐一起送充公,致使事态进一步扩大。二十二日夜,边军守卡的勇丁5人见"蛮人十余运私盐数驮经过,该勇等向阻,蛮即抽刀砍伤李安泰、杨德胜、王信魁,该勇等亦枪毙一蛮。腊翁寺喇嘛即借口纠合逆众,声言劫盐局,打教堂"③。到十二月初九的时候,边军和腊翁寺已经有了军事上的摩擦。档案资料记录:"次日我(边)军乘胜毁碉十四座,搜获枪刀多件,十一日申刻,逆拥众约二千人,将我军遥围。因风大蛮枪不利,相持数时,未战而退。"④ 由上述可知,腊翁寺对战事早有准备,其势力不小。考虑到腊翁寺的势力强大,一方面持有枪械,能组织大批人马进攻,另一方面又能煽动地方民众,清军必须一举拿下,否则后果不堪设想。

---

① 段鹏瑞:《巴塘盐井乡土志》,国家图书馆宣统二年(1910年)铅印本,第17页。
② 四川省民族研究所、《清末川滇边务档案史料》编写组编:《清末川滇边务档案史料(上册)》,中华书局1989年版,第103页。
③ 四川省民族研究所、《清末川滇边务档案史料》编写组编:《清末川滇边务档案史料(上册)》,中华书局1989年版,第103页。
④ 四川省民族研究所、《清末川滇边务档案史料》编写组编:《清末川滇边务档案史料(上册)》,中华书局1989年版,第104页。

赵渊经过周密计划，并将实施方案上报赵尔丰。其电告如下："伏思该寺喇嘛悖逆如此，若不痛行剿办，将来僧番效尤，关外大局，何堪设想。……到时拟令左营，一哨开赴盐井河东防守，一哨分扎中崖、空子顶两处接获粮饷，以防后路。后营一营，全赴河西任战。"① 赵渊进行兵力部署后，于光绪三十二年（1906年）十二月二十五日出动250余人的兵力，攻克腊翁寺，"共毙逆僧七十余人，生擒二人，阵斩首级九头。夺获抬枪四杆，火枪三十七杆，骡马五匹，焚毁大碉三座，大昭及余碉三十余座同时俱下，我军受伤三人"②。

《巴塘盐井乡土志》对该事件记载："大兵复于（光绪）三十三年（1907年），冬夺溜渡江，不旬日而攻克该寺。是月也，因风雪大作，该逆僧下山迎击，度我兵万不能进。不意我军（边军）先于十二月十二日炮毙其酋首巴拉染江之后，即分三路，节节埋伏上攻。至是，始获直捣巢穴。河西一带投城，而盐井以定。"③ 事件结束后查实，德林（腊翁寺呼图克图）、曲拔克弄（腊翁寺铁棒喇嘛）二人逃脱，其中德林逃往盐井的西北扎夷、左贡一带。上述便是"腊翁寺事件"的基本过程。

（二）"腊翁寺事件"的起因

清末大力推行改土归流是引发"腊翁寺事件"的主要原因。诚然，任何事件都是有因才有果，仔细分析"腊翁寺事件"的起因和经过，源头最终指向清末在川边实行的改土归流政策。这正是清末以来政府在列强环伺下边疆危机、藏政糜乱与川边梗阻、清末新政三大历史背景下进行的一种制度转变④，显然是朝廷围绕加强对地方社会的管理为重心，打通清政府进入西藏的通道，稳固川边进行的举措。分析"腊翁寺事件"所处的时代背景，不难发现隐藏在事件背后的事实是，盐井长期处在政教制度，而川边推行的改土归流的目的正是改变这种土司和寺庙共管地方社会的局面，以保川边之安全。在改土归流的过程中，难免会和地方的原有势力发生博弈，类似的冲突事件屡次发生。保罗等人在其文章中指出："由于诸多原因，清光绪年间康巴藏族地区动荡不安，屡屡发生不稳定事件，就藏滇川交界的康南而言，光绪三十年（1904年）二月丁零寺等制造'巴塘之乱'，光绪三十二年（1906年）九月发生'乡城

---

① 四川省民族研究所、《清末川滇边务档案史料》编写组编：《清末川滇边务档案史料（上册）》，中华书局1989年版，第104页。
② 四川省民族研究所、《清末川滇边务档案史料》编写组编：《清末川滇边务档案史料（上册）》，中华书局1989年版，第106页。
③ 段鹏瑞：《巴塘盐井乡土志》，国家图书馆宣统二年（1910年）铅印本，17页。
④ 参见马菁林著《清末川边藏族聚居区改土归流考》，四川出版集团·巴蜀书社2004年版，第65～126页。

桑披岭寺之乱'，光绪三十二年（1906年）十一月又出现'盐井腊翁寺之乱'。"① 综观在短短两年内发生在寺庙和推行改土归流的边军之间的三次冲突事件，这绝非偶然，一连串的事件与改土归流的目的有直接关系。

一般说来，制度和统治方式的不同容易引发事件的发生。寺庙在川边的强大势力众人皆知，而赵尔丰接手管理川边事务后不得不继续加强控制寺庙的人数，规定"大寺喇嘛不过三百人"。根据《盐井县志》所载，当时的腊翁寺已经有僧侣300余人，属大寺，这更加凸显出赵尔丰在盐井推行改土归流必将对腊翁寺进行整改的决心。在改土归流过程中，一切削弱地方土司的权力，以及限制喇嘛寺的人数和管理权限的举措，都势必引发地方寺庙和土司的不满。清末在川边推行的改土归流真正触动了土司和寺庙的敏感神经。

在改土归流过程中，首先在巴塘引发了震惊朝野的"凤全事件"。整个事件参与的僧侣和地方人员达3000多人，驻藏帮办大臣凤全及随从50人在事件中遇害。总结该事件引发的原因在于"凤全在巴塘的措施，虽仅仅是改革的开始，但也触及了封建宗教主的既得利益，使他们惊恐万分，坐立不安，生怕自己赖以生存的社会基础动摇、既得利益丧失，于是杀凤全之身，阻改革之行"②。通过和"凤全事件"对比，"腊翁寺事件"与该事件有许多共同之处，一是都发生在改土归流过程中，二是都发生在驻藏官员、地方土司和寺庙之间。

清末在川边推行改土归流，其主要的措施就是废除土司制度，限制喇嘛人数，取消喇嘛寺在政治和经济上的特权，并实施政教分离。这直接影响到整个川边藏族聚居区各个喇嘛寺的利益，因此，导致了三次边军与寺庙之间战事的发生。这些事件表明，"腊翁寺事件"归根结底是清末政府对川边进行有计划的改土归流触动了地方社会的权力关系以及经济分配等，从而引发事件。

"凤全事件"是腊翁寺事件发生的间接原因。"凤全事件"对"腊翁寺事件"的发生，至少产生了三个方面的影响。

（1）影响了盐井和巴塘之间的隶属关系。学界对盐井的了解主要从明代开始，自此之后一直到改土归流的400多年的时间里，盐井均属巴塘正副土司管辖，二者之间不仅在政治上存在隶属关系，宗教上也表现出盐井的喇嘛寺是巴塘大寺的化域，③ 经济上则存在巴塘土司和腊翁寺一同收取盐井的盐税。这种政治、经济、宗教的三重关系导致"凤全事件"的发生，立刻引起了盐井一

---

① 保罗、觉安拉姆：《近代盐井腊翁寺事件原因分析——兼论其相关问题》，载《西藏研究》2006年第3期。

② 何云华：《"凤全事件"之我见》，载《西藏研究》1988年第4期。

③ 参见西藏自治区社会科学院、四川省社会科学院编《近代康藏重大事件史料选编（第一编）》，西藏古籍出版社2001年版，第27页。

带藏民的响应。"巴蛮之乱，肇于丁零寺之喇嘛。大二土司不能事先靖变，遂至戕杀大臣。时盐井协廒之宗崖一带属地有应调者。"① 因此，在巴塘"凤全事件"爆发之日，盐井出现蛮人将上盐井法国教堂烧毁的事件。

（2）"凤全事件"的处理未能解决当地社会的主要矛盾。主要表现在事件发生后，朝野震惊，朝廷立即下令提督马维骐率提标兵五营进剿，又命建昌道员赵尔丰为善后督办率两营进军巴塘。两人先后进入巴塘并采用军事打击，摧毁丁零寺，血洗七村沟。尽管"巴塘事变"在清政府的强大军事压力下终于平息下来，但是却加深了边军和地方喇嘛寺之间的矛盾。

（3）尽管巴塘的改土归流付出了血的代价，但是却让清政府更加清楚地认识到经营川边的重要性，也感觉到加快改土归流进程的紧迫性和艰巨性。赵尔丰在认清形势后，考虑到盐井是由川入藏的关键孔道，之前又隶属巴塘，现巴塘土司已经平定，可着手对盐井进行改土归流；于是，立即任王会同为盐井委员，前往招安兼征盐税，加紧推进改土归流制度。

上述三点原因，促使在盐井进行改土归流仅为时间问题，同时也加剧了腊翁寺等地方势力反抗边军进入盐井的情绪。这是导致"腊翁寺事件"发生的间接原因。

对盐井的盐利争夺是"腊翁寺事件"的导火线。前面所述表明，引发"腊翁寺事件"的原因，显然和政治权力有着密切的联系，而政治权力背景中更重要的则是权力视野下的经济利益关系。在平"息腊翁寺事件"后，赵尔丰需进一步在盐井扎根，并发展当地盐业。从"自纳工（腊翁）寺寻衅以后，盐厘顿减，前已据实禀陈，想已仰邀慈览"② 可知，"腊翁寺事件"的发生对当地的生产生活产生了深刻的影响，部分盐民为了逃避战乱选择四处逃避，严重影响了盐业的发展。随着腊翁寺的地方权力的解体，人们开始看到曙光，澜沧江两岸的盐民开始恢复生产，盐业渐有起色。

在随后，长期管理盐井的协廒也率领三四百户人家前来投诚，投诚者先后接踵而至，先后有七百余户，并陆续发了护照。③ 为了控制局势，边军一方面开始增派兵力，保证盐井的安定；另一方面开始进行盐业的整顿，包括"招回晒户，修整盐箱"④，渐有起色，提高产量，有望运销附近各县。当时"澜沧江东岸有井三十余口，其西岸有井二十口，东岸井深，盐质颇厚。西岸井浅，

---

① 段鹏瑞：《巴塘盐井乡土志》，国家图书馆宣统二年（1910年）铅印本，第6页。
② 四川省民族研究所、《清末川滇边务档案史料》编写组编：《清末川滇边务档案史料（上册）》，中华书局1989年版，第117页。
③ 参见四川省民族研究所、《清末川滇边务档案史料》编写组编《清末川滇边务档案史料（上册）》，中华书局1989年版，第118页。
④ 吴丰培编：《赵尔丰川边奏牍》，四川民族出版社1984年版，第84页。

含有硝质，色味较逊。晒户就井设箱，汲水摊晒，全赖风日之力，凝结成盐"①。

宣统元年（1909年）十一月，据职商李纯德禀报，自己愿意筹备资金，联络商人入股，申请将盐井的盐务变成商办，成立商盐局。凡由盐户所晒的盐，统一归该组织转而买卖，商民纳一定的税。赵尔丰再三考虑，觉得无论是"于盐户无损，于商民有益，于公家节省糜费"，都有必要进行整改。最后，率然决定成立商盐局。据成书于宣统元年的《巴塘盐井乡土志》的记录，当时盐井澜沧江两岸共有盐田2763块、卤水池689个、盐井52口，常年产盐约18000余驮，每驮为140市斤。②那样算起来，盐井的盐年产250万斤，也就是1260吨。

宣统二年（1910年），为了进一步规范地方市场，促进盐业的发展，又制定了《盐井初办捆商时变通规则及议定盐价》六条规定，从制度上保证了盐业顺利进行，以保证盐税的收入。从王会同报告的盐井盐税开支情况可知，上述政策使得盐业初显成效。③

当时总的开支为一万五千七百零一两二钱五分一厘九毫，盐税收支结余九七平银二万三千一百五十三两五钱一分零六毫。盐业的改革和商盐局的设立取得了预期的效果，为川边的改土归流增加了边务经费。

宣统二年（1910年）三月初，盐局委员段鹏瑞被派往桑昂、察隅一带勘察界限，盐局事务由王会同代理。九月，王会同再一次报了盐税拨充边务经费的情况，与上述情况相同，收入和支出相抵后，宣统元年实际收入的盐税为"平银七千三百五十二两三钱三分二厘八毫"④。奏折中还特别声明"所有征存银两，仍拨充边务经费"⑤。由此看出，盐井的盐业税收的确给川边的边务军费带来了源源不断的经费支持。此后民国初期的十几年期间，先后围绕盐利的争夺所引发的战争有十余次，影响比较大的就有四五次⑥，势力均是来自川、滇、藏三省的土匪和军队，且每次事件都会波及地方的喇嘛寺。这些事件反映出，争夺盐利是引发盐井周边地方势力斗争的主要原因。

此外，有学者曾强调，腊翁寺在川、滇、藏三省的划界不明成为"腊翁

---

① 四川省民族研究所、《清末川滇边务档案史料》编写组编：《清末川滇边务档案史料（中册）》，中华书局1989年版，第446页。

② 参见段鹏瑞《巴塘盐井乡志》，国家图书馆宣统二年（1910年）铅印本，第13页。

③ 参见四川省民族研究所、《清末川滇边务档案史料》编写组编《清末川滇边务档案史料（中册）》，中华书局1989年版，第573～574页。

④ 四川省民族研究所、《清末川滇边务档案史料》编写组编：《清末川滇边务档案史料（下册）》，中华书局1989年版，第767页。

⑤ 四川省民族研究所、《清末川滇边务档案史料》编写组编：《清末川滇边务档案史料（下册）》，中华书局1989年版，第767页。

⑥ 参见佚名《盐井县纪要》，载《边政》1931年第6期。

寺事件"的关键因素，其根据文献中提及腊翁寺"地界川滇藏，藏问之则属川，川问之则属滇，规避差粮，几同外化"①。笔者认为，此话明显为腊翁寺规避差粮的措辞，没有阐明真正意义上引发"腊翁寺事件"的原因。有学者通过对史料的分析，强调"盐井自清代以来的确归四川巴塘所管辖，但腊翁寺是否系盐井地区"②，试图通过东岸和西岸的分离来认识腊翁寺的归属问题，这对弄清事件的本质是有意义的，但是值得商榷。其具体原因如下：

自木氏土司开创盐田以来，盐业生产均分布在澜沧江东岸和西岸。从民国记录的数据来看，西岸的盐田比东岸还多，而从西岸到东岸中间必须要利用交通工具横渡澜沧江。一般而言，有两种交通工具，一为溜索，二为牛皮船。相比较而言，前者相对安全，且不受雨水季节江水上涨的影响，后者只能在寒冬腊月水位明显下降、水流平静之时使用。据民国期间崔克信的调查："江之两岸交通，纯赖索桥溜渡，索由两股竹篾编成，直径约三公分，共三条，斜跨于两岸木椿上，长约五十公尺，自东岸斜向西岸，两条位置较低，长各约为四十公尺，一自东向西斜，一自西向东斜。"③从盐田到县志治所全赖溜索，溜索为腊翁寺雇人所造，两岸需要到达对岸的人员必须交一定的税才能从溜索上通过。由上可知以下信息，一是两岸之间的联系由腊翁寺所控制，不得随便在两岸间来往；二是东岸和西岸一直以来是一个联合体，不应该因江水将其二者隔离。这又可分两点讲，东西两岸均晒制食盐，二者成盐却不同，西岸为红盐，杂质大；而西岸晒制的食盐为白色，杂质少，纯度高。经实地调查发现，红盐一般仅一道盐供人食用，二道盐和三道盐都用来喂牧场的牲口。这样为了满足不同生物体对食盐的需求，东岸和西岸所晒食盐必然进行不同方向的销售。因此，对盐井地域范围而言，绝不可因腊翁寺自称属藏管辖就听信其言。另外一个重要的信息是，盐井在管理上尽管中间有过变化，但由四川巴塘土司管辖的时间最长，土司和腊翁寺合伙收税过程中，有一部分盐必定卖往巴塘方向。民国期间，崔克信在盐井实地调查时就曾指出，他是随从巴塘到盐井驮盐的马帮一起进入盐井的。这表明腊翁寺地域上的管理明确，不存在分歧。

经笔者实地调查，腊翁寺目前已经迁往曲孜卡乡，但当时腊翁寺的旧址经当地老人介绍，是在加达村背后拉贡山上，离澜沧江江面的落差达1000米左右，如果步行从江边到达腊翁寺旧址，年富力强之人恐怕也要3个小时，可以想象每次上山和下山都要花费很多的时间和精力。但是，为何该寺庙依然要控

---

① 西藏自治区社会科学院、四川省社会科学院编：《近代康藏重大事件史料选编（第一编）》，西藏古籍出版社2001年版，第387页。
② 保罗、觉安拉姆：《近代盐井腊翁寺事件原因分析——兼论其相关问题》，载《西藏研究》2006年第3期。
③ 崔克信：《盐井县之地质及盐产调查》，载《西康经济季刊》1944年第8期。

制山下江两岸的食盐生产和销售，并对溜索上过往的商人收税？目的很明确，即控制盐业的整个命脉，增加寺院收入。因此，腊翁寺和盐井绝不可能被轻易分割，而是控制和被控制的关系。

盐井地处川、滇、藏交界区，自明清以来，因其所处的特殊位置，一直由当地的土司和寺庙控制，因其大量产盐和其特殊的地理位置，使得盐井在军事战略上和经济利益的追求上都受每一个该地区进行统治的上层所青睐或控制。川边进行改土归流的赵尔丰紧紧把握时机，动用军事力量对盐井地区的腊翁寺进行了打击，最终削弱了寺院在地方社会的权力，收回了盐业管理权。对清政府而言，盐井地区进则是通往西藏的主要通道，退则可以成为一道天然的军事进攻屏障。"腊翁寺事件"是在特定的历史条件下，清政府全面考虑西藏的局面，为了确保川边之安全而发生的。在这种时代背景下，推行川边改土归流，难免会与当地社会原有的势力发生碰撞。由于盐井的政教合一制度及其盐业的经济利益，从表面上看，"腊翁寺事件"是一种权力争夺，但实质上则是对经济利益的追求。因此，争夺盐利是引发盐井周边地方势力斗争的主要原因。

第二节 赵尔丰时期的盐业改革及其成效

赵尔丰在镇压了盐井的腊翁寺之后，除去了宗教势力对改土归流的阻碍，赵氏借机在盐井开始实现个人的改革愿望，盐井的人文地理和多元文化成为赵尔丰施政的沃土。从上层管理的角度看，腊翁寺在此之前是盐井"合法"的管理者，征收盐税是理所当然之事。但是，边军的进入立即改变了这一现状。自王会同委员进入盐井伊始，腊翁寺的"合法地位"受到了冲击，该寺收取税收变成了私自贩卖食盐。盐井改土归流实施后，赵尔丰主要从盐业、农业、商业和教育方面进行施政，与此同时加速与周边环境的互动，派程凤翔、段鹏瑞等人前往盐井西部的察隅、桑昂等地了解实情。赵尔丰"经边六事"的思想基本上已在盐井改土归流中有所体现，其中增加税收是常见的也是基本的策略。不过，这一政策的转变是基于赵尔丰作为清代之官员，而且从赵尔丰的履历中可以看出，他在广东为官期间担任过盐仓大使一类的官职，对盐业颇有感情；且中原长期进行食盐专卖，对已形成的系统的盐业运销制度赵尔丰定有掌握，相关的制度可以借鉴，以此推动盐井的盐业发展。

一、官盐局时期的盐业管理制度

清末在川边推行改土归流的政策对盐井的影响极大，从赵尔丰收复巴塘、取得盐井"腊翁寺事件"的胜利可以看出，改土归流取得了一定成效。从巴塘推向盐井，逐渐奠定了赵尔丰在川边的地位。但是，赵尔丰本人并未停止改土归流进程，而是不断利用手中的权力积极推动川边事业。其中，为了加强对盐业的管理，逐渐从原来的官办走向了商办。

冉光荣先生提到："西康地区最早实行改土归流的是巴塘、里塘，而最先筹划正式征收赋税的则是盐井的盐税。可以说，盐税是关外国家征税之始。"① 这和赵尔丰取得"腊翁寺"一战的胜利，实行各项盐业管理制度密不可分。

"腊翁寺事件"的发生，一定程度上阻碍了盐井的盐业生产。有文献记载："自纳工（腊翁）寺寻衅以后，盐厘顿减"②，以致"数月以来，抚恤流亡，招俫逃窜，三月初旬，两岸蛮民已渐复旧业，厘务亦渐有起色。目前远处投诚者，因雪融路通，接踵而至，业已发编护照者，约七百余户"③。但是"由于生产条件恶劣、时局不靖，兼之尚要顾及藏胞习惯，不能操之过急，直到宣统元年（1909 年）十月初一，赵尔丰才提出征收盐税章程"④，定为《盐井征收盐税章程》⑤（见图 6-1），共计十六条，其内容如下：

一、边地产盐地方，惟盐井一隅，向系巴塘土司及喇嘛抽收税银，现在改土归流，应派员设局，整顿盐务，酌抽盐税。无论年收多寡，作为边务经费。

二、盐井所产之盐，乃系汲水晒成，非煎熬成块之盐可比。蛮民用皮袋盛装，驮运行销。每驮计重库称一百二十斤，抽税银藏元一元半，合银四钱八分。

三、凡商人贩盐，在井局纳税之后，无论运往边地何处销售，并无关卡再抽。

四、抽收盐税，用连二串票，以前半幅为存根，以后幅发给盐商为执照，缮写汉、藏文字，盖用边务大臣关防。其盐驮数目、斤重，逐一填写清楚，以便查验。

---

① 冉光荣：《清末民初四川盐井县井盐生产述略》，见彭泽益、王仁远主编《中国盐业史国际学术讨论会论文集》，四川人民出版社 1991 年版，第 358 页。
② 四川省民族研究所、《清末川滇边务档案史料》编辑组编：《清末川滇边务档案史料（上册）》，中华书局 1989 年版，第 117 页。
③ 四川省民族研究所、《清末川滇边务档案史料》编辑组编：《清末川滇边务档案史料（上册）》，中华书局 1989 年版，第 117～118 页。
④ 冉光荣：《清末民初四川盐井县井盐生产述略》，见彭泽益、王仁远主编《中国盐业史国际学术讨论会论文集》，四川人民出版社 1991 年版，第 359 页。
⑤ 四川省民族研究所、《清末川滇边务档案史料》编辑组编：《清末川滇边务档案史料（中册）》，中华书局 1989 年版，第 442～443 页。

图6-1 改土归流后盐井征收盐税章程①

五、井户晒出之盐,无论卖与商贩,或在本处零星出售,均应一律照章完税,以杜射影。

六、盐商如有偷漏私运,一经缉获,照厘金章程,除应完正税外,加五倍示罚。以五分之二赏缉私之人,余则归公。

七、委员抽收盐税,每月销盐若干驮,收税藏元若干元,除局照章开支外,实存税银若干,按月造报一次,仍按季汇造总册,以便咨部。

八、抽收盐税,应设局所。派委员一员专办,月支薪水银八十两。

九、设司事兼清书一名,藏文翻译兼通事一名,每名每月支薪水银十两,灯油、笔、墨费银二两。

十、设巡丁十名,每名每月支口食银三两六钱。

十一、设杂役一名,守库夫一名,每名每月支口食银三两三钱。

十二、局中纸、笔、朱墨、串票等费,每月支报十两。

---

① 笔者摄于盐井历史文化博物馆,由盐井景区负责人提供,在此表示感谢。

十三、局所设在河东，其巡查河西盐驮，必用皮船渡过。设皮船水手二名，每名每月支口食银三两六钱。惟皮船太小，有事难载多人。将来拟改造木船一、二只。第水性太急，俟查明是否相宜，再行办理。

十四、制造皮船每月开支工料银四两。

十五、开办之始，暂租民房设局，每月房租银十两，俟收税较旺，再行修建局房。

十六、局中员生除开支薪费之外，不再另支伙食银两。

以上十六条章程，局中员司丁役人等，每月开支薪费银一百七十七两八钱，全年需银二千一百三十三两六钱正，遇闰照加银一百七十七两八钱。

上述章程主要明确了如下问题：

（1）必须酌情征收盐税。当地的盐税此前由土司和当地的喇嘛（寺庙）共同收取，盐井推行改土归流时，也就是在平息"腊翁（贡）寺事件"后，应当设官盐局，征收盐税。因此，提出"整顿盐务，酌抽盐税"，以带动盐民的积极性。

（2）如何收税。在获得税收权之后，必须考虑如何进行收税。在这一方面，主要规定用皮袋装盐，每驮120斤，则每袋盐就是60斤，两袋总计收藏元一元半，合平银四钱八分。建立专门的衙署负责征税，刚开办的时候，暂时租用当地百姓的民房，每月房租所需银十两，且需从河东坐牛皮船去往河西，加强对河西运盐的管理。

（3）如何规范税收。规范盐税的征收是一项重要的内容，十六条章程中有三分之一的内容涉及该问题。主要措施有：①使用票据，"用连二串票，以前半幅为存根，以后幅发给盐商为执照"。票据"写汉、藏文字，盖用边务大臣关防。其盐驮数日、斤重，逐一填写清楚，以便查验"。②无论出售给商贩，还是在本地出售，都必须按照章程进行交税。③缉私。除了向官盐局交税的盐，任何个人或喇嘛寺向外销售食盐都属私盐，必须严惩，"如有偷漏私运一经缉获，照厘金章程，除应完正税外，加五倍示罚。以五分之二赏缉私之人，余则归公"。

（4）明确官盐局的开支。当时盐井设司事兼清书一名，藏文翻译兼通事一名，每名每月的薪水是十两银，且灯油、笔、墨费为银二两；设巡丁十人，每名每月支口食银三两六钱；"设杂役一名，守库夫一名，每名每月支口食银三两三钱"；"局中纸、笔、朱墨、串票等费，每月支报十两"；"租民房设局，每月房租银十两"；"设皮船水手二名，每名每月支口食银三两六钱"；根据当时的计划，官盐局的各种"司丁役人等，每月开支薪费银一百七十七两八钱，全年需银二千一百三十三两六钱正，遇闰照加银一百七十七两八钱"。

二、商盐局时期的盐业管理制度

盐业在十六条章程的规范下,运行一年之久,但效果不佳。"自(光绪)三十一年(1905年)该土司、喇嘛肇乱,大兵戡定之后,本大臣(赵尔丰)特派委员设局征收税银。数年以来,局费反重,收款无多,特招商承办收税,一切照旧,不过裁撤官局,以节糜费。"① 为了节省盐务开支,保证盐税的正常征收,盐业管理试图走向商办,这正是赵尔丰所思考的。赵氏认为:"于盐户无损,于商民有益,于公家节省糜费,事属可行。当即批准在案。"② 官盐局开销太大,改为商办,这一设想得到职商李纯德的积极响应。宣统元年(1909年)十一月十二日,李纯德禀称:"愿自备资本,并联络商人集股,请将盐井盐务改归商办。并联络商人集股,请将盐井盐务改归商办。"③ 此后,边军和李纯德双方达成协议,"凡盐户所晒之盐,由该商统买转卖商贩,商民应纳之税,亦由该商统收承缴于官"④,并附《议定盐井商盐局章程》共三十条⑤,供双方遵守。相对于前面提到的《盐井征收盐税章程》而言,这三十条章程较为系统地阐述了制度化盐业管理的思想。盐井盐业进入商盐局管理时期,该章程详细地制定了税收和盐价,可概括为八个方面。

(1) 明确盐税的征收权(第一条、第二条)。在商盐局成立之际,为了避免鱼目混珠,官盐局需立马撤销,明确政府和商盐局的责任,所有一切税收均由商盐局收取,这样利于调和官、商、盐民之间的关系。

(2) 有关盐的定价(第三条至第七条、第二十八条)。章程提出盐的定价均由官、商、盐户三者商量决定,一旦定价后,商盐局必须遵照行使。且定价之前三者没有共同议定也算是违反规定,必须受到惩罚,这在一定程度上保证了各方的知情权,可起到相互监督的作用。对收盐的价格也提出一套灵活的方案,即春夏秋冬四季的盐价不同,"盐有高下之分,价亦有贵贱之别",明确四季收盐的时间划分,"春季则以正月初一日,夏季则以四月初一日,秋季则

---

① 四川省民族研究所、《清末川滇边务档案史料》编辑组编:《清末川滇边务档案史料(中册)》,中华书局1989年版,第517页。

② 四川省民族研究所、《清末川滇边务档案史料》编辑组编:《清末川滇边务档案史料(中册)》,中华书局1989年版,第512页。

③ 四川省民族研究所、《清末川滇边务档案史料》编辑组编:《清末川滇边务档案史料(中册)》,中华书局1989年版,第512页。

④ 四川省民族研究所、《清末川滇边务档案史料》编辑组编:《清末川滇边务档案史料(中册)》,中华书局1989年版,第512页。

⑤ 章程具体内容可参见四川省民族研究所、《清末川滇边务档案史料》编辑组编《清末川滇边务档案史料(中册)》,中华书局1989年版,第512~515页,本书为了方便读者,附录二收入了该章程的内容。

以七月初一日，冬季则以十月初一日为定"。且"按季定价，由地方官悬牌之后，无论盐户晒出何项盐质，商盐局均应照定价收买，发给现价，不准稍有抑勒"①。要求地方官定价之后，同商盐局将本季盐价情形，报边务大臣存案。

（3）规范盐的交换市场（第八条至第十二条）。商盐局买卖食盐均使用官秤，"不准大入小出，自干咎戾"，不准增减分厘，规定"商盐局收盐，以库秤一百三十二斤为一驮，卖盐以库称一百二十斤为一驮"，余盐十二斤作为折耗和商盐局员工的薪金。规定"商盐局上季收买之盐，如已届一季尚未卖完，改将余盐归入下季之盐一同售卖，其盐价亦随同涨落，不准再以上季盐比较"。

（4）盐的税收（第十三条、第十六条至二十条、第二十三条、第二十九条）。章程规定，盐税统一由商盐局征收，盐民的盐税由商盐局代缴，以盐一驮重库称一百二十斤收税藏元一元半。商人来购买食盐，则需要交纳现金，交税之后商盐局填写税票给商贩。每月收入的若干税银藏元，由商盐局连同票根一并缴送盐井县衙核收。

（5）保证盐业生产（第十四条至第十五条）。要求县衙查明盐户、人口以及卤水井的数量，造册报送边务大臣。地方可积极推广晒盐技术，如有人无力承办，官方应招揽晒盐者，其他人不得干涉。

（6）日常用盐的规定（第二十一条至第二十二条）。民间食盐均向商盐局购买，包括文武官员和兵勇都要按价购买。盐户用盐按照"每年每人准按十斤，小儿八岁至十五岁减半，均免税银"。盐户每次按照每日所需食盐，准许一次领回十日所需的食盐，食完之后再领回十日所需食盐。

（7）贩卖私盐的惩罚（第十三条、第二十四条）。规定"商贩只准向商盐局买盐，不准向盐户私行偷购，违者以私盐论"。即，凡是没有经过商盐局之手的食盐均属私盐。商盐局开办之初，由防营负责缉私，拿获的私盐一半赏给出力的兵勇，一半归地方县衙。私贩由地方官照章禀办，商盐局不得干涉。

（8）关于运销（第二十六条至第二十七条）。规定"商贩由局买盐纳税之后，无论运往何处，固所不禁，价值低昂，悉从其便。如仍在边务大臣所辖地方交易，无论零卖整售，均不再抽分区。非边务地方者，不在此例"。章程还提到"边地盐务并无引岸，商贩头盐不拘多寡，卖盐亦不拘区域"。"无引岸"和"不拘区域"成为盐井盐业的一大特点。

除此之外，章程还涉及商盐局业绩的奖励，如第二十五条规定，商盐局成立"自应比官办收数有盈无绌。一年之后，如收税较官办长收银一千两，津

---

① 四川省民族研究所、《清末川滇边务档案史料》编辑组编：《清末川滇边务档案史料（中册）》，中华书局1989年版，第512～513页。

贴该局银一百两，长收银一万两者，津贴一千两，以作酬劳"。第三十条规定，商盐局开办之初，一切开支由该局负责，不得使用公款，占用的地基也当注册详报，每年缴纳地租。

宣统二年（1910年），距执行商盐局成立时所规定的三十条不到一年的时间，根据实际情况，赵尔丰又颁布了《盐井初办捆商时变通规则及议定盐价》，其内容如下：

一、除盐商总局外，于河东、西峡谷岸，共宗格、隔饶、甲（加）达三区，每区设分局一处，其司事栖宿之所，暂于附近租住民房，储盐仓房，均另行修整。

二、出入卤耗，查原定章程，以库称每驮一百二十斤，外加收十二斤，本系加一抽税。今改用官斗，仍宜遵照定章，略为变通，仍合加一之数，传集盐户、商人，公同面议，入斗定为十一斤，出斗定为十斤。以新颁官秤校准，另置官斗。复面同盐户、商人当堂考验，加盖火印，以示大公。

三、原定章程，每驮一百四十斤，无如蛮商不能遵守，以骡马之优劣，尽力驮运。其骡健而路近者，恒驮至一百六七十斤，亦偶有之。今折中以一百四十斤为率，逾限者议罚。至填写厘票仍照驮数抽收，以符原案。

四、公家发给粮食，秋收时如数还仓商。盐局发给粮食，仍照官价核算收盐；发给藏元，偿盐偿钱，听其自便，均不加利。

五、由商盐局先行发给盐户资本，添设盐厢，不加利息。其盐厢修成，仍系盐户已产，但领款不修者，非特将原款追回，并拟重办。

六、两岸盐资本有上中下之分，而收盐纳盐亦略有干湿之别。盖以人有勤惰，路有远近，纳湿盐者固多，纳干盐者亦居十之二。传集盐户、商人，公同面议，盐价原有三等，干湿之间，亦应区别，不拘四季，以商情大顺为主，嗣后每议一次，禀报一次，兹先将目前议定盐价开列于后：

上盐藏元一元湿盐六斗，干盐五斗；下盐藏元一元湿盐八斗干盐七斗，中盐藏元一元湿盐七斗干盐六斗。[①]

从上述补充的六条议定盐价的规定来看，是在"三十条"的规定下，更加细致地规范盐业市场，同时也是不断加强盐业管理，表现在以下四个方面：

（1）加强盐业的监管。在宗格、隔饶、加达分别增设盐分局，加强对盐

---

① 金飞：《盐井县考》，载《边政》1931年第8期。

业生产、收盐、收税、缉私等方面的管理。特别是西岸加达盐田，因为有湍急的澜沧江阻隔，在没有吊桥的情况下，只能依靠溜索或牛皮船才能到达对岸，而牛皮船只能在冬季水位下降后才能渡过，因此在此设分局利于管理。

（2）对卤耗的规定。商盐局成立时在三十条章程规定，以库称每驮一百二十斤的盐，额外加收十二斤作为卤耗。此时规定为"入斗十一斤，出斗十斤"。

（3）如何维持盐民生计。商盐局和盐民之间的利益关系更加密切，只有满足了盐民的基本生活，盐业才能得以持续。因此，该规定允许商盐局先提供给盐民粮食，盐民要么秋季之后归还粮食，要么以盐来抵扣。此外，鼓励更多的盐民晒盐，商盐局先垫付资本，增加盐田。盐田修成之后，产权归盐民，只需偿还所借资本，且无须支付利息。

（4）盐的分级制度的出现。规定干盐和湿盐价格不同，并按照所含杂质量不同来分级。盐分为上、中、下三个等级，每个等级又分干盐和湿盐，以此来定价。这一等级定价制度一直影响至今。现在，人们普遍将盐分为一道盐、二道盐和三道盐，而东西两岸的红盐和白盐因杂质不同而价格也有差异。

从表6-1中的内容可以看出，盐的分级制度在清末赵尔丰管理盐井期间已经形成，在此之前是否已经出现，则不得而知。二者的分级制度其实都是和价格联系在一起，等级高，盐价高，反之盐价则低。

表6-1 宣统二年（1910年）和现在盐井盐的等级、盐价比较

盐的等级	一藏元购买的干盐斗数	一藏元购买的湿盐斗数	现在市场上不同等级盐的价格	
			白盐（1市斤）	红盐（1市斤）
上（一道盐）	五斗（每斗十斤）	六斗	1～1.5元	0.8～1元
中（二道盐）	六斗	七斗	0.5～0.8元	0.5～0.6元
下（三道盐）	七斗	八斗	0.3～0.5元	0.2～0.4元

三、赵尔丰盐业管理时期盐税征收情况

考古学在分析大量考古遗存的基础上提出另一论断"至迟在公元前两千纪中期河东盐业生产和分配就已经由国家介入了"[①] 这一信息表明，盐在国家

---

① 陈星灿、刘莉、赵春燕：《解盐与中国早期国家的形成》，见李水城、罗泰主编《中国盐业考古02——国际视野下的比较观察》，科学出版社2010年版，第64页。

权力的实施过程中起到了举足轻重的作用,以至于长期由国家权力控制。人和牲畜都离不开盐,这一特征强化了盐在国家形态下的重要性,即盐必须由国家来操控。

长期以来,对于采用传统晒盐方式获得食盐的藏东盐井地区来说,盐对地方社会的影响尤为深远。盐井由于所处的区域内政治环境复杂,在长达370年的时间里,土司和寺院掌握着地方政权,盐井的盐税均由二者一同收取。清末赵尔丰在收复巴塘、理塘后便积极推进盐井的改土归流,将盐井的盐税收回官办。经赵尔丰上述阶段的改革之后盐业初显成效,税收有一定的起色。

光绪三十一年(1905年)冬,赵尔丰即派王会同前往盐井准备设局,同年十一月初一日开始征收盐税。到宣统二年(1910年)初,王会同造报盐税收入情况,具体内容如下:

一、收(光绪)三十一年十一月初至十二月底止盐税银六百六十九两六钱三分七厘五毫。
一、收(光绪)三十二年分盐税银七千三百一十七两八钱七分五厘。
一、收(光绪)三十三年分盐税银一万一千二百七十两零六钱。
一、收(光绪)三十四年分盐税银八千七百二十二两五钱六分二厘五毫。
一、收宣统元年分盐税银一万零九百四十七两七钱五分。
以上共计收盐税银三万八千八百五十四两七钱六分。[1]

从税收的效果来看,从光绪三十一年(1905年)十一月初到年底仅一个月的时间盐税收入达六百六十多两来看,在王会同进入盐井之后耗费了大量的精力进行征税。因为这个时期的盐税收入相对比较规范,私盐很难被贩卖,因此以税收来核算产量是可行的,准确性较高。因此,以盐税来换算盐的驮数,光绪三十一(1905年)年在一个月之内收了1300驮的盐税。[2] 此后官盐局管理期间盐税基本保持在每年八千两到一万两的税银,驮数在 16667~20800 驮,产量在 1000~1250 吨。以上从盐税的收入情况来看,很难看出有很大的差距,但是若将盐税收入换算成盐的驮数或盐的产量,将会发现盐产量的变化。

从表6-2中可以看出,光绪三十二年(1906年)和三十三年(1907

---

[1] 四川省民族研究所、《清末川滇边务档案史料》编辑组编:《清末川滇边务档案史料(中册)》,中华书局1989年版,第573~574页。

[2] 以每驮藏元一元半计算,折合银四钱八分,驮数等于盐税除以四钱八分。

年），盐的产量均在增加，光绪三十四年（1908年）产量有所减少，但是到了宣统元年，产量又有所恢复。这一现象尽管在相关的文献中并没有直接反映出来，但是此后表露出盐税收入良好的信息。如档案资料载："窃查盐井署内积存铜元，盐税、粮价并计共有八、九吊之多。每月所收商盐局搭配呈缴之数，尚不在内。日积月累，愈见其多"①。

表6-2 清末盐井盐税、驮数、产量比较②

收税年份	所收盐税总额	驮数（个）	产量（吨）
光绪三十一年（1905年）	六百六十九两六钱三分七厘五毫	1395	83.7
光绪三十二年（1906年）	七千三百一十七两八钱七分五毫	15246	914.8
光绪三十三年（1907年）	一万一千二百七十两零六钱	23480	1408.8
光绪三十四年（1908年）	八千七百二十二两五钱六分二厘五毫	18172	1090
宣统元年（1909年）	一万零九百四十七两七钱五分	22808	1368

从光绪三十一年（1905年）冬到宣统元年年底，盐税的支出情况如下：

一、开除（光绪）三十一年分九七平银三百二十二两六钱四分四厘。

一、开除（光绪）三十二年分九七平银三千六百六十二两六钱六分一厘五毫。

一、开除（光绪）三十三年分九七平银四千七百九十七两八钱一分。

一、开除（光绪）三十四年分九七平银四千七百三十八两五钱二分三厘。

一、开除宣统元年分九七平银二千一百七十九两六钱四分一厘九毫。

以上共开除税银一万五千七百零一两二钱五分一厘九毫。③

以上开支应该包括官盐局的日常开销，大部分作为边务经费。赵尔丰在《盐井征收盐税拨充边务经费片中》奏："巴塘产盐，惟在盐井，……现计每岁盐产约一万驮之谱，每驮……完纳税课藏元一元半，并于附近设卡盘验，暂

---

① 四川省民族研究所、《清末川滇边务档案史料》编辑组编：《清末川滇边务档案史料（下册）》，中华书局1989年版，第906页。此处的文献疑不准确，"八九吊"的积存铜元数量，难以说明盐税收入良好，而应为"八、九□吊"；见冉光荣：《清末民初四川盐井县井盐生产述略》，载彭泽益、王仁远主编《中国盐业史国际学术讨论会论文集》，四川人民出版社1991年版，第367页。

② 以每驮藏元一元半计算，折合银四钱八分，驮数等于盐税除以四钱八分。

③ 四川省民族研究所、《清末川滇边务档案史料》编辑组编：《清末川滇边务档案史料（中册）》，中华书局1989年版，第573～574页。

用巡防营勇。缔造伊始，产盐无多，一切疏节阔目，顺民间之习俗，以广招徕，俾间阎得免淡食之虞，而边务经费亦稍资挹注。如将来出产较旺，销路益畅，一切应行改良办法及添设巡卡专办缉私等事，仍由奴才随时规划，奏请施行。"①房建昌通过比较后认为，赵尔丰川边改土归流时期，从光绪三十一年（1905年）到宣统元年（1909年）的盐税，除去开支，总收入有九七平银二万三千一百五十三两五钱一分零六毫，这不是一个小数目。"如盐井县宣统二年（1910年）实收青稞七百九十九石七斗四升多……折价约三百八十两银。最富庶的巴塘，宣统二年收马牛羊酥油税九百五十五藏元，共有杂粮三千六百石，约值一千六百两银。康区拨款主要来源于中央及川省之接济，赵尔丰力图从地方筹款，盐税乃是最重要的组成部分。"②

有关赵尔丰对盐业的施政，在前面的内容中已经论述了很多。从取得税收权之后，他开始着手规范盐业的生产、运销和税收。从官盐局到商盐局不断制定各种制度来促进盐业的发展，详细内容此处不再重复。在此需要进一步论述的是赵尔丰为了规范盐税征收所采用的关键举措，如统一衡器。

四、改土归流时期盐税之积极作用

盐业从生产到运销，无不带动当地的经济发展。在赵尔丰看来，将盐税充当边务经费是管理盐业的直接目的，这一动力来源于赵尔丰想在川边干一番事业，但是，朝廷每年拨付给川边进行改土归流资金有限，因此，赵尔丰不得不利用各种方法推动川边的经济发展，其中以工商农中的发展采矿业、大力建厂、改进盐茶贸易、加强川边垦殖等举措保证边军的军费收入。其中，以开矿来说，赵尔丰先后在川边的德格、理塘等地试办开矿厂。在重视工业的同时，赵尔丰并未放弃农业，以宣统三十四年（1908年）来看，仅对乡城进行垦殖就投入了库平银一万两，相当于盐井盐业一年的税收。文献还提到从光绪三十一年（1905年）的十一月份起，到光绪三十二年（1906年）初先后已经投入垦殖费两万五千两。③ 此后在巴塘进行垦殖同样花费了六七千银两。仅从增加川边军费而言，盐税仍然发挥了一定的作用。但是从整体上看，盐井盐税的意义远不止这些，房建昌在分析盐井盐税的时候指出有四个方面的重要意义：（盐税）增加边务经费，带动了赋税制度的推行；支持了四川铸银元、铜币在

---

① 四川省民族研究所、《清末川滇边务档案史料》编辑组编：《清末川滇边务档案史料（中册）》，中华书局1989年版，第446页。

② 冉光荣：《清末民初四川盐井县井盐生产述略》，见彭泽益、王仁远主编《中国盐业史国际学术讨论会论文集》，四川人民出版社1991年版，第365～366页。

③ 参见西藏自治区社会科学院、四川省社会科学院编《近代康藏重大事件史料选编（第二编上）》，西藏古籍出版社2004年版，第290页。

西藏的流通，抵制了印度卢比的使用范围，维护了中国在金融领域中的主权地位；有利于标准度量衡器的推广；增进了察隅地区珞巴、门巴、僜人和藏、汉之间的了解和团结。①

整体看来，赵尔丰在盐井实施改土归流过程中，积极推进盐业管理，这是盐井盐业发展历史上的一个重要时期。盐业的发展，首先，带来直接的经济效益，如上所述能增加边务经费；其次，维护了边军在当地社会的权威，为稳定地方社会发挥着重要的作用，如赵尔丰利用在盐井建立起来的"根据地"，不断向盐井西部推进，收回桑昂曲宗（现察隅一带），维护了中印接壤地区我国边疆领土安全；最后，盐业管理制度的出现，促进了汉藏文化的交流，同时有利于推动盐井同周边民族之间的互动。有关盐业改革增加盐税收入，以供军费所需，上述内容已经作了论述，以下主要论述盐税的其他方面的积极作用。

（一）赵尔丰改土归流时期是盐井史上制度化管理盐业的开端

西藏盐业并不发达，主要分布有藏北的湖盐和藏东的井盐。但是，清末几位与西藏有关联的大臣（包括驻藏大臣）均对西藏的盐税进行过论述。光绪二十九年（1903年）十月二十九日，锡良在《议覆川边屯垦商矿各情形折》中提到："蛮盐（藏盐）价贱，并不取诸内地。衣者氆氇，次曰褐子，惟汉民用布，其数甚无几也。故官盐、布店断然难设。"② 这表明，藏盐有其特殊性。进藏查办大臣张荫棠提到："巴塘（现在的西藏芒康县盐井）新收盐税颇旺。藏中向无盐税。"③张荫棠所言无盐税，表明西藏未形成专门的盐税征收制度。并在光绪三十三年（1907年）三月，再一次强调"藏盐素来无厘税"④。应该说，在赵尔丰进入盐井之前，当地盐业生产及盐税征收早已形成一套约定习俗来维系盐业发展，并在土司和寺庙的共同协商下进行，但是，因为材料有限，只了解到二者共同收税后分税。不过，赵尔丰在盐井改土归流之后，发生了明显变化。冉光荣提到："西康地区最早实行改土归流的是巴塘、里塘，而最先筹划正式征收赋税的则是盐井的盐税。"⑤冉光荣的论述是有依据的，盐

---

① 参见冉光荣《清末民初四川盐井县井盐生产述略》，见彭泽益、王仁远主编《中国盐业史国际学术讨论会论文集》，四川人民出版社1991年版，第365～370页。

② 中国科学院历史研究所第三所主编：《锡良遗稿·奏稿（全二册）》，中华书局1959年版，第365页。

③ 吴丰培编：《清代藏事奏牍》，赵慎应校对，中国藏学出版社1994年版，第1329页。不过，房建昌认为"藏中向无盐税"并不准确。见唐仁粤主编《中国盐业史（地方篇）》，人民出版社1997年版，第747页。

④ 吴丰培编：《清代藏事奏牍》，赵慎应校对，中国藏学出版社1994年版，第1361页。

⑤ 冉光荣：《清末民初四川盐井县井盐生产述略》，见彭泽益、王仁远编《中国盐业史国际学术讨论会论文集》，四川人民出版社1991年版，第358页。

井长期处在政教合一制度下，自吐蕃东扩和内地开始有接触以来，盐井一直处在权力博弈之中。这和盐井地处民族走廊、是汉族文化交融的必经之路不无关系。盐井因盐而兴起，盐井同周边德钦、巴塘等地的交往要道，逐渐成为汉藏商贸往来的重要通道。然而，盐井打破了一种常规，传统盐业的兴起并未伴随着制度化管理机制的出现。直到赵尔丰改土归流时期，才出台了相关的盐业管理章程。造成这种现象的原因有二。

（1）西藏传统盐业技术落后，导致盐业总体上并不发达。长期以来，有关吐蕃制盐技术的描述很少有文献记载，清代之前更是凤毛麟角。最早可在《蛮书》中找到影子，其载："昆明城（现四川盐源县）有大盐池，比陷吐蕃。蕃中不解煮法，以咸池水沃柴上，以火焚柴成炭，即于炭上掠取盐也。"① 这个时候，南诏境内的定莋一带则已经采用煎煮法制盐，即吐蕃的制盐法比较落后。唐之后，很少有相关文献记录西藏高原的制盐技术。西藏境内的盐业长期处在落后状态，更谈不上出现制度化的盐业管理体系。

（2）盐井长期处在政教合一制度控制之中，盐业管理混乱。盐井自吐蕃时期以来一直是吐蕃南下进入滇境的必经之地。吐蕃政权瓦解后，一度处于部落社会，不相统一。公元1260年，元世祖尊八思巴为国师，1264年成立了总政院（1288年改为宣政院），下设置三个宣慰使司，其中的"吐蕃等路宣慰使司都元帅府"具体负责昌都地区、四川阿坝州和甘孜州等藏族聚居区事务，② 所辖范围基本覆盖了康区，此时盐井属吐蕃等路宣慰使司都元帅府管辖。15世纪，由木氏土司管辖并开始了长达100余年的统治，清代由巴塘土司管理。综观盐井的历史，盐井一度处在政教制度的统治之中。由于盐井处在各大政权的交界带，自唐代以来一直不断发生战事。政权的变化导致盐井一度处在混乱之中。在特殊的西藏政教制度之下，盐井一直未能形成盐业相关制度。因此，技术和政治变迁成为盐井盐业制度难以形成的重要因素。直到赵尔丰在川边施政，实施改土归流之后，情况才有所改观。因此，张荫棠在光绪三十三年（1907年）三月《至外部丞参函述筹藏详情及参劾番官原委》中提到："若于鹿马岭、喀喇乌苏税局征税，官商并运，岁可数万，将来可望征收二三十万。巴塘盐税其前事之师也。"③ 即，经过赵尔丰改土归流之后，盐井的盐税较为规范，获得成效，鼓励以之效仿。

---

① 樊绰撰：《蛮书》，向达校注，中华书局1962年版，第189页。
② 参见李光文、杨松、格勒主编《西藏昌都——历史·传统·现代化》，重庆出版社2000年版，第48页。
③ 吴丰培编：《清代藏事奏牍》，赵慎应校对，中国藏学出版社1994年版，第1361页。

（二）维护边疆稳定，积极推动了汉、藏、纳西、独龙、怒等民族之间文化的交流

经济、政治和文化之间的关系是相辅相成的。盐井获得改土归流的成功，奠定了边军在这一区域的政治基础。在克服了澜沧江这道天然防线，边军可西进对毕（碧）土、闷空、桑昂曲宗（察隅）等地进行改土归流，这可从此后程凤翔进入盐井西部区域的过程中证实。"查左贡以西为桑昂曲宗，南连滇缅，西界波密，乘此收回，以免后患，……且藏中初定，亦无暇顾及，故先收之而后议。"① 而促使赵尔丰不断西进招抚桑昂曲宗一带的藏族、怒族、独龙族和僜人，其根本原因是在20世纪初期，英属印度的势力已经深入到距离察隅日马仅有35公里的地方。此后，边军在察隅等地积极展开招抚工作，并树立界碑，防止外侵势力窥伺。

如果说获得经济利益、增加边务经费是赵尔丰积极推动盐井盐业改革的原动力，那么盐业相关制度的制定则是原动力的牵引力。通过盐业制度的改革，不仅实现了经济利益的获得，同时推动了不同民族和族群之间的文化互动，这首先表现在在当地同时进行汉文和藏文的使用。例如，在《盐井征收盐税章程》中提及："设司事兼清书一名，藏文翻译兼通事一名，每名每月支薪水银十两。"其次，盐井盐业的影响已经深入到了怒江的独龙族、怒族等民族聚居地。从珞巴和僜人来看，他们急需盐井的盐，宣统元年（1909年）管带程凤翔进入察隅一带，发现当地"所需之货，重在食盐，常以谷二三批易盐一批"②。根据中国社会科学院民族研究所1976年对西藏察隅县僜人地区的调查，发现紧靠盐井的"僜人地区盐十分缺乏，常用挖到的黄连或偶尔得到的其他贵重药材向藏族聚居区换回盐巴"③，其中交换的方式是以物易物，僜人常常是用黄连、天麻、贝母、麝香、熊胆、蜜蜂等和藏族换回刀、铁锅、盐巴、酥油等生活用品。显然，盐已成为僜人和藏族重要的交换品。清代夏瑚进入怒江的贡山一带时同样记录了盐的交换情况："菖（贡山县）属尽食砂盐，产于西康省盐井县，由察瓦隆蛮人运贩，概系以粮谷持换，用银币购买者少。因察瓦隆产粮甚少，故运盐换粮，运回自食。"④ 其他文献也记载道：

---

① 吴丰培编：《赵尔丰川边奏牍》，四川民族出版社1984年版，第207页。
② 吴丰培编：《赵尔丰川边奏牍》，四川民族出版社1984年版，第227页。
③ 中国社会科学院民族研究所编：《僜人社会历史调查》，云南人民出版社1990年版，第59页。
④ 菖蒲桶行政委员公署编纂：《菖蒲桶志》，见李道生主编《怒江文史资料选辑（第十八辑）》，政协云南贡山独龙族怒族自治县委员会、政协云南省怒江傈僳族自治州委员会文史资料研究委员会1991年刊印，第14页。

倮民所缺者食盐、牦牛、奶子牛、雅（鸦）片烟等物，而最喜者亦此数种……倮属所产者惟黄牛（连），辄用黄连易牦牛、奶子牛。其地不产盐，盐与烟皆以连易，桑昂所属境内，用盐皆由盐井、察木多两处运来。其盐质井优察劣。井盐最下等尚盐泥参半。察盐则纯似红坭，其咸味均不如井盐之重，大抵桑昂以上，均用察盐，桑昂以下，多用井盐。亦因地配食之意。杂瑜一带，尚有闷空夷商运井盐来易黄连，故以间有井盐，标下前已遣夷人赴盐井购办，以备赏需之用，不日当回杂瑜。①

因此，盐井的盐的确在藏东横断山脉地区起到了推动各民族之间的互动和交融。

第三节　赵尔丰时期盐井地方事务的管理

一、人口统计及村寨管理

盐井在改土归流之前属巴塘土司管辖，由于土司制度管理上的不完善，出现盐井的地界模糊。"巴塘事件"发生之后，赵尔丰较为关注改土归流过程中如何加强地方社会管理，其中一项制度就是增设汉官，以免后患。

光绪三十二年（1906年）至三十三年（1907年）期间，赵尔丰建议将巴塘改为巴安府，盐井改为盐井县。此后盐井开始划界，宣统元年（1909年）六月二十一日盐井知县遵照光绪三十一年（1905年）七月初八日开办边务章程"增设官""划明各府厅县疆界"的政策开始对盐井进行勘界。六月二十五日，知县渡过澜沧江，勘测江西一带的县界，二十九日回到盐井。七月初二日又勘测盐井与云南的交界。七月十三日县知事会同巴塘粮务张盛楷在帮木塘、甲泥顶两处中间勘测巴塘和盐井的界限。复由南墩（巴塘和盐井的界限）到茶里，十九日到达宗崖，此后又向西进入昌多（现在的小昌都）和江卡（后来的宁静县）划界。② 至此，盐井的四方界限得以分清。从《巴塘盐井乡土志》中所附的地图（见图6-2）可以看到盐井县的全图。此时，盐井到各处界限的里程如下：北至紫来山顶130里，东北至壬子陇沟106里，南至碧油

---

① 《察隅志略》，见《西藏地方志资料集成》（第二集），中国藏学出版社1997年版，第142页。
② 参见刘赞廷《盐井县志》，见《中国地方志集成：西藏府县志辑》，巴蜀书社1995年版，第363页。

（用）工山顶60里，西南至怒江311里，西北至札夷390里。①

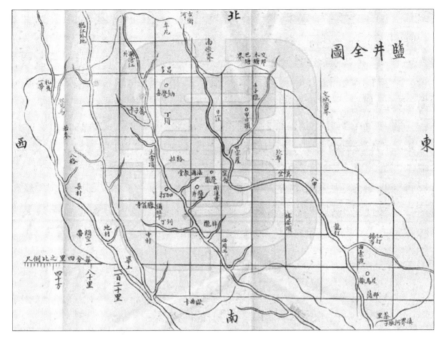

图6-2 清代宣统年间的盐井县全貌②

县界明确之后，既便于人口造册，又可按照人口进行增收粮食和各种税收，而盐税的顺利征收，为其他税种的征收奠定了基础。冉光荣论述道：

> 更为有意义的是，康区过去税收毫无章程，改土归流后即予整顿，但粮、牲之税必先清查地亩及马牛羊数日后，才能确定税率。时地方机构远不健全，没有人力完成这个任务。而盐税在产地设置关卡，派兵勇数人，即可实现。因之，赵尔丰把盐税作为康区赋税推行之试点。中央亦在粮、盐、矿、林诸方面，首先看中盐税之抽收。而盐局之成立，盐厘之交纳，也就为其他税收盼陆续出台起了良好的带头作用。③

---

① 参见刘赞廷《盐井县志》，见《中国地方志集成：西藏府县志辑》，巴蜀书社1995年版，第364页。
② 来自段鹏瑞《巴塘盐井乡土志》，国家图书馆宣统二年（1910年）铅印本。
③ 冉光荣：《清末民初四川盐井县井盐生产述略》，见彭泽益、王仁远编《中国盐业史国际学术讨论会论文集》，四川人民出版社1991年版，第366页。

事实上，赵尔丰在盐井继续推动改土归流，开始狠抓基层事务。此时的盐井县分为六路，江东和江西分别三路。各设保正一人，东以中崖、西以闷空、西北以札夷所属之重镇，六路共管大小 135 村，2057 户，男 6111 人，女 8421 人，喇嘛 800 余人，客籍 384 户，那样算起来有人口 17000 多人。

改土归流之后，盐井真正脱离了巴塘土司的管辖，原有的社会制度被取代，社会上层的寺庙权力得到了基本控制，但是，新的制度体系未能建立，亟需加强管理。但是，在盐井推行的制度还是建立在封建领主制的基础上，设立了县衙，将盐井分为中、东、西、南、北 5 个区。每个区又包括大小不同的小村，如东区的任子顶村只有 1 户，8 人；该区的顶马号村只有 2 户，人口仅 7 人；南区的有木村只有 3 户，人口共 13 人。人口最多的村落有东区的扎工村，有朔和寺佃户 46 户，141 多人；擦乃寺佃户 39 户，167 人。从宣统三年（1911 年）所提供的盐井保正和村长基本情况来看，各区设保正 1 名（除中区和北区合 1 人），未纳入的札夷和闷空各设保正 1 人，1 个保正人管 2~4 名村长，1 名村长管几个小村。盐井当时共设 6 名保正，16 名村长。其具体情况见表 6-3。

表 6-3　宣统三年（1911 年）盐井各区保正、村长姓名①

各区/村	保正人	姓名	岁数	驻地	村长数	村长姓名		
中区	合 1 人	昂布慈仁	60	噶达	2 人	许巴登	乔阿登	
北区					1 人	曹巴登		
西区	1 人	札喜	40	甲达	3 人	依西乃布	司郎温吉	依西曲批
东区	1 人	结村四渣	33	恪窟	2 人	次仁昂布	阿登	
南区	1 人	降巴	36	觉登村	2 人	桑登曲倍	次登	
札夷	1 人	司郎尺里	40	札夷	2 人	春多曲	春登	
闷空	1 人	崔木旺吉	35	闷空	4 人	四郎札喜	尺里札喜	西郎江措 巴益西
合计	6 人				16 人			

保正和村长的选举，一定程度上增进了基层和县衙之间的联系，有效防止制度体系的散乱。从《盐井委员选报各区保正村长通守章程十六条》② 中看

---

① 根据《盐井委员造报举充各区保正村长姓名清册》整理，见《中国地方志集成：西藏府县志》，巴蜀书社 1995 年版，第 366~367 页。

② 参见刘赞廷《盐井县志》，见《中国地方志集成：西藏府县志辑》，巴蜀书社 1995 年版，第 368 页。

出，该制度赋予了基础管理者一定的权力和义务，有效巩固基层同县衙之间的紧密度：

（1）各区保正有稽查村长之责，如有村长办事不公或违犯法律，由该管保正举报，不准隐护偏袒，亦不准挟嫌诬评。

（2）各保正有表率村长之责，务必公正办事，以服众人而浮民望。

（3）各保正村长办事可靠者，三年择优请奖，如不能公道随时更换。

（4）各保正村长同有稽查盗贼、赌博、酗酒等事，随时密报。村内如有孝悌节义之举，应禀官奖励，以端风化，如有忤逆不孝，殴骂尊长，以及有不守规距（矩）之妇女，亦须禀官惩为，以重人伦不得隐匿。

（5）各保正有举办所管村内水旱灾兼事情之责，如遇非常之事，火速报官，查夺。如有外国人以及来历不明之人到村，均宜报官核夺。

（6）各保正村长同有传告谕之责，官出示谕务须传锣告之百姓，以免违犯；如有传送公件，立派人往，不得延误。

（7）各保正村长同为众人公举，有怜爱无挟制，如有两造，请讲理信，须凭众人公断，不得颠倒是非，尤是不得收受银钱及威吓殴打致干咎庚。

（8）各村长有因公事不能具禀者，准来署面陈，查酌以免隔阂。

（9）各村长有催粮传案、代借公款、传派乌拉责任，若奉官谕事件，即须依限办理，不得索要百姓分厘及有偏私之弊。

（10）各村长务须劝告百姓极头洗面穿裤，不得披头散发，赤脚羞耻。

（11）各村长告之所管百姓，不准乱放牛马，践踏禾苗，违者罚办。

（12）各村长须劝告百姓收集粪土，助厚地力，讲耕耘，以作农会之基础。

（13）各村长须劝告百姓于农间修治桥梁，大小道路砍除路旁棘荆，以利行人。

（14）各村长须劝告百姓遇有嫁娶之事，令其来署请领婚书，照规定，备价呈缴以昭郑重，如结婚不来署取婚书者，没有争就官不理处。

（15）各村长须劝告百姓人等，人死除喇嘛准其火化外，其余人等死后，均用棺木衣物装殓，送在山林空地，掩埋，不准再有天葬、水葬之事。

（16）各村长须劝告百姓学说汉语或约众人立会公请通事，约期学话或每夜一次或间日一次，日学几句，久自贯通而少隔阂。

通过上述十六条的规定，基本明确了各保正、村长的基本职责，奖惩分明。这有利于促进村落的管理，以及保持和基层的联系。

二、加强农牧酥油等基本税收

从宣统二年（1910年）对各区增收的各种税收中可以看出，赵尔丰对盐井的管理不仅从盐业上进行大刀阔斧的改革，从规范生产、销售、税收再到规范市场，无不透露出赵尔丰改土归流的决心，而且在对粮食、马牛羊税、酥油顺利征收情况下进行了一定的改革。

首先是保证粮食、牲畜税、酥油的征收。其基本情况，可先参见表6-4的内容。

表6-4 宣统二年（1910年）盐井各区征收粮税酥油情况统计①

各区	青稞	南麦和大麦	荞子	黍米	马牛羊税（藏元）	酥油
中区	二百七十石五斗四升一合二勺五抄	十四石另八升七合五勺、十四石八斗九升五合	六十二石三斗六升五合	八石二斗三升	藏元四十七元二咀，铜元七枚	八十六觔半
东区	二百四十五石六斗七升五合六勺二抄五撮	—	—	—	藏元三十三元一咀	一百另三觔
西区	六十四石六斗六升	一百另二石四斗六升二合五勺	二十二石八斗七升七合五勺	二十石另二斗一升七合五勺	藏元十五元一咀，铜元七枚	三十五觔半
南区	一百二十一石七斗九升一合二勺五抄	六十一石三斗六升	八石五斗七升	四十石另五合	藏元十一元五	一百三十四觔
北区	九十七石另七升六合二勺五抄	一石八斗	六石八斗八升八合七勺五抄	四石八斗四升三合五勺	藏元十一元五	四十七觔

---

① 刘赞廷：《盐井县志》，见《中国地方志集成·西藏府县志辑》，巴蜀书社1995年版，第370～379页。

续表 6-4

各区	青稞	南麦和大麦	荞子	黍米	马牛羊税（藏元）	酥油
合计	七百九十九石七斗四升四合三勺七抄五勺	一百八十石另七斗一升	一百石另七斗另一合二勺五抄	八十三石二斗九升五合	藏元三百九十五元，铜元九枚	四百另六觔半

从表 6-4 中的内容可看出宣统期间盐井各区的税收情况，同时可以看出，赵尔丰时期的盐井社会制度依然处在封建社会的形态，税收依然种类繁多，只在一定程度上减轻了农民的赋税，社会基本矛盾暂时得以缓解。遗憾的是，《盐井县志》并未就税收的征收方式和具体内容进行记载，在查阅《盐井县纪要》后方知以下情况：

（1）税收主要有粮税（包括了青稞、大麦、南麦、荞子）、马牛羊税、酥油三种主要形式。

（2）如何收粮。该纪要载"盐井初次收服，设治王委禀移粮台存粮借与民间作籽种，愚民无知，只图多领作食，讵王委即以所借粮食数作该民应领籽种之数，就种起征，永定粮额"，也就是说各户所领取的粮食将作为下种的籽种开始征收。按照规定："计每亩播种一斗，平均约收获六斗，纳粮一斗五升，只赢三斗零。"简单来算就是治所所收粮食是下种的 1.5 倍。以一家五口来计算，种地十亩，籽种需要一担，收获六担，纳粮一担五斗，则除去纳粮和籽种，只收获三石五斗，这样是难以满足基本生活的。在和各地比价时指出："甲于康区各县，较川滇内地，实重四十倍左右。"

（3）纳粮基本上采取种什么收什么的方式。东区主要种的是青稞，基本上缴纳的是青稞；南区下种的种类多，有南麦、大麦、青稞、荞子，所收的粮税也包括这些。

有关牲畜税，据《盐井县纪要》记载，县内没有大批关牲口的帐篷，均由各家各户零星饲养，按照赵尔丰的规定 13 头以下不需要纳税，则需要征收牲畜税所剩无几，历任知事也只是勉强征收。从所征收的牲畜税来看，主要集中在东区、北区和中区，这些地方饲养牲畜稍多。民国十年（1921 年）以后，土匪横生，牲畜为空，养牲畜之人寥寥无几，牲畜税也就停止征收了。[①]

这一时期，盐业依然是当地的主要生计方式，百姓、官员对盐有其广泛的

---

① 参见佚名《盐井县纪要》，载《边政》1931 年第 6 期。

认知，如清末刘赞廷①对盐井作有一诗。

     沧江水灏森，中蕴泻盐泉；
     未识通咸海，翻来喷大川。
     浮云低霭护，修埂汲兰田；
     天意怜民苦，随风共日煎。②

  从中我们可了解到，澜沧江边有卤水自然流出，人们汲卤晒盐。上天好像故意怜悯盐井人的疾苦，只需要靠风吹和日晒，当地就能产盐。应该说，这首诗中表达了刘赞廷对盐民的同情，其本人对晒盐的艰苦过程有所了解。此外，当地的百姓也用歌声，表达着自己辛苦的晒盐生活。

     盐田像白纸一样铺盖在江边，
     我却没有一块纸一样的盐田。
     山顶上积雪有融化的日子，
     我们却世代忍受痛苦的熬煎。
     澜沧江的水一日不干，
     盐民的眼泪就一天擦不完。③

  这是民主改革之前盐民的苦难生活，他们世世代代都没有属于自己的盐田，靠租晒地方头人的盐田来维持生计。一年结束了，需要向地方头人交盐或交粮食，盐民所剩无几。但是，盐民却始终难以逃避这样的现实。

  赵尔丰改土归流时期，不仅对盐业进行了改革，推动农业发展也是其治理盐井的另一项重要举措。改土归流期间，赵氏重视农业发展，以期达到"地足以养民，地足以养军"，强调"从前土司管理，不令民间开垦，而百姓等亦因耕种差徭难供，故亦弃地而不辟。现在改土归流，政令变更，凡有荒地均应详细调查，以便招人开垦"④。宣统年间，赵尔丰先后对石渠、登科、德格、

---

  ① 刘赞廷早年跟随赵尔丰进入康区，任西军中营哨官，民国初年任川边军分统，后又任蒙藏委员会调查室主任等职。
  ② 刘赞廷：《盐井县志》，见《中国地方志集成·西藏府县志辑》，巴蜀书社1995年版，第379页。
  ③ 盐井当地广泛流行的一首民间歌曲。参见王仁湘、张征雁著《中国滋味：盐与文明》，辽宁人民出版社2007年版，第87页。
  ④ 西藏自治区社会科学院、四川省社会科学院编：《近代康藏重大事件史料选编》（第二篇 上），西藏古籍出版社2004年版，第271页。

麻陇、河口、稻坝、三坝、定乡、盐井、巴塘、理塘等川边广大地区的荒地进行了垦殖，鼓励人们进行开垦，甚至直接派人专门负责这项工作。此后，赵尔丰将所招收的垦夫 1000 名，先后分派到定乡 200 名、稻城 200 名、巴安 200 名、河口 200 民，留 200 名开垦东俄洛。此后的资料进一步补充说明："查出关垦夫，共一千七百二十三名，有眷属六百余人，分发开垦之地。以康定、雅江、稻城、定乡、巴安、盐井、道孚、炉霍、甘孜各县。至宣统三年（1911 年）拟续招垦夫二千名，开辟金沙江以西各县。"① 其中一位吴姓的四川资中人，当年是赵尔丰的麾下，被派往盐井开垦土地。

  盐井垦夫吴姓，资中人。清末应赵尔丰慕，夫妇同来巴塘领垦，分发于盐井县，垦江岸官荒。其地为一大平原，喇嘛指为神山，禁民耕种，故荒芜。其实温暖佳良之耕土也。赵使定制，垦夫占地，视其力所能及，不加限制；垦定，即为私有，三年后始升科纳粮。吴姓之妇善针纫。时盐井新设税卡，驻军一营，尚无缝匠，制衣者多资于妇。妇人颇丰，吴姓即恃此钱，雇人开垦。两年内，垦得 200 余亩，皆有收获。适值川边大乱，藏军攻盐井，番民应之，驱逐客民。吴姓夫妇，逃赴巴塘，前功尽弃。民元乱定后，重回盐井，时则番民势盛，汉官力弱，竟不得占领垦地。闻门空迤南，怒江沿岸，温暖多荒，夫妇步行贩盐赴之。其地无官府，土民为怒子（怒族），性驯怯，畏汉人。吴姓初至，以小贸缝纫自给，渐垦荒地。年余垦成，怒子皆畏而避之。于是拓地渐广，复成大农。犹时往来盐井，招致客民同往。闻其地现已有汉户数十家云。②

从上述的信息可知：一方面是农业开垦遇到阻力，当地藏族将可开垦的土地奉为神山，禁止开荒，当地不让开垦土地的阻力不仅来自土司，还来自当地的风俗；二是荒地较多，吴氏夫妇在两年内能开垦 200 余亩，这对可耕地面积少的盐井来说，已是很大的面积了，对盐井的农业发展有很大的帮助；三是川边社会大乱，阻碍了当地的农业发展。吴氏夫妇在动乱之时，放弃垦荒，离开盐井，进入怒江流域，此时怒江两岸也是处在农业落后的状态，政府管理松散，以致吴氏夫妇在此又重拾老本行，继续垦荒。

---

 ① 西藏自治区社会科学院、四川省社会科学院编：《近代康藏重大事件史料选编·第二篇上》，西藏古籍出版社 2004 年版，第 276 页。
 ② 任乃强著：《西康图经·民俗篇》，新亚细亚学会出版科中华民国二十三年（1934 年）版，第 267 页。

第七章　民国对盐业资源的调查

对于民国期间盐井盐业资源的概况，目前多通过档案资料来了解，系统阐述盐业资源的文献资料较为稀缺。有幸的是，在民国三十年（1941年），一位地质工作者不顾个人安危，乔装打扮，混入从四川巴塘到盐井的商队，历经半月时间，利用隐形调查方法，获取到重要的盐业资源信息，著成当前研究民国盐井盐业资源的重要文献。此外，盐业作为重要的资源，常常被地方势力所操控，受僧俗两种势力的影响较深。改土归流之后，土司消失，寺院权力被削弱。但是，盐井地处川、滇、藏的交界区，民国期间，僧界势力多有抬头，其中以盐井朔和寺的贡噶喇嘛为代表。此外，刘文辉部下的盐井驻军、格桑泽仁等地方俗界势力也纷纷参与到盐业资源的争夺中。

第一节　崔克信的盐井之行

系统对盐井盐业进行实地调查者，在民国及之前并无他例。民国期间地方社会混乱，若要进入盐井调查更为不易，崔克信先生在民国三十年（1941年）进行的有关盐井的地质及盐业的调查成为了解民国时期盐井盐业情况的重要依据，其个人经历和调查过程值得浓墨重彩。

一、基于实证的科学描述

崔克信（1909年7月—2013年2月），河北井陉县人，出生于农民家庭，中国康藏地质考察的先驱和开拓者，中国西南地区石油地质研究的先驱者之一，曾任西康地质调查所所长，后来成为中国知名的地质学家。有关崔先生的情况，从钱伟长编的《20世纪中国知名科学家学术成就概览（地学卷·地质学分册1）》中他的自我描述可知一二。1935年夏，崔先生从北京大学地质系毕业后，考入北平实业部地质调查所任练习员。1939年4月，他前往西康调查矿产，11月参加西康金矿局工作，任副工程师。据他自己所述：

1941年1月，（崔克信）改任西康省地质调查所技师。是年夏，领队调查金砂江西岸宁静（芒康）附近传闻的石油矿藏，同行者有胡熙庚及兰仲明。途经雅江、理化（理塘）、义敦等县至巴安（巴塘）。原拟自巴安渡江前往调查，因藏方拒绝入境，虽经数月交涉，仍归无效。在巴安驻军付德铨团长代为交涉期间，崔克信北走白玉县境调查。

交涉失败后，仍留全队人员于巴安，作为掩护，派崔克信化装成藏商，随副团长骡帮潜赴南敦、盐井调查月余。年底归返康定，编写考察报告及西康煤铁资源综合报告。①

上述内容和崔克信在《盐井县之地质及盐产调查》中所述一致。民国三十年（1941年）十月，崔克信奉命前往宁静调查，此时的宁静和盐井一带乃然属藏方管辖，因此从巴塘到盐井的要求遭到拒绝，几经交涉仍然无果。崔克信灵机一动，化装成商人混入从巴塘来盐井驮盐的商队之中，来到盐井。但是路途并不顺利，十九日从巴塘出发，第二天（二十日）到达竹巴笼渡金沙江；二十四日到达南墩，却被莽领守军拦住，交涉数小时后才得以脱身；二十五日又从南墩出发，三十日才到达盐井，从巴塘到盐井的380里的路程足足经历了10天。在盐井调查了6天之后，十一月七日去了德钦县调查，十一月十一日重返盐井，十一月二十日离开盐井。在盐井调查的时间一共为15天左右。

《盐井县之地质及盐产调查》成为了解民国期间盐井盐业和地方社会的重要文献。正如崔氏所言："盐井地质及产盐鲜有从事调查者，仅同年八月，中印公路踏勘队，林专员文英，会作短期察勘，旋被彼等阻南墩，退返云南德钦县治，其调查结果如何，尚无所知。"② 的确，如今也未见民国期间盐井地质和盐产的专门性调查，有关盐井的盐业仅能从《西康消息》了解到少许。

崔克信调查期间，正值盐井被藏方控制，管理盐井的贡噶喇嘛虽说是宗教头领，却有一定的军事势力，因此，崔克信从巴塘到盐井的过程可谓费尽周折，最后乔装打扮成商人才得以通行。崔克信在调查时考虑到不能公然暴露身份，因此"时而藏□（于）乱石丛草中，偷作测绘，时而穿经商贾大道，暗作记录，而大部时间，则尚需消耗于商帮中以策万全"③。由此可见，他采用了较为灵活的调查方式。

崔克信在条件极其不利的情况下，经历半个月的调查，最终给我们留下了

---

① 参见孙鸿烈本卷主编、钱伟长总主编《20世纪中国知名科学家学术成就概览·地学卷·地质学分册（一）》，科学出版社2013年版，第483页。
② 崔克信：《盐井县之地质及盐产调查》，载《西康经济季刊》1944年第8期。
③ 崔克信：《盐井县之地质及盐产调查》，载《西康经济季刊》1944年第8期。

洋洋一万余字的调查报告，从地质地貌的分析，再到盐业相关问题的论述，无不体现了他本人伟大的追求真理的科学精神。对此笔者有两点感触：一是自己也有4次深入藏族聚居区调查的经历，但和崔先生相比，自愧不如；二是崔氏的调查虽然以地质为主题，但在调查的方法上却和民族学、人类学有异曲同工之处。人类学调查者，为了收集一手材料，在田野中不能随意暴露自己的意图，在观察和访问时，尽可能多听、多问、多记，以了解更多的地方信息。总之，在民族地区的调查需要技巧，正是基于灵活的调查方法，崔克信在复杂的政治环境下依然能为后人留下重要的笔墨。

二、《盐井县之地质及盐产调查》要义

《盐井县之地质及盐产调查》共分6个部分，包括绪言、位置和交通、地形、地质概述、盐产、结论。绪言主要介绍了此次调查的经过和路途的经历；位置和交通简要介绍了盐田的分布和两岸之间往来使用的交通工具；地形则简要介绍了盐井的地貌特点；地质概述主要描述盐井的地质构造，分析盐井出盐的地理因素。文章重点分析了盐井卤水成因和盐业产量分析，最后对盐业生产提出了一些建议。

总体上，崔克信对盐井卤水资源形成的原因进行了分析，并对卤水的各种矿物元素的构成情况做了测定（见表7-1），这令他成为测定盐井卤水成分的第一人。此外，对盐井、盐田和水塘（储卤池）进行了统计和分析。对盐田的分析，不仅观察了盐田的分布，还从不同地势的盐田对木料的要求、盐田的修整过程等方面做了论述。在论述制盐技术时对产盐的季节、步骤和方法均一一作了阐述。

表7-1 白、红盐成分分析①

项目 种类	水	不溶物	铁铝瓷化物	硫酸钙	硫酸铁	硫酸钠	氯化钠
白盐	4.85%	4.28%	0.95%	0.19%	0.11%	0.295%	88.60%
红盐	4.50%	12.92%	2.14%	0.18%	0.54%	0.586%	79.33%

从表7-1的内容可以看出：①白盐含氯化钠的成分比红盐高，说明东岸

---

① 此表内的数据应由崔克信在盐井调查期间所测，后来冉光荣在其《清末民初四川盐井县井盐生产略述》一文中有类似的数据，但未标明出处，经过笔者比对，和崔克信的调查数据有较大的相似度，只有几处存在差异。可参见崔克信《盐井县之地质及盐产调查》，载《西康经济季刊》1944年第8期。另外，笔者在拙著《碧罗雪山两麓人民的生计模式》中也做了引用，但是仔细辨认后发现，崔克信一文受印刷的影响，引用时辨别不清，数据不准确，在此一并更正。

卤水的质量比西岸的要好；②从杂质来看，红盐比白盐含量高，因此盐质比白盐差。

从崔克信调查的情况来看，盐田的分布没有多大变化，不过盐田的数量并没有如今多。

从表7-2的数据可以看出，加达村的盐田数最多，基本上占盐井盐田总数的一半以上。此外，受当时盐井不断发生战事的影响，被毁严重的盐田也较少有人修复，因此未修复的盐田也颇多。

表7-2 民国三十年（1941年）盐井盐田基本情况①

盐田/类别	盐户（户）	盐井数（个）	完好的盐田（块）	未修复的盐田（块）
不顶	30	2	210	50
希登卡	30	2	170	—
生曲龙	2	2	29	—
亚卡	42	6	370	—
葛然	33	1	250	—
加达	26	10	1300	200以上
统计	163	23	2329	230以上

此外，崔克信对盐产量也做了统计（见表7-3）：

表7-3 民国三十年（1941年）盐井盐产量分析②

月份		盐田 产量	加达（藏斗）	其他（藏斗）	备注
旺月	3—8	日产额	500	1620	盐田数按：加达盐田数为1500块，其他盐田数为1080块计算。每田日产额：加达盐田为1/3斗（按每斗6公斤记，则为2公斤）；其他盐田为3/2斗（9公斤）。除去不产盐之阴雨日6月共以156日计。年产全额479332藏斗（约合2876吨）。
		总产额	78000	252720	
贫月	9—11	日产额	150	486	
		总产额	13050	42283	
	12—2	日产额	250	810	
		总产额	22000	71280	
	统计		113950	369199	

---

① 崔克信：《盐井县之地质及盐产调查》，载《西康经济季刊》1944年第8期。
② 崔克信：《盐井县之地质及盐产调查》，载《西康经济季刊》1944年第8期。原资料数据统计有误。

通过表 7-3 的内容我们可以看出以下几个方面的问题：第一，崔氏认为旺月有 6 个月，产额占总产额的 69%。第二，按照每藏斗大约为 12 市斤来算，那么这个时期的盐产量为 5751864 斤，为 2876 吨左右。这个数据和 30 年前的年产量 1260 吨相比多了一倍。原因可能有二：一是《巴塘盐井乡土志》所记录的盐产量受时局影响，在改土归流后的几年盐业处于恢复初期，因此产量并不是盐业最发达的阶段，而且这个数据也只是估算。二是崔氏的计算显然考虑了旺月和贫月产盐不同，从他计算的方式来看，主要以每日每块盐田的产量和天数相乘得出数据。这主要与他本人在盐井调查的时间有限有关，仅为十余天，很难仔细了解，计算产量之时尽管除去了阴雨天，但这样的计算方式显然不可能做到精确无误。

崔克信在调查的基础上提出了盐田修建存在的问题，并提出建议，在今天看来，有些建议有一定的道理，但也有一些则仅出于推理。以下简要介绍崔先生提出盐田存在的问题和建议。

（一）盐田及盐业生产存在的缺点

崔克信主要从以下八个方面，探讨在制盐的不同阶段所面临的困难和存在的不足。

1. 盐井数少。盐井数目与盐田数相比较，显然盐井数不够，各盐户被迫分配汲（卤）水时间及桶数，不能自由收取，以此影响了盐田产量的增加。

2. 盐井分布不均。夹（加）达盐田的盐井，除二三井外，均位于同一砂岩层中，彼此毗连，使盐水分散，不能集中，以致咸度颇低，影响产量，其余则盐井数少，距多数盐田较远，汲水不易，影响工作效率。

3. 盐水取运困难。各盐田的盐水，自卤水井运至盐田，均需要人力背挑，而盐田多沿着山坡建造，上下距离，少则数公尺，多则数十或百公尺，羊肠鸟道，攀登起来极为困难，影响工作效率不小。

4. 盐质不纯。盐田表面铺以砂泥，经盐水浸后，常常将杂质掺杂在盐中，使盐质不纯，如盐井的三道盐以泥砂过多而呈现红色，仅能供牲畜食用，人无法食用。

5. 拆建盐田不符经济原则。建一块盐田，须耗费几个工程，及（藏）洋三十元，拆时亦浪费，而为了将盐田的盐柱及渗在泥砂的盐溶解于大卤水池中，竟然要一年拆建盐田一次，殊不合经济原则。

6. 盐政不良。盐户均为（差民），以政府差役繁重，不堪其苦，多有弃业外逃者，或则被上层压榨，经济绝蹶，导致盐田塌毁，盐民均无力修复，属之盐业日就衰微。

7. 交易制度不良，交易均由盐商赴盐田以物易盐，数十元交易，往往需时数日，费时费事，殊不合理。

8. 盐税不均，小驮与大驮之盐税，不成比例，税收因之损失不少，且税以驮计，易□□盐商加大驮重，捐及牲畜并多用盐驮，减少运销效力（率）。①

以上崔克信所提出盐业生产存在的缺点，如盐井数少、盐井分布不均、盐质不纯、盐政不良、交易制度不良和盐税不均等问题都直接反映了盐井盐业生产存在的不足。但是，第5点认为拆建盐田不符合经济原则，笔者在此需要做一些补充说明，盐民拆建盐田其实是将拆下来的木料放入储卤池中，木料浸入的盐分溶解后，能提升储卤池中卤水的浓度，而达到增加产量的目标。一年要拆建盐田一次也有原因，即卤水渗入盐田底部的木柱，导致木料腐蚀则可造成盐田的整个木架不稳固，存在安全隐患。因此，盐田的修整在盐业生产过程中是必要环节，绝非浪费资金。

(二) 建议

崔克信针对上述盐业生产过程中存在的不足，结合自己的调查，就盐业生产技术的改善，提出了七点建议。

1. 成立盐业机关。成立盐业机关，管理盐之购销及一切有关盐业事宜，盐民各种需要品，由机关平价垫付，而由盐民按期以盐价还，盐商则径向机关购盐，无须常赴盐田催索，省事，当较合理。
2. 试探新含盐层。除现探含盐层外，尚多泥质砂岩及砂质页岩层，应由盐业机关从事试探，期获新含盐层，增加产量。
3. 改善盐水运输。盐水运输，可改用空中索道，而盐田高处，应斟酌地势，修建水池，以储蓄由索道运来之盐水，并用竹管分送盐水至各盐田，如此所费不钜，而工作效率可大增，人力上下背运之苦，亦可减除。
4. 广修盐田。盐水运输，既加改良，则盐田距盐井稍远，亦无大碍，应沿坡纵横广修盐田，以增产量。
5. 改造盐田。觉陇②钢打③共巴附近，有厚层纯灰岩裸露，附近趁有

---

① 崔克信：《盐井县之地质及盐产调查》，载《西康经济季刊》1944年第8期。
② 现觉龙村。
③ 原岗达寺。

广大森林，可以木柴烧制石灰成三合土，以代黄砂泥，铺（成）盐田，如此无泥砂与盐泥杂，盐水亦不易渗漏损失，可免除盐质不纯及拆建盐田之弊。

6. 改良税制。盐税□不分驮之大小，而以斗计，如此则税收□允，公私俱利。

7. 改善盐民待遇。盐民久营探盐事业，对于盐之探制，均富经验，应宽其待遇，使其无忧，安于职守，如此盐业当可日臻发达。①

在上述的建议中，成立专门管理盐业的机构，如本书第七章第二节所述，在赵尔丰改土归流时期，当地曾实行过盐业管理制度，先后成立官盐局和商盐局来规范和管理盐业；但是，自边军失利，盐井的管理权落入贡噶喇嘛手中，赵氏的管理体系便不复存在。

第6条提出的"改良税制"，在盐井改土归流时期，已制定详细的税收章程，在喇嘛手中均未继承。至于第5条中提到的使用三合土而使盐田不渗透盐水，这种方法并不可行。据调查，曾经有人试图用水泥浇筑成盐田，结果以失败告终，道理相同，盐田不能渗透水分，盐分难以结晶，几天下来，难以晒出盐来。此外，崔克信提出使用索道来运送卤水，应该说使用滑轮似乎更为可行，可以节省一半的力气，但是要在悬崖峭壁之间使用，而且长距离运送时可行性不大。

从上述内容来看，崔先生所提出的建议，有合理之处，也有建立在推理之上，更有不符合地方实际情况的。但是，崔克信先生在外部条件极其艰苦的条件下，历经半个月的调查，最终给我们留下了洋洋一万余字的调查报告，从地质地貌的分析，再到盐业生产、技术、销售的论述，无不体现了其追求真理的科学精神，调查资料对当今分析盐井盐业的发展历史，弥足珍贵。

第二节 盐业资源的觊觎者

昌都作为西藏封建割据势力突出的地区，自元代开始，一直到民国初期，各个时期均建立了大大小小的政教合一的地方政权和地方势力。② 而在清末到民国期间，盐井各种势力之间勾心斗角，各类流血事件频发，其目的多是冲着

---

① 崔克信：《盐井县之地质及盐产调查》，载《西康经济季刊》1944年第8期。
② 参见土呷著《西藏昌都历史文化研究文集》，中国藏学出版社2010年版，第56页。

盐井的盐利而来,僧界和俗界的各种势力纷纷参与到盐业资源的争夺中来。僧界以盐井贡噶喇嘛为代表,边军势力在川边失利后,巴塘、盐井等地方社会陷入了地方势力斗争的混乱之中,贡噶喇嘛曾一度掌握盐井税收权。此后,各种势力继续纷争,刘文辉接管川边之后,曾一度派二十四军的一个连在盐井驻守,兼收盐税,但是临近盐井西北部的西藏势力一直蠢蠢欲动,只是一直苦于没有寻找到好的机会或借口。1932年,出生于巴塘的格桑泽仁受到蒋介石的信任,回到巴塘之后,因为在当地有群众基础,且上层有国民党中央及云南省主席龙云的支持,他大胆提出"康人治康"的口号。他的行动果然得到当地百姓的响应,于是格桑泽仁带领当地的青年发动叛变,先是缴了二十四军在巴塘的两个营的驻军士兵的枪械,并让贡噶喇嘛收缴盐井一个驻军连的枪械。但是,贡噶喇嘛并不愿意按照此前和格桑泽仁的约定,将收缴的枪支和大炮交给格桑泽仁,反而投靠藏方,联合藏军进攻巴塘,盐井陷入了战争的漩涡。

一、僧界代表人物

僧界在川边历来喜好占有重要资源。明清以来,盐井在政治制度上呈现的是一种较为模糊的政教合一制度,看不出寺院和土司之间的直接联系,二者之间的联盟主要表现在当地的税收和分配上。可以肯定的是,僧界力量对当地社会有很大的影响,即便赵尔丰改土归流时期在盐井设知事,但是知事的权力仍无法超越于寺庙。"腊翁寺事件"之后,盐井朔和寺的贡噶喇嘛对盐井地方事务的干预较大,在康南也是颇有名气。川边改土归流之后,边军失利,政局动乱,喇嘛寺的势力得以恢复,年幼的贡噶喇嘛在其手下阿珠和阿秋的支持下,曾一度掌握盐井地方税权。在盐井,年纪上了70岁的老人,都会对贡噶喇嘛本人及他在盐井所做所为记忆深刻。贡噶喇嘛在盐井用于收税和处理事务的遗址现在犹在,只是多年失修,房顶毁坏,四周的墙体多处开始倒塌。在盐井工作多年的乡干部告诉笔者,贡噶喇嘛遗址的损坏,主要是因为不好定性贡噶喇嘛本人的作为。

贡噶喇嘛出生于盐井宗岩色达村,生辰按照炳恒所著《盐井贡噶喇嘛史事》"(民国)二十三年阳历二月二十四日午时圆寂,世寿六十五"① 来推算,贡噶喇嘛应生于1869年,圆寂后,在江卡(现在的芝康县)溜筒江外之察洼曲登(一个小村)转世。目前单核贡噶喇嘛的来龙去脉的文献不多见,为此在参考《盐井贡噶喇嘛史事》一文的基础上,对其进行论述。

贡噶喇嘛第一世降生于盐井所属之宗岩色达村,家境赤贫,成年以后当过

---

① 炳恒:《盐井贡噶喇嘛史事》,载《康导月刊》1945年第4期。

马夫。一天，有位从德格游方过来的喇嘛经过此地，看到他后感到非常惊奇，于是当着他父母和亲人的面说："这个孩子大有来头，总有一天能光宗耀祖，大有作为，可以让他多到各地名山去朝拜，他自己方能开悟，千万不要耽误了他的前程，辜负一生。"亲戚当中孔大阿青，家境富有，向来讲义气，于是愿意出钱带他到各处朝山。他们最后朝的是云南大理境内的鸡足山，在回来的路上，经过中甸，一天早上贡噶悟性大发，茅塞顿开，于是第二天早晨便向阿青说他想绕道去乡城贡噶岭看看那里的喇嘛寺，然后再回宗岩，看他是否同意。阿青同意了他的想法，还和他一起来到贡噶岭。他们进入到贡噶喇嘛前世曾经居住的喇嘛寺，虽然该寺规模离大寺还有差距，却是他前世修行的地方。于是他和看守寺庙的人说："此我寺院也，某树系我所栽，某物系我自置。"看守寺院的喇嘛见他的体态，不俗不僧，听说话又是不伦不类，于是笑着敷衍他。阿青见此情况对他说"你这是何意？"于是，带着他回宗岩了。

这一年他在宗岩朔和寺披薙为僧，第二年去了西藏进修，学习经文，进寺后表现突出，不久便任该寺堪布，"贡噶"就是从这里开始被称呼的。此后不久，他回盐井朔和寺，贡噶岭的百姓、僧人听到该消息后，选派僧民和代表前来朔和寺准备迎他回寺，但是朔和寺喇嘛及宗岩的民众坚持不让，最后双方只能将此事情告到县衙那里。盐井当时的知事周道熙为了两边都不得罪，于是断令贡噶在贡噶岭和朔和寺两寺轮住，但是宗岩的僧民和代表坚持不让。大家都持反对意见，朔和寺民众一方的理由为：如果贡噶为贡噶喇嘛寺活佛，其圆寂后该寺就应当各处寻访，找到转世之人。但是该寺并没有寻找，而在贡噶彻悟后返寺，该寺也没有容纳他，没有先尽义务，哪能享受后来的权力。贡噶喇嘛见双方坚持不下，于是亲自出来调停，告诉宗岩僧民们："你们既然不允许我回贡噶岭久住，那么是否可以让我先回一趟，也好给大家一个交代。"宗岩僧民担心贡噶喇嘛一去不返，于是想尽办法阻扰他去贡噶岭。贡噶喇嘛无法安抚贡噶岭来的僧民，只好告诉他们他迟早要回去一转，以此来安抚大家。这个时候正是民国三年（1914年）。

此外，在另一份档案中同样描述了贡噶喇嘛的来历，和上述内容基本一致，估计两则文本的来源途径相同。

> 查贡嘎喇嘛系盐井属之东区宗岩朔和寺呼图克图，其先世为稻城贡嘎岭之喇嘛，清季同治初年投生于宗岩村之色达，家境颇寒，幼时为人牧牛羊，至廿一二岁时始遇德格方面善知识，嘱其家人，谓此子颇有根基，宜令其前往朝各处名山，自会开悟，其家生活颇窘，用费无从措（办），始由其亲戚孔大阿青率领往朝各处名山，翌年由云南鸡足山折回时，道经中甸，颇有所悟，遂向孔大阿青谓曰：此次我们可由乡城贡噶岭方面绕道回

家,孔大阿青允与同行,遂至贡嘎岭前生习静之一小寺中,语其乡人曰:"我即此寺习静之喇嘛也",乡人以其不类,慢应之,于是二人仍转宗岩,遂于朔和寺披剃,进藏返寺后,屡着灵异,遐迩知名,贡嘎岭喇嘛寺派遣该寺僧徒及阖境头人等前往朔和寺,拟迎贡嘎岭,朔和寺不允,彼此争执,诉之盐井周道熙知事,传集两造。朔和寺喇嘛谓贡嘎岭人曰:当其未过时,曾亲至贡嘎岭,无人相认,现在披剃于本寺颇著声誉,始欲迎归,有是理乎?坚执不允,周复询贡嘎喇嘛本人愿回贡嘎岭否?贡嘎喇嘛曰:"朔和寺为我披剃,即为本寺,遂不可负,然贡嘎岭为屡世衣钵地,复极诚来迎,仍不可忘,拟一返其寺,以慰乡人渴望。"贡嘎岭方面坚请三年住朔和寺,三年住贡嘎岭,轮流往还,朔和寺喇嘛复不允,并不允贡嘎喇嘛于此次偕行,恐其一去不返矣。贡嘎喇嘛始慰其乡人曰:"你们极诚来迎,我颇感激,迟早我总回贡嘎岭一转,以慰乡人渴望。"后因连年多事,故终其身未返贡嘎岭一次,于民国廿三年春间圆寂,投生于江卡溜筒江外一小村中,廿九年迎接回朔和寺坐床,现年九岁。①

民国六年(1917年),川边战事开始,藏军兵犯康区,边军第二营营长兼盐井知事杨得锡,鉴于时局,深恐贡噶为敌人利用,于是将其送到县署内软禁起来。

民国七年(1918年)三月,在盐井附近扎古寺岩洞里取出铜质菩萨一尊,人们感觉到惊讶并议论纷纷。其实,菩萨从岩洞中取出之前,贡噶喇嘛便向盐井岗达寺喇嘛和民众说道:"扎古寺某个洞内有尊菩萨,很快就要呈现给世人。"大家都以为贡噶狂妄自大,根本不相信他的话。贡噶于是选择了恰当的时间带领大家前往。这一天,县内来观察者人山人海,还堵住了去岩洞的路。贡噶喇嘛所说的岩洞在悬崖的中部,根本没有可攀登的路线。贡噶喇嘛于是告诉大家,不管是僧侣还是百姓,愿意上岩洞取菩萨的先报名。岗达寺不服他的说法,于是先派4名僧人,又派百姓2人。贡噶席地而坐,先是诵经,随后让6人手持巨斧拉着岩石边上的藤和草木,攀爬而上。

到了洞口,地势变得平坦,贡噶喇嘛于是命令大家进入岩洞中先行休息,"我在洞门口念经,念完后告诉大家,你们进洞转弯五次后,便在洞的左边岩石上开始挖"。大家拿着火炬到此一看,这里的岩层都是石头,坚硬无比,根本找不到一处缝隙。拿着斧头砍岩石时,因为岩质太硬,斧头立马缺了一大口,连砍数斧,砍入几寸深;贡噶命令更换斧头继续砍,逐渐砍入岩石已有一尺左右,但是依然看不到任何东西,更看不到菩萨的踪影。贡噶告诉他们:

---

① 四川省档案馆,档案号:255-01-41。

"你们辛苦了,休息一会儿。"贡噶当即下到扎古寺中去取香来烧,并念诵经文,念完后,把袈裟拿来蒙着头睡了起来,约过一小时,醒来后的他全身大汗,并让大家转告岩洞中的人在原来砍的地方继续砍,砍进去一会后,岩石渐渐碎了,再砍几下,突然闻到一种香气。当砍到放菩萨的地方,洞穴有几尺空,全部放满了香灰,还有的凝结成丸的,出来报告给贡噶喇嘛。贡噶命令他们拿两张布单去,一张裹菩萨,一张拿来放香灰,香灰可以送给当天来观看的人,这就是贡噶名声大噪的开端。此后,贡噶喇嘛又在茶里、协中两处的岩石上分别取出一尊菩萨;在南墩附近取出一个石匣子,匣子内还装满各种颜色的药丸;还在莽里取出玉质菩萨一尊,这都给贡噶喇嘛增加了一层传奇色彩。

有关贡噶喇嘛的传说还不仅如此。民国十年(1921年),乡城土匪大举进攻康南,动乱之中烧毁了朔和寺。寺庙损毁严重,只见大火烧后的灰烬,看不到任何遗留的东西。僧民见此情景,特别着急。贡噶喇嘛告诉大家,"不超过几年,我就给大家重新建一座寺庙",后来果然按照原来的样子重修了朔和寺。

民国十二年(1923年),川边陆军第二旅二团营长万里率部队在中咱一带驻防,被南康喇嘛全部缴械。南康喇嘛原为贡噶喇嘛的弟子,后来因相互猜忌,变为水火不容。南康喇嘛收缴了万营长的部队后,名声大震,随后并派500人渡江攻打朔和寺,以达到发泄的目的。所幸的是,凭借军民合作,击退了南康喇嘛,在其狼狈逃脱之际,驻军俘获多人,收缴枪支数条。

当南康喇嘛攻打朔和寺时,驻军向巴安(现巴塘)告急,驻军司令王政和下令派营长傅一率部队增援,刚抵达竹巴笼,驻军已经向巴塘报捷了。于是,傅营长率一小部分队伍和司令部参谋杜子均一同来到宗崖,南康喇嘛派人在途中说服傅、杜二人,如果他们二人能对贡噶喇嘛加以罪名并将其斩首,他们之前所缴万营长的枪械愿意全部归还,于是傅杜二人答应他们的要求。杜参谋因公事,去到江卡。当时,江卡驻防的藏军代表兼县长再一次向杜参谋说:"如果能除掉贡噶,我愿意送黄金万两,并当即送予三千元为信用金。"杜参谋见钱眼开,欣然答应。其实,藏军是有目的的,他们一直窥视着物产富饶的盐井,早就想兼并盐井了,只是担心贡噶喇嘛坏了大事,阻拦其吞并的阴谋。于是,傅杜二人秘密商量,计划到了宗岩后,在贡噶喇嘛还没有看到伏兵之前将其杀害。于是,他俩招呼贡噶一起吃午饭,吃完饭后刚出来,预先埋伏在楼下的士兵开始开枪射击,子弹犹如骤雨,但是贡噶喇嘛破门跑出去,却丝毫未伤。傅杜二人以为此事件可以名利双收,想不到却成笑柄。民众纷纷议论贡噶喇嘛有神术,可以刀枪不入。也有议论说,因为贡噶喇嘛为人诚实,士兵不忍心伤害他,于是根本就没有开枪,或是对着天开的枪。

民国十七年(1928年),江卡的代本又一次滋事,带领手下,用大炮来轰朔和寺。火炮连续发了三发炮弹，都没有爆炸；第四发刚发射出去，炮口就震裂了。于是，藏军害怕了，连夜退回江卡。当地人认为，这些都是贡噶喇嘛名声大震、远近闻名的事情。

从人们对贡噶喇嘛的传奇人生加以更多的神秘色彩来看，贡噶喇嘛对康南的影响根深蒂固，这和以贡噶喇嘛为核心建立起来的僧权机构是分不开的。他们长期占有地方资源，并拥有一支军事力量同其他势力抗衡，对当地社会产生了很大的影响。在后续的内容中，将进一步记述贡噶喇嘛的所作所为。

二、俗界诸势力

从1912年到1950年盐井解放，在这短短的30多年中，盐井地方社会的管理制度难以详尽，所发生的事件，各种俗界势力的斗争，盘根错节。以致黎民百姓在匪乱和斗争中伤亡或逃跑，接踵而至的是当地盐业生产受到严重影响，盐税下降。

清末民初，赵尔丰在成都被杀后，川边基本上没有再被统一起来，陷入了混乱之中。尽管川省的上层统治者一度试图进行制度变革，如刘文辉在川边筹建西康省，但是由于几种势力之间的斗争，动荡的地方社会难以平静下来。民国元年（1912年）十月，四川都督尹昌衡在川边设立了镇抚府，当时盐井归其管辖，具体情况却不得而知。民国二年（1913年），全国废除府、厅、州三级制，川边废除康安、边北两道，设立川边道，盐井归其所辖。1914年，四川边军进驻盐井，县长由边军委任。1917年至1918年，盐井朔和寺活佛贡噶喇嘛收缴边军的枪支，联合宁静的藏军对付巴塘的国民党。藏军为了笼络贡噶，于是在1920年委任他为宗本，将盐税的一半收入作为给他的补助。①

民国十四年（1925年），刘存勋任西康屯垦使，改川边道为康东道，盐井受其管理。到了民国十七年（1928年，藏历第十六绕迥土阳龙年），刘文辉在康定设西康特区政务委员会，盐井归其管辖。1932年10月8日，康、藏双方在岗托签订《岗托协议》，议定双方以金沙江为防线就此停战。至此，原巴安所属金沙江以西的盐井、蟒岭、竹巴笼、廓布等地均划归西藏地方政府管辖②，从此西藏的版图基本固定下来。

盐井社会的变革，正验证了"20世纪30年代的康藏地区，各种势力渗入，诸多矛盾激化，实属多事之区"③ 这一句话。清朝灭亡后，一十三世达赖

---

① 参见中国社会科学院民族研究所西藏少数民族社会历史调查组编《昌都地区社会调查材料专册》（初稿），1964年刊印，第7页。
② 参见芒康县地方志编纂委员会编《芒康县志》，巴蜀书社2008年版，第317页。
③ 贾大泉、陈世松主编：《四川通史·卷7·民国》，四川人民出版社2010年版，第337页。

从印度返回西藏，开始施政，几年后设盐茶局，直属噶厦（藏语中意为"政府"），局长僧俗各一，官四品；下设五品僧俗官各一，一般工作人员6名。在前藏及卫藏北部、山南、塔工地区设卡收税，每一牛驮征收六钱藏银，上缴西藏财库。除了昌都地区所辖地盐税上交昌都总管外，其他均上交西藏财库。① 此时，盐井已经陷入了混乱，表面上尚存隶属关系，实际上却在不断发生交替和变化。噶厦、贡噶喇嘛、刘文辉、盐井驻军、滇军以及后来在川边拥有较大影响力的格桑泽仁②统统加入盐井的权力博弈当中。

如《盐井县纪要》所载："盐井虽地处极边，以有天然产盐之利，互为旁所垂涎，故历次内忧外患，重大战役实因之。"③ 刚刚经历改土归流的盐井，不到数年，顿时又陷入到盐利的争夺之中，且这样的争夺几乎年年有之。文献记载："民元（年）藏番窥视查哇隆（察瓦龙），与宁静马康提吉连兵侵盐（井），盘踞盐税。经张委杨哨官会集兵团围攻退走，死番官吉司喇嘛……；民二（年）滇军以互助临谊肃清番匪为名，出师来盐，据治东觉陇村刚达寺。维西协台以偏师来犯城区盐卡隆。并渡江取加达村，烧纳翁寺……；民七（年）藏番内犯治北纳觉溪村，肆行烧杀，抢夺盐驮……；民十一年三月，乡匪大股犯治东宗崖，烧朔和寺。民十六（年）春，扎宫蜜色勾结巴安外匪攻盐，焚掠县署，沿街横扫一空。"④ 在短短的十几年当中，为了争夺地盘和盐利，各种势力纷纷在盐井征战不休，受苦的却是黎民百姓。据资料记载，从民国六年（1917年）到民国七年（1918年）盐井的人口减少了42人，民国七年（1918年）到民国十四年（1925年）之间人口又减少73人，民国十四年（1925年）到民国十九年（1930年）人口锐减，从878户减至725户，⑤ 这150多户在短短的5年之间就消失了。

引起地方社会人口大幅度减少的可能性有两种：一是战争，二是瘟疫。民国期间盐井人口减少的情况多因前者造成。《盐井纪要》记载："是年（民国七年）藏番内乱，中区小昌都咱噶顶紫来寺被陷，较旧册村数少三村，户数少五十。""如在民国八年藏番犯西北境，人民逃亡殆尽。民国十一年（1922年）复被巴安逆僧南康喇嘛侵犯东西境，仅南境数村保全迨；民国十六年（1927年）刘总指挥受命治边派兵入境驻扎，人民得以保障，始渐旋此，今日

---

① 参见房建昌《西藏盐业及盐政史略》，载《西南民族学院学报》1993年第1期。
② 又名王天化，藏族，1904年出生在巴塘。
③ 佚名：《盐井县纪要》，载《边政》1931年第6期。
④ 佚名：《盐井县纪要》，载《边政》1931年第6期。
⑤ 参见佚名《西康消息：各县通讯——盐井县县署办理二十年度户口统计县已竣事》，载《西康公报》1932年第42期。

盐民略有增加之原因也。"① 民国十六年（1927 年）春，宗崖旧保正扎宫色勾结土匪，对治所进行烧杀抢掠，驻军连队的枪支被缴，人民大量外逃，地方已经不成样子，难以收拾；郭知事和贡噶喇嘛商量，让其调部下来支援，收拾残局。② 可是，事情并非得到长期控制，在此后的内容中将看到，盐井的实际管理权最后落入了贡噶喇嘛这一地方僧权手中。

表 7-4 为从 1915 年到 1932 年盐井的人口变化情况。

表 7-4　民国四年（1915 年）到民国二十一年（1932 年）盐井的人口变化情况

年份	户数（户）	男性（人）	女性（人）	总人口	备注
民国四年（1915 年）	911	2106	2109	4215	
民国五年（1916 年）	918	2114	2138	4252↑	
民国六年（1917 年）	918	2108	2145	4253↑	
民国七年（1918 年）	912	2091	2115	4206↓	
民国十四年（1925 年）	878	2024	2109	4133↓	包括喇嘛和觉姆
民国十九年（1930 年）	725	2108	2225	4333③↑	
民国二十一年（1932 年）	738	2142	2142	4284↓	

盐井地方的权利争夺与上层管理的混乱有密切关系，一方面，有国民党的统治势力；另外一方面，1912 年 12 月，对于晚清政府一度革除自己达赖喇嘛名号颇为不满的十三世达赖喇嘛登嘉措从印度回到拉萨，在英国势力的唆使下发动了"驱汉"，"由于英国势力对西藏事务的插手与阻挠，以及一直扶持西藏地方的一小撮分裂势力，挑拨中央与西藏的关系，使二者之间的关系时战时和，时好时坏"④。到 1918 年，噶厦乘机占领昌都，任命统领藏军的喇嘛噶伦绛巴泽达在昌都地区建立了噶厦，这是西藏在地方上成立的管理地方事务的政府，噶厦最高行政长官称"朵麦基恰"或"沙王政府"。基恰主要管理昌都地区的一切军政要务，政府的组成为噶伦一人，一般任期为 3 年。下设堪琼

---

① 佚名：《西康消息：各县通讯——盐井县县署办理二十年度户口统计县已竣事》，载《西康公报》1932 年第 42 期。
② 参见佚名《盐井县纪要》，载《边政》1931 年第 6 期。
③ 此数据疑似有误，从户数减少了 150 余户来看，人口反而增加 200 人，有不符合常理之处。"↑"表示人口较前一年增长，"↓"表示人口减少。
④ 王川著：《西藏昌都近代社会研究》，四川人民出版社 2006 年版，第 62 页。

(四品僧官)一名和仁西(四品俗官)一人,这两个四品官处理噶厦公务,相当于办公厅主任。基恰之外,噶厦还设"颇康"(即粮台),直接受拉萨仔康管辖。下设四品堪琼和仁西僧俗官员各一名协同负责,任务是征收粮赋,供给调拨藏军薪饷和军需。噶厦在"朵麦基恰"之下设宗(相当于县一级地方政权机关),每个宗有一个宗本负责本宗的事务,其宗本的职责范围是传达噶厦公文指令、收税、调解民事等。

盐井处在川边和西藏管辖的交界带,因此在这块土地上时常发生摩擦。民国六年(1917年)已有国民党军队在盐井驻军了。当时,盐井宗藏名察卡隆,没有土司,只有一个蒲定(土千户),一个土百户和八个头人。据民国二十二年(1933年)的调查,当时盐井的土千户是倾贞①,所在的位置是浦丁村(现在的纳西村),势力甚小。

在民国初期的十几年中,盐井基本上是由贡噶喇嘛所控制。民国十三年(1924年)将盐井的税收交给驻军,但是盐税征收情况并不理想。民国十六年(1927年),盐井喇嘛扎宫密色勾结巴塘土匪,里应外合进攻盐井,县署遭烧毁,盐井驻军一个连被缴了枪械,只能向云南逃跑。松明喇嘛属下以营救盐井为由,将盐井一个多月的盐税收起后离开,只得让贡噶喇嘛协防,让其兼收盐税。②此后,贡噶喇嘛的权力远远不止收税。1932年与格桑泽仁发生冲突后,由于盐井地处汉藏双方实际控制区域的边缘,盐井实际由贡噶喇嘛控制。而且巴安与藏兵交战时,由贡噶喇嘛出而据守,与藏军分享盐税。③《西康各县之实际调查:盐井县》记载:"该县政权全操贡噶喇(嘛)之手,凡县署政务必商之而后行,否则政令施行无效,且人民诉讼均赴该喇嘛控告,而不赴县署。"可以想象,当时所设的盐井县长一职形同虚设。盐井的贡噶喇此时既有大批骡队,兼有新式武器,拥有大批武装。崔克信于民国三十年(1941年)在盐井调查时写道:"民国二十八年(1939年)八月,藏方占领盐井后,民不聊生。有因差民痛苦而逃走者,亦有因典当较多无力修复盐田而出走者。"所以,政局动荡对当地的盐业影响很大。

此后,盐井的盐税又由二十四军八一五团的黄秉坤副团长之属下的王锡青全年包额藏元三万元,由他负责征收盐税。但是从《西康财务统筹处训令盐井县知事戴安秦奉准该县盐税由王营等包办,年额藏洋三万元由》④的内容来看:一是盐井县的盐税并非由县知事戴安琴征收,而是由此地的驻军八一五团

---

① 参见仝上《西康各属旧有土司土职调查》,载《开发西北》1934年第2期。
② 参见佚名《盐井县纪要》,载《边政》1931年第6期。
③ 参见王怀林著《寻找康巴:来自香格里拉故乡的报告》,四川人民出版社2000年版,第97页。
④ 《西康财务统筹处训令盐井县知事戴安秦奉准该县盐税由王营等包办,年额藏洋三万元由》,载《西康公报》1930年第27期。

副团长黄秉坤伙同王锡青一起收取；二是两人所保证缴纳的每年三万藏元的数额，并未完成，资料显示："奉此查具，呈认状既保状均注明包办全年税定额铜洋三万元，殊与核定不符，兹将认保各状一并发还……"，因此才遭训斥，且要求"认包款项盐税仍应由执事负责，不得于税率外私加分厘，亦不得以试办为辞，致有亏短"。此后，西康财务处对盐井盐税征收情况进行核定，指出"成都军长刘江鉴，查盐井盐税一项，向称每年可藏洋三万元，经职卷历年所报征额不及二万，迭饬该知事彻底整顿，（民国）十八年（1929年）亦仅二万一二千元。并饬令查照内地官仓收盐办法收售，悉归官办"等语。

《西康盐井县盐务整理》载："（盐井）自民国以还，内乱不已，藏番遂乘机时犯边界，以致该县盐务废弛，日落千丈；而知事历任斯土者，对于盐务，则敷衍塞责，不加整顿，盐税收入则蒙蔽短报，隐瞒上峰。管理施政者，因重途写远，亦任其蒙蔽隐瞒。现此间财务统筹处程仲梁处长，有鉴于此特饬令该知事切实整理。"以上信息无不表现出，西康上层对盐井的盐业管理并不满意，并发现盐井在盐税的征收和盐业生产管理上确实存在问题。在1929年前后，盐井地方社会管理上的混乱还表现在盐井成为各种各样权力的"交集"，盐井澜沧江以西，由于隔江，不便于管理，又长期属藏方管辖。不过，加达等地的村民正是利用了上层之间的博弈，自己在不同的权力之间摇摆，以此得到庇护。以下是《夷务：西康盐井县知事呈军部收复河西加达欧曲村夷众就抚情形由》所载的内容：

> 鉴核事，窃治所对岸河西半壁加达欧曲等村去投藏番，差粮消灭，砍净溜索，绝交通，知事奉为。
>
> 军帅威德，叠向藏番江卡希冈代捧（本）（□团长），（严）重交涉，划疆而守，幸未及月，令派小昌都协教，即连长前来带领番兵撤退，而河西民□延不就抚。（知事）新任与□未悉尚骤调兵团施行痛剿，兼水洪流，不能飞渡，成败利钝，恐负殷期。拟多方招抚□，秋高水平徜，冥顽不抚。再行征服，则河东不谅误忍……寝食难安，因赶造牛皮船，一面向巴军马团请给子弹……并马康提吉（即宁静县番官）云南阿墩县令交涉，尚加达欧曲等村叛民窜入贵境，枪支、行李优先扣留，充赏堵截俘虏，请逮解来……而河西叛民又向云南龙军长及得荣叛匪偌阿得斯请求仗庇，均不得要领……失路无门，眼泪双双相对而泣，乃央请江卡格罗协教，县属贡噶喇嘛又由藏回盐佛都督德音喇嘛、格希喇嘛并河东甲保来属请愿，誓甘投诚称错，投藏番地方苦遭盘剥惨，天时人事十室九空，惟邀免去两年

欠粮，以谋生活。①

从以上内容可以看出，加达、欧曲等村村民为了免交纳粮，试图在不同权力之间寻求帮助，以此达到免税的目的。

民国二十一年（1932年）发生了轰动一时的"巴安（塘）事变"，该事件的主角是格桑泽仁，他于1927年开始任国民党蒙藏委员会委员。1931年，被国民党正式任命格桑译仁为西康党务特派员，让其回西康进行活动，以达到蒋介石对刘文辉的钳制，旨在让格桑泽仁能够平衡他和刘文辉的关系。想不到格桑泽仁并未从成都转去康定，而是取道昆明，再回巴塘。也许是因为巴塘是自己的家乡，格桑泽仁想在这片家乡的土地有所作为，于是大胆提出"康人治康"的口号，想不到的是这一举动果真受到了家乡人民的积极响应，这助长了格桑泽仁的野心，同时他的举动也增加了他和当地军官之间的矛盾。格桑泽仁知道事情不能再容忍了，巴塘对于国民党中央来说，可谓鞭长莫及，自己不如先下手为强，以获得成功的机会，于是和杨朝宗密商发动政变。②"之后在党部中吸收许多贵族青年，暗带武器及吊刀，随侍左右。复亲往拜访巴塘康宁寺大小活佛及地方有势力的绅士，密谋策划提缴驻军枪械，建立僧俗武装。"③

1932年1月22日夜里，格桑泽仁号召地方青年，先设计控制了巴塘驻军二十四军八一五团的黄团副，然后利用团副蛊惑人心，于次日收缴了巴塘驻军的枪械。当天盐井朔和寺贡噶喇嘛的相子阿却立即从巴塘返回宗岩向贡噶喇嘛汇报，于是贡噶喇嘛及阿秋等人商量乘机提缴驻扎在盐井和宗岩两处的二十四军三营的军械枪支。贡噶喇嘛让其手下出动，团团包围了这两地的驻军。7天后，当这些驻军得知巴塘黄团副已经向格桑泽仁投降，感觉到人马孤守无援，于是将枪支乖乖交予贡噶喇嘛，而盐井的县长、士兵随即被赶走，士兵们不得不四处逃命，有的取道云南维西以求保命。④

格桑泽仁在收缴了原驻巴塘二十四军一个团的枪械后，便宣布成立西康边防司令部，并由自己担任司令。此后，格桑泽仁命令贡噶喇嘛收缴了原驻盐井

---

① 《夷务：西康盐井县知事呈军部收复河西加达欧曲村夷众就抚情形由》，载《边政公报》1929年第2期。

② 杨朝宗，巴塘人，时任二十四军马团一营一连连长，见中国人民政治协商会议巴塘县委员会编《巴塘县文史资料选辑·刘家驹专辑》，内部资料，2005年，第125页。

③ 中国人民政治协商会议巴塘县委员会编：《巴塘县文史资料选辑·刘家驹专辑》，内部资料，2005年，第126页。

④ 参见中国人民政治协商会议巴塘县委员会编《巴塘县文史资料选辑·刘家驹专辑》，内部资料，2005年，第129页。

的二十四军一个连的装备，还要贡噶喇嘛交出所缴获的枪械，却遭到贡噶喇嘛拒绝。格桑泽仁开始忌恨贡噶喇嘛不仅不交出收缴的枪支，还掌管着印信，于是格桑泽仁严厉训斥贡噶喇嘛，要求其一日之内必须将这些物品交到他的司令部。想不到贡噶喇嘛心中早有算盘，他认为枪支是自己收缴的，应拿来保卫盐井及地方之用。于是双方开始交战，此后贡噶喇嘛担心敌不过格桑泽仁，于是寻求藏方的帮助。藏方为了极力笼络贡噶喇嘛，协同贡噶喇嘛一同御敌，打退了格桑泽仁，并赐以"坑青"封号（藏政府官职名称，稍逊于"噶伦"），地位比之前的宗本有所提升，以让他尽心归附西藏。贡噶喇嘛同时也在寻求靠山，于是答应了藏方要求，此后盐井由贡噶喇嘛来管辖。在一份档案资料中同样显示贡噶喇嘛和格桑泽仁之间的矛盾及事件经过：

> 查盐井自民国廿一年格桑泽仁与贡嘎（噶）喇嘛发生争论，逼迫贡嘎喇嘛向藏番输诚，当时贡嘎喇嘛尚以汉官为重，故当时办理交涉时，曾经一再声明，盐井历归汉官所属，现逼迫出此，所有盐税系格桑泽仁送给西藏，以作报酬，现在亦照办，不能例外，至于收征王营长之枪，以及地粮，应归我保管，将来公家收复地方时应征公家。当时藏番为笼络计，一一承认，殊是年秋，马成龙团长率兵援巴时，只将藏军驱过金沙江，并无渡河克服失地之举，藏番见有机可乘，遂用威袭利诱之计，封以坑青之职（其位在噶伦之次，系一虚职），许其世承其职，永远管理盐井，地粮则以差民应纳之粮，减少汉官收纳之半，缴纳藏军，照藏方之斗征收（其斗为年四批一斗，少官斗四批），减轻差民负担。所有公垦地之粮，准由贡嘎喇嘛征收，以作年俸，此项每年可收地粮二十石左右（公地系改土设治时充公之地，于民初经县府奉命价售与民者，垦地系熟荒，于清末设治时招垦民垦辟者），枪枝（支）准由贡嘎喇嘛保管，以作自卫。其左右以有权力可嚣，遂怂恿贡嘎接受。①

显然在这场事件当中，各自都在寻找自己的靠山，寻求出路，最终贡噶喇嘛依靠西藏政府获得了管理盐井地方社会的权力，盐税的征收权自然落入其中。从川省的角度来看，认为是民国十二年（1923年）马成龙团长率兵援巴时，并没有渡过金沙江，收复失地，才出现贡噶喇嘛和格桑泽仁占有盐井盐水的情况。"巴安事件"发生的情况，盐井纳西村现81岁的老人下关和笔者提到，下关老人的母亲怀着他七八个月的时候，去大理鸡足山朝拜，就在这个过

---

① 四川省档案馆，档案号：255-1-23。

程中，巴塘的格桑泽仁①和盐井的头人发生了冲突，他的父母不敢回盐井，因此暂留大理。后来没过多长时间母亲生下了他，因为他是在大理下关生的，父母将他取名为"下关"。从下关老人出生的时间来看，正好也是发生这场战事的时间。

在这段混乱的时代，盐井的盐税时断时续地被贡噶喇嘛控制着。下关老人向笔者说道："当时由贡噶喇嘛来管盐井，收税是岗达寺负责，一匹马驮两袋盐，一共交盐税藏元两元，交了以后他们（岗达寺）会给你盖章②，你到哪里都不用再交税了。在沿途赶马帮的时候只要自己照顾自己的盐和马匹就行了。"③按照九家村几位老人的回忆，这个时候应该由岗达寺来具体负责收税，收完后再交给贡噶喇嘛。此后，盐井的盐税完全落入了贡噶喇嘛的手中，收多少盐税任由贡噶喇嘛和阿秋等人说了算，有时候即便贡噶喇嘛出钱买盐，所出的价钱，仅其所收正常盐价的一半左右，于是"盐户披星戴月，所得无几，大多数均被剥削净尽矣"④。

最早的时候，九家村负责收盐税，执行者就是仁青顿珠的爷爷。据仁青顿珠说，爷爷告诉他那个时候收来的盐税，自己只能得到三成，另外的七成交给岗达寺，岗达寺派了两个寺庙里比较有权力的喇嘛来收税，两人名叫阿珠和阿秋，是贡噶喇嘛的得力助手。当时，他们的威望比较大，一般住在下盐井村的一栋房子里，这栋房子专门用于收税。他们在村子西北的一个重要通道上设卡收盐税，下有波涛汹涌的澜沧江，上有悬崖峭壁，只有这里才能通行。

当时噶厦请他们来收税，后来社会乱了，噶厦的人散了，也管不了那么多，又变成九家村的人来收。收税的话，一般就是村里的这几家轮流去收。最后统一起来，等他们来收。当时大家也不怎么认识字，也没有现在的盖章。每收了一匹马的税，一匹马就装两袋盐，就用用过的子弹壳，用力地在纸上压一个圈。有几匹马就有几个圈。不管驮盐的人从哪个方向去，都要经过九家村。这里往北可以去曲孜卡、小昌都、芒康一带，往东可以去觉陇村，也可以去云南。因为茶马古道的路就从九家村的村子里经过，所以当时从丽江、大理、中甸、德钦来的马帮都要从这里经过，除非他们驮了盐，不然是不收税的。云南的那些赶马的人到了这里，一般都住在认识的人家中，吃住一般都不用花钱，有时候就是带点礼物而已。因为

---

① 下关老人很清楚地记得这个人的名字，看来格桑泽仁此后在当地的影响并不小。
② 后来才从九家村的仁青顿珠那里了解到，所谓的公章只是用子弹头在纸上摁个印。
③ 2013年9月5日的盐井田野调查资料，罗松和阿旺翻译。
④ 四川省档案馆，档案号：255-1-41。

这边的人也会去德钦、丽江这些地方赶马。到那里也会住在他们家中，因此大家都很熟，彼此信任。

岗达寺收税的话，一年当中没有具体的时间，他们只有拿着岗达寺的条子，也就是能运盐巴的证明，才能收到税。但是收税的这些人来到这里，最喜欢到村子里的温泉去泡澡，别的地方也有温泉，比如曲孜卡的温泉，但是他们就不喜欢去那里。还有就是要喝这里的葡萄酒。总的说来，这些人到了这里就是吃喝玩乐，有时候还要给他们找女的。最后这个村的人实在受不了这种欺负，九个家庭的爸爸就组织起来，把温泉掩埋了，种的葡萄也砍了。当时葡萄很多，后来慢慢的就少了。当噶厦撤回去的时候，他们心里很不舒服，于是到盐井看到什么好的东西就拿走，见人就打，连小孩都不放过。①

据当地村民所言，有关噶厦收税的凭证，邓增取平家里原来藏有，只是一直没有被发现。2013年10月，笔者在九家村调查时仁青顿珠对笔者说："去年邓增取平家里拆老房子，帮忙的大伙在房子的柱子中间发现夹了一沓文件，结果大家一看就是他爷爷当时交税的凭证，当时人们心里担心会给他们带来影响，就把凭证给烧了。"

总体看来，自赵尔丰川边改土归流后，在民国初期的这二三十年中，盐井盐业生产一度处在萎靡不振的状态。文献资料显示"自民国十三年（1924年），交由军队经收，闻收数亦不见旺；民国十六年（1927年），大匪扰乱，周连缴械，城区烧杀……因令贡噶调团防御，兼收盐税，仍不见旺。（民国）十七年（1928年）七月，收归县署征收，而各路不靖，抢劫牛马，盐商梗阻，税因大缩。民国十八年（1929年）秋，滇路阿墩焚劫盐商，至阿墩又附加捐每百斤三十元，遂不交通。今（据考为民国十九年）春三月，阿墩与贡噶水火，遇商拉阻，交通断绝，现犹未解决。"② 解放军进入盐井之前，盐井一切事物都由贡噶喇嘛处理。

---

① 2013年10月的盐井田野调查资料，被访问者为仁青顿珠，罗松翻译。
② 佚名：《盐井县纪要》，载《边政》1931年第6期。

第八章 新中国成立以来的盐井盐业概况

在新中国成立以来的66年间，盐井以微缩的方式反映了民族文化与外来文化的冲击与抗衡。先是盐营向内地的方式靠拢，在所有制与劳动组合的转变过程中，先后经历了"个体制—合作社—集体化—包产到户"的阶段；继而，1997年，政府强调"食盐加碘"；2008年，政府开始免费向牧民发放加碘盐，盐井盐于是被排除在畜牧业之外；接着，古水水电站的可行性研究启动，人们围绕是保护盐井还是牺牲盐井展开了激烈的讨论；就在盐井快要遭受灭顶之灾时，2012年揭开了旅游开发的新一页，盐井民族历史博物馆的建立，标志着盐井正式向旅游业迈进。在曲折的过程中，各种动力因素无不显现，同声合奏出盐井的交响曲。

第一节 盐田所有制形式的变迁

一、盐井解放及地方僧俗势力的削弱

1950年3月20日，中华人民共和国刚刚成立5个月，国民党700多人从当时盐井县的徐中向西南逃窜，进入盐井境内，又准备从盐井逃往云南，在逃过程中被解放军击败。是年10月上旬，解放军十四军一二六团歼灭盐井境内的藏军，十八军一五七团进攻宁静，沿途消灭藏军400余人，于12日抵达宁静城郊后，藏军第九代本格德·格桑旺堆一部起义，至此盐井和宁静两县宣告解放。① 1951年1月1日，昌都地区委员会成立，同时宁静和盐井成为昌都地委的直属宗（相当于县一级单位）。是年6月，地区解放军派军事代表赴宁静

---

① 参见芒康地方县志编纂委员会编《芒康县志》，巴蜀书社2008年版，第318页。

和盐井，在两地分别成立代表处；11月，各自设立宗解放委员会。1952年年初，盐井和宁静得到批准，成立临时工作委员会。

盐井解放初期，盐业生产情况无详细记录，据1954年编写的《盐井宗井盐调查材料》所载，当地"不管用什么牲口驮运，也不管数量多少，每驮纳税半银元，并允许外加1斗（约12斤）。因此商人就尽力多驮，每驮达150～240斤。自1950年10月至1954年2月，共收盐税32374元"①。《西藏的商业与手工业调查研究》依据税收情况估计，2年又5个月，共产盐64748驮，每驮仅按150斤算，共97212200斤，每年产盐400万斤左右②，即2000吨左右。这个时期盐井依然由朔和寺的贡噶喇嘛来控制，阿珠是贡噶喇嘛的管家。此外，贡噶喇嘛还有两名得力干将阿秋和多吉。管家阿珠在解放军进入盐井之后，被击毙在徐中乡的梅拉卡山。阿秋当时是盐井县的副县长、盐井解放委员会委员，思想进步，曾在1954年去北京开会，到过内地参观学习，回来之后，积极宣扬共产党的政策好。对此，阿珠作为当时贡噶喇嘛集团中最为反动的人物，对阿秋的主张颇为不满。此后，二人矛盾不断上升，阿秋见势不妙，于是去拉萨"搬救兵"，结果消息被透露，被阿珠等人害死在途中。阿秋被打死后，尸体还被贡噶喇嘛手下拉回盐井示众，以恐吓民众。③

贡噶喇嘛后来成为西藏的18名重大叛乱分子头目之一。1959年3月28日，周恩来总理发布国务院命令，责成西藏军区彻底平息叛乱。撤销叛乱分子索康、柳霞、夏苏，包括昌都地区的呷日本、庞秋、贡噶喇嘛等18人的自治区筹委会委员和一切职务，并按国家法律分别给予惩处。④

1959年4月初，国务院指示撤销盐井和宁静两处的宗解放委员会。此时，宁静和盐井并非由人民解放军控制。4月15日，人民解放军昆明军区第四兵团步兵一二六团二营，按团指令由云南迪庆藏族自治州德钦县出发，经3天行军，进至待机地域碧云功（现德钦县佛山乡），尔后分两路进击。解放军战士决心全歼盘踞在西藏芒康县盐井区岗达寺内之敌，为进藏扫清道路。此时的岗达寺还是西藏反动上层在藏东南策划叛乱的一个中心据点。该寺以活佛巴贡、牙卡及原盐井县副县长耿曲荣为首，在1958年10月，即纠集450余名叛匪，

---

① 转引自中国社会科学院民族研究所、中国藏学研究中心社会经济所合编《西藏的商业与手工业调查研究》，中国藏学出版社2000年版，第8页。

② 参见中国社会科学院民族研究所、中国藏学研究中心社会经济所合编《西藏的商业与手工业调查研究》，中国藏学出版社2000年版，第8页。

③ 参见吴成立《西藏芒康县纳西民族乡盐文化研究》，中山大学社会学与人类学学院硕士学位论文，2009年，第113～114页。

④ 参见程越主编《中国共产党西藏昌都地区历史大事记（1949—2009）》，中国藏学出版社2010年版，第85页。

积极修筑工事，企图凭借有利地形负隅顽抗，一时气焰嚣张。战争在1959年4月20日凌晨结束，历时2小时20分钟，全歼叛匪455名（毙巴贡活佛、耿曲荣以下115名。伤俘28名，俘牙卡活佛、觉陇头人以下312名），缴获武器弹药一批。①《芒康县志》在大事记中对此处战役，仅提到"（1959年）4月20日，人民解放军一举荡平岗达寺叛乱武装，歼敌数百"。盐井60多岁的老人对这段历史却记忆深刻：

> 岗达寺这个地方，西藏解放的时候打仗打得安逸喽（很激烈），早上打到中午饭的时候打完了。全部抓的抓、死的死，就这样结束了。就是1959年的时候，滇军从德钦进来，当时地方很乱，很多人，包括云南那边来的地主都跑到岗达寺住起来。共产党一来，盐井18岁以下的男的，都要到喇嘛岗达寺那里集中。仗打了两三个小时就结束了。当时解放军一百多（人被）打死了。②

盐井从1950年开始到解放，经历数次战役，岗达寺战役是其中较为激烈的一次，从盐井烈士墓的碑刻来看，当时盐井四周都曾发生过战役，牺牲的战士较年轻者仅十八九岁。1959年6月上旬，以贡噶喇嘛和罗布次仁为首，纠集了三十九族地区的叛匪及反动喇嘛，煽动裹胁一部分群众，共有3000人，打着"白色圣军"的旗号，要攻击索县县委，企图在索县等地建立一块叛乱地盘。③次年，贡噶喇嘛向盐井的西部察隅一带逃窜，后来被解放军击毙。

解放军在盐井获得岗达寺一战的胜利后，积极筹备建立宁静县和盐井县人民政府，并分别于1959年的7月和9月相继成立。同年10月11日，两县同时成立中共县委员会。从1959年到1965年这6年的时间里，盐井各地政府基本上围绕平乱改革，推翻原有的封建农奴制度。束缚在土地之上的农民被解放出来，生产关系转化为农牧民个人（家庭）所有制，生产力初步得到解放，盐业基本恢复。

二、国营盐场的成立和集体晒盐制的形成

盐井解放后，盐业主要由县政府组织生产，并于1959年开始征收盐税，其税率为每100市斤征收人民币2元；1980年7月对盐税实行免征。

---

① 参见中国人民解放军昆明军区《战斗在云贵高原的光辉历程》，云南人民出版社1995年版，第94页。

② 2013年3月，盐田田野调查资料。

③ 参见王起秀编著《雪域忆昔》，西藏人民出版社2004年版，第105页。

1961年4月，中共中央根据当时民主改革后不久，西藏存在急于试办农业生产合作社，于是决定"西藏工作采取稳定发展的方针，从1961年算起，五年以内不搞社会主义改造，不搞合作社（连试点也不搞），更不搞人民公社"。但实际上后来并未做到，1965年当地组织盐户成立生产合作社。

据曾在盐井供销社工作过的老职工觉安拉姆回忆，供销社的主任换过两人，一个是仁青觉能，后来是白马旺秋。以前供销社由芒康贸易公司管，当时上班的人也就只有4个人，为了公平起见，每个村各选一人进入公社工作，这4个村分别是纳西村、上盐井村、觉龙村和拉久西村。人数最多的时候有8人，包括了主任、书记、会计、保管员、收盐人、卖盐人等。她清楚地记得在供销社工作那么长的时间，领到的工资最高就是35元。觉安拉姆说那个时候肉才5毛钱一斤，酥油才8毛一斤，一个猪头才几元钱。后来供销社破产了，变成了自己经营，充分调动了工人工作的积极性，所以收入也就慢慢变好了。在聊到现在的生活时，她说道："2000年左右，我能领到1200元的生活补助，也就是工资吧。2007年后，（工资）涨了，到2000多了，现在我的工资是2459元。加上卖东西的收入，生活还是挺好的。"

戈阿干曾经访问过仁青觉能，下面援引他的经历：

> 1959年西藏进行民主改革，我离开寺院，告别经师回到盐井家乡。当时我还小，只有能力当个放牛的小牧童；后来年纪稍长，就当马脚子给供销社赶马，这时走了滇藏边境不少地方。我家里被划为中农，我头上又带（戴）上顶活佛的帽子，于是村上很多苦活、累活、脏活都压到我身上来，可我一直没有怨恨，也从不同别人争吵，别人有时要骂我训我，我也从不还嘴。
>
> 也许是我不怕吃苦，加上在经师身边学过两年藏文藏经，便于1970年，也就是20岁时被安排到盐井乡政府当秘书代理。过了3年，又让我当了农业大寨"大寨班"班长（工作队长）。于是我白天带领群众搞改土造田劳动，晚上就组织他们学习藏文。在不太长的时间内，我当"班长"的生产队里，大多数人摘掉了"文盲"的帽子。
>
> 1978年，又安排我到盐井供销社工作，由于工作成绩突出，1984年被委任为供销社主任，直到1993年才离开供销社。在这15年时间里，我经常到云南、四川进货，当时交通条件差，山路常常被山洪冲垮，就只好三天五天地被困在路上打野露宿。当了主任以后，我也亲自出去进货，单丽江就去了七八趟，去那采购红糖、水果糖、布匹和衣裤鞋袜。那会供销社没有自己的车，雇车也是件麻烦事，非得自己出面不成。把货拉到社里后，就得送货下乡。当时盐井是个区，有些乡可以靠马骡送货，有的村寨

则得自己背送到农牧家里。①

在九家村调查的时候,该村的邓增取平老人向笔者说道:

> 盐田在不同的时期变化很大,在实施包产到户以后,盐田又分了一次。上盐井村占了一部分,九家村占了一部分。现在基本就是这样定型了,上盐井 160 多户有一部分盐田,我们九家村有一部分盐田。卤水井的话,也就是上盐井村有一个,我们村有一个。这两个卤水井都是很大的。都是由很小的 4 个卤水井的卤水最后汇集到一个当中。整个盐田很早之前就是归现在九家村的 4 个家庭的所有。后来才慢慢变成 9 家的。这 4 家如果要算历史的话就是仁青顿珠家、邓增取平家、达瓦家、珠吉家。那样算起来,这边(东岸)的盐田原来就是归九家村所有。后来上盐井、下盐井两个村的盐田都是因为不断的变化,重新分给他们的。变化比较大就算人民公社开始的 1959 年左右,田、地和盐田基本上都重新分了。②

九家村 80 岁的老人达瓦说道:"1959 年解放的时候分了一次,1965 年人民公社的时候又分了一次。那个时候就把九家村 60%～70% 的盐田分给别人了。我们家的房子都被收走了,上盐井的田地也被他们收去了,集体公社的时候,大家都是集体晒、集体收、集体卖,年底的时候凭工分来分配粮食。村里的财产 2/3 被分给村里的其他人家了。"③ 九家村的盐田就是这么一次又一次地被重新分配,每重新分配一次,盐户的盐田就会减少。

按照《芒康县志》记载,1960 年盐井的盐民沿着澜沧江东西两岸增开盐井、盐田,扩大规模,建立国营盐厂,1963 年改建为盐业公社,但是对于国营建厂大家都记得不清楚。曾经在盐井供销社工作的登邓老人回忆说:

> 云南搞了 20 多年(公社),西藏才搞了 10 年(其实也有 20 多年——作者注),大概是从 1971 年开始,到 1982 年结束。在搞公社之前,各家各户都有自己的盐田和土地,到了搞公社的时候,各家各户都必须把自己家里的田地、盐田、牛马等牲口全部交出来给政府,之后再由国家分配给大家。这样经过了 10 年左右,到了 1982、1983 年吧,又把土地还给

---

① 戈阿干著:《回眸沧桑——三江并流考察实录》,云南民族出版社 2003 年版,第 99～101 页。
② 2013 年 11 月,盐井田野调查资料,罗松翻译。
③ 2013 年 10 月,盐井田野调查资料,罗松翻译,村民多把盐井的解放时间等同于西藏全面解放时间。

农民。在这10年当中,大家都过得很艰苦。

公社的时候,在盐井组织了生产队,每个人都有分工,还有专门的书记来记每个人的工分。分工很细,有人种地、有人赶马、有人喂牲口、有人晒盐、有人卖盐等。一般说来,来记工分的都是读过书的人,在生产队里地位也比较高,他的工作就是每天将参加劳动的每个人的工分记在一个本子上。年底的时候就把所有人的工分加起来,还管整个生产队一年的收入和支出,将剩下的粮食和钱按照每一个工分多少钱或粮食来计算每个人和每个家庭所应该分得的粮食。

在盐井没有经历如内地那样的集体伙食,都是各家领了粮食自家开伙食。但是很多时候,有些家庭因为工分不够,分的粮食也不多。甚至有时候有些人家的工分严重不足,还要倒交给公社钱。在这10年里,要是你的工分越多,粮食分到的也就越多,生活相对也就过得好。①

从老人的讲述可以看出,这个时期盐井的盐业生产以集体参与的方式完成生产,以工分的形式来换粮食,这和内地差别不大。至于这个时期的盐业交换关系,盐井西藏芒康藏东珍宝酒业公司的创始人罗邓老人告诉笔者:

解放前,盐和粮食一对一地交换,交换的时候用一个容器,是用木头制作的,底面窄,上部宽,整体像个梯形的。一般能装十二斤盐。1987年修了加达村的桥。在此之前用的都是溜索,前年又变成现在的钢混桥。人民公社的时候是集体干活,主要还是以工分来算,分得粮食。专门有个人来记工分,家里有劳动能力的,按人头来平均分,如果家里全部都具有劳动力,那么可获得比较充足的粮食,如果只有小孩和老人、没有劳动力的人家,工分不足,还要倒交给公社钱。村里还有一个人专门去卖盐,这盐主要卖去卡瓦格博、左贡县、察隅县、毕土。去这些地方都要赶马,需要15天的时间。②

人民公社的时候加达村分三个组,第一组专门晒盐,后来盐业组一直保留到现在。

三、家庭联产承包制的盐业生计

1978年,为了适应市场需求,县政府在盐井建立食盐加碘场,这一时期

---

① 2013年8月2日,盐井田野调查资料。
② 2013年9月5日,盐井田野调查资料。

的盐业生产一定程度上得到发展。《芒康县志》记载:"所产碘盐不但在县内碘缺乏病地区专销,而且还远销西藏各地、县及四川、云南、青海等地。"①但是客观上讲,盐业并非如上所说的如日中天,据当地老人所说,这段时间很短暂,不到两三年就结束了,具体时间人们也说不上来。由于技术跟不上、产量低等原因,后来食盐加碘场也就倒闭了。显然,从内地引入盐井的加碘技术在当地的生产力条件下受到了很大的制约,技术人员缺乏、设备耗资大、电力供应不足等因素阻碍了盐井的盐业朝着工业化制盐的道路发展。

中共十一届三中全会以后,芒康县开始组织县内各民族学习中央的精神,在农牧区实行分组作业、包产到组,实行联产计酬和定人员、定土地、定产量、超产奖励的生产责任制。1980年第一次西藏工作座谈会议后,芒康县根据自治区颁发的《关于农牧区若干经济政策规定(试行草案)》和昌都地区召开的地区工作会议精神,坚持"一个解放、两个转变",在全县陆续推行以户为主的家庭联产责任制。从1982—1984年,芒康县有8385户、50260人和374个生产队签订了承包合同书。1985年,全县撤销人民公社,盐井开始分田分地,还分盐田,实行盐业家庭联产承包制。1986年,全县承包盐业生产的有66户,274人。下关老人说道:"大家分到土地和盐田之后都非常高兴,都说感谢共产党,感谢毛主席,大家一起拥抱,一起到街上欢舞,夜里还组织大家一起跳锅庄舞。大家都看到很大的希望,终于可以有自己的土地和盐田了。"这从当地百姓家中悬挂的图画可以看出,大多数家庭除了悬挂当地有声望的活佛外,第一个挂的是毛泽东像,毛主席是他们心中的救世主,让他们过上了幸福的生活。

农牧民分到了自己的土地之后,生产暂时得到了发展。农牧民长期处在农奴制和封建制度的压迫下,现在得以解脱,如此一来,促进了大家的积极性。盐业生产也出现了在政府的帮助下,大家投工投劳,全面修复卤水井、卤水池、盐田的现象。那段时期,大家都忙得不可开交。

> 我们那时候很忙喽,各家各户都很忙,分到土地的家户忙着搞自己家田地,分界线,砌田边地埂,大家都在忙。我们家有盐田,我们一家老小都去盐田了,天不亮大家都已经出去干活了,有时候地界不清楚的,还要请村里和乡上来核实。有些人,整天围着干部,觉得自己家的田又是分得不好,又是石头多,有的人还闹,说是怎么自家的盐田就比别家面积小,有的人家说是离家远了,意见都很多。②

---

① 芒康县地方志编纂委员会编:《芒康县志》,巴蜀书社2008年版,第367页。
② 2013年5月,盐井田野调查资料,格桑顿珠翻译。

从加达村多吉老人那里听到的是包产到户后大家都很忙。大家都在兴奋之中，但是并未忘记去争取自己的利益。家庭承包制实行之后，大家的积极性调动了起来，各自都在为家庭奔波。女人负责晒盐和处理家务，男人则赶着马四处去卖盐。

> 盐井九家村的老人邓增取平记得，当时家里有20多块盐田，一般是妈妈去晒盐，因为一直以来盐田都是属于他们的，因此他们多分得了盐田，基本上晒不过来，还要请小工和她一起去。冬天没有盐，天气也不太好。这段时间要去晒盐，就得把盐田拆了，把卤水浸湿的木头放进卤水池里。因为晒盐的时候卤水从上边浸下来，那样木头里就会含有很多盐分。放在卤水池里边浸泡一两天，卤水的度数就高了，那样能晒盐。①

到2000年，盐井全县从事盐业生产的有两个乡（即纳西民族乡和曲孜卡乡）②、320户、1500多人；共拥有盐田2655块、盐池300多个、盐井60余口，年总产量可达750吨。③

从20世纪90年代开始，政府为了鼓励盐业的发展，以补助大米的方式来保证晒盐专业户的基本生活。2004—2009年之间，政府对专业户又给予特殊的照顾，主要是补助粮食。2009年以后，据加达村的驻村干部介绍，当时晒盐专业户每家都享受低保补助，每人每月能领到150元，该项政策此后被取消了。如今，大家对晒盐没有以前那么热情了，大家都觉得生活过得比以前好多了。九家村的几位老人如今已经是儿孙满堂，很多子女要么是公务员，要么是开客车和大货车。以下是几个案例：

邓增取平，68岁，8个子女，4男4女。大儿子是国家公务员，在自治区电信局当领导。第二个是女儿，嫁到下盐井，生活还不错。第三个是女儿，嫁在本村（上盐井）。第四个是儿子，现在开着一辆双桥大货车，专门跑中甸、大理和昆明等地，收入一个月有七八千元。第五个是儿子，在家照顾老人。第七个是儿子，在邦达乡当老师。第八个是女儿，嫁在上盐井，她在县文物局工作。以前盐田有20块，现在有14块。④

珠吉，79岁，9个子女，7个儿子，2个女儿。大女儿拥宗在养护段，其丈夫是养护段的正式职工。大儿子叫扎西，开双桥大货车，买车的时候就花了

---

① 2013年10月，盐井田野调查资料，罗松和阿旺朗杰翻译。
② 这个时期江的西岸加达村归曲孜卡乡管辖，因此纳西民族乡和曲孜卡乡均有盐田，后来加达村划归纳西民族乡。
③ 参见芒康县地方志编纂委员会编《芒康县志》，巴蜀书社2008年版，第365～366页。
④ 邓增取平未提及第六个孩子的情况。

50多万元。二儿子扎西顿珠在曲登乡当乡长。三儿子在家，以前是开盐井发往芒康的客车。四儿子在家种地、晒盐和照顾老人。二女儿嫁出去了。有一个儿子在邦达当老师，另一个儿子去了瑞士。家里的盐田以前有30块，现在有20块，由儿媳妇负责晒盐。①

达瓦，53岁，有4男1女。一个儿子在家里和大家种田种地，还负责晒盐。女儿嫁出去了。一个儿子开挖掘机，一个月收入有五六千元，最小的儿子在上学。以前有盐田19块，现在有9块，晒的收入一年12000元左右。

仁青顿珠，46岁，3个儿子，其中2个儿子分别就读于西藏大学和武汉的一所大学。另一个儿子在芒康读高中。仁青顿珠有5个兄弟姐妹，有2个爸爸（兄弟共妻），以前有盐田42块，现在有18块，盐田的收入每年在16000元左右。

从盐井的生产和销量来看，自20世纪90年代到21世纪初，盐业基本上保持在一个平稳的状态，这个时期贫富差距不大，生活上基本能解决温饱。盐逐渐脱离了制度的控制，这是盐民自产自销的发展阶段。盐渐渐成为一种常见的、普通家庭存放的生活必需品。

第二节 加碘盐与非碘盐之争

一、政府导向与加碘盐的发放

20世纪末，西藏自治区政府认识到非加碘食盐对当地百姓身体健康不利，这是因为儿童处在身体发育期时期，一旦缺碘会引发呆小症，成人如果长期缺乏碘的摄取会引起甲亢（俗称"大脖子病"）。

1997年7月，西藏自治区实施《食盐加碘消除碘缺乏危害管理条例》办法，以此通过法律规范的形式保障人民获得正常所需的加碘盐，制定了给予销售非加碘盐的销售者惩罚的条例。2008年之后，西藏逐渐开始免费发放加碘食盐，目前芒康县盐井纳西民族乡的农牧民每人每年均可领到100斤由西藏拉萨生产的"圣康碘盐"，每包1公斤，在盐的包装上印有"政府补贴，农牧民专用"字样（见图8-1）。

当地的盐民长期以来并不认同食用非加碘的盐井盐会得"大脖子病"，八九成的盐民肯定自己晒的盐不会对人体有害，更不用说是导致"大脖子病"了。

---

① 珠吉未提及其他三个儿子的情况，以下几位村民介绍情况时，也同样出现遗漏。

图 8-1 西藏政府给农牧民提供的免费加碘盐

> 我们祖祖辈辈都吃我们自己晒的盐,不会(得病)的,怎么会呢?我也没有看到过村子里哪个老人有大脖子病。你看我们不是好好的吗?说这些话的人是不安好心,不能随便讲。你要是不相信,你去问问别家,有没有这种事。①

笔者询问过当地几位老人,包括纳西村年龄较高的下关老人,他们都极力否定这一现象。那么盐井是否存在这一现象呢?在盐井地方文献中,均难以找到佐证。但是,一条重要的信息来源于英国植物学家 F. 金敦·沃德于 20 世纪初在滇西北,也就是盐井北部的察瓦龙考察时,记录了这里的百姓有甲状腺病症。

> 我们的同伴都长相奇特,外表骇人。一个患甲状腺肿的姑娘又聋又哑。其中有两个男人脖子上同样悬荡着两处大的甲状腺,而他也完全是聋子。
> 这里的村民,像湄公河谷上所有的人一样,不同程度地患有甲状腺肿,就连很小的孩子脖子上也吊着难看的肉块。② 阿墩子(德钦县)的汉族人说,这是由于他们食用盐井(现在的芒康县盐井)(Tsa-kha-hlo)的

---

① 2013 年 9 月,盐井田野调查资料,被访问者为阿江,格桑顿珠翻译。
② 原作者本人有歧视倾向,为了表明资料来源的可靠性,笔者并未修改,以此说明。

盐的缘故。

  我无论在怒族人中，还是从杰纳往南的藏族人中，都没有看到甲状腺肿，不过他们的食盐都来自茶卡罗（芒康县盐井）（Tsa-ka-lo），而流行的看法是这种盐就是甲状腺肿的病因。①

  因此，有关盐井盐因未含碘带来健康的影响，应确有此事，而并非如盐民及当地百姓所言：食用盐井盐是不会产生甲状腺疾病的。2009年之后，政府为了大家的健康，只能通过免费发放加碘盐以保证大家对碘的摄取量。

  通过政府补贴的方式来保证农牧民对加碘食盐的食用，这对于长期食用非加碘食盐的盐井人民来说是件好事，但是另一个问题随之出现——加碘食盐的免费发放严重影响了盐井盐的销售量。以前，从四面八方赶着马帮来盐井交换盐的景象渐为少见，盐民不得不赶着马或是开拖拉机到处去推销自己所晒的盐。以前芒康、左贡、察隅等地大型的牧场购买盐井的食盐是最多的，大量的牲畜所需的食盐促进了盐井盐的销售，二道盐和三道盐基本上由牧场买断。如今，想要出售家里的盐有些困难，特别是一道盐和二道盐这样可供人们食用的盐的市场需求量逐年减少；盐民为了出售手中的盐，不得不利用各种机会阐述盐井盐有多好，对人和牲畜有哪些好处，以此推销当地的盐。

二、盐民的生存策略

  长期以来，盐民已经形成了以当地文化为中心的思想观念，这一观念的形成是以盐作为一种生活必需品和交换品为基础的。盐井周围各县均不产盐，在方圆近20万平方公里的范围内，仅盐井在产盐，形成了以盐井盐为核心的交易圈。即便是盐井的马帮将盐运到遥远的山区，盐依然受到欢迎。在盐井解放前，很多商人到盐井买盐，短时间内还很难买到；民国年间还出现"盐商均揣各种日常用品，如米、茶、衣料等物，赴盐田与盐民交换食盐，因小商甚多，及一雨即数日无盐关系（原因），有时数十（日）无之交易，需时数十日"②。这样的情景已成历史，如今的盐民却不得不自己想办法推销自家的盐，这一转变对于经历了商人和马帮来盐井主动要盐的盐民而言，似乎难以接受，却又只能接受现实。

---

  ① ［英］F. 金敦·沃德著：《神秘的滇藏河流——横断山脉江河流域的人文与植被》，李金希、尤永弘译，四川民族出版社、中国社会科学文献出版社2002年版，第98、108、148页。第三条的内容有前后矛盾之嫌，是否是译者译误，有待查证。

  ② 崔克信：《盐井县之地质及盐产调查》，载《西康经济季刊》1944年第8期。括号内的内容为笔者所加。

人类学在研究物的时候，无不关心物的流动方式和物背后的政治制度，在一定的程度上，政治制度影响着物的流动方式、由谁掌控和由谁来消费。西敏司笔下的《甜与权力：糖在近代历史上的地位》探讨了糖如何从一种仅提供王公贵族消费的奢侈品，历经殖民地文化的植入后，成为人们日常随处可见、人人都能消费得起的一般消费品。[①] 先不谈物背后的权力关系，就糖的生产者内心而言，这一过程定能引起其地位的变化。盐井当地的盐民亦是如此，在经历了商人、牧民争先恐后地同盐民进行交换，到盐民不得不自己利用各种方式来推销盐，买卖之间的主动性发生转换。随着市场的萧条，盐井开始转向旅游业开发，以此为契机促进盐业基础设施建设和向旅游者宣传盐井盐的好处，向多元生计发展。

（一）从盐业本身出发，大力宣传盐井盐

依托旅游开发加强基础设施建设，利用各种途径促进盐的销售是当下盐井盐民多采用的策略，主要表现在：一是抓住盐井被评为国家4A级景区的契机，大力推进盐业基础设施建设。例如，加达村在旅游开发期间向政府申请到20万元，在加达盐田修建了一个大型的卤水池。二是加达村的村民向外来游客大力宣传红盐比白盐好，能美容，能治风湿，以促进盐的销售。三是加达村、纳西村、上盐井村均建有藏家乐，吸引游客，体会藏家风情，促进消费。这样的藏家乐加达村和纳西村最多，加达村有28家，纳西村有25家，上盐井村有19家。四是转变销售方式，将小袋盐直接卖给游客，平常1斤多的一道盐最多能卖1元，但经过包装好之后，1公斤的小袋盐就能卖5元，1市斤的能卖2元，利润上翻了一倍。笔者在加达村调查期间，时常碰到加达村的小孩主动问"叔叔买不买盐""叔叔要不要在这里吃饭"这类主动推销的话。加达村不再是闭塞的小乡村，人们的思想悄然发生变化。

（二）选择多元化生计方式

自盐井的盐业市场受到冲击以来，盐民开始寻找出路，一方面在晒盐的同时兼顾其他行业，生计趋向多元化；另一方面，有的盐民彻底放弃盐业，从事其他行业。

多元生计的趋势，在盐井较为明显。盐井传统意义上有两种晒盐户，一种是专业户，另一种是半专业户。晒盐专业户没有土地，只有盐田，因此他们一年四季基本上在从事盐的生产，只在晒盐条件极端恶劣的情况下才会放弃晒

[①] ［美］西敏司著：《甜与权力：糖在近代历史上的地位》，王超、朱建刚译，商务印书馆2010年版。

盐，如连续下大雨、下雪、江水暴涨等情况。这样的专业户加达村有一个组（盐业组），共24户、149人，上盐井村的盐业组有12户、52人。对于半专业户而言，他们既有土地，又有盐田，因此，人们不得不奔波于盐业和农业之间。到了农忙的时候，比如玉米或小麦、青稞等作物种植的或收割的季节，村民都要停下手中晒盐的活，从事农业劳动。因此，对于半专业晒盐户来说，粮食收入和晒盐可以二者兼顾，一定程度上缓解了生存压力。但是，晒盐专业户却不同，随着盐业市场受到冲击，从现在交换的粮食来对比，盐的价格明显下滑了很多，于是必须选择其他生计。通过对盐井个体户的结构进行分析，可以看出当地百姓已经参与到商业行业中来，见表8-1。

表8-1 盐井工商所所辖个体户统计　　　　　　　　　　单位：户

项目	行业分类的个体户户数					从业个体户		经营地点		注册资金（万元）	
分类	商业	餐饮	制造	服务	娱乐	本地	外地	盐井	曲孜卡	本地	外地
小计	68	65	11	5	24	87	86	146	27	1848	1088.4
总计	173					173		173		2936.4	

截至2013年10月27日，盐井个体户①有173家，这包括了商业、服务制造业、餐饮业、服务行业等行业，有零售店，也有中型商店，且酒吧、茶馆、卖衣服等服务性行业逐渐增多。从表8-1中可以看出：本地人开的店有87家，外地人开的店有86家，其中本地人②在盐井开店数占盐井总个体户的50.29%，外地人开店占总开店数的49.71%。从表8-1中可以看出商店、餐饮业（包括住宿）占主导地位，其次是娱乐行业。服务业以酒吧、茶馆为主，所占比例最少。

盐井的商业活动以盐井为主，占整个盐井工商所辖区域的个体户总数的80%以上，木许和曲孜卡两乡的商业并没有盐井发达（见图8-2）。从图8-3中可以看出：个体户投入资金2936.4万元中，外地人投入的资金为1088.4万元，占整个投入资金的37.07%。但是需要指出的是，本地人所开的店主要以住宿、小吃为主。大型的商店、饭馆主要由外省人开。在外省人当中，人数最多的是湖南人，此后依次是湖北、云南、四川等地的人。湖南人当中在盐井投资最大的老板，采购各种百货所需资金上百万，每次去昆明调货需要一个月

---

① 盐井工商所所管辖的个体户，不仅包括纳西乡境内的个体户，还包括了木许乡和曲孜卡乡两个乡辖内的个体户。
② 本地人指的是个体户的户籍在纳西民族乡、木许乡、曲孜卡三个乡。

的时间,仅运送的百货就能装一辆双桥货车。比较发现,这里的物价和昆明比,要高出一到两成,只有那些本地出产的货物或肉类会比昆明市场便宜。这些商店当中,直接卖盐井的红盐和白盐的有3家。

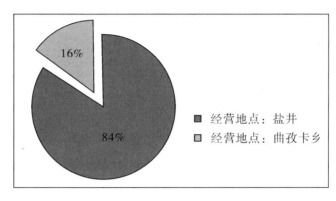

图8-2 盐井工商所辖内经营地点的比例

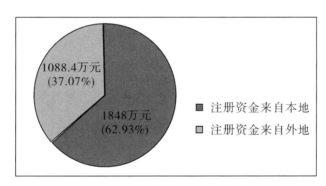

图8-3 盐井工商所辖区内本地和外地注册资金的比例

扎西央宗家里有十几块盐田,进入9月份后盐井经常下雨。扎西央宗和她的丈夫一起去找过几天松茸之后,发觉松茸并不好找。一天,当笔者到她家时,她丈夫已不在家,便问起他的去向,扎西央宗说他去芒康打工去了。之后,11月中旬笔者在街上看到他,便和他聊了起来。

那个时候盐也晒不成了,松茸也不好找,我就出去了,到芒康,一个亲戚帮了我,让我跟着他们去工地,后来才知道是建房子。我干的都是重活,像背水泥、拌水泥、扎钢筋。出去还是比在家好,(在)家里一天没几个钱,到了工地一天能挣七八十(元),好点的时候有一百(元)。晒盐的话,一天也就几十块吧。

彻底放弃盐业，从事其他行业，也是盐民不得已的选择。收入不能保证的条件下，很多盐民开始完全放弃盐业，把盐田租给亲戚或朋友。有时候会直接将其送给亲戚朋友，得到盐田的盐民过年过节的时候会送上100斤左右的食盐作为回报。随着盐价普遍降低，人们变得对盐田冷淡起来。以下是一些案例：

案例1 受访者：达瓦，46岁，上盐井村人；访问时间：2013年10月20日

现在我们家还有4块盐田，都不晒了。以前自己家没有盐田，生活条件又不好，所以靠我和媳妇去修了4块盐田。20多年前，家里还很穷，穷到只有一张床和一张小木桌。后来我出去芒康干了一年厨师，回来后在盐井开了麻将室，买了一张上盐井唯一的自动麻将机。来玩的人多了，生活慢慢开始改变，后来还买了一头驴，花了90元买的，减少了劳动力。

七八年前，到盐井中学职工之家干。三四年前到盐井中学对面，214国道旁，开了茶楼，小两口一起经营。主要是开麻将、茶水、小吃，收入还可以。到了星期六、星期天这里人很多，来玩牌的、（玩）麻将的、吃藏面的都有。家里的盐田已经七八年不晒了，现在给了我家亲戚，有时候他会给我们一袋盐，反正现在盐不值钱了。

案例2 受访者：白珍，31岁，纳西村人；访问时间：2013年4月25日

我是从云南的佛山（德钦县）嫁过来的，刚（嫁）过来的时候，老公家里有七八块盐田，早上很早就要起来，大概6点钟左右吧。起来做饭给家里的人，他们吃完了，我带上做好的饼，开始走路去盐田，下去的话要走1个小时，上来要2个小时。后来孩子出生了，自己觉得很累，就和我老公商量开个小店，3年前到了这里（银行对面的两层楼小屋）开小吃店，主要卖包子、面条。家里的盐田给了老公家的姐姐，以前都是一年给一袋盐。

扎西央宗的父亲登邓也曾说道："我在盐井卖盐已经卖了20多年了，10年前当地晒盐的人数比较多，买盐的人一次买的数量也比较多，都在几百斤以上，也有人一次购买上千斤食盐，但是现在慢慢地买盐井盐的人少了，每次买盐不过也就十几斤到四五十斤。"当问及原因时，他说："当地所晒的盐现在普遍用来打酥油茶和喂牲畜，做饭一般都用拉萨所发的加碘食盐，吃当地的盐就少了。还有，从2010年开始，西藏普遍开始免费发放加碘食盐，这样，绝大多数的人家基本不用买盐了。"加达村的取扎家，以前盐田由他的女儿打

理，家里有 30 多块盐田，盐田数量在整个村里算是中等，村里盐田最多的当地人家有 50 多块盐田。现在他的女儿去做自己的事情了，盐田便由他的女婿去晒。

从工商所注册的个体户数量来说，当地人占了五成左右。据了解，当地的很多酒店、餐饮店由本地人开，这是因为这些行业需要修建房屋，占用土地面积，外省来的商人很难占有这些土地，因此多数由当地人建起房子，再转租给他人，或是自己投资开酒店或饭馆。这样的例子并不少见，盐井乡驻地的"滇藏情酒店"，就是当地人吉村所开。又如，盐井正宗佳佳面（游客接待中心）的老板斯那卓玛就是纳西村人，"盐田宾馆"的老板达瓦也是当地人。据了解，随着西藏旅游业的发展，带动了很多酒店和餐饮的发展。可以说，住宿、餐饮基本上还是由当地人垄断，而且他们都是从盐井晒盐队伍中慢慢分流出来的。

第三节　澜沧江流域水电开发与盐田保护

一、古水水电站的建设与盐田的淹没

澜沧江干流水资源丰富，地质结构坚固，成为云南境内水电开发投资最大的河流。20 世纪 80 年代起，澜沧江干流上水电开发成为社会关注热点。目前，在建和已经投产的电站已有 14 座，包括了大朝山水电站、漫湾电站、小湾电站、功果桥电站、苗尾电站等在内的大型水电站。如今，澜沧江干流的水电开发正向上游发展。其中，古水水电站系澜沧江上游古水至苗尾河段水电规划梯级开发方案的第一级，2004 年 2 月该电站进入预可行性研究阶段，并开始勘察设计工作。

电站建设的库区淹没涉及云南省德钦县佛山乡和西藏自治区芒康县的两个乡，极有可能淹没盐井纳西民族乡的盐田，为此"2006 年 5 月底，为了配合澜沧江古水水电站工程建设，受中国水电顾问集团昆明勘测设计研究院委托，西藏自治区文物保护研究所组织来自西藏自治区文物保护研究所、陕西省考古研究院、四川省文物考古研究院等文博单位的专业考古人员对古水水电站淹没区中，位于西藏自治区昌都地区芒康县境域进行了考古调查，掌握了水库淹没区的盐井、盐田以及其他文物点的基本状况"[①]。这一行动表明，电站的可行

---

① 西藏自治区文物保护研究所、陕西省考古研究院、四川省考古研究院：《西藏自治区昌都地区芒康县盐井盐田调查报告》，载《南方文物》2010 年第 1 期。

性方案一定程度上关注了少数民族文化的保护。但是至今，古水水电站库区淹没的具体实施方案并未正式公布，有关盐田的保护工作也没有正式的文件。

从2004年论证古水水电站建设的可行性开始，至今已有10多年的时间。有关电站建设对西南少数民族的生态环境和传统文化的影响，早在10年前，针对怒江流域是否应该进行水电开发，就有过争议。最后，专家、环保人士和学者都纷纷参与进来。近年来，围绕怒江流域的电站开发又引起了社会的广泛讨论，并多次产生不小的风波。古水水电站位于云南省迪庆州德钦县，是澜沧江上游河段规划一库七级开发方案的龙头水库，上游与西藏古学梯级衔接。古水水电站正常蓄水位2265米，相应库容15.39亿立方米，校核洪水位2275.81米，电站总装机容量1800兆瓦（4×450兆瓦），年平均发电量30亿千瓦时。工程规模为大（1）型，枢纽工程等别为Ⅰ等，挡水、泄洪及引水发电系统等主要建筑物为1级建筑物，次要建筑物为3级。① 一旦电站按照原来的设计方案建设，盐井的盐田将完全被淹没，库区周围的村民需要全部搬迁。

从2004年起，盐井的百姓就一直在关注古水水电站开发的开工建设，普遍关注的是"拟建中的澜沧江古水水电站将会使盐井盐田永远淹没在水下"②。电站是否应该开工建设，本质上，当地的村民并不能掌握话语权。尽管如此，人们对电站的建设还是有一些看法：一部分人热衷于电站建设带来当地发展的契机，如带动地方的劳动力、提高当地的消费水平、电站淹没的土地还能获得高额补偿。一部分人则认为电站建设虽然在淹没他们的土地之后，能获得补偿，但他们将永远失去自己的土地，相比较他们世代能在这块土地上种植粮食而言，用土地补偿金来维持生计不是长久之计。其实，盐民们更多的担心是祖祖辈辈留给他们的盐田，不能在他们手里被抛弃，上盐井村村民罗松告诉笔者：

> 我们这里的盐民是特别喜欢自己的盐田的，你看有很多人出去打工了，盐田也不会卖掉，只会租给别人；那些家里实在没有人的盐户，家里的盐田也会留给亲戚家。他们觉得那是祖先留给他们最好的礼物，绝不会轻易放弃掉。所以，电站建起了要是淹没了盐田，这里的盐民一定会很伤心，对盐田我们是有一种说不出来的感觉。我们不希望电站对盐田有影响。有关建电站，加达村的村民认为那样不妥，他们祖祖辈辈生活在这里，要是建起了电站，盐田被淹了，家要搬去另外一个地方，重新立新家，很多人都接受不了。不太欢迎来建电站的那些人。③

---

① 参见《澜沧江云南段水电站工程概况》，内部资料，2012年8月。
② 西藏自治区文物保护研究所、陕西省考古研究院、四川省考古研究院：《西藏自治区昌都地区芒康县盐井盐田调查报告》，载《南方文物》2010年第1期。
③ 2013年9月，盐井田野调查资料。

在 2009 年之前，盐民最担心的是盐田被淹没。村民告诉笔者，在那几年，村民讨论最多的就是盐田的将来。

二、呼吁与保护：文化资本的显现

盐井的魅力征服了很多人，作为传统制盐文化的"活化石"，人们并不愿意看到盐田被淹没。从专家、学者看来，盐井是人类宝贵的文化遗产，当以保护。自 20 世纪 80 年代以来，人们逐渐发现人类先前从事社会实践活动留下的遗迹，一定程度上对当今社会文化的理解有历史、艺术、考古等价值意义，于是提出对这些遗迹进行保护。1972 年 10 月 17 日，联合国教科文组织公布《保护世界文化和自然遗产公约》（以下简称"《公约》"），将物质形态的文化遗产规定为包括文物、建筑群、遗址三个方面，并对具体内容进行了说明。

> 文物：从历史、艺术或科学角度看，具有突出的普遍价值的建筑物、碑雕和碑画，具有考古性质成分或结构、铭文、窟洞以及联合体。
> 建筑群：从历史、艺术或科学角度看，在建筑式样、分布均匀或与环境景色结合方面，具有突出的普遍价值的单立或连接的建筑群。
> 遗址：从历史、审美、人种学或人类学角度看，具有突出普遍价值的人类工程或自然与人工联合工程以及考古地址等地方。①

按照《公约》，盐井的千年古盐田可归入"遗址"，此后联合国教科文组织在原公约的基础上，于 2003 年 10 月 17 日通过《保护非物质文化遗产公约》，并提出"非物质文化遗产"一说，推动了各国有关文化遗产的关注和保护。国内有关物质文化遗产和非物质文化遗产的研究纷纷出现。

2009 年，著名考古学家、北京大学教授宿白先生在了解盐井传统盐业文化之后，特别担心古水水电站的修建将淹没盐田，于是，已年过九旬的老人致信国家文物局单霁翔局长和相关领导，呼吁大家尽最大努力去保护盐田。

> 单局长暨国家文物局各位领导：
> 你们好！
> 近闻云南古水水电站（在德钦境内）将马上修建，并将全部淹没西藏芒康盐井盐田，为此我深感痛心！
> 鉴于芒康盐井盐田在我国西南地区历史、文化、文物、景观、自然、

---

① 《保护世界文化和自然遗产公约》，见张娟编著《环境科学知识》，大众文艺出版社 2008 年版，第 172 页。

民族、宗教等多方面的重要性以及巨大的潜在遗产和文物价值，特别是它作为一部现存的活的历史在当今世界各地极为罕见。因此，无论如何都应该负责任地把这处中华民族的珍贵遗产保护下来。但是，鉴于巨大的经济诱惑，可能会遇到一定阻力，为此需要我们从各个方面多想些办法，尽快制定和提出政策性的保护方案和具体措施。为此我建议：

（1）可否利用目前正在进行的全国重点文物保护单位申报机会，将这处珍贵的遗产直接列入国保单位（我记得以往曾有过类似案例，备查）。

（2）在强调保护的基础上还要尽快考虑将其列入世界文化遗产和自然遗产候选名录，同时也完全有资格列入非物质文化遗产名录。

（3）应该组织和利用现有媒体进行广泛的宣传，扩大影响，特别是在民族文化遗产的保护方面。

宿白（北京大学考古文博学院）[1]

宿白先生的这封信受到了国家文物局的重视，原国家文物局单霁翔局长亲自到古水水电站拟建的选址进行了实地考察，"并就盐井保护一事做出一系列部署安排"[2]。据《西藏日报》载："单霁翔再次指出，天主教堂、扎果叙石刻及盐井古盐田3处文物点非常珍贵，要加强保护，积极申报全国第七批重点文物保护单位。特别是古盐田，它不仅是一个简单的遗址，更是人民群众勤劳和智慧的结晶，要积极申报世界文化遗产保护项目，对于古盐田所在地的盐井乡加达村可以申报中国历史文化名村。"[3] 这对盐田的保护是一个实际性的行动，也是首次官方话语提出要保护盐田。

宿白先生：

您好！

您关于保护芒康盐井的来信收悉。您不辞辛劳，屡次为文化遗产保护忧心呼吁，令我深为感佩。我完全同意您关于加强芒康盐井保护的建议，并已于近期赴芒康实地调研盐井保护情况，沿途还考察了古水水电站拟建的选址。

根据调研了解的情况，芒康盐井包括芒康县澜沧江西岸曲孜卡乡的加

---

[1] 宿白：《宿白先生呼吁保护芒康盐井的信》，载《中国文物报》2009年9月9日第2版。
[2] 西藏自治区文物保护研究所、陕西省考古研究院、四川省考古研究院：《西藏自治区昌都地区芒康县盐井盐田调查报告》，载《南方文物》2010年第1期。
[3] 次旦卓嘎：《国家文物局在昌都地区芒康县实地调研》，载《西藏日报》2009年9月22日第2版。

达盐田和东岸纳西乡的色曲龙—雅卡盐田、溪同卡盐田。该地区至今仍完整保留了凿盐井和卤水制盐的传统工艺，大多数盐井仍在使用，其井盐晒制技术被列为国家级非物质文化遗产。盐井现为芒康县文物保护单位。

我在与昌都地区和芒康县有关负责同志座谈时，强调了芒康盐井历史悠久，至今仍为当地藏族、纳西族群众传承沿用，是典型的活态遗产，制盐工艺又是国家级非物质文化遗产，其保护工作意义重大。建议当地政府将其申报第七批全国重点文物保护单位，并深入研究其申报世界文化遗产的可行性。近期我局还将致函西藏自治区文物局，请其协调地、县有关方面，切实做好芒康盐井保护和申报国保工作。

为了进一步宣传芒康盐井的重要价值和保护意义，我建议将您的来信和调研情况在《中国文物报》上刊发，以表明我们保护芒康盐井的决心，提高社会各界对这处重要文化遗产的关注度。

顺颂夏祺！

单霁翔①

2013 年 7 月，笔者在盐井调查的时，据盐井景区负责人介绍，古水水电站的库区避开了盐田，原计划的水位有所下降，至此盐田得以保护。从电站建设到盐田被保护，文化遗产的观念发挥了重要的作用。盐井的制盐工艺成为国家级非物质文化遗产，按照国家文物局的意见，保护盐井盐田最好的方式是通过制度来实现，这为以后的盐井旅游开发奠定了基础，盐业文化逐渐显示出其文化资本。

北京大学景观设计学院的陈义勇、俞孔坚等人，提出了盐井盐田在文化遗产方面的价值，将其称之为"活态遗产"，盐井的盐田主要体现在 4 个方面②：

（1）原真性价值。认为盐井盐田以活态遗产的方式展现了传统制盐技术，以及与之相关联的经验、制盐工艺、工具、制度、信仰等，这些内容形成了系统性和协调性的动态文化遗产。

（2）稀缺性价值。认为盐井传统晒盐技术在世界上都是极为罕见的制盐方式，和传统的井盐烧煮法和刮炭法③都不尽相同。充分展现了人类对特俗地理环境的适应和改造，并且具有不可复制的极大特点。

（3）科普教育和考古研究价值。认为芒康古盐田是具有世界遗产价值的

---

① 单霁翔：《单霁翔回复宿白先生的信》，载《中国文物报》2009 年 9 月 9 日 2 版。
② 参见陈义勇、俞孔坚等《西藏芒康古盐田：活态遗产的价值与生存危机》，载《世界遗产》2013 年第 2 期。
③ 本书习惯称之为"炭取法"。

重要文化遗产，是我国井盐生产的民间工艺精华，在传统制盐工艺、盐业史、茶马古道研究等方面均具有重要的科普教育和考古研究价值。

(4) 社会价值。芒康古盐田在历史上曾是不同民族争夺的重要战略资源，近百年来，藏、纳西、汉、傈僳等民族在这里共同开发经营盐田，藏传佛教、天主教和谐共处，不同民族间通婚、互相参与节庆，给予世界"活"的和平启示。

笔者认为，除了这4个价值之外，还应该有人文社会科学研究的重大意义。可以通过中西制盐技术的对比、制度和地理环境的比较，来了解传统盐业的社会意义。以此，探究不同制盐方法之间的异同，也可以分析制度与生产方式之间的关系。

第四节 旅游开发与盐民的境遇

一、景区开发：文化资本的实现

2008年，西藏一位旅游开发者开始关注盐井盐田，并和政府签订了开发盐田的意向协议，但是投资一直不成功。同年，盐井旅游景区被评为国家预备4A级旅游景区。此后，相关部门"相继完成了《芒康县纳西村、加达村、曲孜卡温泉村特色村旅游控制性规划和修建性规划》《纳西、曲孜卡景区地质灾害评估》；完成纳西民俗村部分建设项目；实施了让群众参与致富的农村旅游项目；国道沿线景区户外大型广告、景区指示牌、观景台、景区解说牌；加达村新农村建设、道路建设；曲孜卡温泉村旅游基础设施建设；安排驻村工作队深入加达核心区开展群众宣传教育工作；与西藏宏绩集团签订曲孜卡温泉政府酒店合作、盐田博物馆补充协议；向行署申报景区门票、成立盐井旅游景区管理委员会；邀请区内外媒体宣传报道。共投入资金1000余万元"[①]。

2009年，芒康县举办2009年第三届西藏茶马古道"芒康·盐井"旅游文化艺术节，为芒康县的旅游业开创了良好的开端。当年，该县接待游客17.5万余人次，收入达1050余万元，实现旅游收入首次突破千万元大关。[②]

2012年，西藏宏绩集团开始投资盐井景区开发，先后修通了盐井到澜沧江东岸下盐井村盐田的柏油路，修建盐井历史文化展览馆（见图8-4），总计

---

① http://www.chinatibetnews.com/travel/2012/921/922095.shtml.
② 参见《芒康县旅游收入破千万元大关》，载《西藏日报》2010年2月2日第5版。

投资3000万元；并于2012年9月开始投入使用，10月盐井景区开始收门票。

图 8-4　盐井历史文化展览馆外观

西藏格拉丹东公司在盐井开发过程中，将盐井的盐田和盐井历史文化展览馆、天主教堂、岗达寺、文成公主庙捆绑成一个整体旅游项目，门票90元，主要包括以下景点：

（1）盐井古盐田。
（2）曲孜卡温泉休闲度假区。
（3）盐井天主教堂。
（4）西藏茶马古道（扎谷西）"一线天"大峡谷、文成公主庙、岗达寺。
（5）加达康巴民俗文化旅游村。
（6）澜沧江"W"深型大峡谷。
（7）红拉山滇金丝猴观赏区。
（8）盐井纳西旅游一条街。

近年来，盐井古盐田得到了社会广泛的关注，已经列入了国家非物质文化遗产名录。

2012年7月，笔者第一次来到盐井之时，盐田还未收门票，展览馆还在建设当中。从乡政府去盐田的柏油路面已经修通，由于笔者不熟悉通往盐田有条小路，于是徒步从公路走到盐田。笔者第二次来到盐井是在2013年4月，这段时间盐井景区已经开始收门票，为了调查方便，在扎西央宗的带领下走了小路去。

盐井景区的主要负责人是当地藏族人向巴，而具体负责门票管理和项目开发的是一位来自甘肃的中年男子，员工有十一二人，其中经理、出纳、会计和讲解员均来自甘肃，其余的员工都是当地人。据介绍，到2013年10月，盐井景区的收入并不理想，在旺季（6、7、8月份）门票的收入日均3000元左右，淡季（5、9、10月份）门票的收入日均1000元左右，进入11月份后基本上没有收入，这将持续到次年4月份。

盐井历史文化展览馆是盐井旅游开发的象征性建筑，其布局具有层次感，第一部分介绍茶马古道，第二部分介绍马帮的生活，第三部分是盐井的历史文化，第四部分是盐井民风民俗（包括服饰、饮食、宗教等）。展览馆内还展示了大量和盐井相关的书籍，如《巴塘盐井乡土志》《盐井县志》《西藏府县志》《清末川滇边务档案资料》《姜岭大战》《格萨尔王传》《纳西族与藏族关系》《芒康县志》《西藏纪游》等50余部。（见图8-5）

图8-5 盐井历史文化展览馆展示的部分盐井地方文献

旅游开发初见成效后，政府和企业对西岸加达村的投入较多。其原因有三：一是加达村地势平坦，道路通畅，人户集中，寨子就分布在盐田旁边。有人来观赏盐田，定要经过村子，因此村里搞藏家乐比较适合。而东岸的盐田则地势险要，晒盐的盐户都远离盐田，旅客一般不会到东岸的盐田。二是红盐和白盐的不同特色。江的西岸是红盐，而东岸是白盐，在人们的映象中，盐都是白色的，很少见红色的盐，因此出于好奇心，人们多选择去加达村看红盐。三是晒盐的规模不同。从目前晒盐的基本情况来看，主要集中在加达盐田和上盐井盐田，纳西村的盐田因种种原因基本上都荒废了。而拿加达盐田和上盐井盐田比较，加达村是传统的晒盐村落，离乡镇远，可耕地面积少，经济上主要以传统的盐业、农业、牧业为主，而上盐井村靠近国道，有很多途径获得经济收入。因此整体来看，加达村晒盐人数最多，产量也属加达盐田最高。

鉴于上述原因，政府和企业的投入主要集中在加达盐田。

（1）在重庆政府的援助下，2012年年底修通了西岸桥头到盐田的弹石路面。据了解，1994年7月，中央召开第三次西藏工作座谈会。会议明确了西藏在全国的政治地位，并在新的历史条件下做出了"分片负责、对口支援、定期轮换"的决策；全面加大人、财、物等方面的援助力度，确定由天津市、四川省对口支援昌都地区各县。西藏自治区成立30周年时，国家和各省、市援建昌都地区的12项工程项目中，芒康县就有3项，即嘎托河农业综合开发项目（由财政部农业综合开发部门投资550万元援建；工程于1995年动工，2000年12月竣工）、盐井地面VSAT站项目（由邮电部投资130万元援建；工程于1995年5月动工，1996年9月竣工）、盐井松达电站项目（由天津市投资3150万元援建；工程于1995年动工，1996年竣工交付使用）。①

（2）大量增加藏家乐。加达村老人吉称告诉笔者："旅游开发对当地的影响很大，很多盖房子的村民，政府给一些补助，现在正在搞藏家乐，支持力度很大。政府投入了20万元修卤水井，因为加达村家家户户或多或少都有一些盐田。现在卤水井修好了，政府的钱也给了。"藏家乐在盐井比较普遍，主要是吸引游客，让游客体验藏家的风土人情。

这一阶段，围绕旅游开发，盐井传统盐业的特殊性吸引了很多国内外游客，其中不乏来自韩国、日本等国家的学者。盐井博物馆的建立，标志着盐井进入了另一个发展阶段。某种程度上而言，在这个阶段盐井面临着旅游开发的利益大过盐业生产的利益，从而忽视了一个重要的问题，如果没有盐业生产，旅游将失去自身的意义。

二、传统晒盐业的未来

盐井自旅游开发以来，盐业生产进入到一个矛盾期。在旅游开发的过程中，公路先修到的纳西村盐田，交通较为便利，很多游客都是率先到达这里，

---

① 参见芒康县地方志编纂委员会编《芒康县志》，巴蜀书社2008年版，第115页。

但是纳西村的村民有很多挣钱的途径，认为比晒盐要更划算，于是去开饭店、酒店、小卖部的人渐渐增多。因此，纳西村的盐田基本上已经荒废了，经过几次的大雨冲刷，很多盐田已经损毁严重。旅游开发公司一直要求盐民去晒盐，但是盐民却觉得政府和旅游公司均考虑自己的利益，并不真正关心盐民的生活。

纳西村的驻村干部则认为，村民是否晒盐的事情并不好处理，要是让村民去晒盐，其实大家都不愿意，很多人宁愿去打工也不愿意去晒盐，强制让盐民晒盐，政府又拿不出来补助，的确为难。①

对于旅游开发公司和政府随便安放"茶马古道"的牌子，九家村的仁青顿珠直言不讳："现在很多搞旅游开发的人，根本不知道盐井真正的茶马古道在哪里，很多人都认为茶马古道是沿着214国道向芒康延伸。这根本就是一个错误，也是很让人笑话的事情，真正的茶马古道是沿着江边（澜沧江）经过我们村（九家村）的，以后有机会我一定要在路上（国道）旁立一个牌子，'正宗茶马古道由此去'。"②

仁青顿珠的母亲80岁了，十七八岁的时候就从现在曲孜卡乡的丁许区卡嫁过来，从那个时候起家里就开始晒盐、干农活。仁青顿珠是个很幽默又很注重家族历史的人，他希望人们能真正了解茶马古道的历史，知道这条古道经过盐井的准确位置。

上盐井村的德仁老人，1950年生，现在已经是60多岁的人了，自己家的土地面积很少，只有一小块种菜的地，全靠16块盐田谋生。

> 我们家就全靠这几块盐田了，晒盐很辛苦，但是没有办法，又没有别的事情做。一年下来，盐还是能卖两三百袋，每袋也就六七十元，大概一年下来也就是一万七八的收入。除了下雨不能晒盐，我们基本都要晒盐。因为我们没有种地的土地。③

随着旅游业的发展，来加达村观光的游客越来越多。村民为了争取经济效益，慢慢地开始利用各种机会宣传自己的红盐。只要看到拿着长筒的相机、穿着得体的游客，都会被当地的村民关注，主动请他们来到家里坐坐，适当的时候推销一下自己的红盐。报道人罗松曾向笔者说道："以前大家都比较喜欢我们这边（东岸）的白盐，但是慢慢的加达那边为了能卖出去盐，就驮着红盐

---

① 2013年11月，盐井访问资料，罗松翻译。
② 2013年11月，盐井田野调查资料，报道人：仁青顿珠。
③ 2013年11月，盐井田野调查资料，罗松翻译。

到处去卖,卖盐的时候还和买盐的人说,红盐要比白盐好,红盐能治病,牛羊吃了膘好。牲口吃了白盐不但不长膘,而且还会长虱子。于是现在白盐的价格就比红盐低了,在此之前白盐的价格是比红盐高的。"盐民的困境在旅游开发之后,逐渐加剧。来自各方面的冲击,导致部分盐民渐渐放弃盐业生产。这一部分人的生计转向,必然引起劳动力结构的变化,流动的劳动人口加入到其他行业之后,无形之中增强了竞争。

第九章 三圈说：人、盐、古道

　　物的研究视角离不开特定区域内不同民族间的互动关系。其中，人类对一些物的生理性需求是推动民族之间互动之根本，如盐、茶、粮食等生活必需品；盐的出现推动了民族间的交换和互动，"盐业贸易曾被认为是人际交往中一种重要的方式，甚至有不少专家将盐的需求视为一切贸易兴起的根源"。"因为盐矿有限，而盐又是一种不可或缺的生活必需物资，为了保证其稳定的生产，必须要有密集和持久的贸易网络。盐贸易实际上是一种平常的生活必需品交易。"① 这么说来，盐运古道（盐马古道）应该比茶马古道更早。

　　盐的流动是在一定的地域和范围中进行的，影响盐的流动线路和流动区域的原因较为复杂，其中，地理环境和盐业制度是两大因素。从地理层面而言，盐井地处西藏东部的横断山脉，高山、峡谷成为人类从事货物运输的两大障碍，然而自然形成的三江并流奇观内部却分布着可供人类和马帮通行的古道，沿着河谷的地带可供马帮通行。盐业运销制度是盐流动的指挥棒，自古以来（至少自汉代以来），盐被国家（或政权）所控制，此后不断推行盐的专卖，划界销售，往往盐的行销是有明确范围的。

　　盐井文化底蕴之深，无须质疑。古盐田经历了几百年来的风雨沧桑，盐民不断在盐田间挥洒着汗水，马帮在山与川之间跋涉。在考察了盐井的历史之后，笔者发现，盐井盐的交换形成了不同区域的销售圈，而且随着制度的变迁，盐的交换圈随之发生变化。总体来看，核心交换圈是由晒盐者及其生活的范围构成；中间圈则是盐井与周边民族和地区互动形成的贸易圈，以人、盐、马帮长途跋涉后实现的；最外圈是一个模糊的"想象"，是一股推动盐井同民族国家，乃至世界体系发生关系的力量，虽然它是无形的，却不断影响着盐井。

---

① ［德］托马斯·塞勒：《中欧早期的制盐业：新石器时代食盐生产模式与贸易模式》，温成浩、林永昌译，见李水城、罗泰《中国盐业考古（第2集）——国际视野下的比较观察》，科学出版社2010年版，第210页。

第一节　澜沧江畔的晒盐者

中国西南的青藏高原向东延伸一带，自然景观奇特，有天然的三江并流奇观，在一个峡谷中，往往形成峡谷自有的文化特色。而且生活在峡谷内的民族受自然因素的影响，彼此之间的联系较为密切，形成一种共生现象。盐井的民族以藏族和纳西族为主，疑是土著与外来者融合的结果。盐井古老的民族历经几千年的演变，如今形成了以纳西族和藏族为主体，分散着傈僳、白、普米等民族的群落。长期以来，盐业一直是当地居民的主要生计方式。这一点在清代的文献中得以证实，"首盐业，次农田，次又贸易，牧畜远不及巴塘迤北"①。尽管如此，并非所有盐井范围内的民族都在从事着这样的生计，现在不是，历史上也不是。今天，盐井纳西民族乡的盐户占总数的1/3，而历史上盐民是土司或寺庙的差民，盐民所晒得的盐大部分交给地方头人，自己仅能得到勉强维持生活的一部分。

长期以来，盐井形成了女性晒盐、男性卖盐的传统。在封建农奴制和土司制度下，这种现象比较普遍，以致现在的绝大多数盐田依然是女性晒盐，男性则从过去的赶着马帮到处去卖盐，慢慢转变为从事其他行业。自己开店的人在盐井并不少，随着旅游的开发，服务性行业逐渐成为当地百姓主动选择的职业，此外也有人从事建筑行业或外出务工。因此，盐井逐渐形成了以盐业生产为主体，兼从事其他行业（农业、葡萄种植、商业、畜牧业等）的村落。峡谷内的村落成为藏族和纳西族共同生活的区域，在血缘、业缘、语言、宗教信仰、婚嫁等方面的基础上，形成了盐井传统盐业文化的核心圈。

一、女人晒盐，男人卖盐

长期以来，女性晒盐、男人卖盐，是盐井的传统，二者成为盐业生产和运销的主体。这一传统，当地盐民也弄不清起源于何时，多数认为记忆中的男女分工便是如此。纳西村的下关老人则对主要由女性晒盐的原因提出了自己的看法。

> 背卤水的时候需要人从梯子上爬下去，又要背着卤水上来。这个过程

---

① 段鹏瑞：《巴塘盐井乡土志》，国家图书馆宣统二年（1910年）铅印本，第11页。

如果男性和女性一起下去就很麻烦了。因为女性穿的是裙子，那样要是男性在女性后边爬上来，就会不方便。另外，这里的传统认为女性的身体不干净，男人最好不要去那些地方。①

这就形成了只限女性去背运卤水，男人则很少去参与此事。不过，也有人认为女性负责晒盐，是因为盐生产出来之后总要有人负责卖盐，而且卖盐这事也不轻松，需要男人长途跋涉、历经风霜露宿到各地去。有一个道理他们都明白，那就是盐离开盐井越远，价格越高。

> 我们为了能换到更多的粮食，愿意走更长的路，因为那样我们可以换到更多的粮食。比如，离盐井较近的村子，一两天就走到了，但是10头骡子驮的盐，只能换到12头骡子驮的粮食；但是，我们要是走上七八天的路，那样我们10头骡子驮的盐，就可以换到16头骡子驮的粮食。而且，马和骡子在路上可以吃草，还省了马料。②

因此，当地人认为女性晒盐只是因为分工不同，男女之间看起来似乎并不在意他们干的是什么样的活。笔者在盐井调查时也发现，二者之间的分工，目前不再那么明显了，男人更多的时候也会帮女性修盐池、驮盐。传统中"盐业之户，男丁任盐转运，兼事耕种；凡汲水摊晒等工作，多女子任之"③的现象，也发生了一些改变。

扎西央宗是纳西村一位勤快的纳西族妇女，说是纳西族，其实已经藏化，基本上不会说纳西语了。她对笔者说："我们这里的妇女和藏族妇女是一样的，每天的事情很多，早上很早起来做早饭（早点）给家人，一般6点钟就得起床。做完早饭开始去干活。要是晒盐的旺季，做早饭的同时还要准备在盐田干活的午饭，一直到天黑才回家。"一天早上，笔者早上7点半到她家，敲门却无人应答。笔者返回住处（派出所）时，正好路过她父亲开的商店（"邓登商货"），发现门还紧闭，但是门上已经挂有用红色的塑料袋包好的两个大饼。这是扎西央宗做好的早点，父母还未起床，不忍心打扰父母，只好将大饼挂在大门上。

在盐井，像扎西央宗这样常年奔波在盐田里的女性并不少，每一代人都是如此辛劳。笔者每次和她的母亲聊到晒盐，总是说不上两三句，她就抱怨当时

---

① 2013年10月，盐井田野调查资料，罗松和阿旺朗杰翻译。
② 2013年11月，盐井田野调查资料，受访者：扎西次仁，罗松翻译。
③ 金飞：《盐井县考》，载《边政》1931年第8期。

因为家庭条件不好，为了挣更多的钱，家里的十几块盐田就由她一个人去晒。她的丈夫邓登从未去过盐田晒盐，早些时候是在公社里上班，后来公社倒闭了，自己开了个商店，专门卖盐。扎西央宗的母亲后来慢慢发现那样也挺好，别家晒出来的盐需要想方设法出售，而他们家的盐交给扎西央宗的父亲去卖，长时间卖盐，认识的人自然多，来向他买盐的人也就多。老人走路总是一瘸一拐。后来笔者得知，这是因为长期在盐田里干活，脚长时间泡在卤水中，就得了风湿，年轻时没有感觉，如今腿脚越来越不利索了。

在晒盐女性的记忆中，背着卤水一桶又一桶往储卤池运的艰苦日子难以忘记。上盐井村的斯朗卓玛家里有12块盐田，她从十五六岁开始就到盐田背卤水。

> 晒盐很辛苦，早上很早就要起床，小时候有母亲做饭，自己可以晚一点起床，吃过早餐就去盐田了。早餐一般吃粑粑，是麦子做的。一边吃一边喝酥油茶，吃完了还要包上中午饭，同样带粑粑、酥油和茶，有时候炒一点辣椒带着。到了盐田，休息不到10分钟就开始背卤水，这样要一直把家里的储卤池装满。这个时候差不多是中午了，中间有休息时间，但是不长。中午12点的时候大家开始吃中午饭，就是把大家带的东西拿出来，一起吃。下午一般是收盐，收完盐后开始拍打（修整）盐田，一段时间后，盐田干了开始往里边倒卤水。一天就是在不同的盐田里跑，没有多少时间闲着。晚上回去，还要做饭，吃完饭就想睡觉了。①

整个晒盐的过程，除了修整盐田和修建卤水井、储卤池由男人完成外，其他基本上是靠女人来完成的。她们的汗水不断地洒落在盐田，人们能看到的是晶莹剔透的盐。盐井的女性不管是怀孕期，还是在月经期，都得继续干活。有时候自己不注意，或是自己的男人关心不够，身体更加吃不消。报道人罗松的老婆曾聊道：

> 我老公出去打工了，我要（在家）一直干活，到了孩子快生了才去了云南的佛山乡卫生院。孩子生下来7天后，我没有注意到这个时候是不能摸冷水的，没有想到卫生院的医生也没有告诉我要注意（这些），结果就用冷水去洗头，这一洗不得了了，洗头后的第二天全身开始肿了起来。没有办法了，我只好赶紧打电话给我老公让他送我去香格里拉医院，那里的医疗条件要好一点。幸好送得及时，算是保住了性命，要不然后果不堪

---

① 2013年11月，盐井田野调查资料，阿旺郎杰翻译。

设想。但是，我却落下了病根，以后更是不能再生孩子了，要是一定要生，那危险性更大。没有办法，两人商量后，只好办了独生子女证，每人1个月工资多10元，每年到过年的时候也会有点慰问品和慰问金。①

那些不断在盐田间奔波的妇女，一天中经常在盐田里上上下下地跑动，有时背泥土、扛木料，有时不断地拍打盐田，更多的时候需要她们带着疾病或生理期的不适用毅力坚持干活。很多时候，她们的双脚在卤水中泡成脱皮或开裂，第二天再将脚伸入卤水时，是撕心裂肺般的疼。但是，她们为了家庭，为了子女，一直坚持着。脚裂了只能回家后用酥油涂抹，第二天依然要干活。因此，盐在很多人看来是女性的眼泪和汗水的结晶。

盐民的生活现在有了很大的改善，背卤和挑卤的现象已经消失。妇女身上的担子轻了很多。但是，每每回忆起过去那段艰苦日子，她们心里不免变得酸楚。

扎西央宗三十来岁，不太会说汉语，我们的交流多半是由她11岁的女儿翻译。不过，她已经是2个女儿的母亲。她和别人不同，并没有嫁出去，而是从曲孜卡乡招婿，父母都跟着她。她从12岁开始和母亲到盐田晒盐，母亲留下了风湿病，行动不是很方便。婚后，她和丈夫两人一起努力，希望能盖新的房子。为了攒够修建房子的钱，往往起早贪黑，期望晒更多的盐，以此减轻经济压力。

藏族自己的房子一定要盖得好②，我们家的房子从买木料开始到装修好房子，在十几年前盖的，就花了十几万元，这全靠我们（夫妻）晒盐。那个时候，我们早上5点钟就已经吃好了早餐到盐田背卤水了，因为是要抢先一步，不然卤水背的人多，争不过来。我们两人硬是这样苦苦晒了2年的盐，最后才攒了盖房子的钱。③

2013年8月20日，笔者和扎西央宗约好第二天早上同她一起去盐田晒盐。早上7点半左右，来到她家时，她已经吃好了早餐，并做完了家务，就等笔者来。进门后，她就热情给笔者倒上酥油茶，并给笔者准备好粑粑。笔者接过酥油茶，表示早餐已经吃了面条，喝点酥油茶就行。笔者在喝酥油茶的同

---

① 2013年12月，盐井田野调查资料。
② 在藏族聚居区，当地藏族群众较为重视房屋的修建，表现在：一方面投入大量的资金来建造；二是所用的木材需要精选，柱子一般较汉人粗，有时直径达50～70厘米。
③ 2013年11月，盐井田野调查资料。

时，她在准备午餐，将所需的物品都放在一个包里。

我们从 7 点 50 分出发，走到上盐井村盐田花了差不多 1 个小时。因为她不太会说汉语，而笔者不懂藏语，两人一路上说话的时间不多，笔者就这么一直跟着她。到盐田走的是下坡路，所以没有休息时间。走到差不多到盐田的时候，经过一条从觉龙村流下来的小溪，她从小溪边拿起一双有点旧的鞋子，和笔者说了两句话（笔者听出来大概的意思是鞋子是前两天晒在这里的），然后换上这双鞋，将刚才穿的鞋留在这里，继续走路。到了盐田，她开始查看卤水池里的水，然后又分别查看了自家 12 块盐田的情况，然后，她向笔者说道："前几天下雨，快晒好的盐又化了。"笔者问："那水是不是要重新换？"她说道："都要换。"然后，她开始把盐田里结晶的一部分盐刮了起来，用刮盐板倒入卤水池中。等刮完六七块盐田之后，返回先刮的第一块盐田，这个时候发现盐田的水分基本干了，扎西央宗开始用木拍敲打不平整的地方，看到她很细心，一边敲，一边用木拍平整的底面磨盐田。笔者在一旁拍过照片后，想亲自尝试一下，拿起木拍试着敲盐田，开始觉得还行，但是十几分钟过后，发现自己的手腕疼痛起来。她似乎看出来笔者不习惯干这个活，便说让笔者休息。而她一直没有停顿，坚持把六七块盐田都平整了才休息。

就在笔者认为工作是不是该完成了的时候，她开始往盐田里抽水。她从盐田下方的仓库里拿出来一节大概有 2 米长的胶管，一头放入盐田上方的储卤池，一头放到盐田；在盐田中间先放入一只盐箕，然后在盐箕里放一些"仓勿促"①，用嘴将卤水吸了出来，放在"仓勿促"上；然后教笔者把整个手掌全部放入盐田，告诉笔者整个手掌被淹没时，盐田水位就够了。笔者按照她的吩咐时不时将手掌放入田中，她去旁边的盐田干活。有时候不能确定，便叫她过来，三四次后，笔者基本上可以判断水位了。用钢卷尺量了水位，基本上在 3.5～4.5 厘米之间。

整个早上，在 12 块盐田之间不断"转场"，除了有 2 块盐田需要修整而外，其他盐田差不多已灌满了卤水，等待的就是风和阳光了。此时，已经是中午 12 点左右。扎西央宗拿起早上背来的包，到了不远处的盐田下方的平地，这里已被烟火熏得很黑，中间放有一口锅，还有一些柴火堆在旁边。她开始吹口哨，不一会儿来了 3 位中年妇女。她们一起生火，然后各自将自己带的东西拿出来摆在中间。大家都带了麦面做的粑粑、酥油和茶，其中有一位妇女带了一小罐玻璃瓶装的土豆炒辣椒。扎西央宗特意带了一个瓷杯（后来才知道这是为笔者喝酥油茶准备的）。待煮好了酥油茶，大家开始一起吃。笔者之前没有想到中午大家一起吃，随意准备了一些干粮，于是将这些零食也分给大家。

---

① 一种植物，盐井山上能找到，其作用是促进卤水提高浓度。

她们一边说一边笑，可笔者完全听不懂意思。扎西央宗特别关心笔者，又是给笔者掰粑粑，又是给笔者加酥油茶。最后，酥油茶里的奶渣虽然经过一段时间的浸泡，还是很硬，多次咀嚼还是觉得难以咽下去。她们好像看出来笔者的尴尬，劝笔者说可以丢掉。

吃完中午饭，已到下午2点钟了，短暂的休息之后，她们将各自的东西带好，然后把生的火灭了，各自去做自己的事情。扎西央宗来到自家的盐田，说到下午要把2块盐田修整好。她背着篮子到了另一家的盐田旁（后来知道是她的表妹家，已经废弃了），用锄轻轻地挖开盐田边用塑料纸包裹的泥土。笔者一看觉得很奇怪，为何泥土需要那么认真地包裹，便问扎西央宗。她告诉笔者："这是一种很细的泥巴，是从上盐井村的一个地方背来的，只有固定的地方才有。"挖开以后看到泥土的颜色果然不同，呈现出深绿色。扎西央宗很细心，每一小块都捡起来放到篮子里。挖好了一篮子，便背到盐田旁边的空地上。笔者试着帮她背，结果觉得很沉，有100斤左右。她背了一趟，笔者决定试试。她答应了笔者的要求，但是给笔者找了一个明显小些的篮子。挖好了两篮，她先帮笔者把篮子送上肩膀，然后笔者再帮她。上盐井的盐田地势陡峭，往上的路，有被雨水冲刷过，笔者一直很谨慎地往上爬，就那么七八十斤的泥土，走不到10米，已经觉得头晕眼花、呼吸困难。而她却显得很轻松，要知道她的篮子比笔者重20多斤。笔者一直坚持同她一起背了四五趟，才把泥土运完。她把不需要的泥土用塑料纸包好后，才得以休息片刻。

接下来的工作是修整盐田，她将刚才预留的泥土倒入盐田不平的地方，然后浇上卤水。笔者感到奇怪的是，她如何判断哪些地方不平或是凹下去。后来才得知，在收盐的时候盐民便会仔细观察哪些地方积水深，不容易干，这个时候需要记下位置。她用刮盐板和木拍不断地捣烂泥土，通过十几分钟的混合后，才开始用刮盐板刮平，然后用木拍又敲又磨。这样的工作看似轻松，其实很考验一个人的劳动力强度，不仅手腕的力量要大，而且需要不断地弯腰，很耗费体力。

盐田修正后，要等个把小时才能注入卤水。扎西央宗利用这个时间将有盐水渗入或是有大量盐结晶体的土壤挖起来倒入储卤池，这是为了提高卤水的浓度。此后，又给2块盐田注卤水，收好晒盐工具已是下午6点半。开始往家走，显然下坡轻松，上坡显得有些慢，加上体力的耗费，我们停停走走。到了小溪边，她将自己穿着干活的鞋子放入水中清洗后，放在了一颗石头上，换上家里穿来的鞋子继续赶路。

一路上我们之间没有太多的语言，一是因为存在语言隔阂；另一个原因或许是大家都累了，不想消耗更多的体力。到家已是差不多晚上8点了，两个孩子已经放学回家，家里却是冷火秋烟。扎西央宗洗完手开始做饭。笔者在一旁教她的两个女儿做家庭作业。晚上9点钟饭好了，菜很简单，炒辣椒和在饭上边蒸过的猪脖子肉。待她的爸妈和丈夫回来便开饭。吃完晚饭，扎西央宗开始收拾饭碗。一天下来，她几乎没有多少休息的时间，而且盐井的男人绝不会帮助女人做家务，因为那样会被别人耻笑。

如果说扎西央宗是那些勤劳朴实的盐田守护者，与之相反的则是已被这样的艰苦生活折磨得想到远走高飞的盐井女性，她们试图逃避这样的现实。一旦有这样的想法，上当是很容易的，而且开弓没有回头箭。2013年8月，加达村的一位妇女"卓玛"①，找到了派出所所长，让其给她开证明，解决落户问题。在了解她的情况之后，所长建议她写一份申诉书。后来让笔者帮忙，由她本人陈述，笔者执笔。她花了一个多小时，断断续续地讲述了自己如何被拐卖到河南，遭受欺侮，此后又历经20多年，最后得以逃脱，回到盐井。

1987年10月22日，王西峰（我后来的公公）在本村（加达村）村民旺姆②的带领下来到我家。王西峰利用我自幼家境贫寒，当时父亲又病重，不了解外面世界的情况，怂恿我和他一起去，嫁给他在河南的儿子。他不断向我重复："你们家那么穷，父亲又重病，但是你要是能嫁到我们河南去，会有很多钱给你。还让我儿子给你买摩托车。"开始的时候，我很不情愿去。但是在他反复的动员下，又想到父亲重病需要高额的治疗费用，慢慢地我心里开始动摇。最后以当时给我家1000元，待我到达河南后再给家里寄回600元的条件达成协议。

1987年10月27日，我在王西峰的带领下离开了开盐井。一路上，我不断幻想，又不断地在内心里感觉到恐慌。而他却一直在劝我，并语重心长地说："如果你在那边（河南）待不习惯的话，到时候你可以回老家待上几个月再回河南。"还保证我到那里人们一定会对我很好。没有想到，这是噩梦的开始，前边的路不再是绿水青山的平坦之路，而是布满荆棘。

1987年11月1日，经过长途跋涉，下了汽车，上火车，一路颠簸，终于抵达河南。当天，王西峰让他儿子带我去买摩托车，整个买车的过程中他儿子（红洋）一直只有脸上的表情，却没有言语上的任何表达。回家后，他父母喊他，他也没有说话。我慢慢地觉察到他是一个哑巴。我立马想到自己受骗了，于是强烈反抗，要求回家。他父母一面跪地求情，一面叫来村干部。想不到村干部也帮他们一起来欺负我，并要挟说要是我走

---

① 化名。西藏的女子多称作"卓玛"，文中以此代替本人。
② 并不是真名，此处作化名处理。

出这个村子，定让村民打断我的腿。

一年后，我和红洋（哑巴）生下了一女。想不到的是这里重男轻女思想严重，看到我生下的是女孩，一再否认这是他家儿子的种，要么说是从我们婆家带来的孩子，要么说是野种。种种不堪入耳的话语时常挂在公公和婆婆的嘴边。生活上更是虐待我们母女，孩子未满3月，硬是让我下地干重活，好吃好喝的都躲着我们母女。我多次试图带着女儿逃跑，都未成功，有一次被他们抓起来后，用棍棒打我，女儿也未逃离毒手。

没有想到的是，我生二胎的事情被村民故意告诉给乡里的卫生院，得知我和红洋（哑巴）没有结婚证就非法生了二胎，硬要我到乡卫生院检查，并强制让我到县医院做了节育手术。为了女儿，我一忍再忍，在河南将近生活有12年。我心里一直有回家的想法。

2006年8月，我由于太想念父母亲，偷偷跑出去，给家里人打了一个电话，想不到父亲已经与世长辞，而父亲直至临死也不让我知道他病危。噩耗传来，让我彻夜难眠。我想给家里寄钱，也被他们一次又一次的阻挠。在这段时间，我也没有少被他们家里人打骂，有时候连邻居都来帮忙打我。

2010年8月，我利用孩子上学，在学校生病，需要我去照顾的机会，将大女儿托付给在河南的姐姐此里旺姆，从家里偷了几百块，一路上边捡垃圾卖边走，带着小女儿跑回来。历经2个月回到家乡盐井纳西村。

从"卓玛"的经历不难看出，当地经济落后，她对外界了解少，加之父亲治病急需钱，自己也觉得生活在这里很艰苦，各种因素叠加后让她轻信他人而上当受骗。在加达村调查发现，这样的情况不止"卓玛"一人，还有她的亲戚和邻居，先后有六七人被骗到省外，后来难以生活只能回到盐井。由此可以看到，她们同样试图追求更好的生活，想看看外边的世界。有一次在从盐井到德钦的客车上，笔者遇上一位加达村的中年妇女。她告诉笔者她今年36岁，丈夫是大理下关人，她已经到大理十多年了。在交谈中，她一直跟笔者说加达村的妇女太累了，在嫁到大理之前，她在家晒盐时多是起早贪黑，背了一天的卤水，晚上睡觉时连翻身都不敢；买不起衣服，吃不上好饭；为防止皮肤开裂，抹的都是酥油；现在的生活不一样了，可以花上几百块钱买好的化妆品，穿几百元钱的一件衣服。她觉得现在晒盐的那些女性太辛苦，现在要是让她去晒盐，她肯定干不了两天。

二、生存、互动和繁衍

盐井内部群落的两大生产：人口再生产和物质资料生产，构成了盐井基本的文化推动力，而人口的增长必须建立在物质资料的生产上。尽管盐民生产食盐，但是人类对食盐的摄取量毕竟是有限的，盐只有进行交换后才能满足生产者的生活，因此以盐换粮才是盐民最根本的生存之道。因此，盐井内部以及盐井同周边的民族均形成盐和粮食的交换圈。

（一）土地贫瘠与盐业的发展

段鹏瑞在《巴塘盐井乡土志》中提到，盐业是当地首要的生计。① 毋庸置疑，长期以来这项生产活动养育了生活在这里的藏族和纳西族。

盐民除去雨天，几乎都在晒盐。可以想象，遥远的历史情境中，人、盐、马在盐井构成了以盐业文化为核心的文化图景。这里的纳西子民和藏民在长期的互动中，形成了更趋向于藏族文化认同的族群，一同爱好用盐井盐打出来的酥油茶，这样的酥油茶味道纯正，受大家喜爱。在当地人看来，他们的生活无不和盐有关，马、牛等牲畜也是离不开盐井盐的，只有吃上这里的盐，这些牲畜才能膘肥体壮，牲畜发情期更需要盐的摄入。当地人最喜欢的琵琶肉更是离不开盐井生产的红盐，用红盐来腌制，肉的味道才香而不腻。

作为一种长期存在的生计，在当地的自然地理和人文历史中可以找到其存在的合理性。盐业生产并非简单生产，不仅体现了专业化制盐技术，而且传统盐业生产中还蕴含着有效处理人口和土地之间的生态学原理。人类的物质资料生产和人口再生产这两种生产均离不开人类与自然的物质交换，这种交换保证了人类得以繁衍，因此从某个角度而言，物质资料的生产是人口再生产的基础。而物质资料的生产是建立在一定的时空二元关系上，空间上是该地区处于什么样的地理位置、受何种自然环境影响、能提供哪些生物资源。

盐井受制于耕地面积的严重不足，其中几个自然村人均土地面积还不到半亩，这样村落如何保证当地人的吃穿住行，便成为当地百姓首要解决的问题，因此，尽可能获得物质交换成为生存的第一要务。长期以来，西藏和周边的云南、四川等地的交换主要用药材和毛皮来换取粮食和生活必需品。盐井却例外，因坐拥天然的卤水资源，盐业生产是另外一种养活盐井人们的重要途径。

在制盐法的选择中，煎盐法受木料的缺乏而被放弃，晒盐法则需要广阔的土地，如果将盐田建在土地平坦的地方，无形中减少了耕地面积，这和农业生产发生冲突。因此，当地的盐民不得不想尽办法，克服困难，将盐田建在地势险要的澜沧江两岸，这种现象东岸比西岸更加明显。江东把盐田建在悬崖峭壁上，可谓是解决人地关系的良好举措。这样既能解决土地面积少的问题，又能通过盐和粮食交换获得生存资料。于是，盐田越建离江面越高，最高的盐田比

---

① 参见段鹏瑞《巴塘盐井乡土志》，国家图书馆宣统二年（1910年）铅印本，第7页。

江面的海拔高出 260 米。

2013 年 10 月，笔者了解到一件村民间的纠纷事件：加达村的村民有一块农地在东岸的纳西村盐田旁，盐田在过去的七八年中不断扩大，于是占用了老人家这块地的角落，老人要讨回公道，和盐田的主人吵了起来，两人互不相让，最后产生肢体的冲突。闻讯赶来的纳西村村民达 20 多人，加达村的村民也不甘示弱，集中了 10 多人。幸好有人报警，派出所出动 4 名民警才阻止了事件的进一步恶化。老人头部受伤严重，民警不得不将他带到卫生院先治疗，头部伤口一共缝了 5 针。可以想象，在土地紧缺的地方，土地的争夺是农民之间常见的矛盾。

用盐业生产来补充粮食生产应该是盐井传统社会的一大特色。盐井盐业生产相对发达，但是由于所处的区域海拔高（2400～3000 米），土质差，以砂质地为主，田地少，导致盐井总体粮食产量低。受人均耕地面积少的影响，当地所产的粮食难以维持生计。但是，历史上盐井盐粮交换基本能解决粮食生产不足的问题。以清末所征收的盐税情况来看，盐井的盐产量并不低。

从表 9-1 中可以看出，按人均每年食盐 12 斤，这些盐可供食用的人口数达 15 万人以上，可交换的粮食在 900 吨以上。① 因此，盐粮交换很大程度上能克服盐井耕地面积少、粮食总产量低的困难。

表 9-1 清末盐井盐的产量、可供食用人口数、可交换的粮食比较②

收税年份	产量（吨）	盐可供食用的人口数（人）	盐可交换到的粮食（吨）③
光绪三十一年（1905 年）	83.7	13950	83.7
光绪三十二年（1906 年）	914.8	152467	914.8
光绪三十三年（1907 年）	1408.8	234800	1408.8
光绪三十四年（1908 年）	1090.0	181667	1090.0
宣统元年（1909 年）	1368.0	228000	1368.0

从盐的交换来看，早期的食盐均由地方政权来控制，因此获得食盐的途径

---

① 说明：光绪三十一年（1905 年）的盐税并未收足一年（仅收一个月左右），因此该数据不作参考。

② 数据计算方式以每驮藏元一元半计算，折合银四钱八分，驮数等于总盐税除以四钱八分。每驮又以最低 120 斤来计算，得出盐的产量。

③ 在此以一换一，即一斤盐能换一斤粮食。但是在盐比较缺少的情况下，绝大多数时盐的价格要高于粮食的价格。

少。交换常常有显性和隐形两种。显性指的是征得地方头人或寺庙同意后进行的盐粮交换，或是由地方头人和寺庙直接参与的盐粮交换。独龙江流域在解放前系土司和藏族领主管理，土司和领主前去收缴贡物时，还兼向独龙族人放贷盐巴。他们进入独龙江时，马驮盐巴，由伙头负责强迫当地的独龙人购买。很多家庭并不是立即就能拿出可交换物品，只好先收下盐，等下次对方来的时候再缴纳物品。① 此外，一种隐性的盐粮交换，在当地秘密进行。

> 我们家（觉龙村）不晒盐，盐田下面江边才晒。解放以前，盐是很难换到的，你有粮食都不行。解放后，要是你有粮食就可以去下面（加达、上盐井、下盐井村）和盐民换了。我们家一年至少要换一两次，每次基本上是一两袋盐，差不多是四五多斤。拿回来是人吃和给牲畜吃。人吃的不是很多，就是打酥油、做饭用一点。喂牲口要用得多一点。
>
> 每次下去，都是几个人一起去，用马驮，人吃的盐白盐要好一点，喂牛马的则加达的红盐要好点。②

在盐粮交换的过程中，当地有自己的一套规矩。老人说道，一般交换的时候，盐的主人不能接触盐，而是找一位大家信得过的村里人来组织交换，这样让大家不会产生误解。如今，这样的盐粮交换少了。很多非晒盐户大多数时候都可以从晒盐的亲戚户那里得到，当地称"给"，其实并不是白给，而是收到盐之后通过各种方法回赠，交换依然存在，只是变成了一种带有人情味的变相交换。

（二）生产生活上的互助

盐井从事各种农业活动基本上是家族内的亲戚或邻居相互帮忙。劳动之时，一天吃三顿。第一顿算是早饭，时间在早上6点半左右，一般在自家吃，主要是麦面做的粑粑和酥油茶。7点左右开始干农活，一般到12点左右吃中午饭，由主人提供，主要吃的是猪肉煮熟后切成的肉片、辣椒炒洋芋，再喝点酥油茶。午饭时间一般很短，不到一小时，午饭结束，基本上又开始干活。

收玉米的劳动方式以家庭成员为主，有时候也请亲戚、朋友、邻居来帮忙，主要以换工的方式进行劳动力的交换。干活的时间和上述相同。掰下来的玉米连皮一起留着，这样的目的是为了不浪费玉米棒上的玉米壳，可拿来喂

---

① 参见张劲夫、罗波著《独龙族文化史纲——俅人及其临族的社会变迁研究》，中山大学出版社2013年版，第148页。

② 2013年8月，盐井田野调查资料，阿旺朗杰翻译。

牲畜。

不同的是，晚饭过后，家里的成员开始将白天掰回来的玉米棒去皮，大约是从晚上8点钟开始，玉米堆上放置两三个篮子，以便将剥去皮的玉米进行等级分类，然后用篮子背到屋顶。这样的劳动，有时候持续到将白天收回来的玉米全部剥完皮。

（三）以寺养寺

寺庙是宗教的主体，也是消费的主体，因此寺庙的周围一定得分布着寺庙的属民。这些属民起到了两个功能：一是保证生产能持续进行，获得经济来源，盐井包括粮食的生产和盐业生产，这都能为寺院提供粮食和税收；二是僧人数量的保证，因为僧人基本上出生在当地。通过上述二者的结合，我们可以发现："西藏的寺院几乎在它刚出现时，就既是一种宗教组织，也是一种社会经济组织。"[①]《西康纪要》记载："西康既为喇嘛教支配之地，无论士庶，均加敬信，故虽村落乡区，莫不有共建之寺庙；……往往有一部落，即有一寺庙，而此寺庙，即为该族人民聚集之中心。"[②] 盐井的两大寺庙腊翁寺和岗达寺有以江为界的传统，各有属民。这些属民承担了差役、税收，以此来维系寺庙的运转。

盐井早期西岸的加达村和曲孜卡是腊翁寺的属地，且腊翁寺兼收盐井的盐税。早些时候因为毕土、察瓦龙、桑昂等地需要从盐井得到食盐，腊翁寺所在之处便是其必经之路。从食盐大量在察瓦龙、怒江等地出现可以看出，当时的腊翁寺在盐的运销上得到了丰厚的利润。如今其位置失去优势，西岸加达村和曲孜卡的村民觉得去一趟腊翁寺都不容易，需要爬很大的一个坡，因此出现了寺庙往低处搬的现象。

以腊翁寺来说，自2000年开始，寺庙便不断向上级申请搬迁，直至2011年才得到批复。如今的腊翁寺搬迁到离曲孜卡乡的政府驻地不过500米的地方，这里交通方便，气候适宜，且又是旅游景区。

岗达寺地处盐井觉龙村，据盐井内部资料记录，它于1602年由五世达赖派江勇松布创建[③]，系黄教，是徐中乡门巴村江丁寺的母寺。据《巴塘县志》记载："丁宁寺即为巴塘格鲁派的主寺。其支寺有日登寺、仁被寺、固格萨寺、自林寺、莫多寺、云南中甸邓朱林寺；西藏昌部地区的岗达寺、然南寺、索寺、南塔寺以及得荣县的龙绒寺、理塘的冷古寺等12座。最盛时僧侣达

[①] 梅进才主编：《中国当代藏族寺院经济发展战略研究》，甘肃人民出版社2000年版，第44页。
[②] 杨仲华著：《西康纪要·下册》，上海商务印书馆1937年版，第424页。
[③] 《岗达寺基本情况》，纳西乡2002年11月建档材料。

1800 众人。"① 岗达寺是巴塘丁宁寺的子寺，从管理的角度看，这符合盐井长期归巴塘土司所管的现实。该寺在"文革"中遭到破坏，1983 年芒康县人民政府批准修复，于 1983 年基本修复。目前，岗达寺所在的地址并非建寺时的原地址，而是经过了两次迁址。原址据上盐井的罗松所说，在上盐井村的山顶上。由于该处水资源缺乏，严重影响僧侣的生活，于是进行迁址。

> 有一个传说，那个时候岗达寺的位置很不利于百姓生活，山上严重缺水，缺水的话人们的生活没有希望嘛。人们为了生存不得不去找一位高僧，一般是要找活佛，需要高僧来算卦，指点哪里合适。后来真的找到了一个活佛，活佛也爽快答应帮助大家，后来这位活佛整天也是在思索哪个位置好，晚上他睡觉的时候就整夜地做梦，看见一个流星雨，从一个小上坡的东方滑落下去，流星下去很快。这样的梦做了一次，又做一次，连续做了三次同样的梦。因此，就把岗达寺新的地址定在和高僧梦境相同的地方。这个遗址不是现在的遗址哦，离这里很远的。那个村叫岗达村，当时那里是没有村子的。高僧想到要给寺庙取一个名字，后来取名为岗（噶）达，"噶"在藏语里的意思是星星，"达"就是有一束光划过。这样就取了噶达寺，即岗达寺。②

遗憾的是，罗松并没能告知笔者第一次搬迁的确切时间，岗达寺第一次搬迁的原因按照现在的分析，应与路途遥远，处在山顶上不利于村民拜寺有直接关系。至于第二次搬迁的原因，罗松说道：

> 以前岗达寺每年都要组织跳神舞，但是因为离得远，又在山坡上，觉龙村和上盐井村的人要去寺庙，都要骑马去，一去又是三四天，还要准备伙食，这样比较费劲。因为离得远，去的人自然少，主要还是不方便。所以呢，岗达寺总是没钱。后来就搬到现在扎古溪的位置。③

据了解岗达寺此次搬迁时间在 2005 年，到目前已经搬到现在的地址七八年了。这里的地理位置特殊，是进入觉龙扎西古峡谷的唯一通道，离乡政府驻地仅有三四公里。第二次搬迁前的岗达寺在 1983 年基本修复后，占地面积 1915 平方米，当时所任的堪布为达瓦，翁则是扎西列珠。民主改革之前岗达

---

① 四川省巴塘县志编纂委员会编纂：《巴塘县志》，四川民族出版社 1993 年版，第 437 页。
② 2013 年 10 月，盐井田野调查资料。
③ 2013 年 10 月，盐井田野调查资料。

寺有280名僧人，2002年的时候有在编僧人31人，编外学经人员11名。2008年岗达寺的基本情况见表9-2。

表9-2 盐井岗达寺基本情况

名称	岗达寺		教派	黄教（格鲁派）	建寺时间	1602年
占地面积	5073平方米		建筑面积	1050平方米	创始人	江勇松布
人员构成	定编数		现有人数	僧人数	活佛	
	35		44	43	—	
	经师数		学经班数	学经人	—	
	2		—	5	—	
堪布、翁则基本情况	姓名	原籍	文化程度	职位	出身年月	入寺时岁数
	扎西列珠	觉龙村	小学	寺管会主任	1979.1	15
	珠罗次仁	觉龙村	小学	副主任	1975.7	20
僧人情况	僧名	原籍	文化程度	出身年月	是否在编	入寺时岁数
	昂旺觉曲	觉龙村	初中	1977.05	是	18
	昂旺洛追	觉龙村	高小	1932.01	是	17
	昂旺桑吉	纳西村	初中	1983.10	是	13
	昂旺斯巴	觉龙村	小学	1981.02	是	14
	昂旺曲吉	觉龙村	小学	1981.03	是	8
	曲杰朗泥	纳西村	小学	1978.01	是	14
	昂旺土邓	觉龙村	小学	1971.10	是	16
	昂旺罗追	觉龙村	初小	1978.10	是	15
	仁青桑吉	觉龙村	小学	1978.05	是	13
	仁青金巴	上盐井	小学	1980.09	是	13
	罗松仁青	觉龙村	初中	1983.04	是	19

盐井除了藏传佛教外，还有天主教。在调查中，天主教的神父鲁仁弟（盐井当地人）告诉笔者，天主教进入盐井以后，积极从经济上帮助村民，据他了解，教会已先后帮助20家村民盖起了房子，还给大家治病，最后深得信任，奠定了天主教在盐井的基础。就他个人而言，自己信仰天主教是家传的，据说是他爷爷的一个舅舅生病了，用了各种方法都无法得到治愈，结果被传教士治好了，因此在康定的爷爷一家人开始信仰天主教。盐井的传教士后来的确深得当地百姓信任，他所了解到的信息是当时上盐井村基本上都是信仰天主

教，只有一两家信仰佛教。但是此后岗达寺很不服气，二者之间的矛盾根源是都想管理更多的属民、拥有更多的土地。① 在岗达寺看来，上盐井一直都是自己的属地，后来村民却变成了去信仰天主教，打破了由岗达寺来管理的传统。于是，岗达寺要求各家各户，家中有两名男孩的，必须有一个儿子去岗达寺当僧人，而且原则上一家人供养一位僧人；如果一家人供养不了一个，则由几家供养一位僧人。此后，信仰佛教的教徒慢慢增加起来，目前上盐井信仰天主教者占六成，另外四成信仰佛教。

第二节　盐井：滇藏贸易线上的重镇

滇藏贸易，历史悠久。青藏高原东缘的河谷地带，至少在吐蕃时期，就已经是重要的民族往来的通道。唐代之后，茶马古道开始逐渐形成，宋代设立茶马司之后得到发展。此后，盐马古道被川、滇、藏之间贸易的茶马古道吸收。盐马古道是茶马古道发展的基础，盐井作为茶马古道上的驿站，当地进行盐运的商人、马帮也纷纷加入到茶马古道中来。盐井同周边阿墩子、巴塘等地的贸易关系加强，并对这些重要集镇有重要影响。

一、滇藏之间的古老民族通道

西藏东缘的澜沧江流域昌都卡若新石器时代遗址的发现，表明在新石器时代，该区域已经有人类在活动。② 考古发现，盐井澜沧江下游的30公里处的德钦纳古遗址在公元前950年—公元前865年间③。看来，澜沧江流域人类活动的时间较早。

从德钦县的永芝、纳古、石底和中甸尼西等地古墓葬中发掘的器物来看，短剑、绿松石珠、海贝应该受到重视。短剑同北方的游牧民族有着某些关系，一般为游牧民族的狩猎工具或生活用品。绿松石珠在古墓葬中大量出现，且这种绿松石珠在齐家文化中曾有出现，它和墓葬中的青铜工具都不是本地所产，应该是通过交换的方式得到。根据《华阳国志·蜀志》记载"其玉则有璧玉、

---

① 事实上，盐井岗达寺的属地还包括现在德钦县佛山乡的一部分土地。这种现象在20世纪50年代还存在。见云南省民族事务委员会研究室编：《云南省少数民族概况·云南民族情况参考资料》，云南省民族事务委员会研究室1956年刊印，第81页。
② 参见西藏自治区文管会、四川大学历史系《昌都卡若》，文物出版社1985年版，第150页。
③ 参见中国社会科学院考古研究所实验室《放射性碳素测定年代报告（八）》，载《考古》1981年第3期。

金、银、珠、碧、铜、铁、铅",又《蜀都赋》刘逵注有"青珠"产于"蜀郡平泽",古墓葬中的绿松石珠可能为四川所产,当地人通过交换得来。这反映了迪庆高原在青铜或铜石并用的时代,已经同北部或西北部一些古老民族之间有文化和经济方面的密切联系。① 可以肯定的是,海贝非迪庆所产,应是通过交换的方式获得。如西藏、云南以及东南亚一些国家,在古代同属"贝币"流行地区;从中甸尼西奔东 M5 中出土的 7 件海贝来看,当时他们同外界已有联系。据张兴宁同志讲,这种海贝并不产于云南,而是主要生长在印度到红海一段海域,这种说法是可以确定的。② 西藏在历史上曾经以贝为币,至今社会上仍保存着贝币,明代云南贝币仍广为流行,将二者结合起来考虑,可以反映两地之间早期存在着的经济往来的联系。③ 这些便是远古时代川、滇、藏之间可能存在交换关系的一些信息。

童恩正先生指出:"如果从大族系讲,我们将石棺葬文化视为北方循康藏横断山脉的河谷南下的氐羌民族的文化,可能不至错误。"④ 格勒也曾指出,这些古氐羌人大约从春秋战国时就从甘、青一带南下,沿横断山区的各大江河向南、向西迁徙。⑤

1959 年,学者王恒杰深入迪庆高原和怒江、察瓦龙做调查,从所发掘的石器器物形状上分析到:

> 特别值得注意的是,(迪庆州小中甸出土的石器)器柄部有打出的肩,这同四川雅安地区所出石器有近似处,柳叶形的石镞又和察隅县察瓦龙区松塔和龙布所出的相一致。它表明迪庆地区的石器文化同川、青及西藏文化关系密切,但在石器柄部保留石皮的做法,却又同滇西的怒江州的福贡、泸水、保山地区和滇北以及贵州南盘江以南所出土的石器有一定关系。这种文化关系,从北向南、经过庆再向南到保山地区,沿横断山脉的南北走廊形成一条线,而迪庆却是从北向南的文化走廊的中间环纽和过渡带。也就是说,新石器时代迪庆高原上的古文化的主人,已同川西和青藏高原文化的主人有着密切的关系,并同云南地区文化的主人保持着某种接触和联系。⑥

---

① 参见王恒杰著《迪庆藏族社会史》,中国藏学出版社 1995 年版,第 15～16 页。
② 参见东旺·琪岭陪楚《中甸尼西石棺葬发掘记》,载《中甸县志通讯》1988 年第 2 期。
③ 参见陈汛舟、陈一石《滇藏贸易历史初探》,载《西藏研究》1988 年第 4 期。
④ 童恩正:《近年来中国民族地区战国秦汉时代的考古发现及其研究》,载《考古学报》1980 年第 4 期。
⑤ 格勒:《论古代羌人与藏族的历史渊源关系》,载《中山大学学报》1985 年第 2 期。
⑥ 王恒杰著:《迪庆藏族社会史》,中国藏学出版社 1995 年版,第 12～13 页。

上述文献表明，川、滇、藏交界区的三江流域地区之间有着文化的互动关系。盐井人类活动的时间，至少在吐蕃时期已经出现。① 从盐井觉龙村查果西沟内石像所处位置来看，正是明清后期盐井通往巴塘、宁静等地的重要隘口，从地势上看，扎西峡谷两边悬崖峭壁，纵深三四百米。因此，盐井至少在吐蕃时期就已经是重要的民族孔道。

从历史来看，袁嘉谷的《滇南释教论》记载："由蜀通竺，非滇即藏，可断言也。"滇藏之间的通道早已形成。唐代以来吐蕃和南诏国之间的来往，在历史文献中多有出现。例如，《蛮书》载"有吐蕃到赕贸易"②，"赕"即为丽江一带。又从唐代"大羊多从西羌、铁桥接吐蕃界，三千二千口将来贸易"③可知当时从吐蕃到丽江塔城贸易的人数和交易数量之多，交换的羊只达数千只以上，这是唐以来记录吐蕃和南诏国之间的最早贸易信息。也就是说，至少在唐代，金沙江和澜沧江两河流域已经是吐蕃南下进行贸易的重要通道。

《南诏德化碑》记载："赞普今见观衅浪穹，或以众相威，或以利相导。"④ 又"遂遣男铎传旧大酋望赵佺邓、杨传磨侔及子弟六十人，赍重帛珍宝等物，西朝献凯。属赞赞仁明，重酬我勋效，遂命宰相倚祥叶乐持金冠、锦袍、金宝带、金帐、金扛伞鞍、银兽及器皿、珂贝、珠、毯、衣服、驮马、牛鞍等，赐为兄弟之国。天宝十一年载正月一日于邓川册诏为赞普钟南国大诏"⑤。上述"宰相倚祥叶乐"，还持金冠、锦袍等贵重品，说明二者间的来往人员属两个政权的高层人士。这个时期"唐代滇藏间交通线可达两地地区政治中心罗些城与羊苴咩城，即今拉萨与大理，并可达两地区相关的一些地方"⑥，两地的政治关系可能影响到交通线上的民族从事各种贸易，涉及滇藏线上的拉萨、工布、察隅、芒康、德钦、中甸（或维西）、丽江、剑川、大理等地，这也是传统的滇藏贸易线路，盐井应该是一个中转站。这一时期的贸易关系，总体看来有两种：一种是官方主导和控制的贸易，此种最为重要，占整个贸易的比重大、数量多、风险性小、路线长、影响大；一种为民间贸易，应在局部地区进行，特别是交接地带。据学者分析，在唐代，西藏在国内的贸易路线主要有两条：一是经青海与内地、回纥和西域交往的东北路线；二是经康

---

① 参见席琳、张建林、夏格旺堆、田有前《藏东地区吐蕃石刻遗存的首次全面考古调查与记录：西藏昌都地区芒康、察雅两县考古调查新发现2处吐蕃石刻遗存》，载《中国文物报》2009年11月13日第4版。
② 樊绰撰：《蛮书》，向达校注，中华书局1962年版，第43页。
③ 樊绰撰：《蛮书》，向达校注，中华书局1962年版，第204页。
④ 李昆声编著：《云南文物古迹》，云南人民出版社1984年版，第68页。
⑤ 汪宁生著：《云南考古（增订本）》，云南人民出版社1980年版，第158页。
⑥ 赵心愚著：《纳西族历史文化研究》，民族出版社2008年版，第74页。

区到四川和云南的东南路线，即历史上的"绢马贸易"和"茶马互市"①。

宋代尽管设立了茶马司于川、陕两地，但是鉴于大理政权与中央王朝难以磨合，最终导致川、滇、藏三省之间的贸易受到影响，特别是川、滇之间的贸易受交通堵塞，少有人进出，也无准确的文献记载。

元代李京在《云南志略·诸夷风俗》中说"金齿百夷（今傣族地区）交易五日一集。旦则妇人为市，日中男子为市，以蛻布、茶、盐互相贸易"，这些交换多为地方性贸易，没有大宗出口贸易的记录。总体看来，在唐宋之前的滇藏和川藏之间的贸易，以传统的物物交换为主，交换多以牛羊为主，后来逐渐发展接壤地带间的茶马贸易，贸易路线无深入西藏的文献记载。宋时期，"关陕尽失，无法交易所赖者仅有四川。故于黎、戎沪等州置场博马，马茶互易市场，遂由西北而徙向西南。宜宾当川滇之冲，其时滇荣运川以易番马，事亦可能。"②。由此可见，川滇之间的贸易关系在历史上关系密切，有一定的贸易往来。

二、茶马古道上的盐井

茶马古道是川、滇、藏三省之间一条古老的运输通道，常被人们误认为是茶马之间交换或是马驮着茶进行交换的一条古道。有学者提出："'茶马古道'是一个有着特定含义的历史概念，它是指唐宋以来至民国时期汉、藏之间以进行茶马交换而形成的一条交通要道。"③ 其实不然，茶马古道是一条中国西南的青藏高原和内地进行长期人员流动和物质交换形成的通道，其起源较早。有学者指出：

> 茶马古道并不是唐宋时代汉、藏茶马贸易兴起以后才被开通和利用的。事实上，早在唐宋时代以前，这条起自卫藏，经林芝、昌都并以昌都为枢纽而分别通往今川、滇地区的道路就已经存在和繁荣，并已成为连接和沟通今川、滇、藏三地古代文化的一个非常重要的通道。它不仅是卫藏与今川、滇地区之间古代先民们迁移流动的一条重要通道，同时也是今川、滇、藏三地间古代文明传播和交流的重要孔道。从考古文化遗迹和有关史实线索看，这条道路被开通和利用的历史至少可上溯到距今约

---

① 潘发生著：《揭开滇川藏三角区历史文化之谜》，云南民族出版社2008年版，第47页。
② 谭方之：《滇茶藏销》，载《边政公论》1944年第3卷第11期。
③ 石硕：《茶马古道及其历史意义》，载《西藏研究》2002年第4期。

4000—5000年前的新石器时代晚期抑或更早。①

茶马古道历史悠久，分段组成，在这条民族交往的通道上，马帮运输着来自西南各地的不同物资。由于青藏高原通往内地的道路狭窄，通常要跋山涉水，主要依靠马帮才能进行长途运输，加之青藏高原具有较长的饮茶习惯，而中国产茶以四川和南方为著称，因此青藏高原的藏族可通过名贵药材、毛皮和内地交换茶、糖、粮食等必需品，最终形成了川藏贸易线和滇藏贸易线。

20世纪末，有学者提出了"茶马古道"②这一学术概念。学者们指出："（茶马古道）是中国对外交流的第五条通道，同海上之道、西域之道、南方丝绸之路、唐蕃'麝香丝绸之路'有着同样的历史价值和地位。其路线基本有两条：一条是从云南的普洱出发经大理、丽江、中甸、察隅、波密、拉萨、日喀则、江孜、亚东、柏林山口分别到缅甸、尼泊尔、印度；一条是从四川的雅安出发，经康定、昌都到尼泊尔、印度。"③后来人们将这两条线确定为茶马古道川藏线和茶马古道滇藏线。

川藏茶马古道线又可分两条。"第一条是从四川雅安出发，经泸定、康定、巴塘、昌都到西藏拉萨，再到尼泊尔、印度，国内路线全长3100公里；第二条是从四川雅安出发北上，经成都、绵阳、广元沿嘉陵江到阳平关。"④滇藏线也分两条：一条"从云南普尔（洱）茶原产地（今西双版纳、思茅等地）出发，经大理、丽江、中甸、德饮到西藏邦达、察隅或昌都、洛隆、工布江达、拉萨，然后经江孜、亚东，分别到缅甸、尼泊尔、印度，国内路线全长3600公里"⑤。沿此路线，也可以到达盐井后往西进入毕土、察隅等地，再往西北走，到达林芝、拉萨等地。另外一条线则是经保山→六库→福贡→贡山→察隅，再往西北，到达拉萨，此线常被忽视，原因在于该线一路沿怒江而上，峡谷纵深，道路艰险，不容易通行，运输的物资有限。

从滇藏之间的贸易路线来看，盐井是重要的驿站。盐井地处青藏高原东部的横断山脉，这一区域并不适合人类进行物质交换。20世纪，美国植物学家

---

① 石硕：《昌都：茶马古道上的枢纽及其古文化——兼论茶马古道的早期历史面貌》，载《西藏大学学报》2003年第4期。

② 目前，学者提出"盐马古道"比"茶马古道"更早。见赵敏著《隐存的白金时代——洱海区域盐井文化研究》，云南人民出版社2011年版。

③ 木霁弘、陈保亚、李旭等著：《滇藏川"大三角"文化探秘》，云南大学出版社1992年版，第11页。

④ 北茶马古道研究会主编：《中国北茶马古道研究·汉茶藏马，问道康县·全国唯一茶马古道碑刻发现地——甘肃康县》，世界知识出版社2011年版，第261页。

⑤ 北茶马古道研究会主编：《中国北茶马古道研究·汉茶藏马，问道康县·全国唯一茶马古道碑刻发现地——甘肃康县》，世界知识出版社2011年版，第261页。

约瑟夫·洛克曾对横断山脉有过这样的感慨："要走到这个地区是一件很艰难的事，因为它是亚洲最孤立的地区，新疆肯定是遥远的地方，但汽车和飞机使它接近文明，而这里也许从来听不到汽车的喇叭声，因为要在这样的高山深谷地区修建一条公路几乎是不可能的。"① 横断山脉特殊的地理环境以海拔高、山谷纵深、道路狭窄且危险著称，如果人类从东往西进入青藏高原，还要克服高原反应。这是否限制了人类迁徙和活动呢？实则不然。

青藏高原东南部南北走向的三条大江是天然的民族迁徙孔道，陶云逵先生在1939年的调查文献中就提及了三江并流地区，怒江、澜沧江二者之间的交通关系：

> 怒江、澜沧江，对于东往西，或西往东的交通上是一种阻碍，但是自北往南，或自南往北，未尝不是一条天成的大道，因为虽然不能行舟，但是沿河而行的便利是很引诱人的。假如我们很笼统地叙述夹着这两条河的山脉形成和方向，则高黎贡山、碧罗雪山等三座雪山三个山脉，也多是自北而南的。这种形式，在交通方向上的便利与阻碍，和前述的河流是一样，就是便于南北，而碍于东西。②

盐井，正是处在澜沧江峡谷之中。如前所述，盐井处在一个重要的商贸往来通道上，成为茶马古道上的一个中转站。清代以来，盐井盐业的发展，围绕盐的贸易，盐井逐渐与周边地区加强了盐和粮食的交换，以此形成了纵向（南北走向的河谷）为主、横向（东西面的小河谷）为辅的盐粮贸易线。向南主要经澜沧江峡谷进入德钦，进而到达维西或奔子栏，接着深入丽江和大理。此线是明代丽江木氏土司崛起后，以军事行动北扩进入西藏东部选择的线路之一基本上沿澜沧江和金沙江峡谷而上的。③ 北线则可经扎古西峡谷东进，到达南墩之后，继续东行跨江，则可进入巴塘、理塘，转向北，则可到达宁静（江卡），继续北进到达左贡和昌都。西面则过江，经腊翁寺翻山后到达毕土，再往西可进入察隅等地。清代以来，因为盐井和巴塘的隶属关系，以及巴塘经

---

① [美] 约瑟夫·洛克著：《中国西南古纳西王国》，刘宗岳等译，云南美术出版1999年版，第190页。

② 陶云逵：《碧罗雪山之栗栗族》，见李文海主编《民国时期社会调查丛编·少数民族卷》，福建教育出版社2005年版，第275页。

③ 参见王恒杰著《迪庆藏族社会史》，中国藏学出版社1995年版，第53页。木氏土司进入盐井可分为东线、中线和西线。西线是一条直接顺澜沧江而上的线路，其路线为丽江→维西→德钦→佛山→盐井→昌都。西线还可以选择先顺金沙江到奔子栏，再翻越白茫雪山，进入德钦，再顺澜沧江进入西藏的昌都一带，其路线为丽江→中甸→奔子栏→德钦→佛山→盐井→昌都。东线则为丽江→中甸→奔子栏→得荣→巴塘→昌都。东西两线基本上都选择了顺江而上。

常组织马帮来盐井运盐,东线基本上一直畅通,这种情况一直持续到20世纪末。

三、盐井同周边的交换关系

盐井同周边区域的贸易,是以盐作为重要的交换物来完成的,其中云南省的阿墩子和四川省的巴塘是和盐井长期保持交换关系的两个重要集镇。

(一)阿墩子

阿墩子系今天的德钦县城升平镇,阿墩子或阿得酉是其清代所称,这里同样是茶马古道滇藏线上的一个重要驿站,离盐井仅110公里,属迪庆藏族自治州管辖的三个县之一。阿墩子地处青藏高原南缘,东临四川巴塘县和得荣县,西与西藏左贡县、芒康县及云南的贡山县接壤,南接云南维西,北靠西藏芒康县盐井。

阿墩子唐代属吐蕃神川都督府,明代归招讨磨儿勘与万户府剌宗管辖,后在木氏土司北扩时占领,归丽江土知府管辖。1639年,蒙古族和硕特部首领固始汗南下,打败木氏土司,占领了此地。顺治五年(1648年)至康熙四年(1665年),德钦归西藏管辖。雍正五年(1727年),清廷进行川、滇、藏分界,将宁静山以南的阿墩子、中甸、维西从四川巴塘所属划归云南。

民国年间,李式金在《云南阿墩子:一个汉藏贸易要地》一文中说道阿墩子是云南和西藏间交通要冲,并就阿墩子通往各处的线路作了描述,阿墩子境内无公路,主要交通路线有四:

(1)阿墩子北行,经盐井宁静,以达昌都,这条路本是云南商人入康藏的大道,但因盐井附近近来多匪,故云南人入藏不取经盐井的道了。

(2)自阿墩子西北行溜渡澜沧江抵梅李树(米利石),西越碧罗雪山,复改溯意(即鄂宜河),到崩达西南转拉萨或北行昌都(即我们这次所走的路[①],自阿墩子至昌都距离为1100里)。

(3)自阿墩子南行沧江洛勒,华夫坪大石头而入维西,再由维西经大理可至昆明,这是阿墩子至省会的大道,普通是34站,为程2000多里,但现在昆明至大理间的公路早已断车,而大理往北通丽江的剑川公路,正在建筑中,将来阿墩子与省会的交通,当便利得多了。阿墩子至省会昆明的大道,普通是走34站。

(4)由梅李树南行,沿澜沧江至冈普南面更向可达菖蒲桶,及茨开,自

---

① 指的是李式金当时行走的路线。

茨开西南行可达江心坡地。

自阿墩子东行越大雪山，经维西奔子栏更南有路通中甸和丽江，这些路径因受地形限制，凡是南北行的虽然也有经行悬岸栈道的地方，但总算平易好走。凡是东西走向的总是须越过高耸的山脉，虽然山脉中间不免有短促的高平地，但上下山坡，实是最崎岖难走。①

从上述内容可知：从德钦到盐井再到昌都，是云南商人通往西藏的大道，由于商人经常走这段路，导致这段路程土匪抢劫的现象严重。土匪猖狂，又让云南商人改道进藏。自阿墩子（德钦）南行沧江洛勒，华夫坪（燕门乡的一个自然村）大石头而入维西，再由维西经大理可至昆明，这是阿墩子至省会的大道，这条线路是茶马古道的要道，一般人们不会选择翻越白茫雪山。

明清以来，阿墩子作为滇藏贸易线上的重要驿站，发挥着积极作用；同时作为卡瓦格博转经的必经之地，无形中促进了这里的发展。从清代雍正年间开始，德钦本地的藏族逐渐开始从事商业活动。民国期间，升平镇开始出现江西会馆、鹤丽会馆，这标志着阿墩子商业此时较为发达。民国刘曼卿女士途经此地时曾写道：

阿敦商业之盛，每岁以秋冬两季为最。因藏俗男女老幼皆以朝本地有名之白约雪山，或云南大理之鸡足山为莫大之因缘。苟能朝山三次以上，则罪愆全赎。阿敦为朝山必经之道，远如拉萨、察木多，近如江卡、乍丫一带人民，邀群结伴，不惮千里之劳长途跋涉。其中有黄发之幼童，有妙龄之少女，亦有强健男妇，苍颜翁妪，熙熙攘攘，络绎不绝。每至日暮，则张幕以居，汲水采薪，自起炊爨，至夜相与依卧，杂沓纷陈，阿敦人称之为"阿觉哇"。彼等一至，则敦市妇女全体动员，阿觉哇照例野居于街后地坝，是地妇女即向商店借贷货物，亟待转易。若商店稍有迟疑，则将所佩首饰临时抵押之，立与阿觉哇多方结纳，或以布匹、铜锅，换其麝香药材，或以针线杂货，换其兽皮羊毛，均无不利市什倍。晚来，除将商店货价偿还外，以所得之利中抽一部分与同伴者沽酒欢饮，无不酩酊大醉，高兴异常。

阿敦本地妇女不农不牧，专靠与阿觉哇交易为生。最可奇者，阿敦妇女每年春间，观诸天象征兆，常评断本岁阿觉哇来敦之多寡，犹似农人之望秋收，此亦怪事也。阿觉哇之行路，无论贫富老幼，皆以步行，背负食用等物。至多以山羊数头驮口粮，绝无一乘马者。在彼等固为宗教心所驱

---

① 参见李式金《云南阿墩子：一个汉藏贸易要地》，载《东方杂志》1944年第16号。

使，一切艰阻困顿，不足移其信心，然亦见康、藏人之能耐劳苦也。①

阿墩子因其特殊的地理位置，又地处卡瓦格博山下，宗教的互动带动了商业的发展。李式金曾提到："商业每年以秋冬二季为盛，因斯时乃朝拜白雪山的季节，那个时候善男善女，不绝于途，阿墩子为朝山所经之道，故贸易因以与盛。"② 此时，从川、青、甘等地来朝拜的藏族群众，还带来山货药材，来此交换。此外，盐是阿墩子所需的重要物资，盐井砂盐经过阿墩子这道关卡之后，顺澜沧江南下，可供维西境内的傈僳族、藏族和纳西族食用；而往东翻越白茫雪山，则可销往奔子栏及中甸的部分地区。盐井和阿墩子之间因地缘关系，长期保持商贸往来。盐井多向阿墩子输入盐、皮革和药材。但是，从滇省政府的角度出发，则担心受其影响，其中盐的交换和盐税的征收成为矛盾的焦点。

盐井砂盐，长期贩卖到滇省，在《新纂云南通志》中也有所描述。

> 维西厅地方，夷、民杂处，沿江居民向食四川巴塘所产沙盐。其盐入滇，必由阿墩子经过。前清时，由维西通判设税抽收，每盐百筒重一百斤，抽收盐税一筒重一斤。嘉庆二十五年（1820年），核定每年征解盐税银二十五两三钱。杜乱后，由提督杨玉科征收济饷。同治十二年（1873年）八月复交地方官经征，年解税银五十四两。光绪三十二年（1906年），改归阿墩子弹压委员经收，由丽江府出票，照川例每驮征银六钱，每年约可收银二千两；宣统年间加征为一两。惟此项沙盐，因民食所关，不能不听其入境，乃酌定抽收厘税，此与川、粤盐之定额正式借运情形不同耳。③

1912年，有关中甸、维西沙盐和井盐销场的争端已经开始。档案资料记载："其（喇鸡井盐场）引岸过窄，复被砂□□□□□□近来愈甚，缘□□□入口砂盐价本轻廉，乘喇盐加迭团□练费之隙，价值过大，于是节节内充，遍于中维。……查中甸、维西喇盐销地引岸久失，但恐收之过急或生他虞，故历任禀请以加为禁，收款弥补喇井不足之额，今拟先从维西入手，使逐渐扩充从容收效，刻下暂准中甸仍销砂盐，惟恳行令该厅于砂盐进口，重加税项以征为

---

① 刘曼卿著：《国民政府女密使赴藏纪实》，民族出版社1998年版，第149～150页。
② 李式金：《云南阿墩子：一个汉藏贸易要地》，载《东方杂志》1944年第16号。
③ 牛鸿斌、文明元、李春龙等点校：《新纂云南通志·7》，云南人民出版社2007年版，第220页。又见《清实录·世宗实录》第128卷，见李汝春主编《唐至清代有关维西史料辑录》，维西傈僳族自治县志编委会办公室1992年编印，第157页。

禁逐渐扩充，庶可规复喇岸。"① 尽管这段话有脱字，但是其基本意思已经表达出来，喇鸡井盐场盐的销售范围过小，原因是长期被来自盐井的砂盐占领。乘喇鸡井加收练兵费用，砂盐基本上占领了中甸和维西市场。历任官员为解决砂盐对喇鸡井盐引岸的冲击，多是增加税收，达到阻止砂盐进入其销售范围内的目的。

1929 年，国民政府女密使刘曼卿赴藏过程中，途径阿墩子，对这里的情况进行了描述，其中提到了阿墩子的盐税。

> 阿敦不产食盐，民食皆由西康、盐井运往，滇省设盐税局以征收盐税，复设盐务稽核所以严查偷漏。一驮盐税，比盐价反超过之。或以之询事者则答曰："因滇西中、维、阿数县均不产盐，若由本省产盐各区运至，则运输实感困难，若尽量让康盐入口，则恐康盐倾销太盛，影响滇省经济，故高其税率以征收之，微寓保护税之意。"顾虑之周、措施之妙令人钦佩。②

刘曼卿的阐述和民国初期的情况相似，盐成为德钦当局极为关注的对象是有客观因素的，考虑到道路运输困难，从云南盐产区将盐运至此地，代价太大，甚至长途跋涉运来的食盐要比盐井运来的食盐价格还要高，所以在担心盐井的盐会对德钦的经济有影响的前提下，只能以提高盐税加以控制。盐的运输困难是客观事实，阿敦盐务局委员曾在一份呈报中写道："至各处每月经过之盐驮多寡不一，每至十、十一、十二及一、二、三等月，如地方平靖则运销颇多，至四、五、六、七、八、九等月，因雨水颇多，盐劣价昂且道途多坍塌，故运销减少。"③ 在社会动荡的年代，采用提高税率的方式保护地方经济，也是出于无奈。档案资料，同样记载：

> 查云南德钦盐税，并非产地税，系抽收西康盐井产盐运销中甸维西一带的通过税，自民国十（年）以后，征税人员，浮收短报，致税款所收尚不敷开支，嗣后云南盐务管理局改为招商包办，向例每驮多则征税大洋三元五角，少至二元五角，通行已久，尚少变更。本年五月德钦盐税由陈宗周包征，接管之初，始则变更税率，每驮征至现金大洋五元，继谓政府

---

① 吴强、李培林、和丽琨编著：《民国云南盐业档案史料》，云南民族出版社 1999 版，第 426 页。
② 刘曼卿著：《国民政府女密使赴藏纪实》，民族出版社 1998 年版，第 149 页。
③ 云南省档案馆档案，案卷号 15-17-31。引自刘琪著《命以载史》，世界图书出版公司 2011 年版，第 145 页。

加税，德钦不能独异，应照政府规定税则加增一倍，经地方人士，力行劝阻，近复不顾一切，每驮加征至十元以上。查该盐务税局长陈宗周向盐务管理包征，年缴税课只滇币十一万元，仅合外币五万五千元，以滇西大理丽江一带，现金易纸币黑市而论，现金一万掉至滇币二百元，是该局长所缴税额只合现金五百五十元。该局长即照旧例征收，每年税额总数均在现金一万以上，完全饱其私囊，何况接管之初，已加征至旧税一半，年收已在一万七八千元，照现在征率计，至最低限度也在现金三元以上，以云南黑市计，是该陈宗周包征德钦盐税一年，即可值外币三百万元于其私囊，作富家翁也。

德钦至盐井一带盐商，以税收过重，纷起反抗，近复联合报请德钦佛山乡乡长桑汪堆即盐井县长阿秋出而主持。俾恤商□，阿秋暨桑汪堆方已如所请，召集该路一带盐商在德钦属之均波村开会，谋采取对抗方针，阿秋县长已于本月七日启程赴均波，结果如何？①

从上述记载来看，首先盐井盐的销售范围扩大到云南的维西一带，德钦是重要的中转站。其次是当局对盐井盐销售到境内有所顾虑，唯恐影响地方经济，因此一再采用增加赋税的方法，来遏制盐井盐往云南运销。

民国初期，德钦已经作为由滇入藏的重要通道，除了盐从盐井运往德钦，促进二者之间的联系外，德钦也是为滇藏贸易的重要驿站。因此，德钦和盐井之间时常发生一些事端。

查本年春间滇西茶价高涨，此间进藏商人赴滇买茶，即出高价，均无处购买，嗣经多方探询，始悉，系由滇商福协和、永昌祥、茂恒等数家完全采买，雇脚运往西藏出售，此项售出茶价，即作回脚之价，因该商等上年由印度购买足头洋纺甚多，头批已运抵拉萨也。盐井方面骡帮多数都雇脚运茶，殊头批终由阿墩运出将达盐井之时，即被盐井县长阿秋暨税收觉那派人将此项茶驮挡着，不准通过，谓滇商垄断茶叶市场，致康藏商人均无从采购，该商等运抵拉萨仍系垄断市场专利，特呈报昌都噶伦请示，不准通过藏境，该商等既运不出口，茶价无形之中自然低落，刻未接奉昌都噶伦回示，尚不知如何结果。②

从以上可以看出，盐井和德钦之间既存在密切联系，但因利益又常常引发

---

① 四川省档案馆，档案号：255-1-41。
② 四川省档案馆，档案号：255-1-41。

矛盾。到抗日战争时期，因南线国际路线遭到封锁，德钦一度成了中印交通要冲，商贾云集，商号林立，成为滇西北商业重镇之一。当时在德钦的商号有30多家，每天往来的马帮上千驮。① 新中国成立以后，随着滇藏公路（国道214线）从德钦县升平镇经过，盐井和德钦之间的联系更加紧密，如今往来两地的商人、游客不断。

（二）巴塘

巴塘地处四川省西部、金沙江上游东岸，和盐井同属于横断山脉。东临理塘，南靠云南的羊拉乡和得荣县，西与盐井、芒康和贡觉县隔江相望，北与白玉相界。据《西康疆域朔古考》和《巴安县志资料》所载，巴塘的历史可追溯到汉代的白狼国。唐代被吐蕃控制，一直到明朝丽江木氏土司攻占巴塘，才结束了吐蕃长期对巴塘等地的控制。木氏土司在康区建立了以巴塘为中心的五个宗②并对其进行统治。

康熙三年（1664年）开始，西藏达赖占领巴塘，直至康熙五十八年（1719年），期间的这55年中，"陀翁布被授为巴塘正土司（俗称大营官），其弟扎西次仁为副土司（俗称二营官），管辖巴塘、得荣、盐井、中甸、维西（含阿墩子）等地"③。雍正四年（1726年），川滇划界，将原巴塘所辖的中甸、阿墩子、维西划归云南。光绪三十一年（1905年），发生了震惊朝野的"巴塘事件"后，四川提督马维琪和建昌道员赵尔丰赴巴缉拿凶手，平息该事件。1906年赵尔丰升任驻藏大臣，在巴塘进行了改土归流。1908年巴塘改成巴安县，在盐井设盐井县；七月，又将巴安县升为巴安府，管辖三坝一厅和盐井、定乡两县。1912年巴安府改回巴安县，1951年3月正式将巴安县改为巴塘县，至今未变。

巴塘和盐井不仅在地缘上毗邻，而且曾存在盐井隶属巴塘管辖的关系。在两种关系的促动下，盐井和巴塘之间长期保持着互动关系。盐井砂盐多销往巴塘。《巴塘运盐古道》记载："巴塘城区、东南区、康宁寺也有部分骡帮专门经营盐业。他们从盐井低价收购，运到巴塘以后经较高价出售坐商，后者以更高价销售顾客，或再转手运往康南其他地方。……特别是夏季雨水季节，无法生产盐时，有达两三批粮食买一斤盐。"与此同时，该文指出："……从盐井运盐到巴塘有七站路程，一是从盐井翻贡拉山经宗岩、芒岭到竹巴龙；二是取

---

① 参见德钦县志编纂委员会编《德钦县志》，云南民族出版社1997年版，第172页。
② 分别是得荣麦那（得荣）、日雨中咱（中咱）、察哇打米（盐井）、宗岩中咱（宗岩）、刀许（波柯）。
③ 四川省巴塘县志编纂委员会编纂：《巴塘县志》，四川民族出版社1993年版，第54页。

道芒康、郎维、芒领到竹巴龙。……骡帮运盐也是一件辛苦又危险的事，他们长途跋涉来到金沙江边，先把驮子下了，再把骡子赶游过河，人和盐坐牛皮船渡江。当夏秋涨水时节，骡马存亡很难保证，有时成批被江水冲走。牛皮船覆没之事也不少，据初步了解，本世纪20—40年代，因翻船死亡者已有一百余人。"

民国三十年（1941年），崔克信在盐井调查时也曾写道："十月，著者奉命赴宁静调查，因故截阻，会巴安傅团长骡帮赴盐井运盐，及乃商请由著者只身化装，随同往，而留队员于巴安，爰于月之十九日出发，翌日于巴安南六十里之竹巴笼偷渡金沙江，三日□过康子顶，——驻军地而至蟒岭，以经商留二日，二十四日赴南墩，被阻于——蟒岭——驻军地，经数小时之交涉，始见成行，二十五日离南墩经中崖越恰拉，三十日安达盐井县治。"① 这表明盐井和巴塘之间早已形成了固定的商贸线路，砂盐是主要交换物。

巴塘的商业，早在雍正五年（1727年）已经得到发展，此时从川、陕、滇三省来巴塘的商人和艺人，已有40人，他们组成商业行帮，设立"汉商公会"（当地藏族称"甲葱巴"）。到乾隆十三年（1748年），巴塘从商人数已经上升至80人。汉商在县城以老街的灯杆坝为中心开设铺面，经营百货、茶叶、食盐、布匹、药材、金银首饰、锅盆碗壶等。到民国二十六年（1937年），商业户已达124户。民国三十七年（1948年）年底，巴安（塘）的商业已发展到15个行业，工商户已达近200家。② 以上说明，巴塘的商业历来较发达，是从川入藏的一个重要驿站。

盐井，虽然是滇藏贸易线上的一个小镇，但是同周边的交换过程中，形成了较为发达的交通路线。往东北方向行进，可达巴塘，站点和里程如下：东路由盐井经觉龙沟、觉龙山、姚桥、宗岩、甲乙顶、邦木塘（今芒康县邦达）至巴安县。里程为：从盐井出发大约50里到达觉龙沟（即觉龙村），往山上走10里左右到达觉龙山山顶，下山10里后达到姚桥，往前走40里到达宗岩，一天的行程后多在朔和寺借宿。第二天由朔和寺出发，30里左右达到甲乙顶，再行40里到蟒岭，蟒岭到空子顶40里，从空子顶到竹巴笼80里，渡江到水磨沟40里，往前走40里到达巴安县（现在的巴塘县）。到巴塘之后可以往东去到理塘。

南路由盐井经紫绒沟、碧用工入云南界；再经巴美、拉波、阿东至德钦县（即阿墩子）。具体历程为：由盐井出发沿着澜沧江的东岸行走，先到达紫绒沟，50里后到达碧（必）用工，到达了滇藏分界处。由碧用工出发60里到达

---

① 崔克信：《盐井县之地质及盐产调查》，载《西康经济季刊》1944年第8期。
② 参见四川省巴塘县志编纂委员会编纂《巴塘县志》，四川民族出版社1993年版，第217页。

（八）巴美（现在的佛山乡巴美村），120里到达阿东村（现德钦县阿东村），再行50里到达德钦县阿墩子（现德钦县县城升平镇）。经德钦县可顺澜沧江进入维西，或翻越白茫雪山至金沙江上的渡口奔子栏。

西路由盐井西渡澜沧江经腊翁山、腊翁寺、中村、底村、毕土、吉卜、若麦、鄂宜楚河、格布至闷空，渡怒江后，分北道和西南道。北道通科麦县，西南行至察隅县。若在毕土分道，则西北行经觉马寺、札夷，北通察雅至察木多（芒康县），具体历程为：从盐井出发，要西渡澜沧江，需要选择用竹制的溜索或牛皮船，过江后20里到达腊翁寺，往西南方向走下坡路40里到达中村，前行30里到达毕土，由毕土西行平坦的30里路到达吉卜，经若麦、鄂宜楚河40里到达格布，翻越闷空大雪山后上下山路70里后到达闷空。

从上述的路线可以看出，这基本上和茶马古道的线路重合，《芒康县志》中载茶马古道滇藏分道有三条：

（1）由云南的丽江经中甸、德钦至西藏的盐井、江卡、毕土、邦达、察雅到昌都，再由昌都经那曲到拉萨；或由昌都经察雅、邦达、八宿、波密、林芝到拉萨。

（2）由云南的中甸、德钦至西藏的盐井、江卡、毕土、邦达、八宿、然乌、波密、通麦、林芝到拉萨。

（3）由云南的丽江经石鼓、巨甸、鲁甸、维西、德钦至西藏的盐井、江卡、邦达到昌都；或到邦达后直接经八宿、波密、林芝到拉萨。①

此观点和前所述的茶马古道滇藏线第一条基本相似，从上述三条线分道来看，盐井是一个重要的中转站，东连接了川藏贸易线上的重要驿站——巴塘，到达巴塘以后，向东到达理塘、雅江，通往成都。南连接了滇西北重要的茶马古道重镇——德钦，到德钦后，可顺澜沧江而下，可达维西，在此分道，往西可进入怒江，往东南可到丽江、大理，直通昆明。西路可直接渡澜沧江，到达毕土，然后到达察隅等地，再往西走，可到达拉萨。北路则直通宁静县，到达芒康，直接和川藏贸易线汇合。

---

① 参见芒康县地方志编纂委员会编《芒康县志》，巴蜀书社2008年版，第175页。

第三节　明清以来盐井盐的销售圈

一、明清时期的盐井盐销路

明代木氏土司进入盐井到控制盐田、征收盐税的这段历史，基本上没有文献资料记载，盐井盐的销售范围和具体路线也不得而知，木氏土司占领盐井的基本情况已经在前面的内容中有所论述。但是，到了清末，这种情况有所改观，这一时期有关盐的各种情况均被记载，并对盐业的生产、运销、市场以及定价等方面有了清晰的记录。

清代以来，随着滇藏贸易和川藏贸易的发展，特别是明代后期滇藏贸易线从德钦到盐井路线的开通，这一阶段盐井的手工盐已经开始卖往云南的德钦、维西、中甸以及德钦的最北部羊拉等地。又因明清以来盐井长期处于巴塘土司和腊翁寺的管辖，考虑到政治权力因素对盐的运销的影响，可知当时盐井的盐已经销往巴塘土司自己的属地巴塘、理塘、得荣等地。以上是盐井盐往东和往南的两个方向进行运销，据清代有关盐的记录情况来看，往西销往毕土和察瓦龙等地，到了察瓦龙之后又可向三个方向继续前行，往北可到达札夷、闷空、左贡等地；继续向西进入察隅，往南可以到达贡山。由于盐井临近当时的宁静县，又有茶马古道经过于此，此时往北销售的井盐可达现在的芒康和左贡，以及昌都东南部的广大地区。从上述运销的线路和范围来看，主要受四个方面的影响：地形地貌、政治权力的控制、茶马古道、卡瓦格博转经圈的形成。

盐井的政治权力归属决定了盐的销路多限于权力的管控范围，在其管辖范围内收取一定的税收后便可自由贸易，一旦超越管辖范围则沿途逢卡缴税。这一现象在民国初期是比较突出的，砂盐运往云南就要缴纳一定税收。据当地老人讲，在盐井通往德钦的必经之地——碧用工，在吴三桂时期就设卡收税，民国时期驻军在盐井通往巴塘的渡口处（金沙江上）——竹巴笼设卡，收取渡口税和盐税，这里税卡在明清以来应该是一直存在的。

总体来看，盐井盐在明清以来，已经形成了辐射四面八方的销售渠道，形成六个消费区"中向芒康本地（宁静山全境）、南向建塘区（德钦、中甸）[①]、东向炉边区（巴塘、理塘、康定）、西北向喀木区（由左贡到察雅、昌都、丁

---
① 应该还包括现在的维西和得荣等地。

青一带)、西向卫藏族聚居区(过怒江入桑昂曲宗,到林芝、拉萨)、西南向为珞瑜区(从桑昂曲宗到察隅、珞瑜、门瑜,最远至今印度东北部①)"②。(见图9-1)

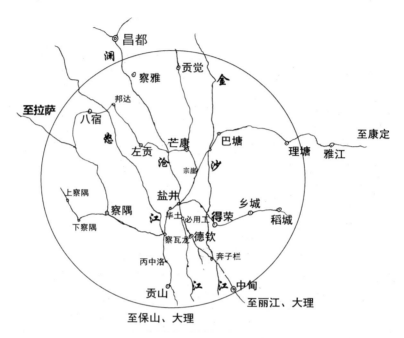

图9-1 盐井盐向四周运输的路线和主要辐射范围

茶马古道的开通,有利于该线路上各种物资的运输和交换,从云南西双版纳到西藏拉萨乃至印度、尼泊尔等地的茶马古道线路,滇藏线③沿途贯穿了大理、丽江、中甸、德钦、盐井、昌都、拉萨等重镇,除了主要的干道以外,各种类似于人体"毛细血管"的贸易支线通通加入到贸易行列中。

从清代开始,盐井砂盐的销售较为活跃。随着明清以来"滇西北这个民族聚居区内,大量的少数民族商人的产生和崛起,……随着云南与周边地区商贸交流管道的逐渐拓展,社会剩余产品的逐渐丰富等多种因素共同铸就的一个历史趋势"④,各地的商人纷纷进入西藏开办商号、成立马帮。此时的盐井,

---

① 还包括云南的怒江、独龙江,即今天的贡山县一带。
② 坚赞才旦、许绍明著:《青藏高原的婚姻和土地:引入兄弟共妻制的分析》,中山大学出版社2013年版,第113页。
③ 茶马古道可分滇藏线和川藏线。
④ 周智生著:《商人与近代中国西南边疆社会——以滇西北为中心》,社会科学文献出版社2006年版,第10页。

还处在以物易物的传统阶段,盐井以盐易货。① 不过,这一时期盐的交换促进了盐井和周边地区的交流和互动。

1910 年,赵尔丰进入察隅一带,首先给当地带来的是盐和"证书",僜人老人达卜荣宁·赛刚清楚地记得赵尔丰送给家里一袋盐。② 僜人地区离盐井距离远,长期无法获得食盐,有商人到僜人村寨交换,但是盐的价格已经高出了平常的好多倍,能获得食盐是他们最高兴的事,赵尔丰此举也是想深入民心。

清代夏瑚进入怒江的贡山一带时同样记录了盐的交换情况,"菖(贡山县)属尽食砂盐,产于西康省盐井县,由察瓦隆蛮人运贩,概系以粮谷持换,用银币购买者少。因察瓦隆产粮甚少,故运盐换粮,运回自食。"③ 这种盐粮交换或用以物换物的方式,在三江并流地带极为普遍,清代以来一直保持着这种方式。自清宣统以来,赵尔丰在盐井的治理取得了成效,盐业的生产也规范起来,各地来盐井交换的商人依托茶马古道的契机纷纷采购盐。金沙江对岸的"巴塘城区、东南区、康宁寺也有部分骡帮专门经营盐业。他们从盐井低价收购,运到巴塘以后经较高价出售坐商,后者以更高价销售给顾客,或再转手运往康南其他地方"④。从事盐业的贸易,刺激了川边地方间的经济互动。

在清末民初,汉人王绪在盐井开一杂货铺,在门前题有一对联,云:

说什么天涯海角,总是为安家乐业;
哪管他异域奇城,只求得贸易通商。

上述对联道出了商人王绪在盐井的目的不过是为了经商、获得财富。这说明来盐井的经商之人,已经产生了较为浓郁的商品交换意识,当然,长途跋涉来到盐井经商者也不只王绪一人。

清末民初,到各地进行交换的商人不断增加,以致有不惜路途遥远、道路艰险的人深入察隅一带。民国学者左仁极在杂瑜(察隅)调查时提到:

杂瑜为纯粹农业区域,……该地所产米稻,除小部分本地食用外,其

---

① 参见金飞《盐井县考》,载《边政》1931 年第 8 期。
② 参见中国社会科学院民族研究所编《僜人社会历史调查》,云南人民出版社 1990 年版,第 32、223 页。
③ 菖蒲桶行政委员公署编纂:《菖蒲桶志》,见《怒江文史资料选辑》(第十八辑),政协云南贡山独龙族怒族自治县委员会、政协云南省怒江傈僳族自治州委员会文史资料研究委员会 1991 年刊印,第 14 页。
④ 扎西朗嘉:《巴塘运盐古道》,载《巴塘志苑》第 3 期。转引自冉光荣《清末民初四川盐井县井盐生产述略》,见彭泽益、王仁远主编《中国盐业史国际学术讨论会论文集》,四川人民出版社 1991 年版,第 357~358 页。据查《巴塘新苑》疑为《巴塘志苑》,原文几经查找也未能找到。

大部分运销于盐井、察瓦龙、昌都、德格、玉树等地。

　　一般所称之为杂瑜区，在经济方面观察，并不限于本区，其附近该区域西、南两部之杂瑜地方，一般野人之狩猎（茸、香、皮类），均携带至杂瑜，以调取所需要之食盐、茶叶、银耳环、佩刀等物。①

　　独龙江流域的俅人（独龙族）所需的食盐也有由商人或喇嘛从盐井运往的，以此来换俅人的皮货、黄连、麝香、贝母等。②

　　崔克信在《盐井县之地质及盐产量调查》一文的序言中谈到两个重要的信息：①他是跟随从巴塘到盐井运盐的马帮来到盐井的，为了能获取真实可靠的材料，又不被当时的政局发现，便装扮成商人进到盐井。这表明，虽然当时的时局动乱，但是巴塘和盐井之间已经形成了盐的贸易关系。②他谈及"统计此行（从巴塘到盐井）为十月余，而在盐井前后停留十有七日，以环境特殊，未敢公然调查，时而藏□乱石丛草中，偷作测绘，时而穿经商贾大道，暗作记录，而大部时间，则尚需消耗于商帮中以策万全"③。"穿经商贾大道"和"消耗于商帮中"都说明了当时盐井的贸易逐渐发展起来，各地来到盐井进行盐的交换的商人和马帮人较多，形成商贾大道。这时的马帮急剧增加，每天到盐井进行驮运盐的商人，马匹络绎不绝。

　　根据中国社会科学院民族研究所1976年对西藏察隅县僜人地区的调查，紧靠盐井的"僜人地区（现在的察隅一带）盐十分缺乏，常用挖到的黄连或偶尔得到的其他贵重药材向藏族聚居区换回盐巴"④。交换的方式是以物易物，僜人常常是用黄连、天麻、贝母、麝香、熊胆、蜜蜂等和藏族换回刀、铁锅、盐巴、酥油等生活用品，显然盐已成为僜人和藏族之间重要的交换品。

　　随着西藏解放，各地的交通运输线开始修建，特别是214线国道从云南到盐井的一段打通，使得云南到盐井的交通畅通起来。昔日行走在滇藏川间的马帮开始萧条，很多人开始卖掉马匹，从事其他行业。取而代之的是现代的运输车、各类货车开始在川、滇、藏间的征程。

　　盐业的交换，随着商品经济的发展，逐步走向了市场化，交换方式也不再是传统的物物交换，而是不断实行货币交易。但是，同时我们也看到，交通的便捷尽管带来了现代化工业技术生产的产品，但是以传统方式生产的盐，无疑

---

① 左仁极：《昌都杂瑜调查报告》，见王晓莉、贾仲益主编《中国边疆社会调查报告集成》影印本，广西师范大学出版社2010年版，第49页。
② 参见陶云逵《俅江纪程》，见《西南边疆》第十四辑，成都西南边疆研究社印行，民国三十一年（1942年）。
③ 崔克信：《盐井县之地质及盐产调查》，载《西康经济季刊》1944年第8期。
④ 中国社会科学院民族研究所编：《僜人社会历史调查》，云南人民出版社1990年版，第59页。

也受到了来自各大盐产地通过现代加碘技术生产的盐的冲击。从这个时候开始，盐井的盐业贸易再一次跌入深谷。销售范围不断缩小。

总体看来，清末民初时期盐井的盐的销售范围为附近的几个县，主要是西藏境内的芒康、昌都、察隅、左贡等县，四川的巴塘、理化、得荣等县，云南境内的贡山、德钦、维西、中甸、大理。绝大部分的盐就近销售。少部分的盐出售到较远的区域，往西到达怒江，往东越过金沙江，可谓穿越三江，行走三省。《盐井县考》在《民情及销路》中描写到行销范围"东至河口，西至扎夷，北至江卡，南至镇边中维一带。横纵千余里，销路不为不宽。惟地广人稀，夷情除煎茶以外，即喂牛马，需盐之处甚少。益以山路崎岖，转运不易，盐值虽低，销售不畅通"①。刘赞廷在《盐井县志》中说："此盐（盐井盐）销于康南各县及云南边西一带。"② 从盐井设县以来的疆域为"东界至坎布莫岔等村一百二十里；东南界至茶里大雪山顶一百九十里；南则滇界，未经勘画，仍至必用工；西南界至江外欧曲卡一百一十里，西北界万山丛沓，地势辽阔，直接怒江之外（如闷空、札夷等处），现已投诚，惟未经勘画立界；北则仍以昌多四十里为界"③ 来观察盐的销售范围，可看出，上述金飞的叙述，基本上是在本地销售，这应该为主要的销售区域，而不是整个销售范围，实际上地域更大一些。与此同时需要指出，明清以来，滇西北各地的盐业的运销范围已经基本形成。旧志载：

> 滇民食盐，各有界限。黑井供云南、楚雄、曲靖三厅，……安宁州安井供澄江、临安、开化三府，……云龙井供顺宁府、兼供永昌，丽江井、五井、弥沙井供丽府、剑川州二处，维西、中甸食口外沙盐。④

"食口外沙盐"中的"沙盐"就是盐井盐，因为是晒制而成，呈现颗粒状，含有泥砂，因此称之为沙（砂）盐。例如，元代官修《大元圣政国朝典章》记福建盐区"……所辖十场，除煎四场外，晒盐六场。所办课程全凭日色晒曝成盐，色与净砂无异，名曰砂盐"。《元曲章·户部八·禁治砂盐》又载："全凭日色晒曝成盐，色与净砂无异，名曰'砂盐'。"清代之后，这种称法用在了盐井盐上，"菖（贡山县）属尽食砂盐，产于西康省盐井县，由察瓦

---

① 金飞：《盐井县考》，载《边政》1931年第8期。
② 刘赞廷：《盐井县志》，见《中国地方志集成·西藏府县志》，巴蜀书社1995年版，第385页。
③ 段鹏瑞：《巴塘盐井乡土志》，国家图书馆宣统二年（1910年）铅印本，第1～2页。
④ 张泓撰：《滇南新语》，见沈懋价纂订《康熙黑盐井志》，李希林主校点，云南大学出版社2003年版，第335～336页。着重符号，由笔者所加。

隆蛮人运贩，概系以粮谷持换……故运盐换粮，运回自食"①。按照《滇南新语》的撰者张泓曾于乾隆六年（1741 年）至乾隆十八年（1753 年），担任云南新兴（今玉溪）、路南（今石林）、鹤庆、剑川等府、州的知府、知州及黑盐井提举，那么上述史料描述的是这个时期云南盐业运销的范围，此时盐井的盐在滇西北已经有一定的影响力，所以此时维西、中甸、德钦等地已经食用盐井盐。

二、解放后盐井盐的销路

20 世纪 50 年代初，随着西藏的解放，当地的各种政治势力的斗争开始平静下来，1960 年开始建立国营盐厂，1963 年改建为盐业公社。在国有集体经营时期，盐统一由国家收购，再统一销售。这一时期的销售范围主要是昌都境内临近芒康的各县，如左贡、察隅等县以及四川的巴塘、理塘、得荣，云南的德钦、维西等县。在产量较高的时候，也运销青海玉树等地。

崔克信根据调查指出："盐井之盐，销路甚广，南至云南德钦、维西等县，北至江卡、乍雅以至昌都，西至鸡公、察隅及邦大寺，东至得荣、定乡、理化、巴安、白玉。"② 这基本上划定了盐井盐所销售的范围。

新中国成立后，芒康县的道路得到了改善，特别是 1959 年 11 月 16 日，全长 236 千米的 318 国道川藏南线公路邦达至宁静段修筑竣工。至此，县境内第一次有了 128 千米的公路。1961 年 8 月，续修的 318 国道川藏南线公路宁静至竹巴笼段全长 72 千米竣工后，县内公路从西到东纵贯曲登、如美、嘎托、竹巴笼 4 个乡，通车里程达 200 千米。1973 年 9 月，214 国道公路从云南省的德钦县修到芒康县的盐井；1973 年年底至 1975 年 6 月，214 国道公路盐井至嘎托段全线贯通。该段公路由南到北途经盐井、邦达至嘎托，全长 110 千米。至此，县内公路通车里程达 310 千米。③ 公路修通后，盐的销售较为方便。

2009 年，三省联合的考古学盐井调查组分析西藏盐井盐户自己向外销的盐运输线路主要有三条：一条路线为盐井—云南佛山—德钦，一条为盐井—查果西沟—徐中乡，一条为盐井—松木达电厂沟。然后分为三路：①比达—察隅县—察瓦龙；②堆拉山—察隅县—察瓦龙；③堆拉山—左贡县比多乡。运往德

---

① 菖蒲桶行政委员公署编纂：《菖蒲桶志》，见《怒江文史资料选辑》（第十八辑），政协云南贡山独龙族怒族自治县委员会、政协云南省怒江傈僳族自治州委员会文史资料研究委员会 1991 年刊印，第 14 页。着重符号，由笔者所加。

② 崔克信：《盐井县之地质及盐产调查》，载《西康经济季刊》1944 年第 8 期。

③ 参见芒康县地方志编纂委员会编《芒康县志》，巴蜀书社 2008 年版，第 176 页。

钦的盐现用汽车运输，运往察隅、左贡的还要依靠骡马。① 其中第二条路线从盐井到徐中乡还应该扩大到巴塘、理塘一带，甚至可以到达云南的羊拉、四川的得荣等地。

雷加在20世纪五六十年代的调查记录"每年雪山开化后，山区首先需要的就是粮食。他们也缺少盐、茶和日用百货，甚至棉衣。在维西售价一角八分的食盐，运到贡山只要一角五分"②，可想而知，当时盐有多么珍贵。

2012年，笔者赴云南德钦和贡山调查，在贡山县丙中洛乡的秋那桶村，80岁的老人当被问及这里的吃盐情况时，证实是从西藏察瓦龙运来的。据数据显示，察瓦龙不产盐，盐应该为察瓦龙临近的盐井所产。甲申村的村主任也说道，当地用来制作琵琶肉的盐多用西藏盐井运来的盐，一般都是用粮食来交换。清代末，德钦县弹压委员夏瑚进怒江贡山县（时称"菖蒲桶"），提及："菖（贡山县）属尽食砂盐，产于西康省盐井县，由察瓦隆蛮人运贩，概系以粮谷持换，用银币购买者少。因察瓦隆产粮甚少，故运盐换粮，运回自食。"③这证实了怒江交通闭塞，内地盐没有进入贡山的时候，为盐井所产盐供给。2011年8月，笔者在位处德钦东北角、靠近四川的德钦县羊拉乡做调查，当地的老人也谈及民国期间这一带的盐也是靠西藏的盐井供给，经过徐中乡到达羊拉。而中甸有关使用盐的记录有："盐是盐井来的，盐井距中甸约有八天路，盐色红，呈颗粒状。盐中砂极多。"④ 以上信息都表明盐井的盐，因其地处川、滇、藏交界处，盐可销往临近盐井的三省各县乡。

另外，盐井的下关老人谈及当年他是随父母从大理下关来到西藏盐井的，为了让他知道自己的家乡，父母特意为他取名"下关"。当时他就是随父母来盐井进行商业活动，此时也有一部分的盐往南运往中甸、大理的剑川、下关、宾川一带，往北最远到达拉萨。总体上看，盐井所产盐的销路，依托茶马古道以及滇藏和川藏之间的商业交往通道。

但是近年来，随着西藏加碘食盐的免费发放，从事畜牧业的大型农产，盐井的盐失去了昔日的繁华，盐这种人体必需品和历代王朝掌控的对象，不再是

---

① 参见西藏自治区文物保护研究所、陕西省考古研究院、四川省考古研究院《西藏自治区昌都地区芒康县盐井盐田调查报告》，载《南方文物》2010年第1期。

② 雷加著：《白马雪山 碧罗雪山 四莽雪山》，云南人民出版社2011年版，第18页。

③ 菖蒲桶行政委员公署编纂：《菖蒲桶志》，见《怒江文史资料选辑》（第十八辑），政协云南贡山独龙族怒族自治县委员会、政协云南省怒江傈僳族自治州委员会文史资料研究委员会1991年刊印，第14页。

④ 《中甸县人民团体简况》，见国家民委《民族问题五种丛书》编辑委员会、《中国民族问题资料·档案集成》编辑委员会编《中国民族问题资料·档案集成（第5辑）·中国少数民族社会历史调查资料丛刊（第104卷）·〈民族问题五种丛书〉及其档案汇编》，中央民族大学出版社2005年版，第118页。

难以获得的，如今在盐井的晒盐户不得不通过各种手段销售自己生产的食盐。一位纳西族的妇女在晒盐的过程中和笔者聊起，她弟弟在郑州上大学，有位大学同学的家在巴塘，便利用假期的时间，用车拉了三四千斤的盐井盐独自一人去巴塘销售，因巴塘等地长期以来食用盐井的盐，结果整车盐很快被卖完。有时候卖盐不会那么顺利，在盐井街上专门从事卖当地盐有三四十年的老人告诉笔者，以前芒康、昌都等地的牧场来盐井收盐都是一次10袋以上，均为马驮。后来有了汽车，运输的数量更大。可是，近四五年，市场对盐的需求越来越少，有人买盐多则一两袋，少则十几斤；买主多是盐井附近的藏族群众，因只在打制酥油茶的时候用，需要的量自然变少。

  在和卖盐商铺主人聊天的过程中，盐商不断地强调盐井盐有治病的功能，如脚气、风湿都能治，希望笔者可以买一点回去试试。在调查过程中，笔者不断关注盐的销售，一天下来买当地盐的也就四五个人，每次也就十余斤。从掌握的信息来看，如今盐的销售以盐井为圆心，半径不过20公里，主要集中在盐井内部和临近盐井的曲孜卡乡的几个村寨，西南销售到德钦的佛山乡，东边到达徐中乡，北边销往芒康县城，西到碧（毕）土乡。笔者于2013年4月深入盐井调查，发现如今下盐井村的盐井已经荒废，无人晒盐，了解到产生这一现象的原因是纳西村处在乡政府所在地，随着旅游业的发展，很多人家开始向开酒店、旅社、商铺、小吃店、饭馆等方向发展，不再愿意从事辛苦的晒盐工作；也有的人家是因为子女读了大学在县城或昌都工作，将父母接到了身边，盐田自然转让或直接赠予亲戚、邻居。

第十章 比较和讨论

一、模型的建构：动力和桎梏因素

影响盐业发展的因素有哪些，这个问题并不容易回答。作为一项生产性活动，围绕盐业的生产存在着影响其发展的众多因素。比如，生产工具就是影响盐业生产的重要因素，生产工具越先进，表明盐业生产越发达，但是制作生产工具的技术并非与生俱来的，而是通过发明创造或是通过学习获得的。

盐的生产是一项具有普遍意义又具有特殊意义的活动，盐从生产、流通到分配，无不受到多种因素的影响，这些因素既有地理环境的，也有政治上的，更有文化上。围绕上述盐业生产的三个阶段，影响盐业生产的因素可以概括为本书导论中所提及的人口、技术和制度三大要素，但需要指明的是：这些要素不是普遍意义上的单纯的自变量，其自身也是因变量。以下做简要分析。

1. 人口

这里的人口是指从事盐的生产人口数量和盐的消费人口数量之间的一个比值，简单说来，这个比值反映的是生产和消费之间的供求关系。这一关系是否平衡将直接影响盐业生产，于是引入 X 作为二者之间的比值（其实也是变量），x_1 表示生产盐的人口，x_2 表示消费盐的人口，则 $X = \dfrac{x_1}{x_2}$；在供求关系平衡时期，X 是一个围绕某一个参数（可定义为 a）上下波动的值，而且波动不会太大。这个时候如果生产出来的盐，刚好被消费，则盐业处在一个正常发展期，但是一旦这种供求关系不稳定，将会直接影响地方和国家的经济。供大于求时，则生产的盐大量囤积，盐业不振；求大于供时，则一方面会发生社会动荡，另一方面则会强迫技术的改变或革新。因此，历代政府将盐的所有权牢牢掌控在国家手里。在春秋时期，管仲已经懂得食盐的"计口配卖"；[①] 到了明代已经形成了详细的"计口给盐"方案，"户口盐按大口、小口，以及官

[①] 参见廖品龙《中国盐业专卖溯源》，载《盐业史研究》1988年第4期；谢茂林《先秦时期盐业管理思想初探》，载《江西师范大学学报》1996年第1期。

吏、军人、民人分等配给"①。不管是"计口配卖",还是"计口给盐",其实为的都是维持盐业供求关系之间的平衡。

2. 技术

制盐技术对盐业生产的影响已经是一个公认的事实,但是,在理解影响盐业生产之时,技术应当包括采用何种技术和技术发挥程度两个方面,而且后者往往容易被忽视。在后面的分析中,我们可以看出它的重要性。这里先考虑采用何种制盐技术对盐业生产的影响。传统制盐技术方法主要包括炭取法、煎煮法和晒盐法。有学者已经就煎煮法和晒盐法的优劣做了详细的比较②,笔者在此基础上对三种不同制盐法进行比较(见表10-1)。

表10-1 传统制盐法优劣之比较

制盐方法		炭取法	煎盐法	晒盐法
优劣比较	操作程序	操作程序简单	操作程序复杂	和煎盐法比,只省去最后一步,改为风吹日晒
	耗费的人力	需要人力准备大量柴火和卤水	需要人力准备大量柴火和卤水	背运卤水时耗费人力
	所需燃料	木柴	木柴、天然气	不需要
	主要制盐工具	砍刀、运卤工具(桶、陶器等)	木桶、勺、铁锅(铁盘)等	木桶、勺、扫帚、刮盐板、木拍、盐筐等
	成本	高	高	低
	效率和产量	低/低	高/低	低/高
	劳动组织形式	个人或家庭	团体协作	个人或家庭
	国家监管力度	不明确	强	弱

从表10-1的内容可以看出,采用何种制盐方式将直接影响盐业生产规模以及利润。此外,该项技术发挥的程度,包括制盐技术需要提供的技术支持和消耗的成本对盐业都有影响。例如,在相同的制盐技术、相同的熟练程度下,提供的成本如木柴、天然气等越高,利润越低,这客观上决定了盐业的生产效率。于是,此处引入 Y 作为制盐方法和技术发挥程度的比值(其实也是变量),y_1 作为制盐技术,y_2 作为技术发挥程度,再引入一个 b 值作为不同制盐技

---

① 刘淼著:《明代盐业经济研究》,汕头大学出版社1996年版,第338页。
② 参见王日根、吕小琴《析明代两淮盐区未取晒盐法的体制因素》,载《史学月刊》2008年第1期。

术的社会生产效率（平均值），则 $Y = \dfrac{y_1}{y_2}$。在社会平均效率的前提下，则 $Y = b$。

3. 制度

不可否认，盐业生产处在何种制度的管理之下，直接影响着盐业朝着什么方向发展，以及如何发展。这里的制度包括了盐业管理制度（含生产和税收强度）以及权力之间的博弈，它们将对盐业生产有直接影响。假设以 z_1 表示盐业管理制度（正向的功能），$-z_2$ 表示权力博弈对盐业有阻碍作用，则 $\Delta Z = z_1 + (-z_2)$ 来表示二者合力对盐业的影响。

因此，盐业生产效能 $E = \dfrac{x_1}{x_2} \cdot \dfrac{y_1}{y_2} \cdot [z_1 + (-z_2)]$，也就是：$E = X \cdot Y \cdot \Delta Z$。

一定程度上效能（E）的大小，可以用来判断一个国家或社会的文明程度。那么对动力的分析，可解释为在原有的效能（E）基础上，一旦上述模型中的任何一个变量发生变化将会影响到 E，如果二者进行比较，若 $E_{新} > E_{原}$，则推动盐业生产或占有新的盐业资源；如果 $E_{新} < E_{原}$，则限制了盐业生产的发展。

表 10-2 为数学模型的优劣分析。

表 10-2　数学模型的优劣分析

项　　目	优　　点	缺　　点
复杂程度	自变量明确，结论明了	推导复杂，很难考虑所有的自变量
适用性	自变量相同时均可套用该模型	带有机械性
评价	可进行宏观评价	难以进行定量分析

二、模型在盐井盐业发展过程中的适用性

（一）分历史阶段进行讨论

1. 吐蕃东扩时期

吐蕃东扩前期，随着食盐消费人口的增加（人口增加导致需要新的资源成为吐蕃东扩的因素之一），即 $E_{吐蕃} = \dfrac{x_1}{x_2} \cdot \dfrac{y_1}{y_2} \cdot \Delta Z$ 中的消费人口 x_2 增加了，在制盐技术和制度基本不变的情况下，$E_{吐蕃}$ 减少，为了平衡生产和消费之间的关系，在制盐技术和盐业制度没有变化的情况下，只能引入新的盐业资源

（新的社会效能 E），于是吐蕃通过发动战争，占领"昆明池"，以此获得新的盐业资源。因此，以吐蕃管辖区域（包括占领的盐池）为分析对象时，吐蕃境内整体的盐业资源提供的社会效能 E 增加，客观上推动了吐蕃占有更多的盐业资源。

2. 木氏土司北扩时期

假设木氏土司进入盐井之前盐井盐业提供的社会效能 $E_原$，随着家丁进入盐井，制盐技术发生变化（从炭取法发展到晒盐法）①，大规模盐田建了起来，带动了 $E_{吐蕃} = \frac{x_1}{x_2} \cdot \frac{y_1}{y_2} \cdot \Delta Z$ 的增加。此外，木氏土司管理盐业的体制较之前也有很大的变化，于是盐业规模整体有所扩大。这个时期，技术的转变、盐业制度的变化，成为促进盐业发展的因素。

3. 政教联合时期

巴塘土司管理盐井时期，和木氏土司管理盐井盐业的情况（$E_木$）做比较，可发现这个时期盐业技术不变、人口变化不大，但是效能制度为政教联合、劳役和税收加强，于是在巴塘土司管理盐井期间，制度和税收体制的变化成为盐业生产的桎梏。

4. 改土归流时期

改土归流时期，赵尔丰在技术不变的条件下，规范了盐业管理制度，增加生产盐的人数，于是 $E_赵$ 增加了，表明这个时期盐业制度推动了盐业生产。

5. 民国期间

民国期间，在晒盐技术不变的情况下，权力之间的博弈以及对盐利的争夺，导致盐业生产人口减小、盐田遭到破坏，严重影响了盐业，E 在原来的盐业生产规模基础上减少，于是这个时期权力的斗争以及对盐利的争夺限制了盐业发展。

6. 加碘盐进入盐井

加碘盐进入盐井以后，地方社会新增加了 $E_典$，盐井盐业生产的平衡被打破，但是，在总体对盐的消费水平不变的情况下，只能减小 $E_原$，于是盐井的盐业生产受阻。加碘盐的进入，成为阻碍盐井盐发展的关键因素。

（二）综合分析

1. 人口因素对盐业的影响

本书的分析将生产食盐的人口和食盐消费的人口作为影响盐业发展的因素，这似乎给自己增加了一个难题，这是因为，在赵尔丰进入盐井之前，基本

---

① 制盐技术的变化，可能和盐井木柴缺乏，难以提供燃料有关。

上没有资料记载当时盐井的情况，因此很难对人口做定量分析。这样一来，只能通过该区域的历史现状进行分析。吐蕃时期的盐井地方社会的情况不得而知，包括此后很长一段时间，直至清代相关文献才指出明代木氏土司北扩时扩大盐田规模，派家丁和随从管理盐业。从木氏土司占领了盐井、宁静（芒康县嘎托镇）、巴塘、理塘、得荣、维西、阿墩子（德钦）、中甸等地来看，当时的盐井盐销往这些区域基本上是可以确定的，但是具体的消费人口数却难以查证。

康熙五十八年（1719年），巴塘投诚时，《卫藏通志》载巴塘所管"百姓6920户，大小喇嘛2110众"①，以每户土民家庭平均人口为4人计，则康熙五十八年间巴塘土司所辖的人口，至少有29790人，每年所需食盐在178.74吨左右，以每驮为120斤算，则需要2979驮。即便是在雍正五年（1726年），川、滇、藏三省在宁静划界，将中甸、德钦划归云南之后，巴塘土司依然管辖2063户土民②，而且从巴塘土司辖下分离出去的中甸、德钦两地的人口所食盐巴，依然由盐井提供，因此总量是不变的。此外，尽管西藏东部畜牧业并不发达，但是畜牧业依然占一定的比例。据学者分析，牲畜中一头猪每天所需的盐为5～10克，一年所需的盐为3.7～7.3市斤；一只绵羊每天所需的盐为7～15克，一年所需的盐为5.1～11市斤；马对盐的需求量更大，每天为50克左右，一年需要36.5市斤的盐，比人的3倍还多；牛每天需求的盐在30～100克之间，一年需要的盐在21.9～73市斤。③因此，将人口和牲畜总体需求考虑进入的话，盐井盐多数情况是需求大于供给。

清末，盐井周边区域的人口数量有了明确的文献记载，自赵尔丰进入巴塘、盐井等地后，先后对巴塘、盐井及周边的毕土、察隅、宁静等地的人口进行了统计，见表10-3。这对验证盐的需求是有帮助的。

此外，还有盐井南部的中甸、德钦、维西等地的人口也有四五万人。民国二十九年（1940年）据德钦设治局统计，德钦县当时有1236户、5266人，其中升平镇890人、云岭乡1217人、佛山乡899人、燕门乡2260人。④《民国中甸志稿》记载，中甸有1842户、8252人⑤；维西境内的人口更多，有9107户、42628人。尽管时间上已经过去了二三十年，在这期间人口有一定的变

---

① 《西藏研究》编辑部：《西藏志·卫藏通志》，西藏人民出版社1982年版，第519页。
② 参见西藏自治区社会科学院、四川省社会科学院编《近代康藏重大事件史料选编》（第一编），西藏古籍出版社2001年版，第17页。
③ 参见珍妮·弗里斯-克诺布兰赫《盐业生产对中欧铁器时代的影响》，张海译，见李水城、罗泰主编《中国盐业考古（第2集）——国际视野下的比较观察》，科学出版社2010年版，第262页。
④ 参见德钦县志编纂委员会编《德钦县志》，云南民族出版社1997年版，第80页。
⑤ 参见段绶滋《民国中甸县志稿》，民国十八年（1929年）钞本影印本，第12页。

化，但是总体上清末时期德钦、维西、中甸三县的人口应该不低于4万人。此外，盐井盐的销路范围较广，涉及更多的人口食用该盐。因此，盐井盐的销路对盐业的影响不大。

表10-3 清末至民国期间盐井周边人口统计

区域	户数（户）	喇嘛数（人）	总人口（人）	区域分布
巴塘①	3526	2000余	23004	盐井的东部
盐井②	624	—	4265	中部
毕土③	999	580	4006	盐井的西部
宁静④	4462	1200	15302	盐井的北部
察隅⑤	141	—	913	盐井的西部
合计	9611	—	44910	

从盐井当地的人口来看，清末民初以来人口都呈现出上升趋势，如表10-4所示。这个时期，盐井（包括芒康县的范围）是盐井盐的主要消费者。

表10-4 盐井不同时期区域内的人口统计⑥

年份	户数（户）	男（人）	女（人）	总人口（人）
1909年	869	—	—	3020
1934年	2057	6111	8421	15716
1957年	876	—	—	4380

---

① 数据来源于四川省民族研究所、《清末川滇边务档案史料》编辑组编《清末川滇边务档案史料（上册）》，中华书局1989年版，第278页。

② 四川省民族研究所、《清末川滇边务档案史料》编辑组编：《清末川滇边务档案史料（下册）》，中华书局1989年版，第908～918页。

③ 四川省民族研究所、《清末川滇边务档案史料》编辑组编：《清末川滇边务档案史料（下册）》，中华书局1989年版，第777页。此外，还有4户散居大山，未列入。

④ 刘赞廷：《宁静县志》，见《中国地方志集成·西藏府县志辑》，巴蜀书社1995年版，第613页。

⑤ 数据来源于四川省民族研究所、《清末川滇边务档案史料》编辑组编《清末川滇边务档案史料》（中册），中华书局1989年版，第638页。

⑥ 根据《巴塘盐井乡土志》《盐井县志》《盐井县纪要》《西康消息：盐井县》《芒康县志》和田野调查数据整理所得。

续表 10-4

年份	户数（户）	男（人）	女（人）	总人口（人）
1960 年①	2600	—	—	25500
1973 年	8941	24875	28541	53416
1982 年	9743	29289	31054	60343
1990 年	10429	32432	33628	66060
2000 年	10077	36737	36418	73155
2013 年②	—	44762	44632	89394

2. 制盐技术对盐业的影响

以炭取法、煎盐法、晒盐法三种不同方式制盐进行分析，这将涉及盐业生产组织形式、工具、燃料消耗、集中程度、土地的占有面积、产量等方面的比较。对于炭取法，我们了解的信息并不多，但是也可以做逻辑推理。在表10-1传统制盐法优劣之比较中，已经就劳动力组织形式、工具、燃料消耗进行了比较，以下还需对上述其他因素进行详细比较。

（1）工具。我们知道工具是生产力发展水平的标志，这决定着生产关系。炭取法工具简单，在此就不再论述，下面主要针对煎盐法和晒盐法在工具上的使用以及国家控制方面进行论述。煎盐法中使用的器皿，是制盐过程中不可或缺的工具。而且，煎盐的工具——铁盘，是受国家权力管控的，正所谓"古者煮盐之器具，其名曰铁，……官物也"③。在西汉盐法中，官府要发给盐民煎盐的"牢盆"④，其实这并不是官府体察民情、实施德政的表现，而是国家正统控制盐业生产的关键。政府设置牢盆，让人们聚集一起进行生产，以此达到直接参与盐业生产的目的。⑤ 用晒盐法制盐过程中，也需要很多的工具，如木拍、刮盐板、卤水桶、盐筐等。但是，这些工具普遍是由木制的，因此受到权力直接干预的情况较少。

（2）燃料的消耗。目前对于煎盐法中燃料（天然气）的消耗，并没有统

---

① 1960年以前该数据单指盐井县，未包含当时的宁静县；1960年以后两县合并为宁静县，数据是当时宁静县的人口，在1965年将宁静县改为芒康县。
② 由盐井派出所所长吴飞提供，在此表示感谢。
③ 《雍正朝汉文朱批奏折汇编》，雍正元年二月十日，掌京畿道事陕西道监察御史吴镐。
④ "牢盆"，杜佑《通典》卷十《食物·盐铁》解释为"煮盐盆也"，《中国历史大辞典·秦汉史卷》载"盐民使用国家的工具煮盐上交，再由国家发给雇价，故称煮盐之盆为牢盆"。
⑤ 参见张小也著《清代私盐问题研究》，社会科学文献出版社2001年版，第16页。

计的数据可表明生产食盐和燃料之间的比值。但是有一点是可以肯定的,即此法会消耗大量的木柴或天然气(天然气仅在川盐中使用)。为此,为了减少燃料的消耗,至少在宋代,人们已经懂得利用浓缩卤水的方法,其目的是为了缩短煎煮的时间,以此达到降低木柴的成本。

(3)集中程度。这是指在完成制盐这个过程中劳动力组织的强度和生产集中程度。集中程度越高,表明生产效率越高。以炭取法来说,制盐过程依靠单个个体即可完成,劳动力组织的强度要求不高,生产可以不集中,效率相对较低。煎煮法则不一样,一是要求团体协作,组织强度高;二是生产过程集中,每道工序之间需要保持连续性,生产受气候影响较小,生产效率高。因此,用煎盐法制盐一直以来受国家权力控制强度高。用晒盐法制盐,既可以由个体完成,也可以以家庭组织形式完成。需要说明的是,一些工序上(如挖卤水井、建卤水池、建盐田等)则主要依靠家庭和团体。这种方法生产的工序上同样具有连续性,但是这种连续性可以存在时间的断裂,生产是季节性的,天气对其影响较大。用晒盐法生产盐总体上效率并不高,不可控制因素对其影响较大。

(4)土地的占有面积。炭取法和煎煮法所需的土地面积是一定的,可以在一个相对固定的空间里完成,因此所需的土地面积是一定的,与产量无直接的关系。以炭取法来说,只需要存放柴薪的地点和烧炭的池,前者是将卤水倒入其中浸泡,后者是用于烧炭,以便从其表面刮取黑盐。对煎煮法占有的土地情况,不妨借助《重修政和经史证类备用本草》描述的场景进行分析,如图10-1所示。

图10-1 煮海制盐①

---

① 唐慎微撰:《重修政和经史证类备用本草》(影印本),人民卫生出版社1982年版,第104页。

图 10-1 描述的是中国 13 世纪前后中国海盐生产的流程。该图的右下角是两个人正把海水用瓢打入木桶中，左下角的两个人负责将海水运至卤水池中。紧接着图中画有一个正在煮盐的灶，有人正在往灶中送柴火，两人负责将锅中煮出来的盐放入竹筐中，旁边有人在锅中添加卤水，一人将制成的盐运往左上角的盐仓中，还依稀可见一人在盐仓中摆弄着一个用竹篾编制的容器。比较后，可以判断该容器很大，但不是一次成型的，而是分层，满一层，加一层，这应该是为了方便将盐倒入其中。右上角是一人在挑着柴薪往煮盐方向走。该图绘声绘色地将制盐的步骤表现得一览无遗，更加明确了生产场地的固定性。晒盐法则不同，需要大量的盐田，占地面积广。盐井各阶段的盐田面积见表 10-5。

表 10-5　各阶段盐井盐田的面积

时间	盐田数（块）	面积①（平方米）	面积（亩）
清宣统元年（1909 年）	2763②	40063.5	60.09
民国二十年（1931 年）	3966③	57507	86.26
民国三十年（1941 年）	2559④	37105.5	55.66
2000 年	2665⑤	38642.5	57.96
2007/2009 年	3000⑥	43500	65.25
2013 年	3650⑦	52925	79.39

表 10-5 的数据是一个初步统计的结果，但是从客观上反映了盐田占有的土地面积，而且这一数据仅仅计算了盐田的面积，除此之外还有卤水井、卤水池、道路等，应该在这个基础上多出 1/3 的面积。这对一个耕地面积平均不足半亩的村落而言，是一个很大问题。郑振满曾对元代福建金门盐场的制盐法从煎煮法变为晒盐法的过程时分析道："改煎盐为晒盐之后，必须征用大片的土

---

① 每块盐田的面积以笔者抽样调查的平均值 14.5 平方米计算。
② 段鹏瑞：《巴塘盐井乡土志》，国家图书馆宣统二年（1910 年）铅印本，第 12 页。
③ 金飞：《盐井县考》，载《边政》1931 年第 8 期。金飞在盐调查的时间并不明确。
④ 崔克信：《盐井县之地质及盐产调查》，载《西康经济季刊》1944 年第 8 期。
⑤ 芒康县地方志编纂委员会编：《芒康县志》，巴蜀书社 2008 年版，第 366 页。
⑥ 朱霞、李晓芩：《西藏自治区芒康县盐井镇的井盐生产》，载《中国藏学》2007 年第 3 期；吴成立：《西藏芒康县纳西民族乡盐文化研究》，中山大学人社学学与人类学学院硕士学位论文，2009 年，第 66 页。显然这个数据是猜测的，并没有经过实际调查。
⑦ 笔者 2013 年调查的数据。

地，因而导致了生态环境和产业结构的深刻变化。"① 盐井盐田在土地面积有限的情况下，只能在江边的悬崖上搭建盐田，以此克服地势的限制和土地的不足。

（5）产量。对于产量的分析，涉及的内容甚广，如果没有参数难以进行比较。按照铁盘的大小，每次成盐量不同。有的铁盘重达一万多斤，也有的小铁盘只有百十斤。南宋绍兴年间（1131—1162 年），每灶昼夜日产盐最多 1700 斤（约合现在的 1020 公斤）；到了淳熙年间（1174—1189 年），通过莲子测量法实施，每灶的日产量达到了 2500～3000 斤（约合现在的 1500～1800 公斤）。② 但是，对于所消耗的燃料学者均未提及。晒盐法，因为受天气的影响，各自盐田大小也不尽相同，产量也难判断。按照现在盐井晒盐情况，每块盐田在四五月份的时候，3 天即可成盐，产量在 20～50 公斤不等。

3. 制度（权力博弈）对盐业的影响

制度对盐业的影响，不能简单地进行判断，主要可以从三个方面进行论述，即不同时期盐业的税收制度、对盐利的争夺和历代王朝对不同制盐技术管理的方式。

盐税有三个基本功能：一是增加管理者的经济收入，而且盐税在地方和国家的财政收入中占有很大的比例；二是对资源进行二次分配；三是通过盐税控制地方社会。三者之间的关系是相辅相成的，通过盐税的控制，可以掌握一个地方社会的经济命脉，同时控制了食用该盐的人群。不过，盐税的作用并非都是积极的，税收过高，对盐民过于苛刻，会打击生产者的积极性。因此，历代王朝不断制定盐法制度，以此来调整管理者和盐业生产者之间的关系，但是更多的时候，难以达到平衡状态。总体趋势是，盐税不断在增加，有时候除了制度规定的税收之外，地方势力更有私自加收税额者，也有的人在流通的过程中获取暴利。此外，盐在经过一些税卡时，地方社会保护主义强烈，亦会增加关卡税。盐井严格意义上实行制度化的税收制度是发生在赵尔丰改土归流时期。此外，不同阶段的盐税多少，大多数是由管理者（地方势力）私自制定，而且有不断增加的趋势（见表 10-6）。

历代王朝，各种政权（势力）对盐利的争夺是一个不争的事实，而且一旦发生战争，对盐业的发展势必有一定的影响。笔者认为，权势之间对盐利的争夺，应该从两个维度进行分析，一是强度，二是持续程度和频繁度。强度指

---

① 郑振满：《明代金门的制度变革与社会转型——以盐政改革为中心》，载《历史人类学学刊》2013 年第 10 期。

② 参见［德］傅汉斯《从煎盐到暴晒——再谈帝国时代的中国海盐生产技术》，林圭侦译，见李水城、罗泰主编《中国盐业考古（第 2 集）——国际视野下的比较研究》，科学出版社 2010 年版，第 26 页。

的是发生争夺参与的人数以及破坏程度。如果仅仅只是势力与势力之间的对抗，则对盐业生产影响相对较小，但是一旦这种对抗涉及人员伤亡，大量百姓流离失所，则直接导致盐业废弛。持续程度指的是斗争持续的时间，无疑时间持续越长对当地社会影响越深。权力博弈的频繁度是笔者在分析盐井当地社会的历史变迁过程中不断思考的一个主要问题。唐代，吐蕃、南诏和唐王朝在盐源一带为了盐池展开拉锯战，盐井自明代以来，大则利益集团之间发生武装斗争，小则不同势力之间发生冲突。民国年间，地方势力之间为了争夺盐利每隔两三年就会发生冲突一次，这对盐业生产的影响是不言而喻的。

表 10-6　盐井不同时期盐民缴纳的盐税

时　　期	盐税额度（每驮盐）	比　　较
巴塘土司管理时期	两批（约两市斤）①	实物税
赵尔丰管理时期	藏元一元半②	从实物税改为现金税
民国期间	藏元两元至两元半③	盐税增加
1959 年	两元（人民币）④	—
1980 年	免征	—

最后要探讨的是制盐法和制度之间的互动关系。长期以来，人们对盐法、盐政、盐枭等问题的研究，过分强调制度对盐业的单方面影响。殊不知，每一种技术其实在一定程度上都会对制度做出回应，甚至直接限制制度层面的改革。以下通过煎盐法和晒盐法的比较来阐述该问题。

本书试图探讨这样一个问题，即当地盐业同制度之间的互动关系，具体而言涉及盐的生产和制度之间相互制约和促进的辩证关系。对这一关系的阐述，似乎在观点上有相互矛盾的嫌疑，为此笔者试图考察技术同制度之间的关系，以便更好地回答所谓动力与桎梏所带来的困惑。

一般来说，一种先进技术的创新，对于制度的影响是正向（或积极）的。但是事实并非如此，明代中叶以来，晒盐法作为盐业史上一大进步，形成了以

---

①　佚名：《盐井县纪要》，载《边政》1931 年第 6 期。
②　四川省民族研究所、《清末川滇边务档案史料》编辑组编：《清末川滇边务档案史料（中册）》，中华书局 1989 年版，第 443 页。
③　佚名：《盐井县纪要》，载《边政》1931 年第 6 期。
④　芒康县地方志编纂委员会编：《芒康县志》，巴蜀书社 2008 年版，第 158 页。

福建盐产区为核心，向淮北、浙东、广东、台湾①等盐区推广使用，但是明代处于核心地位的淮南盐区不仅不推广晒盐技术，而且还抵制这一项新的晒盐技术，直到清初之后才逐步试用晒盐法。② 这一现象的出现，让人有不可理解的地方：

（1）煎盐法和晒盐法相比较，晒盐法有更好的优势和发展潜能。从表10－7的比较中可以看出，晒盐法明显比煎盐法具有优势，但是明朝的淮南盐区为何要抵制这项新的制盐技术呢？

表10－7 明代煎盐法和晒盐法之比较③

制盐方法	煎盐法	晒盐法
优劣比较	程序操作复杂	省却了利用火力将卤水煎制成盐的程序
	要大量的人力准备柴薪和煎卤水	不再需要柴薪
	生产效率低，产量低	生产效率高，产量高
	成本较高	降低了生产成本
	盐的煎熬必须集体操作，便于官府利用"团煎法"来控制灶户	不需要集体劳作

（2）为何明代抵制晒盐技术的推广选择的是淮南盐区而不是其他产区呢？

对上述两个方面的困惑和疑虑，王日根和吕小琴分别从晒盐法自身的特点和权力的操控提出了解释：

> 一是煎盐法是和利于国家严密控制盐业生产的"团煎法""火伏法""簿历法"等措施相配套的，国家自然不愿从根本上做出改变。处于核心地位的两淮盐区因受国家政策的钳制，故其在管理及经营模式上体现出被动性和教条性。
>
> 二是晒盐法对明代盐业体制起着分化作用，加剧了余盐、私盐问题。④

---

① 参见姜道章《中国沿海盐场晒盐法的起源与传播》，载《中国地理学会会刊》1993年第20期。姜道章认为晒盐法传入台湾的时间为17世纪中叶。
② 参见王日根、吕小琴《析明代两淮盐区未取晒盐法的体制因素》，载《史学月刊》2008年第1期。
③ 王日根、吕小琴：《析明代两淮盐区未取晒盐法的体制因素》，载《史学月刊》2008年第1期。
④ 王日根、吕小琴：《析明代两淮盐区未取晒盐法的体制因素》，载《史学月刊》2008年第1期。

张小也在分析清代私盐问题的时候，同样指出："晒盐法的产生和进一步发展也许正是盐民为逃避私煎重刑开辟的一条生路。"① 的确，在上述讨论相关问题的时候，我们已经注意到煎盐法很容易受到国家的监管，从煎盐所需的工具"牢盆"（后来发展为铁盘）开始控制生产者。这一具有合理性的见解，给笔者分析盐井的晒盐技术和地方权力关系有很大的启发。

（1）地处边缘地带的地区，制盐技术上可能更青睐于晒盐法，这是因为，受中心和边缘的影响，边缘地带受权力的控制的强度低于核心地带。

（2）以晒盐法制盐的盐场，管理上多采用的是在税收阶段进行控制，而未能在生产阶段加以监管。因此，征税成为主要的监管方式和权力在场的代表。

（3）传统晒盐法，在文化的继承性上优于煎盐法，因此大多数晒盐法盐场成为文化遗产，以中国的盐井盐田、西班牙的萨利纳斯·阿纳纳盐田、秘鲁的玛拉斯印加盐田为例，它们均为享誉国内外的古老盐田。

盐井长期以来，政治环境不断变化，权力博弈一直存在，但是采用传统的晒盐技术和长期处在边缘地带的这一现状并未改变。以家庭为单位进行晒盐的方式占据了主导位置，一定程度上导致盐井的盐产量不会出现大的波动，这可以从相关的资料中得到证实。与此同时，不同时期的管理者并未触及盐业生产的核心，管理仅限于加强税收，防止私盐外卖。因此，我们可以大胆地提出这样的结论：盐井传统的晒盐技术，一定程度上削弱了制度上的高强度控制，地处边缘地带的盐井，很难对盐业生产进行制度性的改革，以致传统晒盐方式长期存在。那么，今天已举世闻名的千年古盐田其实是在制度和技术的耦合关系中生成，这将打破传统研究的范式：国家实行的盐业制度对盐业有绝对的影响力，盐业是在设定的制度中去运行。这种范式忽视了技术本身存在的局限性将会对制度有相应的回应，甚至有反作用力。

三、结论

直至目前，在中国乃至世界，以传统的晒盐方式作为主要生计方式的民族或族群已经不多了。就笔者所知，除了我国西藏的盐井、海南的洋浦，西班牙的萨利纳斯·阿纳纳的盐田也是使用晒盐法，其盐田构造、晒盐法和盐井惊人地相似。二者都是在有限的自然条件下，用木料搭建盐田，利用风能和太阳能将卤水结晶为盐。这不是一种巧合，文化传播的可能性也不大，而是人类面对自然，为了生存所发挥的人类特有的智慧。

---

① 张小也著：《清代私盐问题研究》，社会科学文献出版社 2006 年版，第 18 页。

盐井传统的晒盐业，的确给笔者很多思考，无论在田野，还是伏案静静地思索问题时，都未停止过。这里的晒盐技术什么时候开始，可否如有些学者所言是明代木氏土司带入的？传统的晒盐技术为什么在科学技术迅猛发展的今天能与工业化的制盐技术并肩相存，并保持它的魅力？在此后的电站建设中原本以为盐井的盐田会被淹没，后来却受文化和制度的双重作用被保存下来。如今，一个穷乡僻壤被发展成为旅游景点，吸引了国内外的来自不同地方的人士。

解决问题比提出问题更加艰难。盐井地处川、滇、藏交界带，长期以来盐井的归属摇摆不定，政治上的斗争、对经济利益的追求、中西方文化的碰撞、宗教派别之间的斗争等一系列社会变革让盐井卷入其中。这无不与盐井的人文地理有关。

综观国内外有关盐的研究，始终以历史学、政治学和经济学为主体，这与盐在人的生存中的重要性有着密切关联，最终让盐成为国家权力操控的对象，不仅享受政治上的专断，还享受经济上的特权，因此国家历来重视盐务管理，制定专门的盐业销售制度，所以这方面的专著和论文汗牛充栋。但是，盐井虽然没有逃离地方政权和势力（包括宗教）的操控，却也形成了它独特的文化，这包括从明清以来一直没有形成专门的收税机构，也未形成专门的税收制度，这与历代王朝实行食盐专卖大相径庭。

总体看来，盐井的盐一直并未经历严格意义上的"划界行盐""纳中边粮""票盐法"等阶段，它的销售范围和路线是存在的，但非一成不变的。这与盐井所处的区域社会历史、整个西藏历代以来没有形成系统的盐业制度以及西藏盐业并不发达不无关系。盐井处在不断变迁的社会格局中，先是处在政教合一的世俗和神权联合控制之下，土司和寺庙对盐业的管理有限，仅以收税为主，并未加强盐业生产的管理，结果可想而知。后来又经历了改土归流，赵尔丰对盐业进行了传统意义上的改革，也收到了一定的效果，但是毕竟盐业改良制度实施时间短，其影响有限。清政府灭亡后，盐井处在各种势力的交替管辖中，甚至最后又回到了贡噶喇嘛手中；上层制度的不断变化，不断冲击着整个盐业体系，最终导致盐井长期以来没有形成制度化的盐业管理体系，也正是这样的历史因素导致了盐井的盐业处在自生自灭当中，但是任何时代的管理者，却又都不忍心放弃盐税的诱惑，于是时不时地对盐业进行适当的改革。盐户则采用战争来时亦躲、消停时亦晒的策略，有时候在地方权力的蛊惑下参与一些活动，但是显然不能影响大局。盐户是迫于生计，地方势力则是为了盐税，二者就是在不断的互动中使得盐业勉强前进。因此，盐井的盐业能一直存在与断断续续的管理分不开。

本书以田野调查为基础，辅之对历史资料进行的分析，采用历时性和共时性相结合的方法，在中国食盐专卖历史悠久、盐业文化底蕴深的土壤上寻求另外一种图景。这一图景并未按照中国食盐专卖的历程发展，却在科技迅猛发展的今天，依然能把传统晒盐工艺保存下来。我们可以从盐业在半个多世纪的变化看到整个盐井区域的社会变迁，一如西敏司所言："人类学家能够在思考世界的变化方面受益良多，某种意义上是因为我们这一学科似乎特别有助于理解和解释那些微观的、日常化的、熟悉的以及通常是具体的事物：通过发掘那些生活中平凡事物在宏大历史中的位置，赋予了这些事物以格外的意味，同时也可以使宏大历史本身得到更好的理解。"①

如何建构一种社会变迁理论，其路径和方法的选择极为重要，因为并不存在放之四海而皆准的理论，对社会变迁的探索关键在于设定重要的变量，这是研究的基础。利奇在分析缅甸克钦社会结构的时候，给出了一种范式，即社会变迁所需的参数：①物质环境或生态。即提供基本生计方式的资源和生产方式上的变项。②政治环境（即政治史）。即任何一个社会，首先是一个基本的政治组织单位，同时该社会又将处在一个更大的社会中，也就是处在一个更大规模的政治体系中。③人文因素。既要将任何历史故事中的"伟人们"仅仅看作是被他们所处环境造就的，又要考虑个人野心和个人魅力中任意性因素对社会变迁的影响。② 这一分析社会变迁的理论，对笔者分析西藏东部盐井盐业变迁有很大的裨益。

物质环境或生态是盐井盐业生产的基础，如本书"前言"所论，六大自然要素：燃料（森林、煤炭、天然气）、风（风量、风力、空气湿度）、光照、卤水浓度、峡谷空间（宽度、高度和坡度）、盐岩厚度，它们与工具、工艺和技术互相搭配，是保障盐户长期进行晒盐法制盐的基本条件。不过，这些要素同样也是引发当地盐业生计变迁的因子。至少在明代之前，盐井当地的土著居民很长时期都是使用着传统的炭取法制盐，但是随着森林资源的破坏、木柴的缺乏，盐业生计最终从炭取法中脱离出来，进而采用晒盐法。此时，盐井所处的青藏高原东部高原温带半湿润性季风型气候以及干热河谷的地形，为晒盐提供了强劲的风力和炙热的阳光。21 世纪以来，随着电力的发展，妇女从背运卤水的超强劳动力中解脱出来，盐井以盐业为首的生计方式随之发生改变，晒盐劳动力的节省，让盐民有更多的时间参与到其他诸如采集、餐饮、建筑等生计中来。也正是这样一种以家庭为单位的晒盐方式，因为地势的限制、生产过

---

① ［美］西敏司著：《甜与权力——糖在近代历史上的地位》，中文版序，王超、朱建刚译，商务印书馆 2010 年版，第 3 页。

② 参见［英］埃德蒙·R. 利奇著《缅甸高地诸政治体系——对克钦社会结构的一项研究》，杨春宇、周歆红译，商务印书馆 2010 年版，第 218 页。

程的零散性，历史上在管理制度层面操控生产过程的情况较少出现，大多数的时候控制者是将盐税作为直接的控制方式。

盐井政治环境始终处在一个多变的、复杂的、充满博弈的社会体系中。唐代，吐蕃政权东扩，为了争夺资源而进入川西，盐井成为吐蕃势力南下的孔道，文化上受其影响。但因为盐井又处在唐王朝、南诏国和吐蕃三大势力的交界地带，受前两者的影响也不容忽视，特别是和南诏国北部即现在的滇西北部民族（纳西族、白族等）的互动关系较为密切。明代，木氏土司北扩是盐井历史上发生巨变的一个重要时期，不仅表现在盐业技术发生的可能性变化，而且纳西族的进入和占领盐井成为当地民族分布格局的一次调整。清末以来，盐井在其所处的政治环境中同样发生了激烈的权力博弈，巴塘土司、凤全、丁零寺、天主教堂等纷纷参与进来，后来的腊翁寺和边军之间的军事冲突是"巴塘事件"的进一步升级。民国初期，以贡噶喇嘛为代表的神权势力和当地的俗权势力如格桑泽仁、盐井驻军，均参与到对盐井的盐税争夺中。新中国成立以来，盐井同样陷入文化与制度、地方与国家的博弈与调和之中。

此外，在盐井的社会变迁过程中，那些处在盐井社会环境中的"伟人们"在不同历史条件下，对当地的生计和社会变迁起到一定的作用。可以这么说，如果放弃历史人物在特定历史时期引起的波动，那么地方社会的历史是暗淡的。以清末民初而言，凤全、赵尔丰、贡噶喇嘛以及格桑泽仁等人为各自所处的立场和利益，在地方权力博弈中无疑扮演着一定的角色。他们的个人性格、思想和野心，都对当地社会的变迁造成影响。

本书通过对盐井盐业生产在不同历史时期的发展状况，以及影响盐业生产的几个因素进行了分析。与此同时，对盐井社会发展动因做了进一步的思考，在利奇社会变迁理论的整体观下，更加详尽的理论分析结果是：资源（包括土地、盐等）、生计和人口三者之间的互动是推动人类社会的原动力（自变量）——动力，这包括了什么样的人群在特定的环境中，从事着何种生产。神权和世俗权力对地方社会的压迫（政治碾压），即生产关系和社会制度（组织）是次级动力（因变量）——桎梏，这是将特定的生产方式放在具体的制度情景中进行思考。但是，动力和桎梏的关系绝非一成不变，在一定的条件下二者的角色会发生互换。即任何权力对地方社会的控制，如果能有效利用资源、生计和人口之间的合理关系，则权力博弈将向社会的有效管理转变。从上述内容可以看出，在很长一段时间内，人类的生存和繁衍是人类社会发展最基本的要务。人们为了生存，不得不和自然界发生资源的交换，在与自然环境互动过程中，形成了某项生计方式。人类自始至终难以脱离社会群体而独自进行活动，类的特性引发了人类的任何活动都是在一定的社会关系中进行。于是，物质资料被生产出来以后，将受社会制度的控制，进行资源的再分配。这正是生产力与生产关系（或经济基础与上层建筑）之间的辩证关系，它们之间的矛盾，正是社会发展的推动力。与此同时，盐业生产技术的局限性对政治制度具有反作用力，这也是长期以来进行盐业相关研究时所忽视的问题。

本书探讨影响地方同国家互动的因素时，并非机械地强调某个方面的作用。在分析影响盐业生产、流通、分配的因子时，也并未将某个单一因素的影响作用过于放大，而是将这些影响因子放在时空的二元关系中考察，因为在不同的历史阶段、不同的政治制度下，影响盐业的因素是不同的。

参 考 文 献

一、中文文献

（一）中文著作

［1］［魏］吴普，［清］孙星衍辑．神农本草经［M］．呼和浩特：内蒙古人民出版社，2009．

［2］［晋］常璩．华阳国志校补图注［M］．任乃强，校注．上海：上海古籍出版社，1987．

［3］［唐］樊绰．蛮书［M］．向达，校注．北京：中华书局，1962．

［4］［后晋］刘昫，等．旧唐书［M］．北京：中国华侨出版社，1999．

［5］［宋］范成大．桂海虞衡志［M］．齐治平，校补．南宁：广西民族出版社，1984．

［6］［宋］欧阳修，宋祁．新唐书［M］．北京：中华书局，1975．

［7］［宋］司马光．资治通鉴：图文珍藏本［M］．长沙：岳麓书社，2011．

［8］［宋］唐慎微．重修政和经史证类备用本草［M］．北京：人民卫生出版社，1982．

［9］［明］刘文征．滇志［M］．古永继，校点．昆明：云南教育出版社，1991．

［10］［明］宋应星．天工开物［M］．北京：商务印书馆，1933．

［11］［明］语自在妙善．续藏史鉴［M］．刘立千，译．成都：华西大学华西边疆研究所，1945．

［12］［明］张廷玉，等．明史：卷314［G］．北京：中华书局，1974．

［13］［清］段鹏瑞．巴塘盐井乡土志［M］，宣统二年铅印本，1913．

［14］［清］刘赞廷．宁静县志［G］//中国地方志集成·西藏府县志辑．成都：巴蜀书社，1995．

［15］［清］刘赞廷．盐井县志［G］//中国地方志集成·西藏府县志辑．成都：巴蜀书社，1995．

［16］［清］吕祖谦．宋文鉴：卷四十二［G］．南京：江苏书局，1886．

［17］［清］倪蜕．滇云历年传［M］．李埏，校点．昆明：云南大学出版社，

1992.
[18] [清] 钱召棠. 巴塘志略 [Z]. 北京: 中央民族学院图书馆, 1978.
[19] [清] 沈懋价. 康熙黑盐井志 [M]. 李希林, 主校点. 昆明: 云南大学出版社, 2003.
[20] [清] 土观·罗桑却季尼玛. 土观宗派源流: 讲述一切宗派源流和教义善说晶镜史 [M]. 刘立千, 译注. 拉萨: 西藏人民出版社, 1985.
[21] [清] 余庆远. 维西见闻纪 [G] //大理行记及其他五种. 上海: 商务印书馆, 中华民国二十五年.
[22] 《迪庆州宗教志》编纂委员会. 迪庆州宗教志 [M]. 北京: 中国藏学出版社, 1994.
[23] 《西藏研究》编辑部. 西藏志·卫藏通志 [M]. 拉萨: 西藏人民出版社, 1982.
[24] 阿旺罗桑嘉措. 三世达赖喇嘛麻索南嘉措传 四世达赖喇嘛云丹嘉措传 [Z]. 陈庆英, 马连龙, 译. 北京: 全国图书馆文献所缩微制中心, 1992.
[25] 安应民. 吐蕃史稿 [M]. 银川: 宁夏人民出版社, 1989.
[26] 安至敏. 东亚考古论集 [G]. 中国考古艺术研究中心、香港中文大学, 1999.
[27] 北京轻工业学院. 盐业化学工艺学 [M]. 北京: 中国财政经济出版社, 1962.
[28] 蔡家琪. 藏彝走廊中的独龙族社会历史调查 [M]. 北京: 民族出版社, 2008.
[29] 菖蒲桶行政委员公署. 菖蒲桶志 [G] //政协怒江州委员会文史资料委员会. 怒江文史资料选辑: 第十八辑. 泸水: 怒江州政协文史资料编辑室, 1991.
[30] 陈永正. 康有为诗文选 [M]. 广州: 广东人民出版社, 1983.
[31] 程越. 中国共产党西藏昌都地区历史大事记: 1949—2009 [M]. 北京: 中国藏学出版社, 2010.
[32] 戴加洗. 青藏高原气候 [M]. 北京: 气象出版社, 1990.
[33] 戴裔煊. 宋代钞盐制度研究 [M]. 北京: 中华书局, 1981.
[34] 东嘎·洛桑赤列. 论西藏政教合一制度 [M]. 北京: 民族出版社, 1981.
[35] 方国瑜. 方国瑜纳西学论集 [G]. 北京: 民族出版社, 2008.
[36] 方国瑜. 云南地方史讲义 [M]. 昆明: 云南广播电视大学, 1984.
[37] 方国瑜. 云南史料丛刊: 第1卷 [G]. 昆明: 云南大学出版社, 1998.
[38] 方国瑜. 云南史料丛刊: 第2卷 [G]. 昆明: 云南大学出版社, 1998.

[39] 方国瑜. 云南史料丛刊: 第10卷[G]. 昆明: 云南大学出版社, 2001.
[40] 方国瑜. 云南史料丛刊: 第11卷[G]. 昆明: 云南大学出版社, 2001.
[41] 方国瑜. 云南史料丛刊: 第12卷[G]. 昆明: 云南大学出版社, 2001.
[42] 付嵩炑. 西康建省记[M]. 中华印刷公司, 民国二十一年重印.
[43] 戈阿干. 回眸沧桑: 三江并流考察实录[M]. 昆明: 云南民族出版社, 2003.
[44] 格勒. 甘孜藏族自治州史话[M]. 成都: 四川民族出版社, 1984.
[45] 郭大烈, 和志武. 纳西族史[M]. 成都: 四川民族出版社, 1994.
[46] 郭大烈. 中国少数民族大辞典: 纳西族卷[G]. 南宁: 广西民族出版社, 2002.
[47] 郭正忠. 中国盐业史: 古代编[M]. 北京: 人民出版社, 1997.
[48] 国家民委《民族问题五种丛书》编辑委员会, 《中国民族问题资料·档案集成》编辑委员会. 中国民族问题资料·档案集成《民族问题五种丛书》及其档案汇编: 第5辑[M]. 北京: 中央民族大学出版社, 2005.
[49] 国务院三峡工程建设委员会办公室. 峡江地区考古学文化的互动与诸要素的适应性研究[M]. 北京: 科学出版社, 2009.
[50] 何峰. 藏族生态文化[M]. 北京: 中国藏学出版社, 2006.
[51] 何国强. 政治人类学通论[M]. 昆明: 云南大学出版社, 2011.
[52] 何耀华. 中国西南历史民族学论集[G]. 昆明: 云南人民出版社, 1988.
[53] 弘学. 藏传佛教[M]. 3版. 成都: 四川人民出版社, 2012.
[54] 黄国信. 区与界: 清代湘粤赣界邻地区食盐专卖研究[M]. 北京: 生活·读书·新知三联书店, 2006.
[55] 黄应贵. 返景入深林: 人类学的观照、理论与实践[M]. 北京: 商务印书馆, 2010.
[56] 黄应贵. 物与物质文化[Z]. 台北: "中央研究院"民族学研究所, 1993.
[57] 贾大泉, 陈世松. 四川通史: 卷7·民国[G]. 成都: 四川人民出版社, 2010.
[58] 贾宵锋. 藏区土司制度研究[M]. 西宁: 青海人民出版社, 2010.
[59] 坚赞才旦, 许绍明. 青藏高原的婚姻和土地: 引入兄弟共妻制的分析[M]. 广州: 中山大学出版社, 2013.
[60] 况浩林. 中国所代少数民族经济史稿[M]. 北京: 民族出版社, 1992.
[61] 雷加. 白马雪山 碧罗雪山 四莽雪山[M]. 昆明: 云南人民出版社, 2011.

[62] 黎小龙. 西南日月城文化概论［Z］. 重庆：西南师范大学西南研究中心，1994.

[63] 李大勤. 格曼语研究［M］. 北京：民族出版社，2002.

[64] 李光文，杨松，格勒. 西藏昌都：历史·传统·现代化［M］. 重庆：重庆出版社，2000.

[65] 李何春，李亚锋. 碧罗雪山两麓人民的生计模式［M］. 广州：中山大学出版社，2013.

[66] 李昆声. 云南文物古迹［M］. 昆明：云南人民出版社，1984.

[67] 李汝春. 唐至清代有关维西史料辑录［Z］. 维西：维西傈僳族自治县志编委会办公室，1992.

[68] 李绍明. 民族学［M］. 成都：四川民族出版社，1986.

[69] 李水城，罗泰. 中国盐业考古 01：长江上游古代盐业与景观考古的初步研究［G］. 北京：科学出版社，2006.

[70] 李水城，罗泰. 中国盐业考古 02：国际视野下的比较观察［G］. 北京：科学出版社，2010.

[71] 李水城，罗泰. 中国盐业考古 03：长江上游古代盐业与中坝遗址的考古研究［G］. 北京：科学出版社，2013.

[72] 李文海. 民国时期社会调查丛编：少数民族卷［G］. 福州：福建教育出版社，2005.

[73] 李中清. 明清时期中国西南的经济发展和人口增长［G］//清史论丛：第 5 辑. 北京：中华书局，1984.

[74] 梁启超. 新史学［G］//饮冰室合集. 北京：中华书局，1989.

[75] 林耀华. 民族学研究［M］. 北京：中国社会科学出版社，1985.

[76] 林元维，宋良曦，钟长永，等. 中国井盐科技史［M］. 成都：四川科学技术出版社，1987.

[77] 刘曼卿. 国民政府女密使赴藏纪实［M］. 北京：民族出版社，1998.

[78] 刘淼. 明代盐业经济研究［M］. 汕头：汕头大学出版社，1996.

[79] 刘琪. 命以载史：20 世纪前期德钦政治的历史民族志［M］. 北京：世界图书出版公司，2011.

[80] 吕大吉. 宗教学通论［M］. 北京：中国社会科学出版社，1989.

[81] 马克思. 资本论：第 2 卷［M］. 北京：人民出版社，1975.

[82] 马克思恩格斯全集：第 8 卷［M］. 北京：人民出版社，1995.

[83] 马克思恩格斯全集：第 13 卷［M］. 北京：人民出版社，1995.

[84] 马克思恩格斯全集：第 42 卷［M］. 北京：人民出版社，1995.

[85] 马丽华. 藏东红山脉［M］. 北京：中国社会科学出版社，2002.

［86］马菁林．清末川边藏族聚居区改土归流考［M］．成都：四川出版集团·巴蜀出版社，2004．

［87］马长寿．马长寿民族学论集［G］．北京：人民出版社，2003．

［88］马子华．滇南散记［M］．昆明：云南人民出版社，2002．

［89］芒康县地方志编纂委员会．芒康县志［M］．成都：四川出版集团·巴蜀书社，2008．

［90］梅进才．中国当代藏族寺院经济发展战略研究［M］．兰州：甘肃人民出版社，2000．

［91］木霁弘，陈保亚，李旭，等．滇藏川"大三角"文化探秘［M］．昆明：云南大学出版社，1992．

［92］木霁弘．茶马古道上的民族文化［M］．昆明：云南民族出版社，2003．

［93］木氏宦谱［M］．昆明：云南美术出版社，2001．

［94］木仕华．活着的茶马古道重镇丽江大研古城：茶马古道与丽江古城历史文化研讨会论文集［C］．北京：民族出版社，2006．

［95］牛鸿斌，文明元，李春龙，等．新纂云南通志［M］．昆明：云南人民出版社，2007．

［96］潘发生．揭开滇川藏三角区历史文化之谜［M］．昆明：云南民族出版社，2008．

［97］彭泽益，王仁远．中国盐业史国际学术讨论会论文集［C］．成都：四川人民出版社，1991．

［98］丘濬．盐法考略［M］．北京：中华书局，1985．

［99］邱中郎．青藏高原旧石器的发现［G］//中国科学院古脊椎动物与古人类研究所20世纪旧石器时代考古学研究．北京：文物出版社，2002．

［100］任桂园．从远古走向现代：长江三峡地区盐业发展史研究［M］．成都：巴蜀书社，2006．

［101］任乃强．康藏史地大纲［M］．拉萨：西藏古籍出版社，2000．

［102］任乃强．羌族源流探索［M］．重庆：重庆出版社，1984．

［103］任乃强．任乃强民族研究文集［G］．北京：民族出版社，1990．

［104］任乃强．四川上古史新探［M］．成都：四川人民出版社，1986．

［105］任乃强．西康图经［M］．拉萨：西藏古籍出版社，2000．

［106］任乃强．西康图经：民俗篇［M］．南京：新亚细亚学会出版科，1934．

［107］任乃强．西康图经：境域篇［M］．南京：新亚细亚学会出版科，1933．

［108］石硕．藏彝走廊：文明起源与民族源流［M］．成都：四川人民出版社，2009．

［109］石硕．青藏高原东缘的古代文明［M］．成都：四川人民出版社，2011．

[110] 石硕．西藏文明向东发展史［M］．成都：四川人民出版社，1994．

[111] 舒瑜．微"盐"大义：云南诺邓盐业的历史人类学考察［M］．北京：世界图书出版公司，2010．

[112] 四川省巴塘县志编纂委员会．巴塘县志［M］．成都：四川人民出版社，1993．

[113] 四川省民族研究所，《清末川滇边务档案史料》编写组．清末川滇边务档案史料［G］．北京：中华书局，1989．

[114] 孙鸿烈．20世纪中国知名科学家学术成就概览（地学卷）地质学分册：一［G］．北京：科学出版社，2013．

[115] 孙晓舒．山参之"野"：关于意义与价格之生成的人类学研究［M］．北京：知识产权出版社，2012．

[116] 唐仁粤．中国盐业史（地方编）［M］．北京：人民出版社，1997．

[117] 陶云逵．俅江纪程［Z］//西南边疆：第十四辑．成都：成都西南边疆研究社印行，1942．

[118] 佟伟，廖志杰，等．西藏温泉志［M］．北京：科学出版社，2000．

[119] 童恩正．试论我国从东北至西南的边地半月形文化传播带［C］//文物出版社编辑部．文物与考古论集．北京：文化出版社，1987．

[120] 土呷．西藏昌都历史文化研究文集［M］．北京：中国藏学出版社，2010．

[121] 万朝林．四川巡抚总督［M］．北京：农村读物出版社，2004．

[122] 汪宁生．云南考古［M］．增订本．昆明：云南人民出版社，1980．

[123] 汪宁生．中国西南民族的历史与文化［M］．昆明：云南民族出版社，1989．

[124] 王川．西藏昌都近代社会研究［M］．成都：四川人民出版社，2006．

[125] 王辅仁，索文清．藏族史要［M］．成都：四川民族出版社，1982．

[126] 王恒杰．迪庆藏族社会史［M］．北京：中国藏学出版社，1995．

[127] 王怀林．寻找康巴：来自香格里故乡的报告［M］．成都：四川人民出版社，2000．

[128] 王明达，张锡禄．马帮文化［M］．昆明：云南人民出版社，1993．

[129] 王铭铭．"中间圈"：藏彝走廊与人类学再构思［M］．北京：社会科学文献出版社，2008．

[130] 王起秀．雪域忆昔［M］．拉萨：西藏人民出版社，2004．

[131] 王仁湘，张征雁．中国滋味：盐与文明［M］．沈阳：辽宁人民出版社，2007．

[132] 王世舜．尚书译注［M］．成都：四川人民出版社，1982．

[133] 王晓莉,贾仲益.中国边疆社会调查报告集[G].桂林:广西师范大学出版社,2010.

[134] 吴丰培.川藏游踪汇编·喀木西南纪程[M].成都:四川民族出版社,1985.

[135] 吴丰培.清代藏事辑要:续编[M].拉萨:西藏人民出版社,1984.

[136] 吴丰培.赵尔丰川边奏牍[M].成都:四川民族出版社,1984.

[137] 吴丰培.清代藏事奏牍[M].赵慎应,校对.北京:中国藏学出版社,1994.

[138] 吴海波,曾凡英.中国盐业史学术研究一百年[M].成都:四川出版集团·巴蜀书社,2010.

[139] 吴强,李培林,和丽琨.民国云南盐业档案史料[M].昆明:云南民族出版社,1999.

[140] 西藏社会科学院西藏学汉文文献编辑室.西藏学汉文文献汇刻:第三辑[G].北京:中国藏学出版社,1994.

[141] 西藏社会历史调查资料丛刊编辑组.藏族社会历史调查:四[G].拉萨:西藏人民出版社,1989.

[142] 西藏自治区社会科学院,四川省社会科学院.近代康藏重大事件史料选编:第一编[G].拉萨:西藏古籍出版社,2001.

[143] 西藏自治区社会科学院,四川省社会科学院.近代康藏重大事件史料选编:第二编[G].拉萨:西藏古籍出版社,2004.

[144] 西藏自治区文物管理委员会,四川大学历史系.昌都卡若:中国田野考古报告集考古学专刊丁种第29号[M].北京:文物出版社,1985.

[145] 谢和耐.中国5—10世纪的寺院经济[M].耿升,译.兰州:甘肃人民出版社,1987.

[146] 歆韶,燕飞.植物趣闻[M].北京:学苑出版社,1989.

[147] 徐亚非,温宁军,杨先民.民族宗教经济透视[M].昆明:云南人民出版社,1991.

[148] 徐裕华.西南气候[M],北京:气象出版社,1991.

[149] 许广智,达瓦.西藏地方近代史资料选辑[G].拉萨:西藏人民出版社,2007.

[150] 许绍明,何国强.整体稀缺与文化适应:三岩的帕措、红教和民俗[M].广州:中山大学出版社,2013.

[151] 杨福泉.纳西民族志田野调查实录[M].北京:中国书籍出版社,2008.

[152] 杨福泉.纳西族和藏族历史关系研究[M].北京:民族出版社,2005.

[153] 杨学政，韩军学，李荣昆．云南境内的世界三大宗教：地域宗教比较研究［M］．昆明：云南人民出版社，1993．

[154] 杨毓骧．伯舒拉岭雪线下的民族［M］．昆明：云南大学出版社，2002．

[155] 杨仲华．西康纪要：下册［M］．上海：商务印书馆，1937．

[156] 叶远飘．青藏高原东部的丧葬文化研究［M］．广州：中山大学出版社，2013．

[157] 尤中．中国西南的古代民族［M］．昆明：云南人民出版社，1980．

[158] 余海波，余嘉华．木氏土司与丽江［M］．昆明：云南民族出版社，2002．

[159] 云南省博物馆．云南青铜文化论集［G］．昆明：云南人民出版社，1991．

[160] 云南省民族事务委员会研究室．云南省少数民族概况·云南民族情况参考资料［M］．昆明：云南省民族事务委员会研究室刊印，1956．

[161] 泽波，格勒．横断山民族文化走廊［M］．北京：中国藏学出版社，2004．

[162] 张劲夫，罗波．独龙族文化史纲：俅人及其临族的社会变迁研究［M］．广州：中山大学出版社，2013．

[163] 张娟．环境科学知识［M］．北京：大众文艺出版社，2008．

[164] 张森水．步迹录：张森水旧石器考古论文集［G］．北京：科学出版社，2004．

[165] 张小也．清代私盐问题研究［M］．北京：社会科学文献出版社，2001．

[166] 张学君，冉光荣．明清四川井盐史稿［M］．成都：四川人民出版社，1984．

[167] 张应强．木材之流动：清代清水江下游地区的市场、权力和社会［M］．北京：生活·读书·新知三联书店，2006．

[168] 张增祺．中国西南民族考古［M］．昆明：云南人民出版社，1990．

[169] 赵秉理．格萨尔学集成：第四卷［G］．兰州：甘肃民族出版社，1994．

[170] 赵敏．隐存的白金时代：洱海区域盐井文化研究［M］．昆明：云南出版集团·云南人民出版社，2011．

[171] 赵世瑜．小历史与大历史：区域社会史的理念、方法与实践［M］．北京：生活·读书·新知三联书店，2006．

[172] 赵心愚，秦和平，王川．康区藏族社会珍稀资料缉要：上［G］．成都：巴蜀书社，2006．

[173] 赵心愚，秦和平．清季民国康区藏族文献辑要［G］．成都：四川民族出版社，2003．

[174] 赵心愚．纳西族历史文化研究［M］．北京：民族出版社，2008．
[175] 赵心愚．纳西族与藏族关系史［M］．成都：四川人民出版社，2004．
[176] 赵心愚．赵心愚纳西学论集［G］．北京：民族出版社，2010．
[177] 中共中央组织部，等．中国共产党组织史资料·第5卷：过渡时期和社会主义建设时期（1949.10—1966.5）［G］．北京：中共党史出版社，2000．
[178] 中国第一历史档案馆．治朝上谕档：第20册［G］．桂林：广西师范大学出版社，1998．
[179] 中国科学院历史研究所第三所．锡良遗稿·奏稿：全二册［M］．北京：中华书局，1959．
[180] 中国科学院青藏高原综合科学考察队．西藏气候［M］．北京：科学出版社，1984．
[181] 中国人民解放军昆明军区．战斗在云贵高原的光辉历程［M］．昆明：云南人民出版社，1995．
[182] 中国人民政治协商会议巴塘县委员会．巴塘县文史资料选辑·刘家驹专辑［Z］．内部资料，2005．
[183] 中国社会科学院民族研究所，中国藏学研究中心社会经济所．西藏的商业与手工业调查研究［M］．北京：中国藏学出版社，2000．
[184] 中国社会科学院民族研究所．僜人社会历史调查［M］．昆明：云南人民出版社，1990．
[185] 中国社会科学院民族研究所．西藏少数民族社会历史调查组．昌都地区社会调查材料专册：初稿［Z］．1964．
[186] 周智生．商人与近代中国西南边疆社会：以滇西北为中心［M］．北京：社会科学文献出版社，2006．
[187] 朱霞．云南诺邓井盐生产民俗研究［M］．昆明：云南人民出版社，2009．
[188] 左仁极．杂瑜调查报告［G］//王晓莉，贾仲益．中国边疆社会调查报告集．影印本．桂林：广西师范大学出版社，2010．

（二）译著

[1]［法］P. A. 石泰安．川甘青藏走廊古部落［M］．耿昇，译．成都：四川民族出版社，1992．
[2]［法］马塞尔·莫斯，爱弥尔·涂尔干，亨利·于贝尔．论技术、技艺与文明［M］．蒙养山人，译．北京：世界图书出版公司，2010．

[3] [法] 马歇尔·莫斯. 礼物: 古式社会中交换的形式与理由 [M]. 汲哲, 译. 上海: 上海人民出版社, 2005 年。

[4] [法] 皮埃尔·拉斯洛. 盐: 生命的食粮 [M]. 吴自选, 胡方, 译. 天津: 百花文艺出版社, 2004.

[5] [美] 爱尔乌德. 文化进化论 [M]. 钟兆麟, 译. 上海: 上海文艺出版社, 1989.

[6] [美] 查尔斯·巴克斯. 南诏国与唐代的西南边疆 [M]. 林超民, 译. 昆明: 云南人民出版社, 1988.

[7] [美] 戴尔·布朗. 辉煌、瑰丽的玛雅 [M]. 张燕, 译. 北京: 华夏出版社, 2002.

[8] [美] 罗伯特·尤林. 陈年老窖: 法国西南葡萄酒酒业合作社的民族志 [M]. 何国强, 魏乐平, 译. 昆明: 云南大学出版社, 2012.

[9] [美] 马克·科尔兰斯基. 盐 [M]. 夏业良, 丁伶青, 译. 北京: 机械工业出版社, 2005.

[10] [美] 施坚雅. 中国农村的市场和社会结构 [M]. 史建云, 徐秀丽, 译. 北京: 社会科学文献出版社, 1998.

[11] [美] 施坚雅. 中华帝国晚期的城市 [M]. 叶光庭, 徐自立, 等译. 北京: 中华书局, 2000.

[12] [美] 托马斯·C. 帕特森. 马克思的幽灵: 和考古学家会话 [M]. 何国强, 译. 北京: 社会科学文献出版社, 2011.

[13] [美] 西敏司. 甜与权力: 糖在近代历史上的地位 [M]. 王超, 朱建刚, 译. 北京: 商务印书馆, 2010.

[14] [美] 埃里克·沃尔夫. 欧洲与没有历史的人民 [M]. 赵炳祥, 刘传珠, 杨玉静, 译. 上海: 上海世纪出版集团, 2006.

[15] [美] 约瑟夫·洛克. 中国西南古纳西王国 [M]. 刘宗岳, 等译. 昆明: 云南美术出版社, 1999.

[16] [墨西哥] 阿图洛·瓦尔曼. 玉米与资本主义: 一个实现了全球霸权的植物杂种的故事 [M]. 谷晓静, 译. 上海: 华东师范大学出版社, 2005.

[17] [英] F. 金敦·沃德. 神秘的滇藏河流: 横断山脉江河流域的人文与植被 [M]. 李金希, 尤永弘, 译. 四川民族出版社, 中国社会科学文献出版社, 2002.

[18] [英] 马林诺夫斯基. 西太平洋的航海者 [M]. 梁永佳, 李绍明, 译. 北京: 华夏出版社, 2002.

[19] [英] 莫里斯·弗里德曼. 中国东南的宗族组织 [M]. 上海: 上海人民出版社, 2000.

（三）论文

[1] 安新固. 西藏的盐粮交换 [J]. 西藏研究，1982（3）.

[2] 白广美. 中国古代海盐生产考 [J]. 盐业史研究，1988（1）.

[3] 保罗，觉安拉姆. 近代盐井腊翁寺事件原因分析：兼论其相关问题 [J]. 西藏研究，2006（3）.

[4] 财务. 西康财务统筹处训令盐井县知事戴安秦奉准该县盐税由王营等包办，年额藏洋三万元由 [J]. 西康公报，1930（27）.

[5] 陈庆德，潘春梅. 经济人类学视野中的交换 [J]. 民族研究，2010（2）.

[6] 陈保亚. 论茶马古道的起源 [J]. 思想战线，2004（4）.

[7] 陈汎舟，陈一石. 滇藏贸易历史初探 [J]. 西藏研究，1988（4）.

[8] 陈建彬：西藏摩崖造像调查简报 [J]. 考古与文物，1990（4）.

[9] 崔克信. 盐井县之地质及盐产调查 [J]. 西康经济季刊，1944（8）.

[10] 东旺·琪岭陪楚. 中甸尼西石棺葬发掘记 [J]. 中甸县志通讯，1988（2）.

[11] 都淦. 四川藏族地区土司制度概述 [J]. 西藏研究，1981（1）.

[12] 房建昌. 西藏盐史研究 [J]. 盐业史研究，1995（1）.

[13] 房建昌. 西藏盐业的兴起、发展及其衰落 [J]. 中国经济史研究，1995（1）.

[14] 房建昌. 西藏盐业及盐政史略 [J]. 西南民族学院学报，1993（1）.

[15] 费孝通. 关于我国民族的识别问题 [J]. 中国社会科学，1981（1）.

[16] 格勒. 论古代羌人与藏族的历史渊源关系 [J]. 中山大学学报，1985（2）.

[17] 何云华. "凤全事件"之我见 [J]. 西藏研究，1988（4）.

[18] 江洋. 西藏盐井纳西族盐业生计方式的传统和变迁 [D]，昆明：云南大学民族研究院，2011.

[19] 姜道章. 中国沿海盐场晒盐法的起源与传播 [J]. 中国地理学会会刊，1993（20）.

[20] 姜涛. 食盐与人口 [J]. 中国经济史研究，1994（3）.

[21] 金飞. 盐井县考 [J]. 边政，1931（8）.

[22] 李何春. 明清以来西藏盐井盐运销范围和线路变化之分析 [J]. 青海民族大学学报，2014（3）.

[23] 李何春. 试论崔克信《盐井之地质及盐业调查》[J]. 西藏研究，2015（3）.

[24] 李何春．唐代吐蕃和南诏国制盐技术比较分析：兼论吐蕃东扩之原因［J］．云南民族大学学报，2015（5）．

[25] 李何春．清末川滇藏交界带之盐井"腊翁寺事件"起因分析：兼与保罗和觉安拉姆商榷［J］．云南民族大学学报，2014（2）．

[26] 李何春．清末川边改土归流时期赵尔丰盐业改革措施及某意义［J］．中国边疆史地研究，2016（2）．

[27] 李式金．云南阿墩子：一个汉藏贸易要地［J］．东方杂志，1944（16）．

[28] 李旭．盐井走过千年［J］．中华遗产，2006（5）．

[29] 李永宪．卡若遗址动物遗存与生业模式分析：横断山区史前农业观察之一［J］．四川文物，2007（5）．

[30] 廖品龙．中国盐业专卖溯源［J］．盐业史研究，1988（4）．

[31] 刘君．康区近代商业初析［J］．中国藏学，1990（3）．

[32] 罗开玉．川滇西部及藏东石棺墓研究［J］．考古学报，1992（4）．

[33] 宁世群．西藏的经济特点［J］．西藏民族学院学报，1991（1）．

[34] 潘发生，七林江初，卓玛．中甸归化寺僧侣商业概述［J］．西藏研究，1993（2）．

[35] 漆继红，许模，张强，覃礼貌．西藏盐井地区盐泉同位素特征示踪研究［J］．地球与环境，2008（3）．

[36] 钱琳．西藏芒康盐井盐泉地下热盐卤水形成及演化机理分析［D］．成都：成都理工大学环境与土木工程学院，2007．

[37] 任乃强．说盐［J］．盐业史研究，1988（1）．

[38] 石硕．茶马古道及其历史意义［J］．西藏研究，2002（4）．

[39] 石硕．昌都：茶马古道上的枢纽及其古文化：兼论茶马古道的早期历史面貌［J］．西藏大学学报，2003（4）．

[40] 谭方之．滇茶藏销［J］．边政公论，1944（11）．

[41] 陶宏、黄健．西藏芒康县盐井乡盐业研究［J］．盐业史研究，2002（4）．

[42] 仝上．西康各属旧有土司土职调查［J］．开发西北，1934（2）．

[43] 童恩正，冷健．西藏昌都卡若新石器时代遗址的发掘及其相关问题［J］．民族研究，1983（1）．

[44] 童恩正．近年来中国西南民族地区战国秦汉时代的考古发现及其研究［J］．考古学报，1980（4）．

[45] 汪宁生．古代云南的养马业：云南少数民族科技史学习札记［J］．思想战线，1980（3）．

[46] 王恒杰．解放前云南藏族聚居区的商业［J］．中国藏学，1990（3）．

[47] 王清明. 我国石盐矿床地质特征 [J]. 井矿盐技术, 1985 (5).

[48] 王日根, 吕小琴. 析明代两淮盐区未取晒盐法的体制因素 [J]. 史学月刊, 2008 (1).

[49] 王献军. 西藏政教合一制形成原因再探 [J]. 西藏民族学院学报, 1998 (1).

[50] 王献军. 西藏政教合一制度研究 [D], 南京: 南京大学历史系, 1997.

[51] 吴成立. 西藏芒康县盐井纳西民族乡盐业文化研究 [D]. 广州: 中山大学社会学与人类学学院, 2009.

[52] 吴泽霖. 从么些人的研究谈到推进边政的几条原则 [J]. 边政公论, 1946 (2).

[53] 西藏察隅、当雄大震考察队. 1921 年芒康县盐井地震考察 [J]. 四川地震, 1987 (1).

[54] 西藏自治区文物保护研究所, 陕西考古研院, 四川考古研院. 西藏自治区昌都地区芒康县盐井盐田调查报告 [J]. 南方文物, 2010 (1).

[55] 肖玉秋. 《中俄天津条约》中关于俄国在华自由传教条款的订立与实施 [J]. 福建师范大学学报, 2010 (5).

[56] 谢茂林. 先秦时期盐业管理思想初探 [J]. 江西师范大学学报, 1996 (1).

[57] 杨桂红. 中甸松赞林寺寺院商业经济研究 [J]. 学术探索, 2002 (2).

[58] 杨林军. 《木氏宦谱》诸版本源流新考 [J]. 云南社会科学, 2012 (5).

[59] 杨文顺. 唐代麽些蛮与吐蕃、南诏关系初探 [J]. 云南师范大学学报, 2003 (3).

[60] 佚名. 纪事二: 各县区纪事: 西康: 盐井县盐务之整理 [J]. 谈盐丛报, 1931 (27).

[61] 佚名. 西康消息: 各县通讯: 盐井县县署办理二十年度户口统计县已竣事 [J] 西康公报, 1932 (42).

[62] 佚名. 盐井县纪要 [J]. 边政, 1931 (6).

[63] 佚名. 夷务: 西康盐井县知事呈军部收复河西加达欧曲村夷众就抚情形由 [J]. 边政公报, 1929 (2).

[64] 余海波. 明代丽江纳西族木氏土司的发展策略 [J]. 中央民族大学学报, 1999 (3).

[65] 云南省博物馆文物工作队. 云南德钦县纳古石棺墓 [J]. 考古, 1983 (3).

[66] 张雪慧, 王垣杰. 从几份档案中看滇藏经济贸易: 兼谈对云南藏族聚居

区社会经济与历史研究的重要性［J］．中国藏学，1989（1）．
［67］赵心愚．吐蕃入滇路线及时间考［J］．西藏民族学院学报，2004（4）．
［68］郑振满．明代金门的制度变革与社会转型：以盐政改革为中心［J］．历史人类学学刊，2013（10）．
［69］朱金林．对《中国古代海盐生产考》的几点浅见［J］．盐业史研究，1991（2）．
［70］朱霞，李晓岑．西藏自治区芒康县盐井镇的井盐生产［J］．中国藏学，2007（3）．
［71］中国社会科学院考古研究所实验室．放射性碳素测定年代报告（八）［J］．考古，1981（3）．
［72］曾文琼．论康区的政教联盟制度［J］．西南民族大学学报，1988（2）．

（四）报纸

［1］次旦卓嘎．国家文物局在昌都地区芒康县实地调研［N］．西藏日报，2009-09-22（2）．
［2］温凯，龚生全．芒康县旅游收入破千万元大关［N］．西藏日报，2010-02-02（5）．
［3］席琳，张建林，夏格旺堆，田有前．藏东地区吐蕃石刻遗存的首次全面考古调查与记录：西藏昌都地区芒康、察雅两县考古调查新发现2处吐蕃石刻遗存［N］．中国文物报，2009-11-13（4）．
［4］宿白．宿白先生呼吁保护芒康盐井的信［N］．中国文物报，2009-09-09（2）．

二、外文文献

［1］Arjun A. The Social Life of Things：Commodities in Culture Perspective［M］．Cambridge：Cambridge University Press，1986．
［2］Bayly C A. The Origins of Swadeshi（Home Industry）：Cloth and Indian Society，1700～1930［C］．Arjun A，Arjuneds. The Social Life of Things：Commodities in Cultural Perspective. Cambridge：Cambridge University Press，1986．
［3］Freedman M. A Chinese Phase in Social Anthropology［J］．British Journal of Sociology，1963（1）：1．
［4］Freedman M. Chinese Lineage and Society：Fukien and Kwangtung［M］．Lon-

don: the Athlone Press, 1966.

［5］ Grennard F. Tibet and the Tibetans ［M］. London: Hutchinson and Co. , 1904.

［6］ Godlier M. Perspectives in Marxist Anthropology ［M］. Translated by Robert Brain. Cambridge: Cambridge University Press, 1977.

［7］ Godlier M. The Making of Great Men: Male Domination and Power among the New Guinea Baruya ［M］. Translated by Rupert Swyer. Cambridge: Cambridge University Press, 1986.

［8］ Heather I M. Salt: White Gold of the Ancient Maya ［M］. University Press of Florida, 2002.

［9］ Leach E. Social Anthropology ［M］. Glasgow: Fontana Press, 1983.

［10］ Muggier E. The Age of Wild Ghosts: Memory, Violence, and Place in South west China ［M］. California: University of California Press, 2001.

［11］ Rowan K F. Salt Production and Social Hierarchy in Ancient China: An Archaeological Investigation of Specialization in China's Three Gorges ［M］. Cambridge: Cambridge University Press, 2011.

［12］ Royal. Anthropological Institute of Great and Ireland. Note and Queries on anthropology ［M］. London: Routlege and Kegan Paul Ltd. , 1951.

［13］ Sherry B O. Anthropology and Social Theory: Cultural, Power, and the Acting Subject ［M］. NC: Duke University Press, 2006.

［14］ Stephan G. The Salt, the Ox and the Slave: Exchange and Politics in North West Yunnan ［C］//The First International Conference on Sino: Tibetan Frontiers, 2006.

附　　录

一、一则盐井卤水来源的传说

很久以前，盐井周边一带（现在的盐井和曲孜卡乡）的人都患有严重的风湿病，个子比较矮，严重影响了人的劳动能力，人民生活一度艰苦。有一天，卡瓦博格的三女儿达美拥要西去拉萨朝拜，路过此地，看到了生活在这里的人民的疾苦，菩萨心肠的她觉得自己应该为这里的百姓做点好事，但是又陷入了困难之中，因为自己不知道该怎么帮助他们。后来在佛的帮助下，她得知唯一能帮助穷苦人民的是她的嫁妆，于是，她把父母留给自己仅有的嫁妆即一只金鸡和一只银鸡留在了盐井，分别将它们放在了澜沧江的东岸和西岸。在西岸的加达村放了金鸡，东岸则放了银鸡。此外，西岸其实放的是一只公鸡，而东岸放的是一只母鸡。达美拥告诉东岸和西岸两个村的长老，第二天早上一定要到两岸看看。

后来，加达的村民发现西岸土壤表面就有卤水出来，而且因为公鸡是绕着走，所以高低各处都有卤水。而东岸的百姓发现，东岸也有了母鸡，它一边在东岸叫，一边把蛋下在了土壤里，所以东岸的卤水藏得比较深，因为母鸡要护蛋，所以江东岸的卤水少，需要挖很深的井才能有卤水出来。而曲孜卡的温泉，据老人说，也是达美拥为了帮助人们去除疾病而施法得来的。此后，生活在盐井周围的人，包括拉萨的人也来这里泡温泉，以祛除身上的疾病。加达村的卤水因为在土壤表面，一到八九月，澜沧江的水位上升以后，卤水基本被江水淹没了。而东岸的盐田所需的卤水分布在深层的所掘的井底下，因此只需要将卤水井加高就行，不必担心卤水被江水淹没。而且，因为西岸的加达村是金鸡变成的卤水，因此晒出来的盐成为红色；而东岸的纳西村和上盐井村的卤水是银鸡变成的卤水，因此晒出来的盐是白色。①

---

① 2013年9月5日，盐井盐田调查资料，报道人：下关，81岁，罗松翻译。

二、议定盐井商盐局章程（三十条）

第一条 盐井设局收税，曾经察明在案。兹由该职商承办，井中所产之盐，统归该商收买，转卖商贩。应征之税，经由该商承纳，改名曰商盐局。

第二条 商盐局成立开张之日，征收官局裁撤，以免名目混淆。

第三条 盐归该职商统买，则盐价应由地方官就近体察情形，与该职商及商贩、盐户等按春、夏、秋、冬四季定价。盐有高下之分，价亦有贵贱之别，事前出示晓，谕俾众周知，以免贱买贵卖之弊。

第四条 四季盐价，地方官必须知会商盐局协同盐户、商贩公平议定，限日悬牌晓谕。春季则以正月初一日，夏季则以四月初一日，秋季则以七月初一日，冬季则以十月初一日为定。

第五条 按季定价，由地方官悬牌之后，无论盐户晒出何项盐质，商盐局均应照定价收买，发给现价，不准稍有抑勒。

第六条 地方官按季所定盐价前，不协同商盐局及多数商人、盐户公平议明，任意定价破坏商务有碍税课者，必从重参办。

第七条 地方官定价之后，与商盐局将本季盐价情形，各具简明报单，分报边务大臣存案。

第八条 商盐局收买盐户之盐，无论何等盐质，出入均用官秤，卖价照买价出售，不准增减分厘。

第九条 买卖盐价既归一律，则商盐局人工伙食一切费用，均须自备，断难持久。且盐既囤仓，卤耗必所不免，准于收买盐时，照章定以库秤每驮一百二十斤外，加收十二斤，以一百三十二斤为一驮。

第十条 商盐局收盐，以库秤一百三十二斤为一驮，卖盐以库秤一百二十斤为一驮，以余盐十二斤作为折耗及局中经理员司薪工，均在其内。此外，固不准另支公款，亦不准另立名目向盐户、商贩妄有需索。

第十一条 商盐局上季收买之盐，如已届一季尚未卖完，改将余盐归入下季之盐一同售卖，其盐价亦随同涨落，不准再以上季盐比较，以归一律。

第十二条 商盐局买盐卖盐均以官秤为定，不准大入小出，自干咎戾。

第十三条 盐户所晒之盐，统归商盐局收买，盐税即归该局代收代缴。则各处商贩只准向商盐局买盐，不准向盐户私行偷购，违者以私盐论。除将私盐照章程办理外，并将犯事人严办不贷。

第十四条 盐井业盐之户，共有若干，每户若干丁口，计有盐窝若干，均由地方官查明造册，详送边务大臣存案。

第十五条 产盐之处倘可推广晒盐，如本地人无力承办，应由官招人充晒，他人不得阻止。

第十六条　商盐局代收盐税，仍照禀定章程每盐一驮重库秤一百二十斤，收税藏元一元半，不准增减。

第十七条　商贩在局买盐，每驮一百二十斤，无论若干驮，其税银均应现纳，商盐局方能填给税票。

第十八条　税票由商盐局填给商贩。每月共收税银藏元若干，改由该局连同票根一并缴送地方官核收转报，并由地方官给予印收。

第十九条　商盐局填票如有大头小尾等弊，一经查出，加二十倍议罚之后，再将舞弊之人提案惩办。

第二十条　盐归商盐局统收统卖，即盐井本地人食盐，亦应由该局按照成本加足税银，计合项盐每斤合铜元若干，仍按季由地方官悬牌晓谕，俾众周知，遵照价买。

第二十一条　设商盐局之后，民间食盐固应向商盐局购买，即文武官弁兵勇及一应在官人役，均应向该局一体照价买用。如有买食私盐者，局商可向该管官面陈，若文武不为理讯，准该商迳禀边务大臣从严惩处。

第二十二条　业盐之户，每户丁口若干，先行造册存局，其食盐每年每人准按十斤，小儿八岁至十五岁减半，均免税银。

计某盐户一家应日食盐若干，准其一次只取回十日之盐，食毕下次再取十日之盐，不得过多。其取回之盐，应在商局呈明，以便稽查，而防偷漏。

第二十三条　商盐局向盐户买盐，每驮多收十二斤存局。除抵折耗之外，余盐若干，发卖之时，仍应照章纳税，以免盐户借口。

第二十四条　商盐局开办之初，应由防营保护，一切缉私，亦暂由防营巡缉。拿获私盐，以一半充赏出力之勇，一半由官发局变价归公。私贩送交地方官照章禀办，商局不得干涉。防营各有正粮，亦不得向该局需索丝毫。

第二十五条　商盐局既照捆商办法，自应比官办收数有盈无绌。一年之后，如收税较官办长收银一千两者，津贴该局银一百两，长收银一万两者，津贴一千两，以作酬劳。

第二十六条　商贩由局买盐纳税之后，无论运往何处，固所不禁，价值低昂，悉从其便。如仍在边务大臣所辖地方交易，无论零卖整售，均不再抽分厘。非边务地方者，不在此例。

第二十七条　边地盐务并无引岸，商贩头盐不拘多寡，卖盐亦不拘区域。

第二十八条　商盐局不准向盐户短价买空卖空等弊。

第二十九条　每月商盐局所收盐税，无论多寡，实收实解。地方官查对票根数目核收，不准稍有蒂欠。

第三十条 商盐局开办之时，一切建局房，修盐仓，均由该商自办，不能支用公款。其地基大小由地方官文明注册详案，每年上纳地租。

以上三十条，系暂行章程。如有未尽事宜，再行随时添改。①

---

① 四川省民族研究所、《清末川滇边务档案史料》编辑组编：《清末川滇边务档案史料（中册）》，中华书局1989年版，第512～515页。

后　　记

　　本书关注的是西藏东部澜沧江峡谷的一个营盐村落——盐井，试图通过盐这一特殊的商品来考察当地社会盐业生产、交换市场和权力之间的互动关系，以盐税作为分析的主线，围绕生产技术、人口和制度三大要素的内在关系进行论述，以此探讨当地社会变迁的动因。

　　本书付梓之际，脑海里浮现的是 2011 年 8 月我第一次到滇西北藏族聚居区从事田野调查的情景。先是行程的几番周折，从广州到香格里拉，先乘火车，再转汽车，就要花费至少 3 天的时间。而且，到达香格里拉之后，还得继续乘坐汽车前往德钦县的羊拉乡，那是云南省最北端的一个小乡镇，嵌在西藏和四川两省（区）中间。那时，从香格里拉发往羊拉乡的客车只能到离乡政府驻地还有 25 公里的羊拉矿山。让我始料未及的是，从香格里拉到羊拉矿山这段仅仅 180 公里的车程，客车竟然行驶了近 12 个小时，晚上只得在矿山住宿。第二天一早向羊拉乡进发，早上 8 点出行，步行三四公里去到一个三叉路口搭车。不料，另外一位随行者搭上了一辆摩托车，而我一直到下午 1 点还未搭上顺风车。通往羊拉乡政府的公路，那时还是高低不平的土路，这在 21 世纪来说，在其他任何地方都是很难见到的。道路崎岖，山崖陡峭，金沙江湍急而过，人们便形容这段路上的交通事故为"空难"。可想而知，在那样的交通条件下，一天之内来往两地的车辆之少。最后，我不得不放弃就地等待，更不想退回矿山，于是选择了徒步单独前行。一个人走在公路上，前方是峡谷之间川流不息的金沙江，公路两旁是光秃秃的山峰和悬崖，绝大多数的时候走上四五公里也见不上一个人，也很少见到村庄，心里时不时有些胆怯。但是在进退两难之时，唯一的办法是继续前行。最后离目的地还有五六公里时，我终于搭上了一辆工程车，最终安全到达目的地。

　　我此行在羊拉乡进行了为期 20 多天的调查，起初拟开展滇西北藏族聚居区宗教教派冲突和交融为主题的调查，但是这个调查开展得并不顺利，因种种原因未完成原来的计划。

　　2012 年 7 月初，我继续深入"三江并流"地区进行生计模式的调查，并决定在调查后期尝试一次徒步翻越碧罗雪山。后来，在当地一位向导的帮助下，我和另外一位调查者李亚锋从怒江傈僳族自治州贡山县的迪麻洛村出发，历经三天两夜，先后翻越了碧罗雪山两座海拔分别为 3720 米和 4100 米的山脉，最终抵达澜沧江西岸德钦县的茨中村。此次经历，至今历历在目，为我此后敢于一个人在藏族聚居区从事田野调查奠定了基础。

  2013 年 3 月至 2015 年 8 月，我独自一人 3 次进到盐井，在澜沧江峡谷两岸的盐场、村落、各个乡镇之间展开调查。多数时候，我住在盐井街上，早上跟随盐民下到盐田，感受晒盐生活，记录晒盐流程，了解盐井历史；黄昏时分，又随盐民回到街上。记得有一次，我为了避免从景区售票口下去盐田带来的麻烦，于是选择了走下盐井村到盐田的小路。这天，我独自一人下到盐田，下午 6 点左右返回。我沿着河谷的小路，一路上坡走，就在快到下盐井村时，一位看上去 30 多岁的男子坐在路边的石头上一直看着我往上走来，本以为他是因为见到陌生人产生好奇感而注视我。待我靠近他时，他先是伸出手，似乎想和我打招呼、握个手。不料，当我伸手过去之后，他使力将我的手拽住不放。我使力摆脱，并拿出包里的香烟递给他，他却拒绝了，直接开口问我"你有钱吗？"我被这突然的敏感问话吓了一跳，本能的反应是我遇到抢劫了，一惊之下，身子不由得颤抖。我停顿了一下对他说："我是学生，身上没带钱，我的一个派出所朋友等着我去街上吃饭呢。"我赶紧朝村子走去，他跟了一段路，后来不知去了哪里。晚上和报道人聊起此事，听我描述后他说道："他是下盐井村的人，精神上有点问题，在家不干活，是游手好闲的人。"并提醒我，下次再走那条路的时候要注意些，防止发生冲突。这仅仅是我田野中几次遇险经历中的一次。当南国处在一片春意的时候，澜沧江峡谷还在下着鹅毛般的大雪。这里道路崎岖、山高险陡，我遇到过所乘坐的汽车发生打滑或侧翻的情况，也目睹过车辆翻下悬崖，也有因交通事故而被堵在前不着村后不着店的半山上五六个小时的经历。总之，田野调查充满了刺激、挑战和惊险，但使得我在此过程中不断成长。

  关于西藏传统盐业的研究，目前来说，还未形成一定的体系。尽管近几年进行西藏东部盐业相关主题的研究者在陆续增加，但持续性关注当地盐业文化的深入调查者并不多。尽管我对盐业相关议题的研究逐渐产生了浓厚的兴趣，但是基于藏族聚居区文献记载有限、调查条件艰苦，研究过程中还是遇到了许多困难。因此，我试图通过长期深入调查，对掌握的历史文献进行解读，利用有限的档案资料，弥补研究的不足。此外，应该说任何的研究都是在前人基础上继续前行的，我的研究也不例外，其中吴成立的研究尤值一提。他利用两次调查机会，获得了有关晒盐技术的材料，他的研究为我时隔 4 年之后的研究提供了线索。

  求知的路上，离不开一些人的大力帮助，有时候更需要他们"扶上马，送一程"。借此机会,特别感谢中山大学坚赞才旦教授,为我研究西藏盐业相关问题指明了方向,我多次与他讨论相关议题时,均得到他的指点和教诲。本书能顺利完稿,更是得益于坚赞才旦教授的鞭策。

那些在我田野调查过程中给予过帮助的人们也在感谢之列。盐井派出所的吴飞、格桑顿珠与盐井工商所的阿旺朗杰这三位朋友,在几次盐井田野调查中,均给予我很大的帮助,绝大多数时间是他们帮我解决食宿,并担任我的翻译和向导,有时候还充当司机的角色。报道人罗松,每次在工作之余便陪我到当地的盐民家里访谈,感谢他一直以来的帮助。此外,在盐井调查期间,得到乡政府的柳发明书记,盐井中学的校长嘎洛与李科、扎西顿珠、仁青顿珠、扎西央宗、邓培、边巴卓玛、白玛、蒋枝秀、鲁仁第、曲杰尼玛、罗邓等人的大力帮助,谨对以上人士表示感谢。同时,感谢在德钦县调查期间沈秋林、竹云飞等好友的鼎力帮助。

感谢中国人民大学胡鸿保教授在我申报重庆大学高等研究院课题时给予的帮助和指导。感谢云南民族大学姚顺增教授长期以来对我研究的关心和支持,时不时接到他的电话,给予我很多的教诲和鼓励。感谢重庆大学高等研究院人类学中心的经费资助,以解我深入调查时经费不足的燃眉之急。感谢云南省档案馆和四川省档案馆在我查阅文献的时候给予的方便。

中山大学出版社的嵇春霞副编审和丛书主编何国强教授为《芄野东南的民族丛书》(系列二)申请"国家出版基金资助项目"和"'十三五'国家重点图书出版规划项目"做出了很多努力,在此表示感谢。徐诗荣编辑为本书的出版做了很多细致的审读工作,在此致以真诚的谢意。

书中的图片除特殊说明外,均由本人拍摄。5年来,我坚持深入藏族聚居区,获取田野资料,并从一开始就暗下决心,要在西藏传统文化研究的领域上脚踏实地,不断拼搏、进步和钻研。当然,每一次向前迈一步,也绝非是将原来的材料重新组装,而是选择新的主题,采取新的思路,形成新的成果。本书的出版,对自己而言,更是一种鞭策和鼓励。但这仅仅只是深入探讨西藏传统文化的一小步,因此,恳请同行不吝赐教,让我下一步路走得更加稳健。本书存在的不足,恳请各位同仁指正。

李何春
2016年6月14日